中国审判指导丛书

刑事审判参考

最高人民法院刑事审判
第一、二、三、四、五庭 编

人民法院出版社

图书在版编目（CIP）数据

刑事审判参考. 总第135、136辑 / 最高人民法院刑事审判第一、二、三、四、五庭编. -- 北京：人民法院出版社，2023.9

（中国审判指导丛书）

ISBN 978-7-5109-3862-7

Ⅰ. ①刑… Ⅱ. ①最… Ⅲ. ①刑事诉讼－审判－中国－丛刊 Ⅳ. ①D925.218.4

中国国家版本馆CIP数据核字(2023)第133914号

刑事审判参考（总第135、136辑）

最高人民法院刑事审判第一、二、三、四、五庭　编

策划编辑	兰丽专
责任编辑	路建华
出版发行	人民法院出版社
地　　址	北京市东城区东交民巷27号（100745）
电　　话	（010）67550660（责任编辑）　67550558（发行部查询） 　　　　　65223677（读者服务部）
客服QQ	2092078039
网　　址	http://www.courtbook.com.cn
E-mail	courtpress@sohu.com
印　　刷	保定市中画美凯印刷有限公司
经　　销	新华书店

开　本	787毫米×1092毫米　1/16
字　数	408千字
印　张	28.25
版　次	2023年9月第1版　2023年9月第1次印刷
书　号	ISBN 978-7-5109-3862-7
定　价	136.00元

版权所有　侵权必究

《刑事审判参考》
编辑委员会

主　　任　高憬宏

副 主 任　杨万明　沈　亮　李　勇

委　　员　(以姓氏笔画为序)

　　　　　　万永海　马　岩　王晓东　方文军　孙长山
　　　　　　杜国强　李睿懿　杨占富　何　莉　邹　雷
　　　　　　汪　斌　张　杰　陈学勇　陈鸿翔　欧阳南平
　　　　　　罗国良　孟　伟　逄锦温　祝二军　蔡金芳
　　　　　　翟　超　滕　伟

主　　编　沈　亮

副 主 编　(以庭为序)

　　　　　　何　莉　王晓东　马　岩　滕　伟　李睿懿

执行编辑　(以庭为序)

　　　　　　何东青　段　凰　鹿素勋　王　敏　侯宏林

特约编辑

吴小军(北京)　　孟　猛(上海)　　陈长东(天津)
蒋佳芸(重庆)　　祝柏多(黑龙江)　齐东妍(吉林)
贾　娜(辽宁)　　李玉山(内蒙古)　孟静涛(山西)
陈庆瑞(河北)　　谢　萍(山东)　　陈吉双(安徽)
管友军(浙江)　　张　维(江西)　　叶　巍(江苏)
刘　震(福建)　　郝　卓(河南)　　金吕钢(湖北)
李伟华(湖南)　　陈东茹(广东)　　周　强(海南)
韦宗昆(广西)　　范　玉(四川)　　周岸崟(云南)
朱　兴(贵州)　　马　云(陕西)　　陈小宁(宁夏)
南永绪(甘肃)　　周　蔚(青海)　　次登罗布(西藏)
冯向民(新疆)　　吴　媛(兵团分院)　杨雪峰(军事法院)

编辑说明

《刑事审判参考》系最高人民法院刑事审判庭主办的业务指导和研究性出版物，自1999年4月创办以来，秉承立足实践、突出实用、重在指导、体现权威的编辑宗旨，在编辑委员会成员、作者和读者的共同努力下，密切联系刑事司法实践，为刑事司法人员提供了有针对性和权威性的业务指导和参考，受到刑事司法工作人员和刑事法律教学、研究人员的广泛肯定和欢迎。

《刑事审判参考》作为最高人民法院用以指导全国各级人民法院刑事审判工作的唯一出版物，由最高人民法院刑事审判第一、二、三、四、五庭共同主办，最高人民法院高憬宏副院长担任编辑委员会主任，杨万明、沈亮、李勇副院长担任副主任。沈亮副院长担任主编，各刑事审判庭庭长担任副主编。

《刑事审判参考》每年共出版六辑，设有以下栏目：

【指导案例】选择在认定事实、采信证据、适用法律和裁量刑罚等方面具有研究价值的典型案例，详细阐明裁判理由，为刑事司法工作人员处理类似案件提供具体的指导和参考。

【立法、司法规范】收录与刑事司法工作密切相关的法律、行政法规、部门规章、司法解释及其他规范性文件。

【刑事政策】收录最新的刑事司法政策，如最高人民法院院领导在刑事审判工作会议上的讲话、刑事审判工作会议讨论的问题等。

【审判实务释疑】最高人民法院刑事审判庭解答在刑事审判工作中具有普遍指导价值的法律适用问题。

【理论前沿】摘要登载近期刑事理论界、实务界最新研究成果，及时跟踪研究刑事审判中出现的新问题，为刑事司法人员提供最新理论参考。

【域外司法】收录评介域外的刑事立法及司法制度、实务问题和典型案例的文章。

【经验交流】收录地方司法机关制定的刑事司法规范性文件及其背景说明，地方各级人民法院在刑事审判工作中对于某些问题的处理政策和意见等。

【实务探讨】针对刑事司法工作中必须解决的疑难、复杂问题，登载相关学者与司法人员的研究文章，为刑事司法工作人员提供解决相关问题的思路。

【大案传真】登载在社会上影响较大的案件的有关裁判文书，及时传递大要案、热点案件的审判信息。

【疑案争鸣】针对实践中发生的疑难案例，对其中争议问题进行分析，给读者提供参与交流探讨的平台，推动相关问题的深入研究。

【裁判文书选登】选择典型裁判文书进行评析，展现法官智慧，指出不足，促进裁判文书制作水平的不断提高。

最高人民法院刑事审判第一、二、三、四、五庭

目 录

【食品安全专辑】

【指导案例】

[第 1525 号]周某峰生产、销售有毒、有害食品案
——在豆芽制发过程中添加兽用抗菌药行为如何定性 ……（ 1 ）

[第 1526 号]邹某智生产、销售不符合安全标准的食品案
——非法销售河豚鱼及其制品的行为定性 ………………（ 8 ）

[第 1527 号]吴某凤等人销售有毒、有害食品案
——将添加西布曲明等非食品原料的减肥产品作为"赠品"
捆绑其他物品出售行为的定性及销售数额的认定 ……（ 14 ）

[第 1528 号]吴某、何某兵生产、销售有毒、有害食品案
——循环加工、提炼并使用、销售"口水油"的行为定性 ……（ 21 ）

[第 1529 号]王某贞走私国家禁止进出口的货物、物品案
——直接向走私人非法收购并销售来自境外疫区的肉类、
肉类制品的行为定性 ……………………………………（ 27 ）

[第 1530 号]上海谷润贸易有限公司、上海睿钧工贸有限公司、
倪某钢非法经营案
——将工业用牛羊油销售给食用油生产企业的行为定性 …（ 33 ）

[第1531号]钟某本销售有毒、有害食品案
——伪劣保健食品与假药劣药的区分 …………………（39）

[第1532号]赵某军生产、销售伪劣产品案
——对待宰生猪注入肾上腺素、阿托品和生水后屠宰销售的
行为定性及罚金适用 ………………………………（44）

[第1533号]海宁市国凯食品有限公司、国某校生产、销售伪劣
产品案
——将溶剂残留超标的浸出菜籽油冠以压榨菜籽油之名
销售行为的定性 ……………………………………（52）

[第1534号]荆某、张某等人生产、销售有毒、有害食品案
——生产、销售有毒、有害食品罪中生产者和销售者主观
明知的认定 …………………………………………（59）

[第1535号]朱某生产、销售不符合安全标准食品案
——餐饮服务提供者制售添加亚硝酸盐腊肉制品行为的定性
………………………………………………………（68）

[第1536号]于某芳等人销售有毒、有害食品案
——如何区分适用禁止令与从业禁止 ………………（75）

[第1537号]李某博等人生产、销售有毒、有害食品案
——如何准确认定涉案产品系假药还是有毒、有害食品 ……（82）

[第1538号]杨某阁销售有毒、有害食品案
——刑事附带民事食品公益诉讼中惩罚性赔偿的适用 ……（90）

[第1539号]邱某其、邱某森、邱某后盗窃和销售有毒、有害食品案
——使用有毒物质偷盗他人土狗,后将含有有毒物质的土狗
销售给他人牟利的行为定性 ………………………（100）

[第1540号]纪某奖生产、销售有毒、有害食品案
——有毒、有害非食品原料的认定及危害食品安全犯罪刑事
附带民事公益诉讼中惩罚性赔偿的适用 ……………（107）

[第1541号]姜某起等人生产、销售不符合安全标准的食品案
　　——食品安全法对从业禁止已有相关规定，人民法院是否再裁判宣告从业禁止 ………………………………………（114）

[第1542号]上海嘉外国际贸易有限公司及刘某刚销售伪劣产品案
　　——如何准确认定对外销售时间、保质期计算时间及单位犯罪 ……………………………………………………（120）

【立法、司法规范及其理解与适用】

中华人民共和国农产品质量安全法
　　（2022年9月2日）………………………………………（128）

中华人民共和国食品安全法
　　（2021年4月29日）……………………………………（148）

农药管理条例
　　（2022年3月29日）……………………………………（193）

生猪屠宰管理条例
　　（2021年6月25日）……………………………………（211）

兽药管理条例
　　（2020年3月27日）……………………………………（222）

中华人民共和国食品安全法实施条例
　　（2019年3月26日）……………………………………（240）

饲料和饲料添加剂管理条例
　　（2017年3月1日）………………………………………（256）

中共中央　国务院
　关于深化改革加强食品安全工作的意见
　　（2019年5月9日）………………………………………（273）

最高人民法院　最高人民检察院
　关于办理危害食品安全刑事案件适用法律若干问题的解释
　　（2021年12月30日）……………………………………（288）

《最高人民法院、最高人检察院关于办理危害食品安全刑事案件
  适用法律若干问题的解释》的理解与适用
    ·················· 安翱 高雨 肖凤（296）
农业农村部 国家卫生健康委员会 国家市场监督管理总局
  食品安全国家标准 食品中41种兽药最大残留限量
  （2022年9月20日）·················（308）
国家卫生健康委员会 国家市场监督管理总局
  食品安全国家标准 食品中污染物限量
  （2022年6月30日）·················（330）
农业农村部
  关于修订《人畜共患传染病名录》的公告
  （2022年6月23日）·················（354）
国家市场监督管理总局 国家标准化管理委员会
  畜禽肉水分限量
  （2020年12月24日）················（355）
农业农村部
  食品动物中禁止使用的药品及其他化合物清单
  （2019年12月27日）················（361）
国家食品药品监督管理局办公室
  关于发布保健食品中可能非法添加的物质名单（第一批）的通知
  （2012年3月16日）·················（363）
卫生部
  关于公布食品中可能违法添加的非食用物质和易滥用的
    食品添加剂名单（第六批）的公告
  （2011年6月1日）··················（365）
食品中可能违法添加的非食用物质和易滥用的食品
  添加剂名单（第1—5批汇总）
  （2011年4月19日）·················（366）

卫生部

 关于进一步规范保健食品原料管理的通知

  （2002年2月28日） ……………………………………（373）

【实务探讨】

关于危害食品安全犯罪案件审理情况的调研报告

 ——以福建法院2017年至2022年4月的审理数据为样本

 ………………………福建省高级人民法院刑二庭课题组（377）

关于审理危害食品药品安全犯罪的调研报告

 ………………………山东省高级人民法院刑一庭课题组（395）

食品安全领域公益诉讼探索研究

 ——以江苏省宿迁市2019—2022年危害食品安全

  刑事案件为样本 ………………… 孙　泳　吴　凡（412）

行政执法与刑事司法的双向衔接研究

 ——以食品安全案件移送为视角 ………………周佑勇（422）

【指导案例】

[第 1525 号]

周某峰生产、销售有毒、有害食品案

——在豆芽制发过程中添加兽用抗菌药行为如何定性

一、基本案情

被告人周某峰，男，1979 年×月×日出生。2020 年 3 月 26 日被取保候审，同年 11 月 17 日被逮捕。

浙江省平阳县人民检察院指控被告人周某峰犯生产、销售有毒、有害食品罪，向浙江省平阳县人民法院提起公诉。

被告人周某峰对指控的事实、罪名及量刑建议没有异议。辩护人提出，周某峰具有自首情节及立功表现，自愿认罪认罚，建议对其从轻处罚。

平阳县人民法院经审理查明：2019 年 9 月，被告人周某峰在平阳县霞峰农业有限公司内生产用于销售的黄豆芽过程中，私自添加含有恩诺沙星成分的防腐产品。同月 20 日，该黄豆芽被查获。经检测，查获的两批黄豆芽内的恩诺沙星成分分别为 4730 微克/千克、2950 微克/千克。上述两批黄豆芽共计 6600 千克已于同月 27 日以压榨填埋方式销毁。同年 11 月 4 日，周某峰到平阳县公安局投案。2020 年 7 月 12 日，周某峰协助公安机关抓获犯罪嫌疑人一名。

平阳县人民法院认为,被告人周某峰在生产、销售食品过程中非法添加有毒、有害物质,其行为已构成生产、销售有毒、有害食品罪。鉴于周某峰有自首情节和立功表现,自愿认罪认罚,予以从轻处罚。依照刑法第一百四十四条、第六十七条第一款、第六十八条和第六十四条之规定,判决如下:被告人周某峰犯生产、销售有毒、有害食品罪,判处有期徒刑八个月,并处罚金人民币二万元。

一审宣判后,被告人周某峰提出上诉,浙江省温州市中级人民法院经依法审理,裁定驳回上诉,维持原判。

二、主要问题

在豆芽制发过程中添加兽用抗菌药的行为应当如何认定?

三、裁判理由

在本案审理过程中,对被告人周某峰的行为如何定性,存在两种不同的意见。

第一种意见认为,周某峰的行为构成生产、销售不符合安全标准的食品罪。理由是:豆芽属于食用农产品,将允许用于食用动物养殖的喹诺酮类抗菌药恩诺沙星用于豆芽生产这一农产品种植过程,属于超范围滥用兽药,根据2013年《最高人民法院、最高人民检察院关于办理危害食品安全刑事案件适用法律若干问题的解释》(法释〔2013〕12号,以下简称2013年《办理食品案件解释》)第八条第二款的规定,应以生产、销售不符合安全标准的食品罪定罪处罚。

第二种意见认为,周某峰的行为构成生产、销售有毒、有害食品罪。理由是:无论豆芽属于加工食品,还是属于食用农产品,在豆芽生产过程中添加兽药恩诺沙星的行为,都属于掺入有毒、有害的非食品原料,根据2013年《办理食品案件解释》第九条的规定,应以生产、销售有毒、有害食品罪定罪处罚。

我们赞同第二种意见，理由如下。

(一) 豆芽属于加工食品还是食用农产品，国家层面尚无统一认定

危害食品安全犯罪具有特殊的犯罪对象，那就是涉案物品属于食品。刑法虽没有对食品概念进行界定，但危害食品安全犯罪属于行政犯罪，其构成要素的判断应当参照行政法的规定，因此刑法中的食品概念与食品安全法中的食品应当具有同一性。根据食品安全法第一百五十条的规定，食品指各种供人食用或者饮用的成品和原料以及按照传统既是食品又是中药材的物品，但是不包括以治疗为目的的物品。根据食品安全法第二条第二款的规定，供食用的源于农业的初级产品（食用农产品）的质量安全管理应遵守农产品质量安全法的规定，但是，食用农产品的市场销售、有关质量安全标准的制定、有关安全信息的公布，则应遵守食品安全法的规定。根据农产品质量安全法第二条的规定，农产品是指来源于农业的初级产品，即在农业活动中获得的植物、动物、微生物及其产品。这里的农产品，与食品安全法中规定的食用农产品是同一概念。2013 年《办理食品案件解释》使用了食用农产品的表述。①

比较食品和食用农产品的概念界定，食品既包括成品，也包括原料，而食用农产品则突出了"来源于农业"和"初级产品"的概念，因此食品包含食用农产品，两者是包含与被包含关系。实际上，我们通常所说的，区别于食用农产品的食品是指加工食品。一般来讲，加工食品和食用农产品较易区分，但豆芽是个特例，实践中对于豆芽是属于食用农产品还是加工食品，豆芽制发属于食品加工还是农业种植，存在较大争议。

---

① 自 2022 年 1 月 1 日起施行的《最高人民法院、最高人民检察院关于办理危害食品安全刑事案件适用法律若干问题的解释》（法释〔2021〕24 号，以下简称 2022 年《办理食品案件解释》）也使用了食用农产品的表述。

《卫生部关于制发豆芽不属于食品生产经营活动的批复》（卫监督发〔2004〕212号）指出，豆芽的制发属于种植生产过程，不属于食品加工；《国家质检总局关于对豆芽生产环节监管意见的复函》（质检办食监函〔2009〕202号）明确，豆芽属于食用农产品；《农业部办公厅关于豆芽制发有关问题的函》（农办农函〔2014〕13号）强调，豆芽属于豆制品，其制发过程不同于一般农作物的种植活动，生产经营应符合食品安全法的相关规定。2014年11月，农业部、食品药品监管总局签署《农业部、食品药品监管总局加强食用农产品质量安全全程监管合作协议》，按照该协议，在食品安全属地管理的原则下，在省级及省级以下层面，由同级地方人民政府根据当地豆芽生产经营实际和监管机构设置情况，合理确定豆芽监管部门及其职责分工，并报农业部、食品药品监管总局和有关部门备案。

由此可见，国家层面并未对豆芽属于加工食品还是食用农产品进行统一认定，而是将认定权限下放到各省。在本案案发地浙江省，豆芽由食品药品监管部门负责管理，主要原因在于，绝大多数豆芽生产企业规模较小，追溯豆芽制品信息有一定难度，一般将豆芽生产企业纳入食品小作坊进行管理，与小餐饮店、小食杂店、食品摊贩一样。因此，本案涉及的豆芽，无论是质量安全管理还是质量安全标准，均按照食品安全法对加工食品的要求进行监管。

（二）在豆芽制发过程中添加兽药恩诺沙星的行为不构成生产、销售不符合安全标准的食品罪

生产、销售不符合安全标准的食品罪和生产、销售有毒、有害食品罪是危害食品安全犯罪的两个基本罪名，为进一步区分两罪，2013年《办理食品案件解释》第八条明确了食品滥用添加行为的规定，[①]即在食

[①] 2022年《办理食品案件解释》将2013年《办理食品案件解释》第八条的规定调整为第五条，对于滥用添加行为的定性处理继续沿用了2013年《办理食品案件解释》的规定。

品加工、销售等过程中超限量或者超范围滥用添加食品添加剂，或者在食用农产品种植、养殖等过程中超限量或者超范围滥用添加剂、农药、兽药等，足以造成严重食物中毒事故或者其他严重食源性疾病的，依照生产、销售不符合安全标准的食品罪定性处理；第九条明确了食品非法添加行为的规定，即在食品加工、销售等过程中掺入有毒、有害的非食品原料，或者在食用农产品种植、养殖等过程中使用禁用农药、兽药等禁用物质或者其他有毒、有害物质的，依照生产、销售有毒、有害食品罪定性处理。

根据上述规定，对于"超范围"滥用添加行为，应依照生产、销售不符合安全标准的食品罪定罪处罚。涉案恩诺沙星，属于喹诺酮类药物，是一类人工合成的广谱抗菌药，用于治疗动物的皮肤感染、呼吸道感染等，是动物专属用药。《食品安全国家标准 食品中兽药最大残留限量》（GB 31650—2019）规定，恩诺沙星可用于牛、羊、猪、兔、家禽（产蛋期禁用）、鱼及其他动物，并区分动物肌肉、脂肪、肝、肾、皮，规定了100微克/千克至300微克/千克不等的最高残留限量。食用恩诺沙星含量超标的动物制品，可能会出现腹痛、腹泻、呕吐、头疼、皮肤瘙痒等，长期食用将导致该物质在人体内积蓄，还可能使人体产生耐药性，给人体健康带来诸多危害。对于在食品动物养殖等过程中超限量或者超范围使用恩诺沙星，动物肉类制品中含有严重超出标准限量的兽药残留的，可以按照生产、销售不符合安全标准的食品罪定罪处罚。

需要注意的是，对于食用农产品"超范围"滥用添加行为的认定，要注意把握"超范围"的外延。根据农产品质量安全法的规定，食用农产品既包括食用植物，也包括食品动物，在认定食用农产品的"超范围"滥用添加行为时，应当区分食用植物和食品动物，把握各自"超范围"的外延，而不能将食用植物种植过程中使用兽药或者食品动物养殖过程中使用农药的行为，也解释为"超范围"滥用添加行为。因此，即使在认定豆芽属于食用农产品的地方，因豆芽属于食用植物，而非食品动物，在豆芽制发过程中使用兽药的行为，也不属于 2013 年《办理食品案件解释》第八条第二款规定的"超范围"滥用添加行为。第一种意见缺乏对"超范围"一词的正确界定。

（三）在豆芽制发过程中添加兽药恩诺沙星的行为构成生产、销售有毒、有害食品罪

根据刑法第一百四十四条的规定，在生产、销售的食品中掺入有毒、有害的非食品原料，或者销售明知掺有有毒、有害的非食品原料的食品的，按照生产、销售有毒、有害食品罪定罪处罚。因此，构成生产、销售有毒、有害食品罪，要求食品中掺入"有毒、有害的非食品原料"。根据 2013 年《办理食品案件解释》第二十条①的规定，应当认定为"有毒、有害的非食品原料"的物质包括：法律法规禁止在食品生产经营活动中添加、使用的物质；国务院有关部门公布的《食品中可能违法添加的非食用物质名单》《保健食品中可能非法添加的物质名单》上的物质；国务院有关部门公告禁止使用的农药、兽药以及其他有毒、有害物质；其他危害人体健康的物质。

根据上述规定，"有毒、有害的非食品原料"要同时满足"有毒、有害"和"非食品原料"两个条件，即因危害人体健康被禁止在食品、食用农产品中添加、使用的物质。同时，"有毒、有害的非食品原料"难以确定的，2013 年《办理食品案件解释》第二十一条②规定，司法机关可以根据检验报告并结合专家意见等相关材料进行认定。必要时，人民法院可以依法通知有关专家出庭作出说明。司法实践中，"有毒、有害的非

---

① 2022 年《办理食品案件解释》将 2013 年《办理食品案件解释》第二十条的规定调整到第九条，并增加了"因危害人体健康"被禁用的限制性规定，强调对"禁用物质"要进行"有毒、有害"的实质性判断。

② 2022 年《办理食品案件解释》将 2013 年《办理食品案件解释》第二十一条的规定调整到第二十四条，并对个别表述进行了修改，修改后的表述为："……司法机关可以依据鉴定意见、检验报告、地市级以上相关行政主管部门组织出具的书面意见，结合其他证据作出认定。必要时，专门性问题由省级以上相关行政主管部门组织出具书面意见。"

食品原料"难以确定,一般是指某种"非食品原料"的毒害性不明。对于毒害性明确的"非食品原料",可以直接认定为"有毒、有害的非食品原料"。

本案中,涉案恩诺沙星虽不属于2013年《办理食品案件解释》第二十条"黑名单"中的物质,但恩诺沙星系兽药,无论豆芽被认定为食品还是食用农产品,均属于禁止在食品和食用植物中添加、使用的"非食品原料",且毒害性明确,因此,恩诺沙星被用于食品、食用植物的生产、种植、销售、运输、贮存等环节时,可以被认定为"有毒、有害的非食品原料"。被告人周某峰在豆芽制发过程中使用兽药恩诺沙星作为抗菌剂,经检测,查获的两批黄豆芽的恩诺沙星成分分别高达4730微克/千克、2950微克/千克,而且周某峰的作坊经营时间长、豆芽产量大、辐射地域广,其行为具有刑事可罚性。

综上,一审、二审法院对被告人周某峰在豆芽制发过程中非法添加兽药恩诺沙星的行为,以生产、销售有毒、有害食品罪定罪处罚是准确的。

(撰稿:浙江省温州市中级人民法院 涂凌芳
审编:最高人民法院刑一庭 孙长山)

[第 1526 号]

邹某智生产、销售不符合安全标准的食品案

——非法销售河豚鱼及其制品的行为定性

一、基本案情

被告人邹某智，男，1970 年×月×日出生。2015 年 3 月 31 日被刑事拘留，同年 4 月 7 日被取保候审。

福建省长乐市人民检察院指控被告人邹某智犯生产、销售不符合安全标准的食品罪，向福建省长乐市人民法院提起公诉。

被告人邹某智对指控的事实及罪名没有异议。辩护人提出：案发后邹某智积极赔偿被害人损失，并取得了谅解，归案后能如实供述，且愿意缴纳罚金，认罪态度较好，建议对其从轻处罚并适用缓刑。

长乐市人民法院经审理查明：被告人邹某智系经营干货的个体户。2014 年 12 月 24 日，邹某智在其经营的摊位，将 2.4 千克河豚鱼干以 240 元销售给陈某美。当晚，陈某美之母李某姬食用上述河豚鱼干后，出现呕吐、头晕、乏力及四肢、口周麻木等症状，被送医救治。经福建省产品质量检验研究院检验，上述河豚鱼干的河豚毒素含量为 22.9 毫克/千克。次日李某姬病愈出院。

长乐市人民法院认为，河豚鱼及其制品含有河豚毒素，食品安全风险较大，国家食品药品监督管理部门相关文件明确规定，其属于国家为

防控疾病等特殊需要明令禁止生产、销售的食品。被告人邹某智明知国家禁售规定，仍违法销售含有河豚毒素的河豚鱼干，足以造成严重食物中毒事故或者其他严重食源性疾病，其行为构成销售不符合安全标准的食品罪。邹某智到案后如实供述自己的罪行，且案发后积极赔偿被害人的经济损失，并取得谅解，综合考虑邹某智犯罪的性质、事实、情节及社会危害程度，认为其犯罪情节轻微不需要判处刑罚。据此，依照刑法第一百四十三条、第六十七条第三款、第三十七条及《最高人民法院、最高人民检察院关于办理危害食品安全刑事案件适用法律若干问题的解释》（法释〔2013〕12号，以下简称2013年《办理食品案件解释》）第一条第三项之规定，① 判决如下：被告人邹某智犯销售不符合安全标准的食品罪，免予刑事处罚。

一审判决后，被告人邹某智未提出上诉，检察机关未提出抗诉。判决已发生法律效力。

二、主要问题

（1）非法销售河豚鱼及其制品，能否认定为销售"国家为防控疾病等特殊需要明令禁止生产、销售的食品"？

（2）对生产、销售"国家为防控疾病等特殊需要明令禁止生产、销售的食品"，如何把握行政处罚与刑事入罪的界限？

三、裁判理由

根据刑法第一百四十三条关于生产、销售不符合安全标准的食品罪的相关规定，成立该罪首先要满足"足以造成严重食物中毒事故或者其他严重食源性疾病"这一法定危险要件。对邹某智的行为是否满足上述

---

① 内容同自2022年1月1日起施行的《最高人民法院、最高人民检察院关于办理危害食品安全刑事案件适用法律若干问题的解释》（法释〔2021〕24号，以下简称2022年《办理食品案件解释》）第一条第三项。

要件，审理过程中形成两种意见。

第一种意见认为，在案证据无法认定邹某智的行为"足以造成严重食物中毒事故或者其他严重食源性疾病"。具体理由为：(1)医院对李某姬的诊断意见为"河豚鱼中毒？低钠血症"，无法确认其中毒症状系食用涉案河豚鱼干所导致。(2)在案检验报告仅载明涉案河豚鱼干河豚毒素含量为22.9毫克/千克，并未就是否足以"造成严重食物中毒事故或者其他严重食源性疾病"出具认定意见。(3)根据2013年《办理食品案件解释》第一条第三项之规定，生产、销售属于国家为防控疾病等特殊需要明令禁止生产、销售的食品，应当认定"足以造成严重食物中毒事故或者其他严重食源性疾病"，但将河豚鱼认定为上述食品的依据不足。

第二种意见认为，邹某智所售河豚鱼干属于国家为防控疾病等特殊需要明令禁止生产、销售的食品，应当认定为"足以造成严重食物中毒事故或者其他严重食源性疾病"。

我们赞同第二种意见，具体分析如下。

(一) 非法销售的河豚鱼属于"国家为防控疾病等特殊需要明令禁止生产经营的食品"

河豚为有毒鱼类。河豚所含河豚毒素对人的致死量为6—7微克/千克，0.5毫克河豚毒素即可使70千克的成人中毒死亡。河豚毒素化学性质稳定，日晒、盐腌及一般烹调手段均不能使其受到破坏。[①] 从近年来原国家卫计委发布的全国食物中毒事件的通报情况看，因食用河豚鱼、河豚鱼干中毒的情况时有发生。基于此，国家食药监督管理部门等多次下发通知禁止河豚鱼的生产经营。

2011年1月10日国家食品药品监管局下发的《关于经营河豚鱼导致食物中毒案件行政处罚的有关事项的通知》(食药监办食函〔2011〕12号)明确要求，餐饮服务提供者经营河豚鱼导致食物中毒，其行政处罚

[①] 参见黄光照主编：《法医毒理学》，人民卫生出版社2005年版，第251页。

适用2009年食品安全法第八十五条第八项，按生产经营国家为防病等特殊需要明令禁止生产经营的食品论处。同年6月9日，国家食品药品监管局办公室印发《关于餐饮服务提供者经营河豚鱼有关问题的通知》（食药监办食函〔2011〕242号）进一步强调，严禁任何餐饮服务提供者加工制作鲜河豚鱼。对经营河豚鱼的，依照2009年食品安全法第八十五条的规定进行处罚。

2013年，国务院对食品监管的机构职能进行调整后，新成立的国家食品药品监管总局对食品生产经营环节进行全程监管。2015年食品安全法修订实施后，国家食品药品监管总局将禁止经营河豚鱼的范围从餐饮环节延审到流通环节。2015年10月15日，《国家食品药品监管总局办公厅关于流通环节是否允许销售河豚鱼有关问题的复函》（食药监办食监二函〔2015〕624号）明确：河豚鱼含有河豚毒素，尽管不同品种河豚毒素差异明显，但其食用安全风险均较大。河豚鱼属于2015年食品安全法第三十四条禁止经营不符合食品安全要求的食品，在河豚鱼相关安全标准发布之前，禁止食品经营者销售河豚鱼；对销售河豚鱼的，依照2015年食品安全法第一百二十四条的规定处罚。

2016年9月22日，农业部办公厅、国家食品药品监管总局办公厅下发《关于有条件开放养殖红鳍东方鲀和养殖暗纹东方鲀加工经营的通知》（农办渔〔2016〕53号），有条件开放了两个河豚品种的生产经营。但该通知从鱼源基地、加工设备、技术人员、制度规范等方面，对养殖加工企业作了严格的要求，并明确河豚产品的河豚毒素含量不得超过2.2毫克/千克。

综上，国家食品药品监管局2011年通知明确，对经营河豚鱼的行为，按生产经营国家为防病等特殊需要明令禁止生产经营的食品论处。2016年9月，国家有条件开放了部分河豚鱼的加工经营，但本案显然不符合开放经营的相关情形。因此，被告人邹某智销售的河豚鱼干属于"国家为防控疾病等特殊需要明令禁止生产经营的食品"。

需要说明的是，关于禁止生产经营的食品的规定，2015年食品安全法第三十四条对2009年食品安全法进行了修改完善，其中第三十四条第十二项保留了"国家为防病等特殊需要明令禁止生产经营的食品"的内容，同时第三十四条第二项在原有"致病性微生物、农药残留、兽药残留、重金属、污染物质以及其他危害人体健康的物质含量超过食品安全标准限量的食品"的基础上将"生物毒素"增加规定为污染物质的列举项。生物毒素，一般是指各种生物（包括动物、植物、微生物）产生的有毒物质，又称天然毒素。河豚毒素属于生物毒素。因此，即便对于具有加工经营河豚鱼资质的主体，一旦河豚产品的河豚毒素超标，仍然属于国家禁止生产经营的食品。

（二）销售的河豚鱼河豚毒素严重超出标准限量，应当认定为"足以造成严重食物中毒事故或者其他严重食源性疾病"

对非法销售国家为防控疾病等特殊需要明令禁止生产、销售的食品的行为是否一概入罪，存在两种不同意见。

第一种意见认为，根据2013年《办理食品案件解释》第一条第三项之规定，该情形应认定为刑法第一百四十三条规定的"足以造成严重食物中毒事故或者其他严重食源性疾病"，即满足生产、销售不符合安全标准的食品罪的危险要件，为了体现国家从严打击食品犯罪的刑事政策，对该行为应一概入罪。

第二种意见认为，实践中此类行为的社会危害性不宜一概而论，食品安全法第一百二十三条第一款规定了此类情形的行政处罚，故实践中应区分情况，不宜一概入罪处理。

我们赞同第二种意见。理由为：为便于实践操作，2013年《办理食品案件解释》基于危害食品安全刑事案件的特点，转换了以往生产、销售不符合安全标准的食品罪的认定思路，采取列举的方式将实践中具有高度危险的一些典型情形予以类型化，将原本属于个案认定的问题置换为规则认定问题，明确只要具有法定情形之一的，即可直接认定为"足以造成严重食物中毒事故或者其他严重食源性疾病"，从而有效实现了证据事实与待证事实之间的对接。2013年《办理食品案件解释》第一条规定："生产、销售不符合食品安全标准的食品，具有下列情形之一的，应当认定为刑法第一百四十三条规定的'足以造成严重食物中毒事故或者其他严重食源性疾病'：……（三）属于国家为防控疾病等特殊需要明令禁止生产、销售的……"但生产、销售不符合安全标准的食品罪的入罪前提要达到法定的危险标准，故成立该罪需要根据行为当时的具体情况判断是否存在现实的危险。就非法销售河豚鱼的行为而言，宜从销售金额、毒素含量、行为后果等方面综合判断行为对法益侵害的危险程度，为此类行为设置一定的入罪门槛，以突出刑事打击重点，并与食品安全法中的违法行为拉开距离，为行政处罚留出空间。

本案中，被告人邹某智销售河豚鱼干2.4千克，所售河豚鱼干河豚毒素含量为22.9毫克/千克，该检测结果已超出河豚产品河豚毒素限量标准的十倍，其销售行为存在具体现实危险，故对邹某智的行为宜入罪处理。

（撰稿：福建省高级人民法院　刘　震
审编：最高人民法院刑一庭　孙长山）

[第 1527 号]

吴某凤等人销售有毒、有害食品案

——将添加西布曲明等非食品原料的减肥产品作为"赠品"捆绑其他物品出售行为的定性及销售数额的认定

一、基本案情

被告人吴某凤,女,1989年×月×日出生。2019年5月24日被逮捕。(其他被告人基本情况略。)

江苏省无锡市新吴区人民检察院指控被告人吴某凤等人犯销售有毒、有害食品罪,向江苏省无锡市新吴区人民法院提起公诉。

被告人吴某凤及其辩护人提出,公诉机关指控的销售金额有误,因涉案产品系"赠品",故销售金额应为零元。

无锡市新吴区人民法院经审理查明:

2015年起,被告人吴某凤通过微信等网络平台从事减肥产品的销售活动,并在销售过程中逐步发展下线人员,扩大影响力,建立起了人数众多、层级分明的微商销售团队,共同进行减肥产品的宣传、推广和销售。为实现对该微商销售团队的有效管理,吴某凤制定了代理晋升、统一价格、惩罚机制等一系列严格的规章制度。2016年至2017年间,被告人张某苹、张某香等十一人相继加入吴某凤的微商销售团队,并先后晋升为董事,协助吴某凤进行减肥产品的宣传、推广和销售。

2017年10月起，被告人吴某凤及其微商销售团队在明知"赠品"中掺有有毒、有害非食品原料的情况下，仍将掺有有毒、有害非食品原料的"赠品"与其他未掺有有毒、有害非食品原料的"主产品"按1∶1的比例捆绑搭售，并频繁更换"主产品"经销厂家及品牌名称。

2018年9月至2019年3月间，被告人吴某凤作为该微商销售团队的创始人，采用捆绑搭配的销售模式向董事等各层级代理及消费者销售上述掺有有毒、有害非食品原料的"赠品"76万余瓶，销售金额共计5000余万元。被告人张某苹、张某香等十一人在明知上述"赠品"中掺有有毒、有害非食品原料的情况下，协助吴某凤将上述物品予以销售。2019年3月8日，吴某凤等九人被公安机关抓获归案，龙某冰等3人到公安机关投案。经江苏省无锡市药品安全检验检测中心检测，查获的"赠品"中均检出西布曲明、酚酞或西地那非成分。

无锡市新吴区人民法院经审理认为，被告人吴某凤等人采用将掺有有毒、有害非食品原料的"赠品"与未检出有毒、有害成分的"主产品"捆绑搭配的模式进行销售，从表面来看，"赠品"未单独销售，也无独立标价，价格为零元，但该销售模式的实质是以合法手段掩盖非法目的，被告人是借销售"主产品"之名，行销售"赠品"之实。在此情况下应当将捆绑搭售的"主产品"的价格认定为销售单价。吴某凤伙同被告人张某苹等人，销售明知掺有有毒、有害的非食品原料的食品，销售金额均达50万元以上，其行为均已构成销售有毒、有害食品罪，属"有其他特别严重情节"，且系共同犯罪。依照刑法第一百四十四条、第一百四十一条第一款、第二十五条第一款、第二十六条第一款和第四款、第二十七条、第六十七条第一款和第三款、第六十四条，刑事诉讼法第十五条及2013年《最高人民法院、最高人民检察院关于办理危害食品安全刑事案件适用法律若干问题的解释》第七条、第二十条之规定，判决如下：被告人吴某凤犯销售有毒、有害食品罪，判处有期徒刑十三年，并处罚金人民币一千四百万元。

一审宣判后,被告人吴某凤提出上诉。

江苏省无锡市中级人民法院经审理认为,被告人吴某凤等人虽对外宣称含有有毒、有害成分的"草莓糖"等为"赠品",但本案中起到减肥效果的均系上述"赠品",采用这种搭配销售的方式是因为行为人知晓该"赠品"内存在有毒、有害成分,通过上述手段来规避法律制裁,故应当以捆绑搭配的整套产品的销售价格来认定本案的销售金额。原审判决认定的事实清楚,证据确实、充分,适用法律正确,量刑适当,审判程序合法,应予维持。依照刑事诉讼法第二百三十六条第一款第一项之规定,裁定驳回上诉,维持原判。

二、主要问题

(1)被告人销售检出西布曲明、酚酞或西地那非成分的非药品减肥产品的行为如何定性?

(2)被告人以捆绑搭售"赠品"的方式销售有毒、有害食品,所谓的"主产品"未检测出有毒、有害非食品原料,而有毒有害的"赠品"未独立标价,如何认定销售金额?

三、裁判理由

(一)被告人的行为构成销售有毒有害食品罪

经江苏省无锡市药品安全检验检测中心检测,本案查获、接收的所谓"赠品"中,均检出西布曲明、酚酞或西地那非成分。实践中,对于涉案行为的定性存在两种观点:第一种意见认为,涉案产品检出药物成分,实际也是其中的药物成分产生了减肥作用,故应以销售假药罪定罪处罚。第二种意见认为,非药品类减肥产品属于保健食品,销售的保健食品中检出药物成分,应以销售有毒、有害食品罪定罪处罚。

我们赞同第二种意见,主要理由如下。

1. 非药品类减肥产品属于食品监管范畴

食品和药品的本质区别在于是否以治疗为目的，是否具有适应症或功能主治等。根据药品管理法的规定，药品是指用于预防、治疗、诊断人的疾病，有目的地调节人的生理机能并规定有适应症或者功能主治、用法和用量的物质。本案中，涉案物品的包装上并未标明"药品成分"，也未标明"适应症或功能主治""用法和用量"，虽然添加药物成分，但属于非法添加，不能成为认定涉案产品属于药品的依据。

与此同时，食品安全法将保健食品作为一种特殊食品予以规定，减肥食品属于保健食品的一种，在《保健食品检验与评价技术规范》（2003年版，已失效）中将"减肥"作为保健食品27种"功能声称"中的一种。在《国家食品药品监管总局关于打击保健食品"四非"专项行动政策解读》中，将在生产减肥、辅助降血糖、缓解体力疲劳、辅助降血压等保健食品中非法添加药物的行为，认定为属于"四非"中"打击非法添加行为"情形之一。可见，在行政监管中，将不以治疗为目的，无相应"适应症或者功能主治、用法和用量的物质"，纳入食品监管范畴。

值得注意的是，不是所有的减肥类产品都是保健食品，对于经过国家批准，纳入药品管理的减肥药品（如奥利司他等），生产销售相应虚假产品的，依法构成生产、销售假药罪。

2. 涉案物质因危害人体健康被禁止使用

食品安全法第三十八条规定，生产经营的食品中不得添加药品。根据2013年《最高人民法院、最高人民检察院关于办理危害食品安全刑事案件适用法律若干问题的解释》（法释〔2013〕12号）第九条第三款规定，①在保健食品或者其他食品中非法添加国家禁用药物等有毒、有害物质的，以生产、销售有毒、有害食品罪定罪处罚。本案中，查获的"UU

---

① 本案审判时新司法解释尚未出台，新司法解释内容相同。《最高人民法院、最高人民检察院关于办理危害食品安全刑事案件适用法律若干问题的解释》（法释〔2021〕24号）第十一条第三款规定，在保健食品或者其他食品中非法添加国家禁用药物等有毒、有害的非食品原料的，以生产、销售有毒、有害食品罪定罪处罚。

糖""草莓糖""我的圆形糖""皮皮糖""Hello Kitty 糖"、绿色片剂、红色片剂,经无锡市药品安全检验检测中心检测,均检出西布曲明、酚酞或西地那非成分。其中,西地那非、西布曲明在国家食品药品监管局办公厅印发的《保健食品中可能非法添加的物质名单(第一批)》(食药监办保化〔2012〕33 号)中,酚酞属于《国家食品药品监督管理总局办公厅关于非法添加药品酚酞、氟西汀违法行为定性的复函》(食药监办食监三函〔2014〕235 号)认定的可能非法添加的非食用物质。

值得注意的是,《国家食品药品监督管理局关于停止生产销售使用西布曲明制剂和原料药的通知》(国食药监字〔2010〕432 号)认为,使用西布曲明可能增加严重心血管风险,减肥治疗的风险大于效益,明令停止西布曲明制剂和原料药在我国的生产、销售和使用,撤销其批准证明文件。《国家药监局关于注销酚酞片和酚酞含片药品注册证书的公告》(2021 年第 6 号)明确"酚酞片和酚酞含片存在严重不良反应,在我国生产风险大于获益",因而停止酚酞和酚酞含片在我国的生产、销售和使用,注销药品注册证书(药品批准文号)。我国虽未要求停止生产、销售和使用含西地那非成分的相关药品,但含西地那非成分的药品属于处方药,有适应症范围及用法用量的严格限制,使用不当可能会对人体健康造成严重威胁。为防止食品中非法添加西地那非等非食品原料,我国制定了《保健食品中西地那非和他拉达非的快速检测 胶体金免疫层析法》(KJ 201901),对声称具有抗疲劳、调节免疫等功能的保健食品中西地那非和他达拉非成分快速筛查。

可见,西布曲明、酚酞、西地那非均因危害人体健康而被列入在食品中可能非法添加的物质名单,属于有毒、有害的非食品原料。被告人吴某凤等人销售添加含有西布曲明、酚酞、西地那非成分的非药品减肥食品,应按照销售有毒、有害食品罪定罪处罚。

(二)应将被告人销售总金额认定为犯罪数额

本案中,被告人吴某凤等人采用将掺有有毒、有害非食品原料的

"赠品"与未检测出有毒、有害成分的"主产品"捆绑搭配的模式进行销售,犯罪手法较为隐蔽。审理中对犯罪数额的认定形成两种意见。第一种意见认为,被告人以"赠品"的形式销售有毒有害食品,系以合法手段掩盖非法目的,所谓的"主产品"属于犯罪成本,应以销售总额认定被告人的犯罪数额。第二种意见认为,涉案证据均证明检测出的有毒、有害食品系"赠品","赠品"的销售金额为零元,从存疑有利于被告的角度,难以认定被告人的销售金额。

我们赞同第一种意见,主要理由如下。

1. 涉案掺有药物成分的"赠品"系实质上的"主产品"

从涉案物品价格看,所谓"主产品"的价格为0.07元—0.12元/片,而所谓"赠品"的价格在0.3元/片。"主产品"与"赠品"按1∶1的比例搭配销售。可见,所谓的"赠品"价格远远高于所谓"主产品"价格。从涉案物品减肥效果看,该效果主要系由"赠品"中非法添加的西布曲明、酚酞或西地那非成分等有毒、有害的非食品原料产生,被告人吴某凤也曾在聊天群里明确表示,"有效果的是在瓶子里('赠品')",而所谓的"主产品"系正规的糖果、代餐粉、饮料等,并不能达到减肥效果。可见,被告人吴某凤等人系借"赠品"之名,行销售有毒、有害食品之实。

2. 涉案"主产品"系为规避打击而支出的犯罪成本

一般来说,犯罪成本是指行为人在实施犯罪的过程中直接投入的物力、财力等。本案中,被告人在明知"赠品"中掺有有毒、有害非食品原料的情况下,尤其是在知晓客户存在不良反应、有下级代理被查获、有下级代理自行送检检出西布曲明成分的情况下,采用捆绑搭售的模式,将有毒、有害食品作为"赠品"实施犯罪行为。被告人吴某凤明确提出,推出"瓶子"("赠品")和"铁盒子"(所谓的"主产品")搭配销售以规避风险,并反复强调不能宣传"赠品"、赠送"赠品"的行为不是销售行为等。在该销售模式中,未检测出有毒、有害非食品原料的所谓"主产品",只是被告人为掩人耳目的道具,因此产生的费用应视为被告人为实施犯罪而支出的犯罪成本，不应从销售金额中扣除。

3. 以整套产品价格认定销售金额更能达到不枉不纵、罚当其罪的效果

被告人通过捆绑搭配的销售模式，在长达四年的时间里，建立起了人数众多、层级分明、遍布全国的减肥产品微商销售团队。与传统的销售模式相比，该模式具有更强的隐蔽性，更易规避公安机关侦查。本案的犯罪行为持续时间长，受害者人数多，社会危害性大。经查实，涉案犯罪团伙销售金额高达5000余万元。被告人将有毒、有害食品以"赠品"的形式搭售，意欲形成"赠品"未独立标价售卖而销售单价为零元的假象，借以逃避法律制裁。本案中，因上游犯罪分子被抓获归案，被告人吴某凤购买的所谓"主产品"成本可以查清，但是我们仍认为不宜扣除。除上述理由外，还主要基于司法实践中如何有效惩罚犯罪考虑。即对于上家无法查清的情况，可能存在因无法扣除而导致案件无法认定的难题。因此，本案以整套产品价格认定销售数额既符合法律规定，也符合司法实际。

（撰稿：江苏省高级人民法院　周光旭

江苏省无锡市新吴区人民法院　周倩倩　许晓伟

审编：最高人民法院刑一庭　孙长山）

[第 1528 号]

吴某、何某兵生产、销售有毒、有害食品案

——循环加工、提炼并使用、销售"口水油"的行为定性

一、基本案情

被告人吴某,男,1982 年×月×日出生,重庆火锅云南野生菌火锅店实际经营者。2020 年 1 月 2 日被取保候审。

被告人何某兵,男,1975 年×月×日出生,重庆火锅云南野生菌火锅店厨师。2020 年 1 月 2 日被取保候审。

浙江省宁波市鄞州区人民检察院指控被告人吴某、何某兵犯生产、销售有毒、有害食品罪,向浙江省宁波市鄞州区人民法院提起公诉。

被告人吴某对指控的事实和罪名无异议。辩护人对指控的事实和罪名无异议,提出吴某有自首情节,认罪认罚,且系初犯、偶犯,建议对其判处缓刑。

被告人何某兵对指控的事实和罪名无异议。辩护人对指控的事实和罪名无异议,提出何某兵有自首情节,认罪认罚,涉案金额较小,建议对其判处缓刑。

宁波市鄞州区人民法院经审理查明:2019 年 9 月间,被告人吴某在宁波市鄞州区天童北路(位于宁波华贸外国语学校附近,该校招收小学、初中、高中学生)经营重庆火锅云南野生菌火锅店。经吴某默许,被告

人何某兵在该火锅店当厨师期间,将顾客吃剩的红汤火锅锅底经过过滤、加热、沉淀等方式循环加工提炼"食用油",并添加至火锅底料制成锅底对外销售。经查,当年9月的销售金额共计712元。2020年1月2日,吴某、何某兵主动到公安机关投案。

宁波市鄞州区人民法院经审理认为,被告人吴某、何某兵在中小学校园周边生产、销售的食品中添加有毒、有害的非食品原料,主要以未成年学生为销售对象,其行为均已构成生产、销售有毒、有害食品罪。鉴于吴某、何某兵具有自首情节,认罪认罚,根据二被告人的犯罪情节和悔罪表现,均可适用缓刑。依照刑法第一百四十四条、第二十五条第一款、第六十七条第一款、第七十二条第一款和第三款、第七十三条第二款和第三款,刑事诉讼法第十五条、第二百零一条,《最高人民法院、最高人民检察院关于办理危害食品安全刑事案件适用法律若干问题的解释》(法释〔2013〕12号)第九条第一款、第十七条之规定,判决如下:(1)被告人吴某犯生产、销售有毒、有害食品罪,判处有期徒刑八个月,缓刑一年二个月,并处罚金人民币四千元;(2)被告人何某兵犯生产、销售有毒、有害食品罪,判处有期徒刑六个月,缓刑一年,并处罚金人民币三千元。

一审宣判后,被告人吴某、何某兵均未上诉,检察机关亦未抗诉。判决已发生法律效力。

二、主要问题

循环加工、提炼并使用、销售"口水油"的行为应如何定性?

三、裁判理由

回收火锅店顾客吃剩的火锅底料,再加工之后分离出来的剩油,被人们形象地称为"口水油"。本案诉讼中,因有关机关并未委托司法鉴定部门对涉案火锅锅底油是否含有有毒、有害物质进行鉴定,二被告人在食品加工中提炼使用"口水油"并销售的行为是否构成犯罪，若构成犯罪应认定为何罪，存在两种不同意见。

第一种意见认为，本案中没有对涉案火锅锅底油是否含有有毒、有害物质进行鉴定，即没有证据证实涉案的火锅汤料含有有毒、有害物质，二被告人曾辩称，"口水油"按比例兑入新锅底的做法，并非为了获利，主要是火锅底料中加了这种"老油"味道会更好，"老油"可以起到一个类似酵母的作用，增加汤底的香味，二被告人没有犯罪故意，故二被告人的行为不构成生产、销售有毒、有害食品罪。如果二被告人的行为足以造成严重食物中毒或者其他严重食源性疾病，可以构成生产、销售不符合安全标准的食品罪。

第二种意见认为，"口水油"中积聚大量的有毒、有害物质，属于废弃食用油脂，应认定为有毒、有害的非食品原料，使用"口水油"加工食品并用于出售，构成生产、销售有毒、有害食品罪。

我们赞同第二种意见，具体理由如下。

（一）本案定性为生产、销售有毒、有害食品罪，具有充分的法律依据

1. "口水油"属于有毒、有害的非食品原料

食品安全法第三十四条规定，禁止生产经营用非食品原料生产的食品或添加食品添加剂以外的化学物质和其他可能危害人体健康物质的食品，或者用回收食品作为原料生产的食品。因此，他人食用后的剩余食物底料应禁止用于加工食品或再次在饮食中使用，剩余食物底料中的油脂属于废弃食用油脂。全国打击违法添加非食用物质和滥用食品添加剂专项整治领导小组发布的《食品中可能违法添加的非食用物质名单（第三批）》中明确将废弃食用油脂认定为非食用物质。2013年《最高人民法院、最高人民检察院关于办理危害食品安全刑事案件适用法律若干问

题的解释》（法释〔2013〕12号）第九条第一款也规定,① 在食品加工、销售、运输、贮存等过程中，掺入有毒、有害的非食品原料，或者使用有毒、有害的非食品原料加工食品的，依照刑法第一百四十四条的规定以生产、销售有毒、有害食品罪定罪处罚。

2. 提炼"口水油"属于"地沟油"犯罪

根据《最高人民法院、最高人民检察院、公安部关于依法严惩"地沟油"犯罪活动的通知》（公通字〔2012〕1号）中的规定，"地沟油"犯罪是指用餐厨垃圾、废弃油脂、各类肉及肉制品加工废弃物等非食品原料，生产、加工"食用油"，以及明知是利用"地沟油"生产、加工的油脂而作为食用油销售的行为。该通知明确了废弃油脂属于非食品原料，用废弃油脂生产加工的食用油属于"地沟油"。该通知也明确规定，对于利用"地沟油"生产"食用油"的，依照刑法第一百四十四条生产有毒、有害食品罪的规定追究刑事责任；明知是利用"地沟油"生产的"食用油"而予以销售的，依照刑法第一百四十四条销售有毒、有害食品罪的规定追究刑事责任。

综上，"口水油"作为废弃食用油脂，属于国家卫生主管机关明令禁止使用的非食用物质，且属于刑法第一百四十四条生产、销售有毒、有害食品罪规定的有毒、有害的非食品原料，使用"口水油"加工食品并用于出售的行为，构成生产、销售有毒、有害食品罪。

(二) 加工、提炼并使用、销售"口水油"具有严重的社会危害性

1. 使用"口水油"存在交叉污染、感染他人的可能

"口水油"中含有大量微生物，包括细菌和病毒，存在可能传播传染病的风险，造成交叉感染。如一些常见的结核杆菌、甲肝病毒、乙肝病

---

① 与自2022年1月1日起施行的《最高人民法院、最高人民检察院关于办理危害食品安全刑事案件适用法律若干问题的解释》（法释〔2021〕24号）第十一条第一款规定的内容一致。

毒等传染性病菌均可以通过唾液传播，携带上述病菌的客人食用后，火锅底料中有可能残存上述病菌，"口水油"经提炼后再次拿给新顾客消费，存在交叉污染、感染他人的可能性，由此可能对人体健康造成危害。本案中，二被告人在供述时也坦承"口水油"中含有客人的口水和病菌，极不卫生，不利于人体健康。

2. 提炼"口水油"过程中容易产生致癌物

"口水油"是过氧化值、酸价、水分严重超标的非食用油，可能含有黄曲霉毒素等毒性极大的生物毒素。"口水油"经过反复高温处理，会导致脂肪发生裂变，这个过程很容易产生慢性致癌物。人们长时间食用"口水油"，会破坏人的白血球和消化道黏膜，引起食物中毒，甚至会增加患癌风险，最终对人体健康造成严重危害。

（三）本案符合生产、销售有毒、有害食品罪的犯罪构成

1. 客体方面

本罪侵犯的客体是复杂客体，即国家对食品卫生的管理制度以及不特定多数人的身体健康权利。本案中，二被告人在火锅底料中掺入有毒、有害的非食品原料并进行出售的行为，违反了食品安全管理法规，并侵犯了不特定多数人的身体健康权。

2. 客观方面

本罪在客观方面主要表现为两种行为：一是行为人在生产、销售的食品中掺入有毒、有害的非食品原料的行为。如果掺入的物质虽属于非食品原料，但是属于允许在食品中添加、使用的物质，如防腐剂等食品添加剂，则不构成本罪；实施此类行为，足以造成严重食物中毒事故或者其他严重食源性疾病，可以生产、销售不符合安全标准的食品罪处理。二是行为人明知是掺有有毒、有害的非食品原料的食品而予以销售。"口水油"作为废弃食用油脂，是国家明令禁止使用的有毒、有害的非食用物质，本案二被告人在食品中掺入"口水油"的行为，属于在生产、销

售的食品中掺入有毒、有害的非食品原料，符合本罪的客观方面。同时，被告人经营的火锅店在学校附近，主要销售对象为学生，应依法从严惩处。生产、销售有毒、有害食品罪的成立不要求造成实际危害后果。

3. 主体方面

本罪的主体为一般主体，任何单位以及达到刑事责任年龄具有刑事责任能力的自然人均可构成本罪。本案被告人吴某作为涉案火锅店的实际经营者，被告人何某兵作为涉案火锅店的厨师，符合本罪的主体构成要件。

4. 主观方面

本罪在主观方面表现为故意，故意内容为在生产、销售的食品中掺入有毒、有害的非食品原料或者销售明知掺有有毒、有害的非食品原料的食品。行为人对生产、销售的有毒、有害食品可能会造成的严重后果则是持放任的心理态度。其动机一般是节省原料，降低成本，谋取暴利。但行为人的犯罪目的并非致人中毒或造成疾患。如果行为人在食品中掺入有毒、有害的物质是为了追求危害后果的发生，则已不是本罪的性质，而构成其他更为严重的犯罪。本案二被告人曾供述，"口水油"中含有客人的口水和病菌，极不卫生，火锅店使用"口水油"是为了吸引客源，增加食物美味度。因此，足以认定二被告人主观方面存在故意。

综上，被告人吴某、何某兵在经营火锅店过程中，将"口水油"添加至火锅锅底对外销售的行为，均已构成生产、销售有毒、有害食品罪。人民法院综合考虑二被告人在中小学校园周边经营火锅店，销售对象以学生为主，但同时销售金额较小，二被告人有自首情节、认罪认罚，故对二被告人适用缓刑。

（撰稿：浙江省宁波市鄞州区人民法院　俞露烟　苏家成

审编：最高人民法院刑一庭　孙长山）

[第1529号]

王某贞走私国家禁止进出口的货物、物品案

——直接向走私人非法收购并销售来自境外疫区的
肉类、肉类制品的行为定性

一、基本案情

被告人王某贞，男，1966年×月×日出生。2018年4月19日被取保候审，2020年4月15日被逮捕。

福建省南平市人民检察院指控被告人王某贞犯走私国家禁止进出口的货物、物品罪，向福建省南平市中级人民法院提起公诉。

被告人王某贞对指控的事实没有异议。辩护人提出，王某贞具有自首情节、认罪认罚，愿意缴纳罚金，社会危害性小，建议对其减轻处罚，判处缓刑。

南平市中级人民法院经审理查明：2017年8月11日至12月28日间，被告人王某贞在明知走私人黄某国（另案处理）销售的"大耳朵山羊"来自缅甸疫区，且在没有进口动植物检验检疫证明的情况下，先后29次直接向黄某国购买上述山羊55.4325吨，用国内活羊的动植物检验检疫证书混进南平市大禾屠宰场宰杀后，在南平市延平区胜利市场销售。案发后，王某贞主动投案，如实供述自己的罪行，愿意认罪认罚。

南平市中级人民法院认为，被告人王某贞以营利为目的，明知涉案

"大耳朵山羊"来自缅甸疫区，属于国家禁止进口的货物，仍直接向走私人非法收购，其行为已构成走私国家禁止进出口的货物、物品罪，且属情节严重。王某贞主动投案，如实供述自己的罪行，系自首，予以减轻处罚；王某贞认罪认罚，依法从宽处理。依照刑法第一百五十一条第三款、第一百五十五条第一项、第六十七条第一款、第五十二条、第五十三条第一款，《最高人民法院、最高人民检察院关于办理走私刑事案件适用法律若干问题的解释》第十一条第二款第一项、第二十条以及刑事诉讼法第十五条之规定，以走私国家禁止进出口的货物、物品罪，判处被告人王某贞有期徒刑三年六个月，并处罚金人民币二十万元。

一审宣判后，王某贞以原判量刑过重等为由提出上诉。

福建省高级人民法院经审理认为，上诉人王某贞直接向走私人非法收购国家禁止进口的货物，其行为构成走私国家禁止进出口的货物、物品罪，且属情节严重。涉案缅甸疫区山羊属于国家为防控疾病等特殊需要明令禁止生产、销售的食品，根据刑法第一百四十三条以及《最高人民法院、最高人民检察院关于办理危害食品安全刑事案件适用法律若干问题的解释》（法释〔2013〕12号）第一条第三项的规定，[1] 王某贞宰杀、销售上述山羊的行为构成生产、销售不符合安全标准的食品罪。上述两罪属牵连关系，择一重以前罪处罚。王某贞自动投案，如实供述自己的罪行，系自首，予以减轻处罚；王某贞认罪认罚，依法从宽处理。一审判决认定的事实清楚，证据确实、充分，定罪准确，量刑适当，审判程序合法。依照刑事诉讼法第二百三十六条第一款第一项之规定，裁定驳回上诉，维持原判。

---

[1] 内容同自2022年1月1日起施行的《最高人民法院、最高人民检察院关于办理危害食品安全刑事案件适用法律若干问题的解释》（法释〔2021〕24号）第一条第三项。

二、主要问题

直接向走私人非法收购并销售来自境外疫区的肉类、肉类制品的行为如何定性？

三、裁判理由

对于本案定性，存在三种不同意见：第一种意见认为，行为人构成走私禁止进出口的货物、物品罪；第二种意见认为，行为人构成生产、销售不符合安全标准的食品罪；第三种意见认为，行为人同时构成走私禁止进出口的货物、物品罪以及生产、销售不符合安全标准的食品罪，应择一重罪处理。我们赞同第三种意见。具体理由如下。

（一）王某贞的行为构成走私禁止进出口的货物、物品罪

根据1993年2月26日海关总署发布的《中华人民共和国禁止进出境物品表》，"有碍人畜健康的、来自疫区的以及其它能传播疾病的食品、药品或其它物品"属于禁止进境的物品。根据进出境动植物检疫法第五条第一款第二项的规定，国家禁止动植物疫情流行的国家和地区的有关动植物、动植物产品和其他检疫物进境。国家质量监督检验检疫总局于2006年5月17日下发《关于严防越南、缅甸口蹄疫传入我国的紧急通知》（国质检动函（2006）301号），内容为："2006年以来，越南、缅甸一些地区发生口蹄疫疫情。为防止疫情传入我国，保护我国畜牧业安全，禁止直接或间接从越南、缅甸输入偶蹄动物及其产品；禁止邮寄或旅客携带来自越南和缅甸的偶蹄动物及其产品进境，一经发现，一律作退回或销毁处理。对海关、边防等部门截获的非法入境的来自越南和缅甸偶蹄动物及其产品，一律在出入境检验检疫机构的监督下作无害化处理，不得擅自抛弃。"2018年3月1日，福建出入境检验检疫局向福州海关缉私局具函明确上述通知依然有效。可见，缅甸偶蹄动物"大耳朵山

羊"属于国家禁止进境的物品。①

根据刑法第一百五十五条第一款的规定,直接向走私人非法收购国家禁止进口物品的,以走私罪论处。本案中,王某贞明知收购的"大耳朵山羊"系缅甸走私进口,没有进口动植物检验检疫证明,属于国家禁止进口的物品,仍直接从走私人手中非法收购"大耳朵山羊"55.4325吨,其行为已构成走私国家禁止进出口的货物、物品罪,且属情节严重。

(二)王某贞的行为构成生产、销售不符合安全标准的食品罪

根据刑法第一百四十三条的规定,生产、销售不符合食品安全标准的食品,足以造成严重食物中毒事故或者其他严重食源性疾病的,构成生产、销售不符合安全标准的食品罪。2013年《最高人民法院、最高人民检察院关于办理危害食品安全刑事案件适用法律若干问题的解释》(法释〔2013〕12号)第一条规定:"生产、销售不符合食品安全标准的食品,具有下列情形之一的,应当认定为刑法第一百四十三条规定的'足以造成严重食物中毒事故或者其他严重食源性疾病':……(二)属于病死、死因不明或者检验检疫不合格的畜、禽、兽、水产动物及其肉类制品的;(三)属于国家为防控疾病等特殊需要明令禁止生产、销

---

① 值得指出的是,2021年12月14日最高人民法院、最高人民检察院、海关总署、公安部、中国海警局联合发布的《关于打击粤港澳海上跨境走私犯罪适用法律若干问题的指导意见》第一条规定:"非设关地走私进口未取得国家检验检疫准入证书的冻品,应认定为国家禁止进口的货物,构成犯罪的,按走私国家禁止进出口的货物罪定罪处罚。其中,对走私来自境外疫区的冻品,依据《最高人民法院、最高人民检察院关于办理走私刑事案件适用法律若干问题的解释》(法释〔2014〕10号,以下简称《解释》)第十一条第一款第四项和第二款规定定罪处罚。对走私来自境外非疫区的冻品,或者无法查明是否来自境外疫区的冻品,依据《解释》第十一条第一款第六项和第二款规定定罪处罚。"

售的……"①

由于案发时王某贞已将山羊销售完毕，在案没有充分证据认定王某贞所销售山羊为"检疫不合格"。但是，根据进出境动植物检疫法第五条第一款第二项规定及国家质量监督检验检疫总局下发的《关于严防越南、缅甸口蹄疫传入我国的紧急通知》精神，为防止疫情传播，我国禁止直接或间接从越南、缅甸输入偶蹄动物及其产品。2015年修正的动物防疫法第二十五条规定："禁止屠宰、经营、运输下列动物和生产、经营、加工、贮藏、运输下列动物产品：（一）封锁疫区内与所发生动物疫病有关的；（二）疫区内易感染的……"此外，该法第四条规定，口蹄疫为一类疫病，属于对人与动物危害严重，需要采取紧急、严厉的强制预防、控制、扑灭等措施的动物疫病。结合以上规定，口蹄疫属于对人与动物均具有严重危害的传染性疾病，为了防控疫情传播，我国不仅禁止疫区内与所发生动物疫病有关的动物及动物制品进境，而且禁止屠宰、经营、运输等。故涉案缅甸"大耳朵山羊"应认定为"国家为防控疾病等特殊需要明令禁止生产、销售的食品"，王某贞的行为构成生产、销售不符合安全标准的食品罪。涉案山羊具体销售金额虽未查清，但鉴于生产、销售不符合安全标准的食品罪没有要求入罪金额，故不影响成立该罪。

（三）王某贞的罪名选择及量刑

本案中，被告人王某贞存在向直接走私人购买禁止进出口的货物、物品和生产、销售不符合安全标准的食品两个犯罪行为，前后具有手段和目的的牵连关系，应择一重处理。依据刑法第一百五十一条第三款及

---

① 自2022年1月1日起施行的《最高人民法院、最高人民检察院关于办理危害食品安全刑事案件适用法律若干问题的解释》（法释〔2021〕24号）第一条规定："生产、销售不符合食品安全标准的食品，具有下列情形之一的，应当认定为刑法第一百四十三条规定的'足以造成严重食物中毒事故或者其他严重食源性疾病'：……（二）属于病死、死因不明或者检验检疫不合格的畜、禽、兽、水产动物肉类及其制品的；（三）属于国家为防控疾病等特殊需要明令禁止生产、销售的……"

相关司法解释的规定，走私来自境外疫区的动植物及其产品 25 吨以上，或者数额在 25 万元以上的，应当认定为"情节严重"。王某贞走私来自缅甸疫区的"大耳朵山羊"55.4325 吨，达到"情节严重"数额标准，对其所犯走私国家禁止进出口的货物、物品罪，应在五年以上有期徒刑幅度内量刑。王某贞走私进口"大耳朵山羊"后对外生产、销售，无证据证明造成"特别严重后果"，所犯生产、销售不符合安全标准的食品罪，对应的法定刑幅度为三年以上七年以下有期徒刑。两相对比，应对王某贞择一重以走私禁止进出口的货物、物品罪定罪处罚。

（撰稿：福建省高级人民法院　刘　震

审编：最高人民法院刑一庭　孙长山）

[第 1530 号]

上海谷润贸易有限公司、上海睿钧工贸有限公司、倪某钢非法经营案

——将工业用牛羊油销售给食用油生产企业的行为定性

一、基本案情

被告单位上海谷润贸易有限公司（以下简称谷润公司），住所地上海市青浦区浦仓路×号。

被告单位上海睿钧工贸有限公司（以下简称睿钧公司），住所地上海市青浦区浦仓路×号。

被告人倪某钢，男，1972年×年×月出生，系谷润公司法定代表人及睿钧公司实际经营者。2012年4月28日被逮捕。

上海市金山区人民检察院指控被告单位谷润公司、睿钧公司，被告人倪某钢犯销售伪劣产品罪，向上海市金山区人民法院提起公诉。

被告单位、被告人倪某钢及辩护人对指控的事实无异议，但提出所销售的工业用牛羊油在本质上与食用牛羊油相同，只是因检验检疫程序不同而作区分，而且有关部门出具的报告认为可以使用进口工业用牛羊油提炼食用牛羊油，上海仕明油脂有限公司（以下简称仕明公司）炼制的食用牛羊油经检测也符合国家卫生标准；被告单位及被告人倪某钢没有与仕明公司负责人顾某章共谋将进口工业用牛羊油提炼后对外销售，

其向仕明公司销售进口工业用牛羊油的行为未违反国家禁止性规定，新施行的相关司法解释因溯及力问题也不能适用于本案。因此，被告单位及被告人倪某钢的行为不构成销售伪劣产品罪，也不构成非法经营罪。

金山区人民法院经审理查明：被告单位谷润公司、睿钧公司分别成立于2003年、2004年，经营范围包括销售饲料、饲料原料和化工原料及产品等，二被告单位的实际经营人均为被告人倪某钢。仕明公司成立于2003年，经营范围为食用动物油脂（牛油），生产产品是食用精炼牛油，公司法定代表人为顾某章（另案处理）。

被告人倪某钢在经营被告单位谷润公司、睿钧公司期间，从澳大利亚、新西兰购入工业用牛羊油开展销售。2009年始，倪某钢将进口的工业用牛羊油在仕明公司进行储存、中转。其间，倪某钢与顾某章进行业务洽谈，双方就仕明公司购入涉案进口工业用牛羊油用于食用牛羊油生产的情况进行了沟通、交流。倪某钢也参观了仕明公司的生产车间等。倪某钢在明知仕明公司是一家专门生产食用牛羊油的食用油脂经营企业，且购入进口工业用牛羊油用于生产食用牛羊油的情况下，为牟利仍与顾某章达成购销协议，将二被告单位购入的工业用牛羊油销售给仕明公司用于食用牛羊油生产。2010年2月至2012年1月间，谷润公司、睿钧公司分别向仕明公司销售工业用牛羊油2833680千克、2706940千克，销售金额分别为1794万余元、1915万余元，合计3709万余元。仕明公司利用上述工业用牛羊油生产食用精炼牛羊油，并对外销售给相关食品企业。对于生产食用精炼牛羊油过程中分解出来的少量杂质、废料，由顾某章自行销售给相关化工企业。2012年3月22日，倪某钢主动向公安机关投案。

金山区人民法院认为，被告单位谷润公司、睿钧公司违反国家关于食品生产经营的禁止性规定，向仕明公司销售进口工业用牛羊油产品用于食用牛羊油生产，二被告单位的涉案金额分别为1794万余元、1915万余元，其行为均已构成非法经营罪，且均属"情节特别严重"。被告人倪某钢作为二被告单位直接负责的主管人员，也应当以非法经营罪追究刑事责任，且属"情节特别严重"。二被告单位及被告人倪某钢均系自首，可以从轻处罚。依照刑法第二百二十五条第四项、第二百三十一条、第六十七条第一款、第六十四条及《最高人民法院、最高人民检察院关于办理危害食品安全刑事案件适用法律若干问题的解释》（法释〔2013〕12号）第十一条第一款之规定，判决如下：（1）被告单位谷润公司犯非法经营罪，判处罚金人民币九百万元；（2）被告单位睿钧公司犯非法经营罪，判处罚金人民币一千万元；（3）被告人倪某钢犯非法经营罪，判处有期徒刑十三年，并处罚金人民币一百万元；（4）责令被告单位谷润公司、睿钧公司、被告人倪某钢于判决生效之日起十日内退缴违法所得并予以没收。

一审宣判后，二被告单位及被告人均提出上诉。上海市第一中级人民法院经审理，裁定驳回上诉，维持原判。

二、主要问题

将进口工业用牛羊油销售给食用油生产企业的行为如何定性？

三、裁判理由

食品安全关乎民生，舌尖安全无小事。少数违法犯罪分子利用非食品原料生产食品，司法机关既要对生产、销售环节进行查处，还需从源头上对明知用于食品生产仍提供非食品原料的行为依法进行打击。具体到本案，有以下四点需说明。

（一）进口工业用牛羊油不能用于食品生产

根据涉案产品进口工业用牛羊油的相关单据、检验材料、有关报告、被告人倪某钢的供述、证人孙某等人的证言等证据证实，被告单位谷润公司、睿钧公司从澳大利亚、新西兰购入的产品是"Inedible Tallow"，中文标签为"进口工业级牛羊油",系国外工厂利用牛羊内脏、骨头加工而成,专门用于工业。该产品在入境货物通关单及检验检疫证明等相关材料中注明为"已炼制的工业用牛羊油""非食用牛羊油",且检疫要求中注明"进境的牛羊油仅限于工业用"。

根据2009年食品安全法第六十二条规定,进口的食品应当经出入境检验检疫机构检验合格后,海关凭出入境检验检疫机构签发的通关证明放行。[①] 依此规定,进口食品需经过检验检疫合格后才能放行投入使用。而本案中涉案进口产品既非进口食品,也未经我国出入境检验检疫机构进行食品方面的检验,因而应认为涉案进口工业用牛羊油当然不能用于食用,包括不能直接用于食用,也不能经提炼后用于食用。

(二)被告人倪某钢对仕明公司购入工业用牛羊油用于生产食用油具有主观明知

被告人倪某钢的供述、证人顾某章和张某富等人的证言及仕明公司相关资料、司法鉴定材料等证据证实,仕明公司是一家生产加工食用动物油脂的企业,产品是食用精炼牛油,并销售给食品企业。倪某钢在经营被告单位谷润公司、睿钧公司期间,早在2009年就与顾某章发生业务关系,起初租用仕明公司的油罐用于进口工业用牛羊油的储存、中转业务,后将部分进口工业用牛羊油销售给仕明公司。在此期间,倪某钢与顾某章进行了业务洽谈,互相介绍了各自公司及产品情况。倪某钢参观了仕明公司的生产车间等,与顾某章就仕明公司购买涉案进口工业用牛羊油生产食用牛羊油的情况进行过沟通、交流,且在达成一致意见的情况下开始实施销售行为。虽然在具体销售环节上,双方说法有所差异,即倪某钢供述是顾某章主动提出购买工业用牛羊油,而顾某章提出是被告人倪某钢向自己推销工业用牛羊油,但在涉案进口工业用牛羊油产品

[①] 食品安全法颁布后先后经过三次修正。2009年食品安全法第六十二条对应现行食品安全法第九十二条。

用途上，双方说法一致，即均明确仕明公司购买涉案进口工业用牛羊油产品是用于生产食用牛羊油。因此，应当认定倪某钢不仅明知仕明公司是一家生产食用牛羊油的食用油脂经营企业，而且明知仕明公司购入涉案进口工业用牛羊油用于食用牛羊油生产的情况。

（三）二被告单位向仕明公司销售进口工业用牛羊油用于食用牛羊油生产的行为违反"国家规定"

被告人倪某钢在经营被告单位谷润公司、睿钧公司期间，从澳大利亚、新西兰进口的产品系工业用牛羊油，未经我国出入境检验检疫机构进行食品方面检验，不能用于食用。倪某钢明知仕明公司是一家生产食用牛羊油的食用油脂经营企业，也明知仕明公司购入涉案进口工业用牛羊油用于食用牛羊油生产。在此情况下，二被告单位仍将不能用于食用的进口工业用牛羊油销售给仕明公司用于食用牛羊油生产，仕明公司也实际使用上述产品进行食用牛羊油生产，并销售给食品企业，二被告单位与仕明公司的行为均违反了2009年食品安全法第二十八条第一项关于禁止生产经营"用非食品原料生产的食品"的规定。① 因此，仕明公司利用涉案进口工业用牛羊油进行加工生产，虽然其成品检测结果符合有关国家卫生标准，也不能改变二被告单位行为的违法性。

（四）二被告单位和被告人的行为构成非法经营罪

2013年《最高人民法院、最高人民检察院关于办理危害食品安全刑事案件适用法律若干问题的解释》（法释〔2013〕12号，以下简称2013年《办理食品案件解释》）第十一条第一款规定，以提供给他人生产、销售食品为目的，违反国家规定，生产、销售国家禁止用于食品生产、销售的非食品原料，情节严重的，依照刑法第二百二十五条的规定以非

---

① 2009年食品安全法第二十八条第一项对应现行食品安全法第三十四条第一项。

法经营罪定罪处罚。① 被告人倪某钢在主观上具有将进口工业用牛羊油这一非食品原料提供给仕明公司生产食用牛羊油的目的，客观上实施了积极的销售行为，倪某钢负责经营的二被告单位的行为均违反了食品安全法关于食品生产经营的禁止性规定，符合2013年《办理食品案件解释》规定，且属于刑法第二百二十五条关于非法经营罪规定的第四项情形，即"其他严重扰乱市场秩序的非法经营行为"，应当以非法经营罪定罪处罚。公诉机关指控的罪名不当，予以变更。被告单位谷润公司、睿钧公司的销售金额分别为1794万余元、1915万余元，社会危害性严重，应认定二被告单位的行为均属非法经营罪"情节特别严重"。② 被告人倪某钢作为二被告单位直接负责的主管人员，也应当以非法经营罪被追究刑事责任，并应认定为"情节特别严重"。

综上，法院认定被告单位谷润公司、睿钧公司及实际控制人倪某钢的行为均构成非法经营罪是正确的。

（撰稿：上海市金山区人民法院　舒平锋

审编：最高人民法院刑一庭　孙长山）

---

① 自2022年1月1日起施行的《最高人民法院、最高人民检察院关于办理危害食品安全刑事案件适用法律若干问题的解释》（法释〔2021〕24号，以下简称2022年《办理食品案件解释》）调整为第十六条第一款。

② 2013年《办理食品案件解释》未规定实施该解释规定的非法经营行为"情节严重""情节特别严重"的数额标准，2022年《办理食品案件解释》第十八条第一款明确规定，非法经营数额在10万元以上，或者违法所得数额在5万元以上的，应当认定为"情节严重"；非法经营数额在50万元以上，或者违法所得数额在25万元以上的，应当认定为"情节特别严重"。

[第 1531 号]

钟某本销售有毒、有害食品案

——伪劣保健食品与假药劣药的区分

一、基本案情

被告人钟某本，男，1974年×月×日出生。2019年11月13日被取保候审。

福建省永安市人民检察院指控被告人钟某本犯销售有毒、有害食品罪，向福建省永安市人民法院提起公诉。

永安市人民法院审理查明：2018年6月至2019年9月间，被告人钟某本从他人处购进标注有"壮阳功能"的"黑金刚""蚁力神""特效伟哥"等产品，在明知没有任何产品合格证明文件的情况下，放在其经营的永安市长顺保健品店进行销售，销售金额5000元。2019年9月19日，永安市市场监督管理局联合永安市公安局在该店内当场查获尚未售出的部分产品。经检验，涉案产品检测出西地那非成分。

永安市人民法院经审理认为，涉案"黑金刚"等产品属于掺入有毒、有害的非食品原料的食品，被告人钟某本明知"黑金刚"等产品是掺有有毒、有害的非食品原料的食品仍予以销售，构成销售有毒、有害食品罪。钟某本有坦白情节且认罪认罚，并积极退赃，予以从轻处罚。依照刑法第一百四十四条、第六十七条第三款、第六十四条，《最高人民法院、最高人民检察院关于办理危害食品安全刑事案件适用法律若干问题的解释》(法释〔2013〕12号)第二十条第二项以及刑事诉讼法第十五条之规定,判决如下:(1)被告人钟某本犯销售有毒、有害食品罪,判处有期徒刑八个月,并处罚金人民币一万元;(2)追缴被告人钟某本违法所得人民币五千元,予以没收,上缴国库;扣押在案的伪劣保健品,由扣押机关予以没收等。

宣判后,被告人钟某本未提出上诉,检察机关未提出抗诉。判决已发生法律效力。

二、主要问题

如何区分伪劣保健食品和假药劣药?

三、裁判理由

关于本案的定性,存在以下两种意见。

第一种意见认为,涉案"黑金刚""蚁力神"等产品均属于保健食品,保健食品属于食品的范畴。根据刑法第一百四十四条及2013年发布的《最高人民法院、最高人民检察院关于办理危害食品安全刑事案件适用法律若干问题的解释》第二十条第二项的规定,国务院有关部门公布的《保健食品中可能非法添加的物质名单》上的物质应当认定为"有毒、有害的非食品原料"。① 在保健食品中加入上述物质的,应以生产、销售有毒、有害食品罪定罪处罚。行为人销售的保健品中所添加的西地那非属于上述名单中的禁用物质,故本案应认定为销售掺有有毒、有害的非食品原料的食品,构成销售有毒、有害食品罪。

第二种意见认为,本案中"黑金刚""蚁力神"等产品并没有保健

---

① 自2022年1月1日起施行的《最高人民法院、最高人民检察院关于办理危害食品安全刑事案件适用法律若干问题的解释》第九条第二项规定,因危害人体健康,被国务院有关部门列入《保健食品中可能非法添加的物质名单》上的物质,应当认定为"有毒、有害的非食品原料"。

食品的批准文号，行为人以"壮阳药"的名义进行销售，系非药品冒充药品，根据药品管理法第九十八条第一款第二项的规定，"以非药品冒充药品"的应认定为假药，故本案构成销售假药罪。

我们赞同第一种意见。现结合食品和药品的概念以及伪劣保健食品和假药劣药的具体判断思路，对本案罪名适用分析如下。

（一）食品、药品区分标准及对案件定性的影响

对食品和药品可结合二者的法律定义来进行区分。根据食品安全法第一百五十条的规定，食品指各种供人食用或者饮用的成品和原料以及按照传统既是食品又是中药材的物品，但是不包括以治疗为目的的物品。而按照药品管理法第二条第二款的规定，药品是指用于预防、治疗、诊断人的疾病，有目的地调节人的生理机能并规定有适应症或者功能主治、用法和用量的物质，包括中药、化学药和生物制品等。由此，二者的本质区别在于是否以预防、治疗、诊断人的疾病为目的，是否规定有适应症或功能主治、用法和用量。根据《食品安全国家标准 保健食品》（GB 16740—2014）的规定，保健食品是指声称具有特定保健功能或者以补充维生素、矿物质为目的的食品，即适用于特定人群食用，具有调节机能功能，不以治疗疾病为目的，并且对人体不产生任何急性、亚急性或慢性危害的食品。可见，保健食品是一种特殊食品，既不同于一般食品，也不同于药品，是一种特定的具有调节人体机能作用的某一功能食品种类，因此保健食品又被称为功能性食品。

在生产、销售"保健品"犯罪案件中，区分销售对象是食品还是药品，将直接影响案件定性。如果涉案"保健品"符合食品特征，可以考虑适用刑法第一百四十三条生产、销售不符合安全标准的食品罪，第一百四十四条生产、销售有毒、有害食品罪以及第一百四十条生产、销售伪劣产品罪等罪名定罪处罚；如果涉案"保健品"符合药品特征，则要考虑适用刑法第一百四十一条生产、销售假药罪，第一百四十二条生产、

销售劣药罪等罪名进行定罪处罚。

(二)"保健品"系食品或药品的具体判断

在具体案件中,涉案"保健品"属于食品(保健食品)或者药品,一般可以通过产品审批文号,产品说明是否规定有适应症或功能主治、用法和用量等外观标识进行判断。① 如果产品标识不明,则可以通过经营者以何种名义对外宣传、销售案涉"保健品",使之进入流通领域进行判断。具体而言:当产品标识与对外宣传一致时,表明行为人系按照产品标识来对外经营,可以直接按照标识来确定产品属性;当产品标识和对外宣传不一致或者标识不明确时,应当按照行为人对外宣传的产品性能并结合购买者购买、使用产品的目的来确定属于食品还是药品。

需要指出的是,经营场所和经营者的职业不是区分食品、药品的依据。经营场所、经营者的职业与产品类别并没有直接、必然的关联性,不能仅以经营场所是药店或保健品店为由,直接认定案涉产品属于药品或食品,也不能仅以经营者属于食品或药品行业的从业人员径行区分认定案涉产品的类别。

(三)本案"黑金刚"等产品系有毒、有害保健食品

本案中,涉案的"黑金刚""蚁力神"等产品没有标示产品审批文号,其外包装上显示"补肾壮阳、固本培元、标本兼治、见效迅速,食用本品能增强肾动力、抗疲劳"等内容,无法直接从审批文号、产品说明等外观标识来界定其产品属性。从行为人与购买者的沟通信息分析,被告人钟某本系以"壮阳补肾"等名义进行销售,没有对外宣传治疗功能及治疗效果,消费者主要是基于"性保健"而非治疗特定疾病的目的

---

① 根据食品安全法第七十八条的规定,保健食品的标签、说明书不得涉及疾病预防、治疗功能,内容应当真实,与注册或者备案的内容相一致,载明适宜人群、不适宜人群、功效成分或者标志性成分及其含量等,并声明"本品不能代替药物"。保健食品的功能和成分应当与标签、说明书相一致。

而购买、使用，不存在因为购买、使用该产品而造成"贻误病情"等后果。因此，涉案"黑金刚"等产品并不符合药品"以预防、治疗、诊断人的疾病为目的，并有特定的适应症或者功能主治"的本质特征，应认定为具有滋补、保健功能的保健食品。涉案的保健食品经检测含有西地那非，该物质属于国家食品药品监管局办公厅印发的《保健食品中可能非法添加的物质名单（第一批）》上的物质，根据2013年发布的《最高人民法院、最高人民检察院关于办理危害食品安全刑事案件适用法律若干问题的解释》第二十条第二项的规定，应当认定为"有毒、有害的非食品原料"。

综上，被告人钟某本明知"黑金刚"等产品是掺有有毒、有害的非食品原料的保健食品而进行销售，法院认定钟某本的行为构成销售有毒、有害食品罪是正确的。

（撰稿：福建省高级人民法院　钟巧燕
　审编：最高人民法院刑一庭　孙长山）

[第1532号]

赵某军生产、销售伪劣产品案

——对待宰生猪注入肾上腺素、阿托品和生水后屠宰销售的行为定性及罚金适用

一、基本案情

被告人赵某军，男，1985年×月×日出生。2019年12月13日被逮捕。

河北省邯郸市永年区人民检察院指控被告人赵某军犯生产、销售有毒、有害食品罪，向河北省邯郸市永年区人民法院提起公诉。

邯郸市永年区人民法院经审理查明：朱江某（另案处理）系邯郸市绿某食品有限公司实际控制人，其为谋取非法利益，在2017年9月13日至2018年2月12日期间，与袁丰某、赵佃某（均另案处理）达成口头协议，以每头猪支付8元至10元的价格，由袁丰某、赵佃某组织被告人赵某军及王某等人（另案处理）在该公司屠宰点内给待宰生猪注入含有肾上腺素、阿托品等物质的药水和生水，用以增加猪肉重量。朱江某组织他人将注药注水的猪肉产品销往多地农贸市场。经鉴定，邯郸市绿某食品有限公司在此期间生产、销售注药注水猪肉产品金额共计1.3亿余元。

元士某、赵占某及陈永某（均另案处理）作为河北省沙河市某肉联

有限公司股东，共同商议给待宰生猪注入含有肾上腺素、阿托品等物质的药水和生水，用以增加猪肉重量，借此谋取非法利益。2017年10月4日至2018年3月31日间，元士某与袁丰某达成口头协议，以每头猪支付9元的价格，由袁丰某组织赵某军以及张某等人在该公司屠宰点内对待宰生猪注药注水。元士某同时组织人员将注药注水的生猪屠宰后对外销售。经鉴定，涉及袁丰某在沙河市某肉联有限公司生产、销售的注药注水猪肉产品价值共计2600万余元。

邯郸市永年区人民法院认为，被告人赵某军为谋取非法利益，伙同他人到屠宰场给待宰生猪注入含有肾上腺素、阿托品等物质的药水和生水，生产、销售不合格猪肉产品，其行为已构成生产、销售伪劣产品罪。赵某军伙同他人给待宰生猪注入含有阿托品、肾上腺素的药水，阿托品、肾上腺素可以作为兽药使用，并非有毒、有害的非食品原料，故指控犯生产、销售有毒、有害食品罪依据不足，而赵某军伙同他人对待宰生猪注入含有肾上腺素、阿托品等物质的药水和生水，屠宰后立即予以销售的行为违反了《生猪屠宰管理条例》第二十条关于"严禁生猪定点屠宰厂（场）以及其他任何单位和个人对生猪、生猪产品注水或者注入其他物质。严禁生猪定点屠宰厂（场）屠宰注水或者注入其他物质的生猪"以及《兽药管理条例》第四十条关于"屠宰者应当确保动物及其产品在用药期、休药期内不被用于食品消费"的规定，生产、销售的猪肉产品存在危及人身安全的不合理危险，根据产品质量法第二十六条第二款第一项的规定，属于不合格产品。依据《最高人民法院、最高人民检察院关于办理危害食品安全刑事案件适用法律若干问题的解释》（法释〔2021〕24号）第十七条第二款的规定，对畜禽注水或者注入其他物质，虽不足以造成严重食物中毒或者其他严重食源性疾病，但符合刑法第一百四十条规定的，应当以生产、销售伪劣产品罪追究刑事责任。公诉机关指控的罪名不当，予以变更。赵某军受雇于他人为生猪打针注水，其在犯罪中起次要、辅助作用，系从犯，依法可以减轻处罚。赵某军到案后如实供述自己的犯罪事实,当庭自愿认罪认罚,依法可以从轻处罚。对辩护人可减轻处罚的辩护意见,予以采纳。综上,依照刑法第一百四十条、第二十五条第一款、第二十七条、第五十二条、第五十三条第一款之规定,判决如下:被告人赵某军犯生产、销售伪劣产品罪,判处有期徒刑十年,并处罚金人民币三百三十万元。

一审宣判后,被告人赵某军提出上诉。在上诉期满后,赵某军要求撤回上诉,河北省邯郸市中级人民法院经审查,裁定准许撤回上诉。判决已发生法律效力。

二、主要问题

(1) 对待宰生猪注入含有肾上腺素、阿托品的药水和生水,屠宰、销售猪肉产品的,应当如何定罪?

(2) 在生产、销售伪劣产品共同犯罪中,对被告人如何适用罚金刑?

三、裁判理由

(一) 在屠宰环节对生猪注入肾上腺素、阿托品和生水,销售金额在5万元以上的,构成生产、销售伪劣产品罪

本案中被告人赵某军受他人指使,在屠宰点给待宰生猪注入含有阿托品、肾上腺素的药水,再注水后屠宰销售,因生猪饲养者、打针者、药品提供者、猪肉销售者众多,违法犯罪链条复杂、行为交叉、地域广,相关涉案人员分案处理。对本案的定性主要有两种不同意见。

第一种意见认为,根据《生猪屠宰条例》的规定,严禁生猪定点屠宰厂(场)以及其他任何单位和个人对生猪、生猪产品注水或者注入其他物质,因此对待宰生猪注入含有阿托品、肾上腺素的药水,属于掺入"有毒、有害的非食品原料",应以生产、销售有毒、有害食品罪定罪处罚。

第二种意见认为,肾上腺素、阿托品可以作为兽医处方药使用,并非"有毒、有害的非食品原料",但注药注水后立即屠宰、销售的猪肉产品属于不合格产品,销售金额较大的,应认定为生产、销售伪劣产品罪。

我们赞同第二种意见,认为被告人赵某军的行为构成生产、销售伪劣产品罪,具体理由如下。

1. 肾上腺素、阿托品不属于"有毒、有害的非食品原料"

根据刑法第一百四十四条的规定,构成生产、销售有毒、有害食品罪,要在生产、销售的食品中掺入"有毒、有害的非食品原料"。《最高人民法院、最高人民检察院关于办理危害食品安全刑事案件适用法律若干问题的解释》(法释〔2021〕24号,以下简称2022年《办理食品案件解释》)第十七条第二款规定,在畜禽屠宰相关环节,对畜禽使用食品动物中禁止使用的药品及其他化合物等有毒、有害的非食品原料,依照刑法第一百四十四条的规定以生产、销售有毒、有害食品罪定罪处罚。

根据上述规定,肾上腺素、阿托品是否属于"有毒、有害的非食品原料",直接关系案件能否认定为生产、销售有毒、有害食品罪。本案中,被告人在屠宰环节给生猪注入的肾上腺素、阿托品不属于《食品动物中禁止使用的药品及其他化合物清单》(农业农村部公告第250号公告)上的物质。肾上腺素是人及动物肾上腺髓质分泌的内源性激素。药用肾上腺素可从家畜肾上腺中提取或人工合成,常用的药物化学形态为盐酸肾上腺素。盐酸肾上腺素注射液被收载于《中国兽药典》(2015年版),用于心脏骤停的急救,缓解严重过敏性疾病的症状。阿托品属于莨菪烷类生物碱,常用的药物化学形态为硫酸阿托品。硫酸阿托品原料及其制剂亦收载于《中国兽药典》(2015年版),主要用于解除消化道平滑肌痉挛、分泌增多和麻醉前给药等,也可用于有机磷和拟胆碱药等中毒。农业部2002年发布的《动物性食品中兽药最高残留限量》(农业部第235号公告)规定肾上腺素、阿托品为动物性食品允许使用的兽药。2019年9月6日,农业农村部、国家卫生健康委员会、国家市场监督管理总局联合发布《食品安全国家标准 食品中兽药最大残留限量》（GB 31650—2019），该标准自 2020 年 4 月 1 日起实施，替代《动物性食品中兽药最高残留限量》，亦将肾上腺素、阿托品规定为动物性食品允许使用的兽药。因此，肾上腺素、阿托品不能被认定为"有毒、有害的非食品原料"。

司法实践中，应避免将仅在部分环节被禁止使用的兽药认定为"有毒、有害的非食品原料"。在屠宰环节给畜禽注入养殖环节允许使用的兽药，实质上属于"超范围滥用兽药"，该兽药并不因在屠宰环节被禁止使用而被认定为"有毒、有害的非食品原料"，从而造成"超范围滥用兽药"与"使用食品动物中禁止使用的药品及其他化合物等有毒、有害的非食品原料"的混淆。

2. 本案不构成生产、销售不符合安全标准的食品罪

根据刑法第一百四十三条的规定，构成生产、销售不符合安全标准的食品罪，要满足"足以造成严重食物中毒事故或者其他严重食源性疾病的"条件。2022 年《办理食品案件解释》第十七条第二款规定，对畜禽注水或者注入其他物质，足以造成严重食物中毒事故或者其他严重食源性疾病的，依照刑法第一百四十三条的规定以生产、销售不符合安全标准的食品罪定罪处罚。实践中，对于给畜禽注入养殖环节允许使用的兽药的，如果肉品中兽药残留量超标，足以造成严重食物中毒事故或者其他严重食源性疾病的，以生产、销售不符合安全标准的食品罪定罪处罚；如果肉品中兽药残留量不超标，或者所注入的兽药未制定最大残留限量，难以认定足以造成严重食物中毒事故或者其他严重食源性疾病的，则不能以生产、销售不符合安全标准的食品罪定罪处罚。

具体到本案，根据农业部 2002 年发布的《动物性食品中兽药最高残留限量》（农业部第 235 号公告）和《食品安全国家标准 食品中兽药最大残留限量》（GB 31650—2019），肾上腺素、阿托品均为动物性食品允许使用的兽药，且均不需要制定动物性食品中的最大残留限量，因此对于在屠宰环节给畜禽注入肾上腺素、阿托品的，难以认定"足以造成严

重食物中毒事故或者其他严重食源性疾病",故难以以生产、销售不符合安全标准的食品罪定性处理。

3. 本案应以生产、销售伪劣产品罪定罪处罚

根据刑法第一百四十条的规定,生产者、销售者在产品中掺杂、掺假,以假充真,以次充好或者以不合格产品冒充合格产品,销售金额超过5万元的,以生产、销售伪劣产品罪定罪处罚。《生猪屠宰管理条例》第二十条规定,严禁生猪定点屠宰厂(场)以及其他任何单位和个人对生猪、生猪产品注水或者注入其他物质。严禁生猪定点屠宰厂(场)屠宰注水或者注入其他物质的生猪。《兽药管理条例》第四十条规定,屠宰者应当确保动物及其产品在用药期、休药期内不被用于食品消费。《最高人民法院、最高人民检察院关于办理生产、销售伪劣商品刑事案件具体应用法律若干问题的解释》规定,刑法第一百四十条规定的"不合格产品",是指不符合产品质量法第二十六条第二款规定的质量要求的产品。产品质量法第二十六条第二款第一项规定,产品质量应当不存在危及人身、财产安全的不合理的危险,有保障人体健康和人身、财产安全的国家标准、行业标准的,应当符合该标准。2022年《办理食品案件解释》第十七条第二款明确规定,对畜禽注水或者注入其他物质,虽不足以造成严重食物中毒事故或者其他严重食源性疾病,但符合刑法第一百四十条规定的,以生产、销售伪劣产品罪定罪处罚。

本案中,被告人赵某军违反相关法律法规关于保障食品安全的禁止性规定,在屠宰环节给生猪注入肾上腺素、阿托品后注水,注水注药的猪肉产品质量存在危及人身安全的不合理危险,应认定为不合格产品。赵某军生产、销售不合格产品,且涉案金额远超5万元,故其行为构成生产、销售伪劣产品罪。

需要说明的是,由于药物代谢等原因,畜禽注药后往往难以从肉品中检出药物残留,只要证明在屠宰相关环节有注药行为,注药后的肉品即可认定为不合格产品,销售金额在5万元以上的,即可以生产、销售

伪劣产品罪定罪处罚。

（二）对生产、销售伪劣产品共同犯罪人应当合计判处相应标准以上罚金

生产、销售伪劣产品犯罪是贪利型犯罪，应当从经济上从严制裁，铲除犯罪的经济基础，但也要注重度的把握。本案在判处被告人罚金时注意了以下问题。

1. 合理确定全案判处罚金的总额

根据刑法第一百四十条的规定，构成生产、销售伪劣产品罪，应当并处销售金额 50% 以上 2 倍以下罚金或者没收财产。《最高人民法院关于适用财产刑若干问题的规定》第二条规定，人民法院应当根据犯罪情节，如违法所得数额、造成损失的大小等，并综合考虑犯罪分子缴纳罚金的能力，依法判处罚金。本案中，涉案销售金额达 1.3 亿余元，在确定罚金刑比例时应当注意考虑案件的具体情况和被告人实际缴纳能力，不宜一味强调在过高幅度判处，造成罚金刑的空判。

2. 合理确定各被告人的罚金份额

在刑法对生产、销售伪劣产品罪的罚金刑规定有下限的情况下，对各共同犯罪人均判处相应标准以上的罚金，还是合计判处相应标准以上的罚金，存在不同认识。对此，2022 年《办理食品案件解释》第二十一条规定："犯生产、销售不符合安全标准的食品罪，生产、销售有毒、有害食品罪，一般应当依法判处生产、销售金额二倍以上的罚金。共同犯罪的，对各共同犯罪人合计判处的罚金一般应当在生产、销售金额的二倍以上。" 2022 年《办理食品案件解释》虽仅对生产、销售不符合安全标准的食品罪和生产、销售有毒、有害食品罪的罚金刑适用作出了规定，但对共同犯罪人合计判处相应标准以上的罚金的原则，同样适用于 2022 年《办理食品案件解释》规定的生产、销售伪劣产品罪。本案各共同犯罪人虽被分案审理，但各受案法院根据各被告人在共同犯罪中的地位作

用，统筹确定涉案被告人的罚金刑数额，实现量刑平衡。本案中，被告人赵某军在共同犯罪中系受人指使，报酬较低，违法所得少，案发时尚未全部领取到报酬，系从犯，故综合考虑共同犯罪罚金总额和赵某军的地位作用、罚金缴纳能力，适当从轻判处。

（撰稿：河北省高级人民法院　陈庆瑞　李　融
审编：最高人民法院刑一庭　孙长山）

[第1533号]

海宁市国凯食品有限公司、
国某校生产、销售伪劣产品案

—— 将溶剂残留超标的浸出菜籽油冠以
压榨菜籽油之名销售行为的定性

一、基本案情

被告单位海宁市国凯食品有限公司（以下简称国凯公司），住所地浙江省海宁市长安镇（农发区）启辉路×号。

被告人国某校，男，汉族，1968年×月×日出生，系国凯公司实际经营者。2021年12月27日被逮捕。

浙江省海宁市人民检察院指控被告单位国凯公司、被告人国某校犯生产、销售伪劣产品罪，向浙江省海宁市人民法院提起公诉。

被告单位及被告人对指控事实、罪名没有异议，自愿认罪认罚。

海宁市人民法院经审理查明：

国凯公司于2017年5月注册成立，经营范围为食用植物油、塑料制品制造、加工，公司实际经营者为被告人国某校。2020年7月7日，嘉兴市市场监督管理局对国凯公司生产的浓香菜籽油进行抽样，后经嘉兴市食品药品与产品质量检验检测院检测，上述菜籽油的溶剂残留量为13.8毫克/千克至46.3毫克/千克，溶剂残留量项目不符合《食品安全国

家标准 植物油》（GB 2716—2018）要求，检验结论为不合格。2020年8月6日，海宁市市场监督管理局向国凯公司送达不合格结果通知书及检验报告。此后，国凯公司在明知菜籽油不合格的情况下仍进行灌装、销售。具体销售情况如下：2020年9月初及9月15日，国凯公司向嘉兴粮油副食品市场金穗粮油经营部销售冠鼎四级压榨菜油王浓香菜籽油（规格型号5升/瓶）72箱、（规格型号15升/瓶）145瓶，销售金额共计28485元。2020年9月1日、9月17日，国凯公司向黄山市恒超商贸有限公司销售冠鼎四级压榨菜油王浓香菜籽油（规格型号5升/瓶）850箱，销售金额132800元。后其中300箱在海宁市市场监督管理局的要求下被召回，黄山市恒超商贸有限公司未支付给国凯公司300箱价款共计47400元。

2020年9月21日，海宁市市场监督管理局从国凯公司查扣了冠鼎四级压榨菜油王浓香菜籽油289瓶（金额共计11198元）、包装箱120捆以及从黄山市恒超商贸有限公司召回的冠鼎四级压榨菜油王浓香菜籽油1194瓶。

本案审理期间，国凯公司已退缴违法所得17075.24元，并已上缴附带民事公益诉讼赔偿金51225.72元。

海宁市人民法院经审理认为，被告单位国凯公司明知购进的菜籽油经检验为不合格的情况下，仍进行灌装、销售，以不合格产品冒充合格产品，生产、销售金额172483元，其行为已构成生产、销售伪劣产品罪，且本案系单位犯罪；被告人国某校系被告单位实际经营者，依法应当对单位判处罚金，对直接负责的主管人员判处刑罚。公诉机关指控被告单位及被告人所犯罪名成立。被告单位及被告人归案后能如实供述其罪行，且自愿认罪认罚，可分别依法从轻、从宽处罚，但不符合判处缓刑的条件。被告单位积极退出违法所得，可酌情从轻处罚。依照刑法第一百四十条、第一百五十条、第六十七条第三款、第六十四条及刑事诉讼法第一百零一条第二款、第十五条、第二百零一条之规定，判决如下：

（1）被告单位国凯公司犯生产、销售伪劣产品罪，判处罚金人民币九万元；（2）被告人国某校犯生产、销售伪劣产品罪，判处有期徒刑十个月，并处罚金人民币九万元；

宣判后，被告单位及被告人均未提出上诉，检察机关亦未抗诉，本判决已发生法律效力。

二、主要问题

将溶剂残留超标的浸出菜籽油冠以压榨菜籽油之名销售的行为应如何定性？

三、裁判理由

食用油是居民生活的必需品。食用油根据制作工艺的不同，主要分为压榨油和浸出油两种。其中，压榨油是通过物理压榨方法将油脂从原料中压出，属于物理制油方法；浸出油是利用溶剂将油脂从原料中分离提炼，属于化学萃取的制油方法。采用浸出工艺可以提高出油率，降低生产成本，因此浸出油的售价相对较低。本案中食用油生产商将采用浸出工艺生产的菜籽油冒充压榨菜籽油销售，关于其行为应当如何定性，存在不同意见。

第一种意见认为，被告单位及被告人的行为构成生产、销售有毒、有害食品罪。理由是：压榨菜籽油使用的是物理方法出油，在生产过程中不得加入溶剂，被告单位及被告人对外以压榨油名义销售菜籽油，但在生产过程中加入压榨菜籽油禁止添加的化学溶剂，故应认定为生产、销售有毒、有害食品罪。

第二种意见认为，被告单位及被告人的行为构成生产、销售不符合安全标准的食品罪。理由是：被告单位生产、销售的菜籽油实际为浸出菜籽油，经检测，菜籽油溶剂残留量标准已超出《食品安全国家标准 植物油》（GB 2716—2018）对于浸出菜籽油的溶剂残留量限定标准，因此被告单位生产的菜籽油为不符合安全标准的食品,故应认定为生产、销售不符合安全标准的食品罪。

第三种意见认为,被告单位及被告人的行为构成生产、销售伪劣产品罪。理由是:被告单位及被告人为获取非法利益,以浸出工艺的菜籽油冒充压榨工艺的菜籽油销售,销售金额远超 5 万元,其行为符合生产、销售伪劣产品罪的构成要件,故应认定为生产、销售伪劣产品罪。

我们赞同第三种意见,即被告单位及被告人构成生产、销售伪劣产品罪,具体理由如下。

(一)被告单位及被告人的行为不构成生产、销售有毒、有害食品罪

根据刑法第一百四十四条的规定,生产、销售的食品中掺入有毒、有害的非食品原料,或者销售明知掺入有毒、有害的非食品原料的食品的行为,构成生产、销售有毒、有害食品罪。因此,认定构成生产、销售有毒、有害食品罪,关键是判断食品中掺入的物质是否属于"有毒、有害的非食品原料"。根据2013年《最高人民法院、最高人民法检察院关于办理危害食品安全刑事案件适用法律若干问题的解释》(法释〔2013〕12号,以下简称2013年《办理食品案件解释》)第二十条的规定[①],具有下列情形之一的,可以认定为"有毒、有害的非食品原料":"(一)法律、法规禁止在食品生产经营活动中添加、使用的物质;(二)国务院有关部门公布的《食品中可能违法添加的非食用物质名单》《保健食品中可能非法添加的物质名单》上的物质;(三)国务院有关部门公告禁止使用的农

[①] 自2022年1月1日起施行的《最高人民法院、最高人民法检察院关于办理危害食品安全刑事案件适用法律若干问题的解释》(法释〔2021〕24号,以下简称2022年《办理食品案件解释》)第九条规定:"下列物质应当认定为刑法第一百四十四条规定的'有毒、有害的非食品原料':(一)因危害人体健康,被法律、法规禁止在食品生产经营活动中添加、使用的物质;(二)因危害人体健康,被国务院有关部门列入《食品中可能违法添加的非食用物质名单》《保健食品中可能非法添加的物质名单》和国务院有关部门公告的禁用农药、《食品动物中禁止使用的药品及其他化合物清单》等名单上的物质;(三)其他有毒、有害的物质。"

药、兽药以及其他有毒、有害物质；（四）其他危害人体健康的物质。"

那么，涉案植物油中含有的溶剂是否属于"有毒、有害的非食品原料"？目前，我国生产的植物油中的溶剂残留主要是由于植物油生产加工过程中，通过植物油油提溶剂对植物油进行浸提，再通过蒸等手段去除植物油中的油提溶剂，如果去除不彻底，植物油中就会存在残留的溶剂。根据《食品安全国家标准 食品添加剂使用标准》（GB 2760—2014）的规定，植物油油提溶剂属于表 C.2 规定的需要规定功能和使用范围的食品工业用加工助剂（以下简称加工助剂）。加工助剂属于食品添加剂的管理范畴，但是不同于一般意义上的食品添加剂，加工助剂对食品本身并不起功能作用，而只是由于工艺过程的需要，在食品加工过程中加入的各种物质，能够保证食品加工的顺利进行，如助滤、澄清、吸附、脱膜、脱色、脱皮、提取溶剂、发酵用营养物质等。加工助剂一般应在制成最终成品之前除去，无法完全除去的，应尽可能降低其残留量，其残留量不应对健康产生危害，不应在最终食品中发挥功能作用。

本案中，尽管压榨菜籽油禁止添加植物油油提溶剂，但该化学溶剂属于加工助剂，根据《食品安全国家标准 食品添加剂使用标准》（GB 2760—2014），由于具有工艺必要性而允许在部分食品生产加工过程中使用，因此，植物油油提溶剂不属于"有毒、有害的非食品原料"，故在菜籽油生产过程中使用植物油油提溶剂的行为，不构成生产、销售有毒、有害食品罪。

（二）被告单位及被告人的行为不构成生产、销售不符合安全标准的食品罪

根据刑法第一百四十三的条的规定，构成生产、销售不符合安全标准的食品罪，需满足"足以造成严重食物中毒事故或者其他严重食源性

疾病的"条件。根据 2013 年《办理食品案件解释》第一条第一项的规定①，"含有严重超过标准限量的致病微生物、农药残留、兽药残留、重金属、污染物质以及其他严重危害人体健康的物质的"应当认定为刑法第一百四十三条规定的"足以造成严重食物中毒事故或者其他严重食源性疾病"。

2018 年 6 月 21 日，国家卫生健康委员会、国家市场监督管理总局联合发布《食品安全国家标准 植物油》（GB 2716—2018）。该标准由《食用植物油卫生标准》（GB 2716—2005）和《食用植物油煎炸过程中的卫生标准》（GB 7102.1—2003）等国家标准整合修订而成，其中将浸出工艺生产的食用植物油（包括调和油）溶剂残留量由小于等于 50 毫克/千克下调为小于等于 20 毫克/千克，并增加"压榨油溶剂残留量不得检出"的要求，同时，规定压榨油溶剂残留量检出值小于 10 毫克/千克时，视为未检出。《食品安全国家标准 植物油》（GB 2716—2018）自 2018 年 12 月 21 日起实施。

本案中，抽检的菜籽油溶剂残留量在 13.8 毫克/千克至 46.3 毫克/千克之间，即部分菜籽油的溶剂残留量超出了 20 毫克/千克的国家标准。但考虑到浸出菜籽油的溶剂残留量限定标准在 2018 年 12 月 21 日之前为小于等于 50 毫克/千克，而本案中抽检的溶剂残留量并非严重超出标准限量，尚达不到"足以造成严重食物中毒事故或者其他严重食源性疾病"的程度，故不宜认定为生产、销售不符合安全标准的食品罪。

（三）被告单位及被告人的行为构成生产、销售伪劣产品罪

根据刑法第一百四十条的规定，生产者、销售者在产品中掺杂、掺假，以假充真，以次充好或者以不合格产品冒充合格产品，销售金额超

---

① 2022 年《办理食品案件解释》第一条规定："……（一）含有严重超出标准限量的致病性微生物、农药残留、兽药残留、生物毒素、重金属等污染物质以及其他严重危害人体健康的物质的；……"

过5万元的，以生产、销售伪劣产品罪定罪处罚。根据《最高人民法院、最高人民检察院关于办理生产、销售伪劣商品刑事案件具体应用法律若干问题的解释》的规定，刑法第一百四十条规定的"不合格产品"，是指不符合产品质量法第二十六条第二款规定的质量要求的产品。产品质量法第二十六条第二款规定，产品质量应当符合下列要求："（一）不存在危及人身、财产安全的不合理的危险，有保障人体健康和人身、财产安全的国家标准、行业标准的，应当符合该标准；（二）具备产品应当具备的使用性能，但是，对产品存在使用性能的瑕疵作出说明的除外；（三）符合在产品或者其包装上注明采用的产品标准，符合以产品说明、实物样品等方式表明的质量状况。"

本案中，被告单位及被告人将以浸出工艺生产的菜籽油冒充压榨工艺生产的菜籽油销售，经检测菜籽油的溶剂残留量为13.8毫克/千克至46.3毫克/千克，超过国家对于压榨油的溶剂残留量标准为不得检出（检出值小于10毫克/千克时，视为未检出）的要求，且绝大多数产品也不符合浸出油的溶剂残留量标准，故涉案菜籽油不符合国家强制标准，同时也与其包装注明的产品标准、质量状况不符，因此涉案菜籽油应认定为不合格产品。被告单位及被告人销售上述不合格菜籽油共计17万余元，其行为构成生产、销售伪劣产品罪。

（撰稿：浙江省海宁市人民法院　帅　剑
审编：最高人民法院刑一庭　孙长山）

[第 1534 号]

荆某、张某等人生产、销售有毒、有害食品案

——生产、销售有毒、有害食品罪中
生产者和销售者主观明知的认定

一、基本案情

被告人荆某，男，1975 年×月×日出生，金启汇通（北京）生物科技有限公司（以下简称金启汇通公司）股东。2014 年 9 月 30 日被逮捕。

被告人张某，男，1983 年×月×日出生，金启汇通公司法定代表人。2014 年 9 月 30 日被逮捕。

被告人华某亮，男，1950 年×月×日出生，金启汇通公司员工。2014 年 9 月 30 日被逮捕。

被告人李某东，男，1973 年×月×日出生，金启汇通公司员工。2014 年 9 月 30 日被逮捕。

被告人高某军，男，1975 年×月×日出生，北京顺康源商贸有限公司（以下简称顺康源公司）法定代表人。2014 年 9 月 30 日被逮捕。

被告人王某凯，男，1979 年×月×日出生，顺康源公司销售经理。2014 年 9 月 30 日被逮捕。

被告人李某春，男，1981 年×月×日出生，顺康源公司财务经理。2014 年 9 月 30 日被逮捕。

北京市顺义区人民检察院指控被告人荆某、张某、华某亮、李某东犯生产、销售有毒、有害食品罪，被告人高某军、王某凯、李某春犯销售有毒、有害食品罪，向北京市顺义区人民法院提起公诉。

被告人荆某及其辩护人提出，其未参与涉案苦荞麦压片糖的生产经营，苦荞麦天然含有苯乙双胍和格列苯脲，其曾进行检测鉴定，并提交了公证书、检测报告，涉案压片糖中的苯乙双胍和格列苯脲系苦荞麦天然含有，并非人工添加。

被告人张某及其辩护人提出，其只是荆某的个人司机，按照原料单购买过几次原料，未参与生产、销售复合苦荞麦压片糖。

被告人华某亮及其辩护人提出，其只是金启汇通公司普通员工，不知道压片糖含有西药成分，荆某给其看了检测报告，李某东说含有植物提取的降糖成分，其就相信了，其本人也服用该产品并赠送给亲友。

被告人李某东及其辩护人提出，其仅是金启汇通公司普通员工，负责销售水产和开车，不参与压片糖的生产、销售，不知道压片糖含有违禁成分。

被告人高某军、王某凯、李某春及其辩护人提出，高某军等三人不知道涉案压片糖中含有违禁成分，高某军等人皆曾就压片糖的疗效问题向供货商询问是否添加了西药成分，均得到否定性回答和安全承诺，华某亮还提供了《中国苦荞》一书，该书详细介绍了苦荞麦中含有的降糖成分，生产方和销售方证照齐全，高某军等人已经尽到了销售者的注意义务。

北京市顺义区人民法院经审理查明：2009年，荆某使用表弟张某身份证出资注册成立金启汇通公司，公司法定代表人为张某，实际控制人为荆某。该公司业务涉及生产、销售苦荞麦产品和销售海豹油产品，许可经营项目为销售定型包装食品、冷冻水产品。后公司取得食品流通许可证，许可范围为批发预包装食品。该公司无生产及销售保健食品的资质。

被告人荆某的父亲系某保健品厂厂长，曾研发生产具有降血糖功效的荞芪胶囊，被告人华某亮、李某东曾销售过该产品。2010年左右，金启汇通公司仿照荞芪胶囊的配方生产复合苦荞麦产品，因保健食品批准文号审批较严，该公司以食品批号生产该产品，产品先后采用了复合苦荞麦胶囊、复合苦荞麦片、复合苦荞麦压片糖三种形式。生产销售主要流程是：荆某提供原料配方；张某受荆某指派，按配方前往河北省某药材市场购进原材料；华某亮、李某东负责联系代加工厂、购买包装盒等生产环节事宜，二人找到具有生产保健食品和食品资质的北京天天益康生物科技有限公司（以下简称天天益康公司），委托其生产复合苦荞麦糖果，原料购买及包装材料的设计和采购由金启汇通公司负责，天天益康公司负责提供辅料和生产加工。张某采购原料后运至天天益康公司交由华某亮、李某东清点，华某亮、李某东购进包装瓶和标签等包材，天天益康公司将原料添加辅料后压制成片状，并装瓶、装箱出厂，李某东进行出厂验收。华某亮、李某东将产品运至仓库内储存，由华某亮联系一级代理商销售上述产品。天天益康公司提供的生产记录、检测报告显示，天天益康公司2014年生产了三批复合苦荞麦压片糖共计5817盒，原料有复合苦荞麦粉、山梨醇、微晶纤维素、硬脂酸镁，经检测，样品复合苦荞麦压片糖在感官要求、净含量、水分、菌落总数、大肠菌群方面均合格。

2014年1月，高某军、王某凯、李某春共同注册成立了顺康源公司，法定代表人高某军，许可经营项目为批发预包装食品，公司具有食品流通许可证，许可范围为批发预包装食品，无经营保健食品的资质。华某亮联系了高某军经营的顺康源公司，向该公司出售复合苦荞麦压片糖，出售价格每盒110元。高某军系公司总经理，负责联系购进复合苦荞麦压片糖、向各门店送货；王某凯系公司销售经理，负责管理各门店销售业务、向各门店送货；李某春系公司财务经理，负责公司营业款的收取、支出，同时兼任大兴店店长。高某军、王某凯、李某春按公司盈利分红。

顺康源公司员工在推销过程中按照高某军等人所教，宣传服用复合苦荞麦压片糖后可以快速平稳降低血糖，且该产品不含西药，纯植物提取，无毒副作用，服用该产品就不用服用降糖药等，售价每盒548元。高某军等人告知店员，给消费者服用该产品一定要控制好剂量，服用过量会导致低血糖。消费者普遍反映该产品具有明显降糖效果，鲜有反映具有副作用。

北京市顺义区食品药品监管局于2014年4月接到群众举报称所购复合苦荞麦片有明显降糖功效，质量可疑，该局经送检，检测出其中含有西药成分苯乙双胍，并将该案移送公安机关。后公安机关将七名被告人抓获，并查获已经生产但尚未销售的苦荞麦压片糖2388盒（按照每盒110元计算，折合26.268万元），根据涉案账户资金往来及被告人供述可以认定金启汇通公司已经向顺康源公司销售价值36.3万元的复合苦荞麦压片糖。经抽样检测，上述产品中检测出盐酸苯乙双胍和格列苯脲，该两种物质于2012年被国家食品药品监管局列入《保健食品中可能非法添加的物质名单（第一批）》，属于有毒、有害的非食品原料。根据北京市药检所检测出的涉案压片糖中上述物质的含量，结合证人证言，可以认定上述两种物质系人为添加，而非苦荞麦中天然含有。

审理过程中，公诉机关申请撤回对华某亮、李某东、高某军、王某凯、李某春的指控，法院裁定准许。

北京市顺义区人民法院认为，被告人荆某、张某在生产的食品中掺入有毒、有害的非食品原料并予以销售，情节特别严重，已构成生产、销售有毒、有害食品罪，且系共同犯罪，应予惩处。依照刑法第一百四十四条、第二十五条第一款之规定，判决如下：（1）被告人荆某犯生产、销售有毒、有害食品罪，判处有期徒刑十年六个月，并处罚金人民币一百五十万元；（2）被告人张某犯生产、销售有毒、有害食品罪，判处有期徒刑十年，并处罚金人民币一百五十万元。

一审宣判后，被告人荆某、张某提出上诉。北京市第三中级人民法院经审理，裁定驳回上诉，维持原判。

二、主要问题

在被告人拒不供认且涉及原料采购、委托加工、推广销售等多个环节的生产、销售有毒、有害食品案件中，如何认定各个环节中行为人的主观明知？

三、裁判理由

根据刑法第一百四十四条的规定，在生产、销售的食品中掺入有毒、有害的非食品原料的，或者销售明知掺有有毒、有害的非食品原料的食品的，构成生产、销售有毒、有害食品罪。故构成该罪的主观方面是故意，需要行为人有掺入行为或者对掺有有毒、有害成分系明知。实践中，在被告人拒不供认、未能查获生产现场且生产、销售过程中存在多个环节行为人参与的情况下，主观明知的认定较为复杂。对于生产者和销售者，考察主观明知的侧重点又有不同，可以从以下方面分别进行分析。

（一）对于生产者的主观明知认定

对于从生产现场查获有毒、有害的非食品原料，行为人不能作出合理解释的，可以认定行为人具有掺入行为或者对掺入行为明知。

对于未能查获生产现场而仅在销售领域查获了成品的，则需要从以下几个方面考虑生产者是否具有掺入行为或对掺入是否明知：（1）行为人生产者的从业经历和背景。对于长期从事相关食品生产、销售工作的人员，因其具有专业背景和知识，对于食品安全性应具有更高的注意义务，对食品中检测出的有毒、有害成分应作出合理解释，不能仅因其拒不供述而认定并非主观明知。（2）行为人在生产各个环节中的作用，是否具备掺入的客观条件和主观动机。例如，行为人负责原料采购、存储、食品加工，则具有掺入的条件，如果仅负责包装、成品的存储、运输，则由其掺入的可能性较小，同时还要考虑行为人利益与食品成效、销量等是否息息相关，进而判断行为人是否具有犯罪动机。（3）生产流程是否规范。食品生产关乎公众身体健康和生命安全，食品安全法等法律法规对食品生产者的场所、设备、人员、工艺流程、包装材料等均进行了规范，应根据行为人生产流程是否符合食品安全生产标准，综合判断有毒、有害成分是否为人为掺入。

本案中，苦荞麦压片糖的生产经过确定配方、采购原料、委托加工多个环节，各个环节中均有多人介入，任何一个环节均有非法添加有毒、有害物质的可能性。虽然金启汇通公司的委托加工行为处于原料供货商（河北药材商）和加工方（天天益康公司）的中间环节，但是从动机方面分析，河北药材商和天天益康公司两个环节相关人员单独添加非食品原料的可能性较低，因二者赚取的分别是原料费和加工费，压片糖产品有无效果、销量如何不影响该二者利润的赚取，而本案的直接受益者是生产方金启汇通公司和销售方，因销售方接触的是复合苦荞麦压片糖成品，故金启汇通公司具有添加非法物质的机会和动机，结合生产流程，应系金启汇通公司在购买原料至运输到加工厂期间添加。

至于如何认定是金启汇通公司哪部分人添加，还应从被告人身份背景、金启汇通公司经营模式和利润分配方式等方面综合分析。具体而言，被告人荆某支付公司注册资金、租赁办公用房、提供配方，虽然其后期因家中有事未参与公司实际运营管理，但金启汇通公司系其发起设立，其是公司实际负责人，苦荞麦产品也是仿照其父亲的荞芪胶囊配方制作，由其提供配方，其还曾对苦荞成分进行检测，意图对苦荞麦产品的显著功效作出"合理解释"，而其提供的配方既没有按照法律规定在食品药品监管部门备案，也没有向他人展示或留存。可见，荆某不仅具有相关领域的专业知识，更知道如何规避法律、蒙蔽他人，故可以认定其具有掺入行为。被告人张某是名义上的公司法定代表人，实则听从荆某指挥，持配方到河北购买原料,且每次采购完就将配方撕毁;张某是除了荆某以外唯一接触到配方的人员,为了保证产品效果,其应当对采购原料的品种和数量把关,在此情况下其既不对采购地点进行指认,也无法合理解释涉案产品中为何有高含量的西药成分,故可以认定其具有掺入行为或者对掺入行为明知。被告人华某亮负责对接加工厂、购买包装材料、联系销售渠道和公司财务。华某亮称张某买过三次原料,向其要了共计35万元,因为张某是荆某的表弟,其未索要原料购买清单;因荆某给其看过苦荞麦含有降糖物质的检测报告,其认为是苦荞天然成分起了作用,还给多名亲属服用苦荞麦产品。被告人李某东则主要负责外包装运输及加工后成品清点和验收,一般听华某亮安排,与华某亮一起跑产品加工的事情。故此,华某亮、李某东接触到的原料即为合成粉末,在案证据无法证实二人具有掺入行为。明知方面,虽然二人曾对产品是否含有西药产生过怀疑,但二人并无对产品进行检测的法定义务,且经询问荆某后,荆某告知二人苦荞麦具有降血糖功效、产品经植物提纯、含有植物双胍并提供了检测报告(报告显示从荆某提供的苦荞麦中检出了格列苯脲和苯乙双胍,但未检测含量),二人遂相信了该说法,故无法推定二人明知产品中含有非食品原料而仍然帮助生产、销售。此外,华某亮自服且送给亲友服用涉案压片糖,如果其明知压片糖添加了西药成分,则选用价格昂贵且非正规生产的压片糖而不选用价格低廉且正规生产的西药不符合常理,故其客观行为也更符合其不明知压片糖添加西药成分的主观心态。

综上,认定华某亮、李某东构成犯罪的证据不足,公诉机关在一审宣判前撤回了对该二人的指控,法院裁定准许,并对荆某、张某二人以生产、销售有毒、有害食品罪判处。

(二)对于销售者的主观明知认定

销售者接触的是成品,可从以下几方面考虑行为人是否明知所销售食品掺有有毒、有害的非食品原料：（1）进货渠道是否正常，有无合法有效的购货凭证，价格是否明显偏低；（2）对涉案食品有无生产日期、生产厂家、卫生检验合格证是否明知；（3）基于其知识经验是否知道食品中可能含有有毒、有害的非食品原料；（4）是否在有关部门发出禁令或者食品安全预警的情况下继续销售；（5）是否因实施危害食品安全行为受过行政处罚或刑事处罚又实施同种行为。①

根据《保健食品管理办法》第二条的规定，保健食品系指表明具有特定保健功能的食品，即适宜于特定人群食用，具有调节机体功能，不以治疗疾病为目的的食品，故本案涉案压片糖属于以食品之名行保健品之实，本质上属于保健食品。顺康源公司并无经营保健食品资质，但这仅属于行政违法范畴，而认定高某军等三人是否构成生产、销售有毒、有害食品罪的关键仍在于该三人是否明知压片糖中含有有害、有害的非食品原料，主要从以下几方面考量。

（1）从进货途径价格来看，涉案产品包装正规，具有食品批号，厂家具有营业执照、食品流通许可证等资质证明，每盒110元的价格并非明显偏低，尽管顺康源公司未向金启汇通公司索取保健食品批准证书，但并不足以推定高某军等三人明知压片糖中添加了有毒、有害的非食品原料。

（2）从营销方式看，顺康源公司在销售时针对特定人群以保健食品的方式宣传所谓的食品，该公司亦未取得保健食品卫生许可证，但从营

---

① 本案审理期间，相关司法解释对于认定刑法第一百四十四条规定的"明知"尚无明确规定。自2022年1月1日起施行的《最高人民法院、最高人民检察院关于办理危害食品安全刑事案件适用法律若干问题的解释》（法释〔2021〕24号）第十条规定："刑法第一百四十四条规定的'明知'，应当综合行为人的认知能力、食品质量、进货或者销售的渠道及价格等主、客观因素进行认定。具有下列情形之一的，可以认定为刑法第一百四十四条规定的'明知'，但存在相反证据并经查证属实的除外：（一）长期从事相关食品、食用农产品生产、种植、养殖、销售、运输、贮存行业，不依法履行保障食品安全义务的；（二）没有合法有效的购货凭证，且不能提供或者拒不提供销售的相关食品来源的；（三）以明显低于市场价格进货或者销售且无合理原因的；（四）在有关部门发出禁令或者食品安全预警的情况下继续销售的；（五）因实施危害食品安全行为受过行政处罚或者刑事处罚，又实施同种行为的；（六）其他足以认定行为人明知的情形。"

销手段、店员及购买者的证言中均无法证实或者推定高某军等三人明知压片糖中含有有毒、有害的非食品原料。

（3）从服用方法及效果来看，虽然店员称要根据消费者的血糖值高低决定压片糖服用次数及用量，要控制剂量，服用多了会低血糖，购买者普遍反映效果显著，但凭此并不足以推定高某军等三人明知产品添加了西药成分，因为即便是正规的保健食品，也有一定的服用剂量，保健食品服用过量也会产生不良反应，而且保健食品属于功能性食品，具有调节机体功能，故不能以产品具有功效或者夸大宣传功效而推定高某军等三人明知产品添加了西药成分。

（4）从知识经验方面分析，高某军等三人虽然具有保健品行业从业经验，知道国家禁止在保健食品中添加西药，对压片糖降糖效果之快产生过怀疑，但是生产方给高某军看过《中国苦荞》一书，该书记载苦荞有辅助降血糖的作用，王某凯也仅向华某亮核实是否添加西药成分，华某亮予以否认，且产品说明书解释产品有类似西药植物双胍的成分，李某春还给其姑姑服用过涉案压片糖的前期产品苦荞麦片，故高某军等三人相信相关书籍及荆某的检测报告在情理之中。此外，高某军等三人直接接触的生产方代表是华某亮，而现有证据难以认定华某亮明知压片糖含有西药成分，故认定高某军等三人明知的证据不足。

综上，在案证据无法证实高某军等三人明知涉案产品含有有毒、有害的非食品原料，公诉机关在一审宣判前撤回了对该三人的指控，法院裁定准许是正确的。

（撰稿：北京市顺义区人民法院　曹　咏
　　审编：最高人民法院刑一庭　孙长山）

[第1535号]

朱某生产、销售不符合安全标准食品案

——餐饮服务提供者制售添加亚硝酸盐腊肉制品行为的定性

一、基本案情

被告人朱某，男，1978年×月×日出生。2015年10月21日被刑事拘留，同年10月28日被取保候审，2016年10月28日被监视居住。

河北省涞源县人民检察院指控被告人朱某犯生产、销售有毒、有害食品罪，向河北省涞源县人民法院提起公诉。

被告人朱某对指控事实没有异议。

涞源县人民法院经审理查明：2015年10月21日10时许，涞源县公安局接特情举报，被告人朱某在涞源县小东关阁乡川饭店生产、销售腊肠、腊肉的过程中添加亚硝酸钠，后在其饭店内查扣亚硝酸钠一袋，腊肠20.7千克，腊肉5.7千克。经鉴定，腊肠中含有亚硝酸钠280毫克/千克，腊肉中含有亚硝酸钠280毫克/千克。

涞源县人民法院认为，被告人朱某在食品加工、销售过程中，超限量使用亚硝酸钠，违反了食品安全国家标准，足以造成严重食物中毒事故，其行为已构成生产、销售不符合安全标准的食品罪。因朱某使用的亚硝酸钠系食品添加剂，不属非食品原材料，故应以生产、销售不符合安全标准的食品罪定罪量刑。公诉机关指控罪名不准确。鉴于朱某有坦白、自愿认罪认罚等情节，予以从轻处罚并适用缓刑。依照刑法第一百四十三条、第六十七条第三款、第七十二条、第七十三条第二款和第三款之规定，判决如下：（1）被告人朱某犯生产、销售不符合安全标准的食品罪，判处有期徒刑七个月，缓刑一年，并处罚金人民币二万元；（2）禁止被告人朱某在缓刑考验期限内从事食品生产、销售活动。

一审判决后，被告人朱某未提出上诉，检察机关未提出抗诉。判决已发生法律效力。

二、主要问题

（1）餐饮服务提供者制售添加亚硝酸盐腊肉制品的行为如何定性？
（2）如何把握超范围滥用添加行为的入罪标准？

三、裁判理由

（一）餐饮服务提供者制售添加亚硝酸盐腊肉制品的行为应定性为生产、销售不符合安全标准的食品罪

关于本案定性，存在两种不同意见。

第一种意见认为，亚硝酸盐是剧毒物质，也是世界卫生组织提示的强致癌物质，且国务院有关部门公告禁止餐饮、服务单位采购、存储、使用亚硝酸盐，亚硝酸盐属于有毒、有害的非食品原料，餐饮服务提供者使用亚硝酸盐的行为应定性为生产、销售有毒、有害食品罪。

第二种意见认为，亚硝酸盐属于《食品安全国家标准 食品添加剂使用标准》（GB 2760—2014）（以下简称《食品添加剂标准》）中列明的具有护色、防腐功能的食品添加剂，在超限量添加的情况下有造成严重食物中毒事故或者严重食源性疾病的风险，故本案应定性为生产、销售不符合安全标准的食品罪。

我们赞同第二种意见，并进一步认为，本案除了审理法院认为的

"含量"上存在超限量添加亚硝酸盐的问题外,餐饮服务提供者在食品加工环节添加亚硝酸盐的行为还属于"主体"上的超范围使用食品添加剂,故应定性为生产、销售不符合安全标准的食品罪。有以下两个方面理由。

1. 亚硝酸盐的毒化属性不等同于亚硝酸盐的非食用性

亚硝酸盐毒性较强,成人一般摄入0.3克至0.5克即可引起中毒,3克即可致死。并且,亚硝酸盐中毒发病迅速,一般潜伏期1小时至3小时,可伴有头晕、恶性、呕吐、皮肤紫绀等症状,严重者昏迷、呼吸衰竭直至死亡。同时,亚硝酸盐在自然环境中广泛存在,许多天然农副产品本身含有微量亚硝酸盐,比如蔬菜中含量约为4毫克/千克,肉类约为3毫克/千克,蛋类约为5毫克/千克。食品加工过程中也会产生亚硝酸盐。例如,含有大豆成分的产品,由于大豆的特殊加工工艺会产生微量的亚硝酸盐;又如,不同类别的腌制食品,腌制后数天不等,亚硝酸盐含量会达到峰值。一般而言,排除人为添加因素,亚硝酸盐在初级食用农产品中的含量较中毒剂量、致死剂量要低很多,且少量摄入的亚硝酸盐较容易通过人体代谢排出体外。

《食品添加剂标准》将亚硝酸盐(亚硝酸钠、亚硝酸钾)作为具有护色、防腐功能的食品添加剂,规定允许在腌腊肉制品类(如咸肉、腊肉、板鸭、中式火腿、腊肠)、酱卤肉制品类,熏、烧、烤肉类,油炸肉类,西式火腿(熏烤、烟熏、蒸煮火腿)类,肉灌肠类,发酵肉制品类,肉罐头类等八类肉制品中使用,最大使用量均为0.15克/千克,允许残留量为西式火腿类小于等于70毫克/千克,肉罐头类小于等于50毫克/千克,腌腊肉制品类等六类小于等于30毫克/千克。因此,尽管亚硝酸盐具有较强的毒性,但鉴于亚硝酸盐属于食品添加剂,不能认定为有毒、有害的非食品原料,在限用范围和限量标准内使用亚硝酸盐是符合食品安全国家标准的。

2. 餐饮服务提供者添加亚硝酸盐加工食物的行为，本质上属于超范围滥用食品添加剂

实践中，常见的亚硝酸盐食物中毒事故主要是误将亚硝酸盐作为食盐食用以及超限量使用。为有效应对亚硝酸盐中毒事故高发的情况，卫生部2011年曾发布预警公告，集体食堂和餐饮业要加强管理，防止误食亚硝酸盐。集体食堂和餐饮业要严格按照《食品添加剂标准》正确使用亚硝酸盐，严禁超量、超范围使用。国家食品药品监管总局、卫生部2012年发布《关于禁止餐饮服务单位采购、贮存、使用食品添加剂亚硝酸盐的公告》（卫生部2012年第10号公告），禁止餐饮服务单位采购、存储、使用食品添加剂亚硝酸盐。国家食品药品监管总局2018年又发布《关于餐饮服务提供者禁用亚销酸盐、加强醇基燃料管理的公告》（国家食品药品监管总局2018年第18号公告），强调为防止误食亚硝酸盐导致食物中毒，禁止餐饮服务提供者采购、存储、使用亚硝酸盐（包括亚硝酸钠、亚硝酸钾），严防将亚硝酸盐误作食盐使用加工食品。

2013年《最高人民法院、最高人民法检察院关于办理危害食品安全刑事案件适用法律若干问题的解释》（法释〔2013〕12号，以下简称2013年《办理食品案件解释》）涉及滥用食品添加剂行为定性的规定主要是第八条第一款，该款规定"在食品加工、销售、运输、贮存等过程中，违反食品安全标准，超限量或者超范围滥用食品添加剂，足以造成严重食物中毒事故或者其他严重食源性疾病的"，应以生产、销售不符合安全标准的食品罪定罪处罚。[①] 上述规定表明，滥用食品添加剂的行为包括超量使用和超范围使用两种表现形式。超限量的判定依据是《食品添加剂标准》，其中规定亚硝酸盐在腌腊肉制品类食品中最大残留量为小于等于30毫克/千克。本案中，涉案腊肉、腊肠中亚硝酸钠的残留量为280

[①] 自2022年1月1日起施行的《最高人民法院、最高人民法检察院关于办理危害食品安全刑事案件适用法律若干问题的解释》（法释〔2021〕24号，以下简称2022年《办理食品案件解释》）第五条第一款规定了该内容，只是将"加工"修改为"生产"。

毫克/千克，已达最大残留量的九倍以上，故被告人朱某的行为属于超限量滥用食品添加剂。超范围滥用食品添加剂的判定则有狭义和广义两种理解。狭义的超范围一般是指适用对象的超范围，判定依据亦是《食品添加剂标准》规定的各种食品添加剂各自适用的食品分类号范围。例如，个别无良水产摊贩为掩饰所售黄鱼类水产品新鲜程度，用柠檬黄给鱼皮上色、用胭脂红给鱼鳃上色，但该两种着色剂功能的食品添加剂适用的食品分类号范围并不包括鲜水产这个类别，故应判定为超出适用食品的范围使用添加剂。广义的超范围还包括适用主体的超范围。上述两个公告中禁止餐饮服务提供者使用亚硝酸盐，餐饮服务提供者违反公告使用亚硝酸盐的行为属于适用主体超范围滥用食品添加剂。本案中，被告人朱某作为餐饮服务的提供者，既未遵守国务院有关部门公告关于亚硝酸盐使用主体的要求，又严重超出限量标准在制售的腊肉制品中添加亚硝酸盐，其行为既属于超范围滥用食品添加剂，又属于超限量滥用食品添加剂，故对朱某的行为应以生产、销售不符合安全标准的食品罪定性。

需要注意的是，不能不加区别地将国务院有关部门禁用公告的物质一律认定为有毒、有害的非食品原料。禁用公告中有的是禁止在部分食品中使用，如硫酸铝钾、硫酸铝铵禁止在小麦粉及其制品（除油炸面制品、面糊、裹粉、煎炸粉外）生产中使用；有的是禁止部分主体使用，如亚硝酸盐（亚硝酸钠、亚硝酸钾）禁止餐饮服务提供者使用。无论是对象超范围还是主体超范围滥用，都不能改变硫酸铝钾、硫酸铝铵和亚硝酸钠、亚硝酸钾属于食品添加剂的性质。换言之，硫酸铝钾、硫酸铝铵和亚硝酸钠、亚硝酸钾属于食品添加剂的性质，并不因使用对象和使用主体的不同而改变。因此，要避免将食品添加剂认定为有毒、有害的非食品原料，进而混淆生产、销售不符合安全标准的食品罪与生产、销售有毒、有害食品罪的认定。

（二）审慎把握超范围滥用食品添加剂行为的入罪门槛

成立生产、销售不符合安全标准的食品罪，首先需要满足"足以造成严重食物中毒事故或者其他严重食源性疾病"这一法定危险要件,而实践中作为主要定案证据的检验报告通常仅就送检食品是否含有违法添加物质及其理化数值出具意见,证据事实与待证事实存在明显断裂。2013年《办理食品案件解释》以列举方式将实践中具有高度危险的几种典型情形予以类型化,就滥用食品添加剂行为而言,可对应第一条第一项规定的"含有严重超出标准限量的致病性微生物、农药残留、兽药残留、重金属、污染物质以及其他危害人体健康的物质"之情形。即使用的食品添加剂"严重超出标准限量"可认定为已满足法定危险要件,从而实现证据事实与待证事实之间的连接。但紧接而来的问题是,"严重超出标准限量"又是一个超出传统法律判断的标准,令办案人员难以把握。2022年《办理食品案件解释》沿用了该类型化的列举规定方式,有关理解与适用文章指出,该标准的制定不仅是法律问题,更是科学问题。鉴于食品中涉及的物质种类繁多,不同物质标准制定过程中考虑的因素多样,且超出标准后的危害差异性悬殊,难以"一刀切"地以倍比数的方法加以解决。

鉴于超限量滥用食品添加剂本质上是"用太多"的问题,自身本来就有一条"量"的底线,实务中对此种情形似乎更有底气划定标准,如一些地方把握的超限量尺度为超出标准限量五至十倍以上,一方面明确了入罪量化标准,另一方面也与行政处罚案件拉开了较为明显的区间。本案被告人制售的腊肠、腊肉中亚硝酸钠残留量实测值为280毫克/千克,达到允许最大残留量的九倍以上。在此条件下,普通成人摄入问题腊肉制品不到一千克,累积亚硝酸盐摄入量便会达到中毒剂量,显然具有亚硝酸盐中毒的重大风险,被告人的行为具有刑事可罚性,故认定"严重超出标准限量"争议不大,审理法院也是着眼于超限量定罪。

值得注意的是,如果本案检测出的亚硝酸钠残留值没有超过最大残留量,能否以被告人实施超范围滥用食品添加剂行为入罪?相较而言,超范围滥用食品添加剂本质上是"乱用""错用"的问题,主体超范围还涉及公然违背政府对从业者的专门禁止性规定，行为人的主观恶性更大，同时由于自身没有"量"的底线，一般应参照同类允许添加的限量标准，不能只要有超范围添加的行为即入罪。超范围添加一概入罪，会模糊行政处罚与刑事处罚的界限，也不符合科学性标准。实际上，超出同类允许添加的限量标准即入罪，也会带来同样的问题，因此仍需要用科学态度，运用常识常理对法定危险要件进行实质审查，必要时引入专家证人，听取专业意见，并结合被告人犯罪情节、主观恶性等综合判断。

（撰稿：浙江省温州市中级人民法院　涂凌芳　叶梦梦
审编：最高人民法院刑一庭　孙长山）

[第 1536 号]

于某芳等人销售有毒、有害食品案

——如何区分适用禁止令与从业禁止

一、基本案情

被告人于某芳，女，1979 年×月×日出生。2018 年 7 月 31 日被取保候审。

被告人韩某，女，1978 年×月×日出生。2019 年 1 月 10 日被取保候审。

被告人王某银，男，1965 年×月×日出生。2019 年 1 月 22 日被取保候审。

（其他被告人基本情况略。）

山东省邹平市人民检察院指控被告人于某芳等人犯销售有毒、有害食品罪，向山东省邹平市人民法院提起公诉。

被告人于某芳及其辩护人对指控的罪名有异议，提出：（1）于某芳不明知其销售的保健品中掺有有毒有害物质，主观上无犯罪故意；（2）于某芳具有立功、坦白、初犯、主观恶性小、犯罪情节轻微等情节，建议对其免予刑事处罚。

被告人韩某及其辩护人对指控的罪名有异议，提出：（1）韩某不明知其销售的保健品含有有毒、有害成分；（2）韩某具有自首、从犯、认罪认罚等情节，应从轻或减轻处罚；（3）韩某销售的有毒、有害保健品数量极少，应认定为犯罪情节轻微，建议对其免予刑事处罚。

被告人王某银对指控的事实和罪名无异议。其辩护人提出：（1）王某银不知道销售的保健品中添加了有毒、有害的非食品原料西地那非，已售出的保健品未造成危害后果，犯罪情节显著轻微，应不认为是犯罪；（2）王某银具有自首、自愿认罪认罚等量刑情节，建议对其从轻或减轻处罚。

邹平市人民法院经审理查明：

2015年8月，被告人于某芳在邹平市加盟经营邹平县信康医药公司连锁药店。同年9月开始，于某芳为谋取非法利益，未查验合格证明文件，从李某（另案处理）等人处购买"黄金玛卡""美国玛卡""虫草养肾王"等壮阳类保健品，销售给附近群众。截至案发，销售额共计2000余元。2018年5月3日，邹平市食品药品监管局从于某芳处扣押上述保健品共计248盒。经滨州市市场监管局、滨州市食品药品监管局鉴定，涉案保健品中均检测出西地那非。

2014年开始，被告人韩某在邹平市九户镇经营瑞康医药连锁药店。2018年，韩某为谋取非法利益，未查验合格证明文件，从李某处购买3000元左右的"袋鼠精""黄金玛卡""肾宝片"等壮阳类保健品，销售给附近群众。2018年7月25日，邹平市公安局工作人员从韩某处扣押上述保健品共计280盒。经滨州市市场监管局、滨州市食品药品监管局鉴定，涉案保健品中均检测出西地那非。

2004年开始，被告人王某银在邹平市魏桥镇经营一家烟酒副食类门店。2017年左右，王某银为谋取非法利益，未查验合格证明文件，从李某处购买2000元左右的"植物伟哥""增大延时片"等壮阳类保健品，销售给附近群众。2018年7月27日，邹平市公安局工作人员从王某银处扣押上述保健品共计120盒。经滨州市市场监管局、滨州市食品药品监管局鉴定，涉案保健品中均检测出西地那非。

（其他被告人犯罪事实略。）

邹平市人民法院认为，被告人于某芳、韩某、王某银销售明知掺有有毒、有害的非食品原料的食品，其行为构成销售有毒、有害食品罪。于某芳、韩某虽签字具结认罪认罚，但根据被告人的犯罪情节和悔罪表现，结合邹平市司法局出具的调查评估表及调查评估意见书，其不符合宣告缓刑的条件。王某银签字具结认罪认罚，确有悔罪表现，宣告缓刑对其所居住的社区无重大不良影响，依法对其宣告缓刑。依照刑法第一百四十四条、第六十一条、第六十二条、第六十七条第三款、第五十二条、第五十三条、第六十四条、第七十二条第一款和第三款、第七十三条第二款和第三款、第七十六条之规定，判决如下：（1）被告人于某芳犯销售有毒、有害食品罪，判处有期徒刑八个月，并处罚金人民币六千元；被告人韩某犯销售有毒、有害食品罪，判处有期徒刑八个月，并处罚金人民币六千元；被告人王某银犯销售有毒、有害食品罪，判处有期徒刑八个月，缓刑一年，并处罚金人民币四千元。（2）禁止被告人王某银在缓刑考验期限内从事食品药品生产、销售及相关活动，终身不得从事食品生产经营管理工作，也不得担任食品生产经营企业食品安全管理人员。

宣判后，邹平市人民检察院抗诉提出，对于某芳、韩某未判决终身不得从事食品生产经营管理工作，也不得担任食品生产经营企业食品安全管理人员，适用法律确有错误。滨州市人民检察院未支持该抗诉意见。被告人于某芳、韩某等人提出上诉。

山东省滨州市中级人民法院经审理认为，上诉人于某芳、韩某、原审被告人王某银销售明知掺有有毒、有害的非食品原料的食品，其行为均已构成销售有毒、有害食品罪。关于从业禁止问题，刑法第三十七条之一第三款规定，"其他法律、行政法规对其从事相关职业另有禁止或者限制性规定的，从其规定"，鉴于食品安全法已有相关规定，应由相关部门作出处理，一审判决对此作出处理不当，应予纠正。判决如下：（1）维持邹平市人民法院（2019）鲁1626刑初505号刑事判决第一项中对被告人于某芳、韩某、王某银的定罪处刑部分；（2）撤销邹平市人民法院（2019）鲁1626刑初505号刑事判决的第二项；（3）禁止被告人王某银在缓刑考验期限内从事食品药品生产、销售及相关活动。

二、主要问题

如何准确区分适用禁止令与从业禁止？

三、裁判理由

禁止令与从业禁止均限制与剥夺了被判刑的犯罪分子从事特定活动或者特定职业的权利或资格，两者都属于非刑罚性措施。

禁止令是刑法修正案（八）增设的规定。刑法修正案（八）第二条规定："在刑法第三十八条中增加一款作为第二款：'判处管制，可以根据犯罪情况，同时禁止犯罪分子在执行期间从事特定活动，进入特定区域、场所，接触特定的人。'……增加一款作为第四款：'违反第二款规定的禁止令的，由公安机关依照《中华人民共和国治安管理处罚法》的规定处罚。'"刑法修正案（八）第十一条规定："将刑法第七十二条修改为：……宣告缓刑，可以根据犯罪情况，同时禁止犯罪分子在缓刑考验期限内从事特定活动，进入特定区域、场所，接触特定的人……"根据上述规定，法院对判处管制或者宣告缓刑的犯罪分子，可以根据犯罪情况，同时禁止其在管制执行期间或者缓刑考验期内从事特定活动，进入特定区域、场所，接触特定的人。2011年《最高人民法院、最高人民检察院、公安部、司法部关于对判处管制、宣告缓刑的犯罪分子适用禁止令有关问题的规定（试行）》（以下简称《禁止令规定》）对禁止令的具体内容作出了规定。

从业禁止是刑法修正案（九）增设的规定。刑法修正案（九）第一条规定："在刑法第三十七条后增加一条，作为第三十七条之一：'因利用职业便利实施犯罪，或者实施违背职业要求的特定义务的犯罪被判处刑罚的，人民法院可以根据犯罪情况和预防再犯罪的需要，禁止其自刑罚执行完毕之日或者假释之日起从事相关职业，期限为三年至五年。''被禁止从事相关职业的人违反人民法院依照前款规定作出的决定的，由公安机关依法给予处罚；情节严重的，依照本法第三百一十三条的规定定罪处罚。''其他法律、行政法规对其从事相关职业另有禁止或者限制性规定的，从其规定。'"根据上述规定，从业禁止是法院对利用职业便利实施犯罪或者实施违背职业要求特定义务犯罪的人，除依法判处刑罚外，还可以根据犯罪情况和预防再犯罪的需要，禁止其自刑罚执行完毕之日或者假释之日起从事相关职业。

司法实践中，应注意区分禁止令和从业禁止，避免适用上的混淆。二者既有联系，又有区别。二者的主要区别在于以下五个方面。

（1）目的不同。禁止令是对管制犯、缓刑犯具体执行监管措施的完善，其目的主要在于促进犯罪分子在管制执行期间或者缓刑考验期内的教育矫正，有效维护社会秩序。而从业禁止是禁止从事相关职业的预防性措施，其目的在于预防犯罪分子在刑罚执行完毕或者假释后利用职业和职务之便再次犯罪。

（2）内容不同。禁止令的内容更广，包括禁止从事特定活动，进入特定区域、场所，接触特定的人。根据《禁止令规定》第二条的规定，人民法院可以单独禁止其中一项内容或者同时禁止几项内容。另外，根据《禁止令规定》第三条第三项的规定，利用从事特定生产经营活动实施犯罪的，禁止从事相关生产经营活动。从业禁止的内容是禁止从事相关职业。可见，禁止令也有禁止从业的内容，容易在适用时与从业禁止混淆。

（3）适用对象不同。禁止令适用无特别对象要求。从业禁止适用于利用职业便利实施犯罪或者实施违背职业要求特定义务的犯罪分子。如果犯罪分子所实施的犯罪，与职业没有关系、没有违背特定义务要求，则不能适用从业禁止。同时，刑法第三十七条之一第三款的规定："其他法律、行政法规对从事相关职业另有禁止或者限制性规定的，从其规定。"据此，对于其他法律、行政法规对从事相关职业已有禁止或者限制性规定的，不再适用刑法规定的从业禁止，而由相关部门作出处理即可。

（4）适用时间不同。禁止令在刑罚执行期间同时执行，可以与管制执行期间、缓刑考验期限相同，也可以更短。从业禁止自犯罪分子刑罚执行完毕之日或者假释之日起开始执行，期限为三年至五年；其他法律、行政法规对其从事相关职业另有禁止或者限制性规定的，从其规定。有的法律法规规定期限为终身禁业，如教师法第十四条规定，受到剥夺政治权利或者故意犯罪受到有期徒刑以上刑事处罚的，不能取得教师资格；已经取得教师资格的，丧失教师资格。

（5）违反后果不同。违反禁止令的，由公安机关依照治安管理处罚法的相关规定处罚；被宣告缓刑的犯罪分子违反禁止令且情节严重的，应当撤销缓刑，执行原刑罚。违反从业禁止的，由公安机关依法给予处罚；情节严重的，可以构成拒不执行判决、裁定罪。情节严重，主要是指违反人民法院从业禁止决定，经有关方面劝告、纠正仍不改正的，因违反从业禁止决定受到行政处罚又违反的，或者违反从业禁止决定且在从业过程中又有违法行为等情况。

具体到对实施危害食品安全犯罪的犯罪分子的禁止令适用，2013年《最高人民法院、最高人民法检察院关于办理危害食品安全刑事案件适用法律若干问题的解释》（法释〔2013〕12号，以下简称2013年《办理食品案件解释》）第十八条规定："对实施本解释规定之犯罪的犯罪分子，应当依照刑法规定的条件严格适用缓刑、免予刑事处罚。根据犯罪实施、情节和悔罪表现，对于符合刑法规定的缓刑适用条件的犯罪分子，可以适用缓刑，但是应当同时宣告禁止令，禁止其在缓刑考验期限内从事食品生产、销售及相关活动。"自2022年1月1日起施行的《最高人民法院、最高人民法检察院关于办理危害食品安全刑事案件适用法律若干问题的解释》（法释〔2021〕24号，以下简称2022年《办理食品案件解释》）对禁止令的适用作出修订，第二十二条第一款规定："对实施本解释规定之犯罪的犯罪分子，应当依照刑法规定的条件，严格适用缓刑、免予刑事处罚。对于依法适用缓刑的，可以根据犯罪情况，同时宣告禁止令。"2022年《办理食品案件解释》将2013年《办理食品案件解释》"应当同时宣告禁止令"修改为"可以根据犯罪情况，同时宣告禁止令"，修订后的规定更符合司法实际。

同时，2022年《办理食品案件解释》未对从业禁止作出规定。根据刑法第三十七条之一第三款的规定，刑法关于从业禁止的规定，主要是针对其他法律、行政法规对受到刑事处罚的人没有明确禁业规定的情况，换言之，人民法院判处的从业禁止主要起着补充性的作用。食品安全法第一百三十五条第二款规定："因食品安全犯罪被判处有期徒刑以上刑罚的，终身不得从事食品生产经营管理工作，也不得担任食品生产经营企业食品安全管理人员。"因此，相关行政主管部门可以根据食品安全法的规定对行为人作出从业禁止的行政处罚，人民法院无须再作出从业禁止判决。

本案中，一审判决禁止被告人王某银在缓刑考验期限内从事食品药品生产、销售及相关活动，终身不得从事食品生产经营管理工作，也不得担任食品生产经营企业食品安全管理人员，是对禁止令与从业禁止的混淆、并用。根据刑法第三十七条之一第三款的规定，其他法律、行政法规对行为人从事相关职业另有禁止或者限制性规定的，从其规定。鉴于食品安全法第一百三十五条第二款对受到刑事处罚的人的从业禁止已有相关规定，故人民法院无须再作出从业禁止判决，由相关行政主管部门作出从业禁止处理。

综上，二审法院撤销一审法院对于被告人王某银判处从业禁止的部分，仅判处禁止令，是正确的。

（撰稿：山东省滨州市中级人民法院　张树民
　　　　最高人民法院刑一庭　郑　晨
　审编：最高人民法院刑一庭　孙长山）

[第1537号]

李某博等人生产、销售有毒、有害食品案

——如何准确认定涉案产品系假药还是有毒、有害食品

一、基本案情

被告人李某博，男，1983年×月×日出生，系河北翔恒医药科技有限公司总经理。2018年3月5日被逮捕。

被告人李某鹏，系李某博之弟。

被告人谢某娜，系李某博之妻。

被告人李某峰、李某丽、白某荣、李某根、李某荣、谢某来，系李某博亲属及受雇佣人员，受李某博指使生产、销售涉案产品。

河北省石家庄市长安区人民检察院指控被告人李某博、李某鹏、谢某娜、李某峰、李某丽、白某荣、李某根、李某荣、谢某来犯生产、销售假药罪，向河北省石家庄市长安区人民法院提起公诉。

被告人李某博及其辩护人主要提出：李某博生产的产品是"准假药"，并没有造成严重后果，只有部分购买者证称服用后有出虚汗、低血糖、胃胀、恶心等症状；李某博法律意识淡薄，没有意识到在降糖产品中添加格列苯脲等物质是犯罪行为；李某博具有坦白情节，认罪态度较好，请求从轻处罚。

（其他被告人辩解意见略。）

石家庄市长安区人民法院经审理查明：2016年7月至2018年1月，被告人李某博在未取得任何资质的情况下，租用民房作为厂房，购买机器设备、包装材料、胶囊壳、标签、中药以及禁止在保健食品中添加的格列苯脲、格列齐特、盐酸苯乙双胍、盐酸二甲双胍等物质，伙同被告人李某鹏组织、安排被告人李某峰、李某丽、白某荣、李某根、李某荣、谢某来等人非法生产中华活胰宝普尔胶囊、安胰清胶囊等降糖保健食品。李某博安排其公司员工打电话进行推销，同时给其发展的全国各地客户销售其生产的上述各类降糖保健食品。另外，李某博还向其妻被告人谢某娜经营的诊所提供上述保健食品。谢某娜在明知李某博提供的上述保健食品系李某博非法生产的情况下，仍在其经营的诊所对外进行销售。自2016年7月至2018年1月案发，李某博等人销售上述涉案产品共计89.307万元。

石家庄市长安区人民法院认为，被告人李某博等人在生产的保健食品中非法添加国家禁用的有毒、有害物质并进行销售，情节特别严重，其行为均已构成生产、销售有毒、有害食品罪。公诉机关指控各被告人的行为构成生产、销售假药罪，经查，涉案物品均为保健食品，不属于假药，故指控罪名不当，予以纠正。依照刑法第一百四十四条、第一百四十一条、第二十六条、第二十七条、第三十七条之一、第六十四条、第六十七条、第七十二条，《最高人民法院、最高人民检察院关于办理危害食品安全刑事案件适用法律若干问题的解释》第七条、第九条、第十七条、第十八条、第二十条之规定，判决如下：被告人李某博犯生产、销售有毒、有害食品罪，判处有期徒刑十二年，并处罚金人民币一百万元；被告人李某鹏犯生产、销售有毒、有害食品罪，判处有期徒刑十年零六个月，并处罚金人民币六十万元；其他被告人分别被判处缓刑至有期徒刑六年不等的刑罚。

宣判后，被告人李某博、李某鹏、谢某娜、李某峰不服，以原判决量刑重等为由，提出上诉。

河北省石家庄市中级人民法院经依法审理，认为原判定罪准确，量刑适当，裁定驳回上诉，维持原判。

二、主要问题

涉案胶囊（以下统称为涉案产品）应当认定为假药还是有毒、有害食品？

三、裁判理由

在本案审理过程中，对于涉案产品如何定性，如何准确确定罪名，存在两种不同意见。

第一种意见认为，涉案产品应认定为假药。主要理由为，涉案产品在说明书上标出了用法用量、功能主治，符合药品管理法第二条规定的药品特征，属于以非药品冒充药品；被告人李某博等人在电话推销的同时还通过诊所销售涉案产品，购买者主观认识上也更倾向于是购买药品。因此，相关产品应当认定为假药，检察机关起诉罪名准确，对李某博等人应以生产、销售假药罪定罪处罚。

第二种意见认为，涉案产品应认定为有毒、有害食品。主要理由为，涉案产品外包装盒上、说明书上均标有保健食品标识；虽然相关物品在诊所中销售，但诊所、药店在日常经营中同样可以销售钙片、维生素等保健食品；本案另有多名购买者证称购买的是"保健品"，相关诊所人员也证称相关产品是"修复胰岛的保健食品"。因此，应当将相关产品认定为保健食品。被告人李某博等人在涉案产品中添加保健食品中禁止添加的格列苯脲等有毒、有害物质，对其应以生产、销售有毒、有害食品罪定罪处罚。

我们赞同第二种意见，具体理由如下。

（一）从法定概念层面分析

概念是反映事物本质属性的理性认识，能够将此事物与彼事物区别开来，同时概念也是对事物进行分析和判断的逻辑基础。判断涉案产品是否属于假药或者有毒、有害食品，首先应当以食品安全法和药品管理法的有关规定为判断依据。

食品安全法第一百五十条规定，食品指各种供人食用或饮用的成品和原料以及按照传统既是食品又是中药材的物品，但不包括以治疗为目的的物品。《保健食品注册管理办法（试行）》（已失效）第二条规定，保健食品是指声称具有特定保健功能或者以补充维生素、矿物质为目的的食品，即适宜特定人群食用，具有调节机体功能，不以治疗疾病为目的，并且对人体不产生任何急性、亚急性或者慢性危害的食品。药品管理法第二条规定，药品是指用于预防、治疗、诊断人的疾病，有目的地调节人的生理机能并规定有适应症或者功能主治、用法用量的物质，包括中药、化学药和生物制品等。食品和药品的法定概念为涉案产品属性界定提供了前提，从上述规定可以看出，食品和药品两个概念是对立统一、相互补充关系。

食品概念采用了说明定义加但书的方式，从其前半句来看，食品和部分药品存在包含与被包含关系，即可以食用或饮用的物品；后半句为但书条款，明确了食品和药品的关键区别，即食品不包含"以治疗为目的的物品"。而保健食品作为一种特殊食品，与药品相比，它仅用于调节机体机能，提高人体抵御疾病的能力，改善健康状况，并不以治疗疾病为目的。

药品概念采用了种差加属的方法，详细阐明了食品安全法中但书条款"以治疗为目的的物品"具体含义，并归纳了药品的三个属性特征：首要特征，即用于预防、治疗、诊断人的疾病；目的特征，即调节人的生理机能；形式特征，即规定有适应症或者功能主治、用法用量。按照逻辑学种差加属的要求，第一个属性特征"预防、治疗、诊断人的疾病"为首要特征，也是区分食品与药品的关键所在，第二个、第三个属性特征为派生特征；三个属性特征应当同时具备，缺一不可，不能仅因某一产品符合其中一个特征就将其界定为药品。

(二) 从客观证据进行审查判断

首先，查看产品的批准文号。正规的保健食品包装盒左上角必须标出"小蓝帽"保健食品专用标志，并且标注批准文号"国食健字（年份）××××号"或"卫食健字（年份）××××号"。1999年后，国家统一药品批准文号标准为"国药准字"。涉案产品如是"国食健"字号或"卫食健"字号，一般考虑界定为食品，如是"国药"字号，一般考虑界定为药品。

其次，查看产品的说明书。保健食品一般会标注为保健功能、适宜人群，并应当标注"本品不能代替药物"；药品则标注药品名称、适应症、用法用量、药物相互作用、药理作用、禁忌。药品管理法第四十九条规定，药品标签或者说明书应当注明药品的通用名称、成分、规格、上市许可持有人及其地址、生产企业及其地址、批准文号、产品批号、生产日期、有效期、适应症或者功能主治、用法、用量、禁忌、不良反应和注意事项。标签、说明书中的文字应当清晰，生产日期、有效期等事项应当显著标注，容易辨识。根据有关国家标准规定，保健食品包装也必须注明名称、净含量及固形物含量、配料、功效成分、保健作用、适宜人群、食用方法、日期（生产日期及保质期）、储藏方法、执行标准、保健食品生产企业名称及地址、卫生许可证号。2003年《保健食品检验与评价技术规范》规定，保健食品可申报的功能有27种，其中包括辅助降低血糖、血脂、血压。

再次，查看产品的外包装。药品的包装有规定制式，应当标明药品的通用名称、药品批准文号。比如，在药盒主要位置大字标明"格列本脲片"，在左上角小字标注商标；又如，俗称的"伟哥"，正规药品包装盒上名称应为大字"盐酸泊达西汀片"，产品的商标才是右上角小字"伟哥"。而保健食品包装则可以形式多样、绚丽鲜艳，左上角应当标明保健食品的标识，产品商标可以大字出现，产品成分可以小字标出。例如，大字的"果维康"在下方以小字标注"维生素C含片"。

最后，看涉案产品的销售地点。产品是在药店、诊所销售，还是在保健品店或超市等场所、互联网平台销售。由于销售地点的情况较为复杂，不能仅以这一条标准来界定涉案产品性质，还需结合前三点综合判断。

具体到本案，涉案产品标注的批准文号为"国食健字"，外包装标注了保健食品标识，名称使用的是"唐灵""中华活胰宝"等。涉案产品说明书标注了功能为"辅助降血糖、修复胰岛"，用量为"每日3次、每次2粒"，并在注意事项中列明"本品不能代替药物"。该标注貌似标明了功能作用，但是"辅助"二字和注意事项决定了其更符合保健食品的规定，不能仅依该标注就将涉案产品认定为药品，否则就会出现将"参茶""药膳"等保健食品全部归类为药品的结果，既不符合法律规定，也有悖于大众的普遍认知。另外，本案涉案产品说明书还标明"本品是以苦瓜、葛根、知母、西洋参为主要原料制成"，这也符合食品安全法对食品、保健食品的规定。因此，对涉案产品应界定为保健食品。

（三）综合被告人供述和其宣传、推介涉案产品情况等言词证据进行审查判断

在办案实践中，会遇到涉案产品的客观属性信息不全，或者涉案产品的批号、包装、说明书之间存在矛盾，或者涉案产品的客观属性同被告人宣传、推介情况存在矛盾等特殊情况。比如，产品名称为保健食品，而在说明书中标明了用法用量、功能主治、禁忌和不良反应等药品特征。对于以上特殊情况，应当以法律概念为基础，结合涉案产品的关键信息、对外宣传情况进行综合认定，包括宣传资料、微信朋友圈或抖音等平台的产品介绍、微信聊天或阿里旺旺聊天记录、购买者的证言等，审查判断销售者在销售时是突出产品的保健功能，还是突出产品的治疗功能，

进而以法律概念为基础，综合案件证据，准确界定涉案产品是有毒有害食品还是假劣药品。具体而言，当产品标识和对外宣传不存在明显矛盾时，可直接按照产品标识来确定产品属性。如有充分证据证明对外宣传与产品标识存在明显矛盾时，这种虚假宣传行为事实上属于将此产品冒充彼产品的行为，其目的是以彼产品的治疗功能欺诈顾客并销售，宜根据在案证据按照其对外宣传的产品性能确定涉案产品属性。比如，对于产品标识虽为"国食健字"的产品，但如果有充分证据证明行为人一以贯之对外宣传产品具有治疗疾病的功效，以药品名义生产、售卖，逃避监管、蒙骗群众，必要时结合监管部门的咨询、鉴定意见，可以考虑认定涉案产品为假药。

　　本案中，涉案产品批号、说明书等信息均显示为保健食品，被告人李某博曾在医药公司工作过，对于涉案产品不属于药品有清晰的认知，其始终供述涉案产品为保健食品，诊所销售人员也证称其对外宣传涉案产品为保健食品。虽然众多购买者的证言对产品性质表述存在矛盾，有的称为降糖药，有的称为降糖保健品，有的称原来认为是降糖药，后来上网查知是降糖保健品，但综合产品批号、说明书、包装、被告人李某博供述、销售人员证言等，不宜认定被告人有以非药品冒充药品销售的情形，应认定涉案产品为保健食品。格列本脲、盐酸二甲双胍等物质系国家食品药品监管局公布的《保健食品中可能非法添加的物质名单（第一批）》（食药监办保化〔2012〕33号）中禁止添加的物质，依据司法解释的规定，应当认定为有毒、有害的非食品原料。故一审、二审法院的定性是正确的。

　　此外，生产、销售有毒、有害食品，生产、销售金额50万元以上，应当认定为其他特别严重情节，这一标准与生产、销售假药罪的特别严重情节数额标准一致，能够保证两罪在量刑上的均衡，充分体现罪刑相适应原则。同时，此案涉案产品销售范围广、犯罪数额巨大，且有的被告人借助诊所和医生身份对外宣传销售，使用者又多为老年患者，很可能延误疾病的正规治疗，社会危害严重。因此，虽然本案不以生产、销售假药罪论处，但是参照食品药品相关司法解释的精神，应当酌情从重惩处。

（撰稿：河北省高级人民法院　石明辉　陈庆瑞
　　审编：最高人民法院刑二庭　张　杰）

[第 1538 号]

杨某阁销售有毒、有害食品案

——刑事附带民事食品公益诉讼中惩罚性赔偿的适用

一、基本案情

被告人及附带民事公益诉讼被告杨某阁,女,1968年×月×日出生。2020年12月18日被逮捕。

北京市东城区人民检察院指控被告人杨某阁犯销售有毒、有害食品罪,向北京市东城区人民法院提起公诉及刑事附带民事公益诉讼。

被告人及附带民事公益诉讼被告杨某阁对公诉机关指控的事实、罪名及量刑建议没有异议且签字具结,在开庭审理过程中亦认罪认罚,同意附带民事公益诉讼起诉人的诉讼请求。辩护人及委托诉讼代理人的意见为:(1)对于公诉机关指控被告人杨某阁犯销售有毒、有害食品罪不持异议,但销售金额应当以杨某阁明知降糖茶中含有西药成分时认定,即从2020年8月17日起计算,共计2.17万元;(2)被告人杨某阁到案后能够如实供述犯罪事实,自愿认罪认罚;(3)案发前,杨某阁退赔蒋某元83万元,其中价值52万元的降糖茶尚未交付;(4)杨某阁系初犯,且身患疾病。综上,建议法庭对杨某阁从轻处罚。针对公益诉讼起诉人的诉请,委托诉讼代理人认为主张的惩罚性赔偿金额过高,应按照消费者实际损失的三倍金额予以判处,对于其他诉讼请求无异议。

东城区人民法院经审理查明:2019年12月至2020年11月间,被告人杨某阁从熊某木（另案处理）处大量购进散装降糖茶，并在北京市东城区安乐林路69号惠达商务会馆3403室、3406室等地进行分包，通过网络联系、发送快递等方式，对外销售上述降糖茶，销售金额共计95万余元。经北京高新博睿质检技术服务有限公司检测，杨某阁销售的降糖茶中含有非法添加的西药成分格列苯脲和二甲双胍。2020年11月10日，杨某阁被民警抓获，涉案降糖茶及包装袋、塑封机等作案工具已部分起获并扣押在案。

另查，2018年10月至2020年11月间，被告人及附带民事公益诉讼被告杨某阁在未取得食品经营许可的情况下，在北京市东城区安乐林路69号惠达商务会馆3403室、3406室等地，通过快递发货、微信收款等方式向北京、河北、贵州等多地消费者销售降糖茶，销售金额共计32.66万元（不包括他人以销售为目的购买降糖茶的金额及消费者已明确表示另行提起民事诉讼的金额）。杨某阁的犯罪行为侵害了众多消费者的合法权益，损害了社会公共利益。

东城区人民法院认为，被告人杨某阁为谋取利益，违背诚信原则，虚夸身份，在不具备销售食品资质的前提下，明知售卖的降糖茶系"三无"产品且含有西药成分，仍通过互联网等途径向全国各地的糖尿病患者出售，销售金额高达95万余元，属于销售明知掺有有毒、有害的非食品原料的食品，其行为侵犯了国家对食品卫生的管理制度和广大消费者的生命健康安全，已构成销售有毒、有害食品罪，且情节特别严重，依法应予刑罚处罚。被告人及附带民事公益诉讼被告杨某阁侵害了社会公共利益，依法应当承担相应的民事责任。依据刑法第一百四十四条、第一百四十一条、第五十二条、第五十三条、第六十七条第三款、第六十一条、第六十四条，《最高人民法院、最高人民检察院关于办理危害食品安全刑事案件适用法律若干问题的解释》第七条、第二十条，食品安全法第一百四十八条、第一百四十九条，民法典第一百七十九条，《最高人民法院关于审理食品安全民事纠纷案件适用法律若干问题的解释（一）》第十三条以及《最高人民法院、最高人民检察院关于检察公益诉讼案件适用法律若干问题的解释》第二十条的规定，判决如下：（1）被告人杨某阁犯销售有毒、有害食品罪,判处有期徒刑十年,并处罚金人民币二十万元;(2)责令被告人杨某阁退赔犯罪所得人民币十万元,予以没收;(3)被告人杨某阁支付惩罚性赔偿金人民币三百二十六万六千元(自本判决生效之日起三十日内缴纳);(4)被告人杨某阁于本判决生效之日起三十日内在国家级媒体上就其销售不符合食品安全标准的食品的行为向社会公开赔礼道歉、消除危险(相关内容须经本院审核,费用由被告人杨某阁承担);(5)扣押在案的标签一千六百六十张,塑封袋一包,药勺一只,电子秤一台,封口机一台,"医师资格证"一本、降糖茶原料、半成品、成品,予以没收。

一审宣判后,被告人在法定期限内没有上诉、抗诉。判决已经发生法律效力。

二、主要问题

(1)刑事附带民事食品公益诉讼案件可否适用惩罚性赔偿?
(2)刑事附带民事食品公益诉讼惩罚性赔偿数额如何认定?

三、裁判理由

食品安全事关公众身体健康和生命安全,我国虽然相继出台食品安全法、民法典等,并通过刑法对食品安全问题予以规制,但对于惩罚性赔偿缺乏系统的制度规范,给司法实践带来一些难题。

(一)刑事附带民事公益诉讼惩罚性赔偿的适用依据

随着食品安全问题的凸显,我国相继出台食品安全法、民法典和《最高人民法院关于审理食品药品纠纷案件适用法律若干问题的规定》等法律、司法解释来遏制食品药品领域的违法犯罪行为,关于惩罚性赔偿的零星规定散布其中。例如,2019年5月印发的《中共中央、国务院关于深化改革加强食品安全工作的意见》提出探索建立食品安全民事公益诉讼惩罚性赔偿制度,后在最高人民法院、最高人民检察院等部门共同印发的《关于在检察公益诉讼中加强协作配合依法保障食品药品安全的意见》中亦有体现。自 2021 年 1 月 1 日起施行的民法典第一百七十九条则彰显了惩罚性赔偿的法定性，同时，第一百八十七条从实体角度规定了民事责任、行政责任以及刑事责任共存时，民事责任优先适用的原则。2021 年印发的《最高人民法院关于审理食品药品纠纷案件适用法律若干问题的规定》第十四条对此进一步细化，规定食品药品的生产者、销售者承担民事责任具有优先性。上述规定共同为惩罚性赔偿的适用奠定了法律基础。

此外，程序方面，民事诉讼法第五十八条规定，人民检察院在履行职责中发现破坏生态环境和资源保护、食品药品安全领域侵害众多消费者合法权益等损害社会公共利益的行为，可以向人民法院提起诉讼。2020 年修正的《最高人民法院、最高人民检察院关于检察公益诉讼案件适用法律若干问题的解释》第二十条概括规定了人民检察院对食品药品领域侵害众多消费者合法权益、损害社会公共利益的犯罪行为可以提起刑事附带民事公益诉讼。刑事附带民事公益诉讼作为刑事诉讼与民事公益诉讼的复合之诉，本质上属于民事公益诉讼的特殊形态，而民事公益诉讼责任承担方式包括惩罚性赔偿。公益诉讼惩罚性赔偿的适用超越了消费者群体个人利益的保护范围，尤其针对不特定的消费者群体，更加凸显对于社会公共利益、公共秩序保护的必要。

实践中，对社会群体利益的保护法律具有滞后性，故在私益诉讼无法寻求实体以及程序正义时，公益诉讼之惩罚、威慑及救济功能更为明显，即可有效规制已经出现的危害，加大特定领域的违法成本，从而起到示范和警示效应，[1] 将公共利益的潜在风险扼杀在摇篮中，破解对于社会整体利益保护乏力的困境。探索建立食品安全民事公益诉讼惩罚性赔偿制度，对于维护市场秩序，保障消费者合法权益，维护社会公共利益，推动食品安全国家治理体系和治理能力现代化具有重大意义，此项制度

---

[1] 参见赖红军、唐昕：《民事公益诉讼惩罚性赔偿金的性质和管理路径》，载《人民检察》2020 年第 23 期。

可在对食品违法犯罪行为予以刑事打击的同时，充分发挥民事公益诉讼的追责功能，实现惩治犯罪与公益保护的双重效用。基于此，2021年3月最高人民检察院、最高人民法院等七部门印发的《探索建立食品安全民事公益诉讼惩罚性赔偿制度座谈会会议纪要》（以下简称《纪要》）细化了惩罚性赔偿的适用程序、规则，进一步奠定了民事公益诉讼中惩罚性赔偿适用的法律基础。

基于刑事附带民事食品公益诉讼惩罚性赔偿的功能定位，《纪要》认为，对于侵权人主观过错严重，违法行为次数多、持续时间长，违法销售金额大、获利金额多、受害人覆盖面广，造成严重侵害后果或者恶劣社会影响的，或具有其他严重侵害社会公共利益的情形的，可以参照民法典、食品安全法、消费者权益保护法等法律规定提出惩罚性赔偿诉讼请求。关于认定损害社会公共利益的标准，《纪要》认为认定是否侵害众多不特定消费者合法权益，损害社会公共利益，应当以是否存在对众多不特定消费者造成食品安全潜在风险为前提，不仅包括已经发生的损害，也包括有重大损害风险的情形，可以结合鉴定意见、专家意见、行政执法机关检验检测报告等予以认定。

本案中，被告人杨某阁销售含有格列苯脲和二甲双胍成分的降糖茶，涉及北京、河北、贵州等地的众多消费者，存在对众多不特定消费者造成食品安全的重大风险，且已导致部分消费者出现腹泻等不良反应。向众多不特定消费者销售有毒、有害食品，其危害程度明显高于《纪要》中规定的"销售明知是不符合食品安全标准的食品"的情形，严重威胁众多不特定消费者生命健康安全，应当认定为侵害众多不特定消费者合法权益，构成损害社会公共利益。综上，被告人杨某阁的行为不仅侵犯了国家食品卫生管理制度和广大消费者的生命健康权利，还侵害了社会公共利益，依法应当承担相应的惩罚性赔偿责任。

（二）刑事附带民事食品公益诉讼惩罚性赔偿的数额认定

惩罚性赔偿数额，一般由赔偿基数乘以赔偿倍数计算得出。目前，我国法律、司法解释对通过食品安全民事公益诉讼提出惩罚性赔偿诉讼请求的规定还不够明确，因而对惩罚性赔偿数额的确定在实践探索中还存在一些不同认识。

1. 惩罚性赔偿基数的认定

当前规范性文件缺乏对公益诉讼惩罚性赔偿基数的明确规定，实践中多引用个人惩罚性赔偿的计算模式，以食品安全法第一百四十八条第二款规定的"支付价款十倍"或"损失三倍"两种计算方法为参考。刑事附带民事食品公益诉讼案件中，多以查明的销售金额作为基数确定赔偿数额，且大都依刑事侦查或行政处罚认定的事实来确定销售金额。原因在于食品消费群体人数众多、数量庞大但分散各地，而食品对人体健康的损害具有滞后性、潜移默化性，损害后果难以量化，如以被害人损失金额作为标准，不但证据收集困难，而且在危害后果尚未显现时，难以确认所有被害人，导致惩治缺乏打击力度。

基于此，结合公益诉讼的惩罚、威慑及救济功能，我们认为，在食品安全领域民事公益诉讼案件中，涉及惩罚性赔偿金的案件，如有销售金额，则以销售金额作为赔偿数额的基数；如无法查清具体销售金额，可根据一般销售利润、市场询价方式等进行认定。对于多次流通的食品，应以最后流入消费者手中的销售价格作为惩罚性赔偿金的基数，被查获时尚未流入消费者手中的食品不应计入惩罚性赔偿金的基数。如在案证据无法认定销售金额的，则以被侵权人的损失金额作为基数。

总之，对惩罚性赔偿数额的认定，应当坚守客观公正立场，在全面收集证据的基础上，原则上以实际查明的销售金额作为基数来计算。特殊情况下，如销售金额无法查清，则可以被侵权人的损失金额作为基数来计算。同时需注意，刑事诉讼与民事诉讼证明标准的不同可能导致基数不同。刑事诉讼采用排除合理怀疑的证明标准，民事诉讼则采用高度盖然性的证明标准，在确定惩罚性赔偿数额时，要综合考虑刑、民因素，加强刑、民责任承担的协同。例如，销售金额基准的确定，需依照刑事证明标准加以认定，但附带民事公益诉讼惩罚性赔偿具体数额的确定，则应依照民事诉讼之高度盖然性的证明标准，原因在于附带民事公益诉讼本质上仍属于民事诉讼范畴，适用民事诉讼证明标准可更加全面、有效地保障被侵权人权益，并可加大违法成本、震慑潜在犯罪者。

在本案惩罚性赔偿基数即销售数额的认定中，争议焦点主要集中于以下两个方面。

第一，侵权人主观明知的认定。本案辩护人提出应以被告人获取检测报告之日作为认定其销售有毒、有害食品主观明知的起始日期，并据此认定销售金额及惩罚性赔偿基数。我们认为，被告人的主观明知应当根据行为人的认知能力、工作阅历、食品质量、销售价格及进货或者销售渠道等主观与客观因素综合认定。本案中，被告人杨某阁在获取检测报告前是否具有主观明知，可从以下几方面予以认定：其一，杨某阁本人是糖尿病患者，长期在医院接受正规治疗，其对于糖尿病的规范治疗应当有基本认识，即使以普通人的视角，鉴于含有格列苯脲和二甲双胍成分的食品或药品所产生的毒副作用和不适应症状，公众对其也是严禁服用。杨某阁长期接触降低糖尿病的相关药物，对降糖类保健食品的认知应该高于普通人，其宣称其销售的降糖茶系纯植物、无添加、降糖效果明显，严重失实且不符合常理。其二，从杨某阁销售降糖茶的来源和降糖茶的包装可见，其销售的降糖茶来源于熊某木，而对此人是否有销售该类保健食品的资质、是否有正规厂家来源其一概不问；同时，该降糖茶进货之初没有正规包装、没有成分标示、没有生产批号、没有生产厂家，是名副其实的"三无"产品，熊某木也在微信中告知其销售上述降糖茶要缩小范围、严防被查。可见，该降糖茶无论是货物来源渠道还是本身的质量特征都缺乏正当性，杨某阁对此明知，但为牟利而执意大量对外销售。其三，从杨某阁手机恢复的电子数据可以看出，其至少在2019年12月就明确知道熊某木销售给其的降糖茶中含有违禁添加的西药成分，且熊某木未予否认，其明知其销售食品有毒、有害，仍继续销售，对危害后果的发生持放任态度。综上，法院综合认定杨某阁自2019年12月起具有犯罪的主观明知是正确的。

第二，未交付货物及退还货款的销售数额认定。被告人杨某阁销售给蒋某元的降糖茶，虽已收钱但尚未发货，对此部分销售金额如何认定？

我们认为,应当认定为销售数额且系犯罪既遂,因为销售有毒、有害食品的实行行为是销售,销售包括收付款和收发货环节,只要完成其中一项即可认定为完成了销售行为。关于销售金额的认定,《最高人民法院、最高人民检察院关于办理生产、销售伪劣商品刑事案件具体应用法律若干问题的解释》第二条第一款明确,刑法第一百四十条、第一百四十九条规定的销售金额指的是生产者、销售者出售伪劣产品后所得和应得的全部违法收入,因此,已收钱未发货的金额应当认定为销售金额。关于杨某阁在案发前退还蒋某元销售款83万元的事实,亦不影响其销售金额的认定。销售有毒、有害食品罪所保护的法益是社会主义市场经济秩序及人民生命安全和身体健康,并非财产犯罪,其违法所得理应没收或退赔给受害者,因此不能予以扣除,但在量刑时可酌情予以考虑。因此,本案杨某阁的销售金额应当认定为95万余元。根据2013年《最高人民法院、最高人民检察院关于办理危害食品安全刑事案件适用法律若干问题的解释》第七条的规定,生产、销售有毒有害食品,生产、销售金额50万元以上的,应当认定为刑法第一百四十四条规定的"有其他特别严重情节"。

2. 惩罚性赔偿倍数的确定

在食品安全领域,惩罚性赔偿倍数的确定通常以食品安全法第一百四十八条或消费者权益保护法第五十五条为依据。[①] 关于二者的关系,消

[①] 食品安全法第一百四十八条规定:"消费者因不符合食品安全标准的食品受到损害的,可以向经营者要求赔偿损失,也可以向生产者要求赔偿损失。接到消费者赔偿要求的生产经营者,应当实行首负责任制,先行赔付,不得推诿;属于生产者责任的,经营者赔偿后有权向生产者追偿;属于经营者责任的,生产者赔偿后有权向经营者追偿。生产不符合食品安全标准的食品或者经营明知是不符合食品安全标准的食品,消费者除要求赔偿损失外,还可以向生产者或者经营者要求支付价款十倍或者损失三倍的赔偿金;增加赔偿的金额不足一千元的,为一千元。但是,食品的标签、说明书存在不影响食品安全且不会对消费者造成误导的瑕疵的除外。"

消费者权益保护法第五十五条规定:"经营者提供商品或者服务有欺诈行为的,应当按照消费者的要求增加赔偿其受到的损失,增加赔偿的金额为消费者购买商品的价款或者接受服务的费用的三倍;增加赔偿的金额不足五百元的,为五百元。法律另有规定的,依照其规定。经营者明知商品或者服务存在缺陷,仍然向消费者提供,造成消费者或者其他受害人死亡或者健康严重损害的,受害人有权要求经营者依照本法第四十九条、第五十一条等法律规定赔偿损失,并有权要求所受损失二倍以下的惩罚性赔偿。"

费者权益保护法是保护消费者权益的一般法律,而食品安全法则是一项专门保护食品安全领域消费者权益的特别法律。依据特别法优于一般法的法律适用原则,消费者因购买不符合食品安全标准的食品而引起的纠纷,一般应当适用食品安全法,且消费者权益保护法第五十五条的惩罚性赔偿条款中明确规定了"法律另有规定的,依照其规定"。而涉及食品安全的消费领域一般属于消费者权益保护法第五十五条规定的"法律另有规定的"情形,因而当侵权人生产、销售的食品被确定为不符合食品安全标准的食品时,通常以食品安全法第一百四十八条第二款为惩罚性赔偿的请求权基础,提出支付价款十倍或者损失三倍的惩罚性赔偿金,增加赔偿的金额不足1000元的,为1000元;对其他食品生产、销售欺诈行为,以消费者权益保护法第五十五条为请求权基础,提出购买商品的价款或者接受服务的费用三倍的惩罚性赔偿金请求。[①]

具体倍数的确定上,民事公益诉讼主要针对不特定多数消费者的权益,涉案金额相对个人诉讼而言,数额更大、危害后果更为严重,因而惩罚性赔偿数额的确定,需综合考虑其危害行为对法益造成的危害、对被侵权人造成的损失、对社会造成的恶劣影响等因素,既要实现惩治功能,也要实现对社会公共利益损害的弥补功能。《纪要》提出应当根据侵权人主观过错程度、违法次数和持续时间、受害人数、损害类型、经营状况、获利情况、财产状况、行政处罚和刑事处罚等因素,综合考虑是否提出惩罚性赔偿诉讼请求。除了《纪要》中规定的上述因素之外,具体倍数的确定一般还需考量:(1)侵权行为对消费者造成或潜在的危害程度。对经济秩序、公共利益的破坏程度,做到损害和责任相对应,对于涉及面广、受害人众多的应当适用更大的惩罚性赔偿倍数。[②](2)行为人违法行为的预期收益。只有违法成本远高于其违法预期收益,才能从

[①] 参见刘凤月:《食品安全民事公益诉讼惩罚性赔偿金的确定》,载《人民检察》2020年第23期。

[②] 参见刘艳、户恩波、朱俊:《食药安全领域民事公益诉讼惩罚性赔偿实务问题研究》,载《中国检察官》2020年第9期。

源头上遏制食品领域侵权行为。(3)行为人的赔付能力和当地经济发展水平。如果确定的数额远远超出了违法行为人的赔付能力和可承受能力,可能导致最终确定的数额因违法行为人难以负担而成为一纸空文。

本案中,杨某阁通过快递发货、微信收款等形式向全国各地的糖尿病患者出售有毒、有害食品,销售金额共计 32.66 万元(不包括他人以销售为目的购买降糖茶的金额及消费者已明确表示另行提起民事诉讼的金额),法院最终以此销售金额作为惩罚性赔偿的基数;被告人杨某阁明知销售的降糖茶中含有西药成分,在部分消费者反映出现腹泻等不良症状后,仍予以销售,且销售行为持续时间长、受害人数众多、在案件审理时社会公共利益受损情况尚未得到恢复,因而对被告人杨某阁判处十年有期徒刑的同时,处以销售价款十倍的惩罚性赔偿金,有效地发挥了刑事附带民事公益诉讼的惩治功能及救济功能。

(撰稿:北京市东城区人民法院　石　魏
　　　北京市第四中级人民法院　江珞伊
审编:最高人民法院刑三庭　鹿素勋)

[第 1539 号]

邱某其、邱某森、邱某后盗窃和
销售有毒、有害食品案

——使用有毒物质偷盗他人土狗，后将含有有毒物质的
土狗销售给他人牟利的行为定性

一、基本案情

被告人邱某其，男，1985 年×月×日出生。2017 年 4 月 11 日因犯盗窃罪被判处有期徒刑八个月，并处罚金人民币二千元，2018 年 10 月 12 日刑满释放。2021 年 1 月 28 日因本案被行政拘留十五日，2 月 9 日被刑事拘留，3 月 17 日被逮捕。

被告人邱某森，男，1989 年×月×日出生。2017 年 4 月 7 日因犯销售有毒、有害食品罪被判处有期徒刑八个月十五天，并处罚金人民币三千元，2018 年 4 月 23 日刑满释放。2021 年 1 月 28 日因本案被行政拘留十五日，2 月 9 日被刑事拘留，3 月 17 日被逮捕。

被告人邱某后，男，1977 年×月×日出生。2017 年 4 月 7 日因犯销售有毒、有害食品罪被判处有期徒刑九个月，并处罚金人民币三千元，2018 年 5 月 8 日刑满释放。2021 年 1 月 28 日因本案被行政拘留十五日，2 月 9 日被刑事拘留，3 月 17 日被逮捕。

广西壮族自治区贺州市八步区人民检察院指控被告人邱某其、邱某

森、邱某后犯盗窃罪和生产、销售有毒、有害食品罪，向广西壮族自治区贺州市八步区人民法院提起公诉。

被告人邱某其辩称其行为只构成盗窃罪。邱某其的辩护人提出本案涉及的两个罪名属于牵连犯，应择一重罪处罚，只构成生产、销售有毒、有害食品罪；邱某其最后一次实施盗窃后，盗窃的狗并没有出售，属于犯罪未遂；邱某其具有坦白情节。

被告人邱某森辩称其行为只构成盗窃罪。

被告人邱某后对公诉机关指控的事实、罪名及量刑建议无异议。

贺州市八步区人民法院经公开审理查明：被告人邱某后经与被告人邱某其、邱某森协商，将注有有毒物质的注射器捆绑在鱼竿上，由邱某其和邱某森分别驾驶摩托车，邱某其、邱某后使用绑有含有毒物质注射器的鱼竿捅到狗身上，将他人的狗毒死，然后将狗卖给他人，在扣除油费等费用后利益平分。其中，2021年1月13日，三人毒死7条狗（均为他人所养的土狗，以下同）；2021年1月23日，三人毒死6条狗。三人将上述两次所得的土狗分别运到贺州市八步区某镇和贺州市八步区中心市场卖给收狗老板获利4000元以上。2021年1月27日，三人毒死7条狗，欲将盗窃所得的狗运往贺州市八步区某镇进行销售，当车辆行驶至贺州市八步区车辆管理所对面公路时，被公安机关当场抓获。经贺州市公安局物证鉴定所鉴定，在查获的4条狗中检出琥珀胆碱，在查获毒针内的透明不明液体中检出琥珀胆碱。

贺州市八步区人民法院认为，被告人邱某其、邱某森、邱某后销售明知掺有有毒、有害的非食品原料的食品，其行为确已触犯刑法第一百四十四条之规定，构成销售有毒、有害食品罪。邱某其、邱某森、邱某后以非法占有为目的，多次秘密窃取他人财物，数额较大，其行为确已触犯刑法第二百六十四条之规定，构成盗窃罪。邱某其、邱某森、邱某后一人犯数罪，依法应当数罪并罚。在共同犯罪中，邱某其、邱某森、邱某后积极实施犯罪行为，起主要作用，均是主犯，依法应当按照其所参与的全部犯罪处罚。邱某其、邱某森、邱某后曾因故意犯罪被判处有期徒刑，刑罚执行完毕后五年内再犯应当判处有期徒刑以上刑罚之罪，是累犯，依法应当从重处罚。邱某其、邱某森、邱某后在第三起犯罪中毒杀狗后在前往销售地点途中被公安机关查获，就该起销售有毒、有害食品罪属于已经着手实行犯罪，由于犯罪分子意志以外的原因而未得逞，是犯罪未遂，依法可以比照既遂犯从轻处罚。邱某后如实供述犯罪事实，愿意接受处罚，对其可以从轻处罚。邱某其、邱某森如实供述犯罪事实，依法可以从轻处罚。依照刑法第一百四十四条、第二百六十四条、第二十五条第一款、第二十六条第一款和第四款、第六十五条第一款、第二十三条、第六十七条第三款、第六十九条第一款和第三款、第四十七条、第五十二条、第五十三条、第六十四条，《最高人民法院、最高人民检察院关于办理危害食品安全刑事案件适用法律若干问题的解释》第二十一条，《最高人民法院、最高人民检察院关于办理盗窃刑事案件适用法律若干问题的解释》第一条及刑事诉讼法第二百零一条之规定，判决如下：

（1）被告人邱某其犯销售有毒、有害食品罪，判处有期徒刑一年一个月，并处罚金人民币五千元；犯盗窃罪，判处有期徒刑一年一个月，并处罚金人民币五千元；决定执行有期徒刑一年十一个月，并处罚金人民币一万元。

（2）被告人邱某森犯销售有毒、有害食品罪，判处有期徒刑一年一个月，并处罚金人民币五千元；犯盗窃罪，判处有期徒刑一年一个月，并处罚金人民币五千元；决定执行有期徒刑一年十一个月，并处罚金人民币一万元。

（3）被告人邱某后犯销售有毒、有害食品罪，判处有期徒刑一年，并处罚金人民币五千元；犯盗窃罪，判处有期徒刑一年，并处罚金人民币五千元；决定执行有期徒刑一年十个月，并处罚金人民币一万元。

（4）责令被告人邱某其、邱某森、邱某后共同退赔被害人李某人民币390元、被害人陈某甲人民币520元、被害人陈某乙人民币390元、被害人陈某丙人民币390元、被害人陈某丁人民币780元、被害人何某甲人民币364元、被害人何某乙人民币286元。

一审宣判后，被告人邱某其提出上诉，辩称其参与偷狗的行为构成盗窃罪，不构成销售有毒、有害食品罪；原判量刑过重。被告人邱某森上诉，辩称其不构成销售有毒、有害食品罪，应当以盗窃罪定罪。

广西壮族自治区贺州市中级人民法院经审理后认为，上诉人邱某其、邱某森与原审被告人邱某后共同密谋、共同实施用毒针把他人的狗毒死后偷走，然后拿去销售。他们用毒针把他人的狗毒死后偷走的行为，是以非法占有为目的，秘密窃取他人财物，数额较大的行为，符合盗窃罪的构成要件，构成盗窃罪。上诉人将有毒的狗进行销售的行为，侵犯了国家对食品安全的监管秩序和消费者的生命健康安全，构成销售有毒、有害食品罪。邱某其、邱某森提出不构成销售有毒、有害食品罪的上诉理由，不能成立。原判在量刑时，已经充分考虑了各上诉人的犯罪事实、犯罪性质、情节和对社会的危害程度，量刑并无不当。2022年3月11日，裁定驳回上诉，维持原判。

二、主要问题

使用有毒物质偷盗他人土狗，后将含有有毒物质的土狗销售给他人牟利的行为应当如何定性？

三、裁判理由

在本案的审理过程中，对于被告人邱某其、邱某森、邱某后的行为应如何定性，存在两种不同观点：第一种观点认为，邱某其、邱某森、邱某后使用毒针将狗毒死后，卖给他人的行为只构成盗窃罪；第二种观点认为，邱某其、邱某森、邱某后以非法占有为目的，使用含有琥珀胆碱的注射器盗杀多名被害人养的土狗的行为构成盗窃罪，之后将含有有毒物质的土狗销售给他人牟利的行为，又构成销售有毒、有害食品罪，应当数罪并罚。

我们赞同第二种观点,具体理由如下。

(一)罪名的问题

刑法第二百六十四条规定:"盗窃公私财物,数额较大的,或者多次盗窃、入户盗窃、携带凶器盗窃、扒窃的,处三年以下有期徒刑、拘役或者管制,并处或者单处罚金……"《最高人民法院、最高人民检察院关于办理盗窃刑事案件适用法律若干问题的解释》第一条规定:"盗窃公私财物价值一千元至三千元以上、三万元至十万元以上、三十万元至五十万元以上的,应当分别认定为刑法第二百六十四条规定的'数额较大'、'数额巨大'、'数额特别巨大'。各省、自治区、直辖市高级人民法院、人民检察院可以根据本地区经济发展状况,并考虑社会治安状况,在前款规定的数额幅度内,确定本地区执行的具体数额标准,报最高人民法院、最高人民检察院批准……"第三条第一款规定:"二年内盗窃三次以上的,应当认定为'多次盗窃'。"广西壮族自治区高级人民法院、广西壮族自治区人民检察院印发的《〈关于常见犯罪的量刑指导意见〉实施细则(试行)》中,有关盗窃罪的规定为:"盗窃公私财物,犯罪数额达到数额较大起点一千五百元或者入户盗窃、携带凶器盗窃、扒窃的,或者在二年内三次盗窃的,在四个月拘役至六个月有期徒刑幅度内确定量刑起点。"本案中,被告人邱某其、邱某森、邱某后以非法占有为目的,多次(半个月内三次以上)使用含有琥珀胆碱的注射器盗杀多名被害人养的土狗,数额较大(超过 1500 元),其行为确已触犯刑法第二百六十四条之规定,构成盗窃罪。

刑法第一百四十四条规定:"在生产、销售的食品中掺入有毒、有害的非食品原料的,或者销售明知掺有有毒、有害的非食品原料的食品的,处五年以下有期徒刑,并处罚金……"被告人邱某其、邱某森、邱某后将使用毒针盗杀的含有有毒物质的土狗销售给他人牟利的行为,符合销售有毒、有害食品罪的构成要件，三被告人并没有加工制作食品的过程，犯罪行为未涉及选择事项的生产行为，故三被告人构成销售有毒、有害食品罪，而非生产、销售有毒、有害食品罪。

(二) 罪数的问题

公诉机关指控三被告人构成盗窃罪和生产、销售有毒、有害食品罪；有被告人提出只构成盗窃罪；有辩护人提出本案涉及的两个罪名属于牵连犯，应择一重罪处罚，只构成销售有毒、有害食品罪。

我们认为，对于本案三被告人应当数罪并罚。

牵连犯是指犯罪的手段行为与目的行为触犯不同罪名，原因行为与结果行为触犯不同罪名。牵连犯是学术上的观点，理论上倾向于认定一罪，但是我国刑法分则处以并罚的也并不在少数。对于单一罪名无法同时准确描述、涵盖原因行为与结果行为的，或者为了突出对某种权益的特殊保护，通常法律或者司法解释规定予以数罪并罚。

本案中，三被告人先使用有毒物质偷盗他人土狗，后将含有有毒物质的土狗销售给他人牟利，实际上实施了两个危害社会的行为，即偷盗他人土狗和将有毒土狗出售牟利，侵犯了刑法所保护的两种法益，即公民的合法财产权利以及国家对食品安全的监管秩序和消费者的生命健康安全，其行为已分别构成盗窃罪和销售有毒、有害食品罪。而无论是盗窃罪还是销售有毒、有害食品罪均不足以涵盖被告人行为的危害性，故不适用牵连犯择一重罪处理的原则，故对于三被告人偷盗他人土狗的行为和出售有毒土狗的行为，应分别以盗窃罪和销售有毒、有害食品罪定罪处罚，实行数罪并罚。

需要说明的是，被告人邱某森、邱某后曾于2016年8月在将用毒针毒死的2条死狗出售时，被公安民警当场抓获。2017年4月，二人被广西壮族自治区钟山县人民法院以销售有毒、有害食品罪判处有期徒刑，并处罚金。该案没有被害人报案有土狗被盗，不能确定被毒杀的狗是属于有主的狗还是流浪狗，故未认定构成盗窃罪。

综上，人民法院判决三被告人的行为构成盗窃罪和销售有毒、有害食品罪并予以并罚，是正确的。

（撰稿：广西壮族自治区贺州市八步区人民法院　李　畅

审编：最高人民法院刑二庭　逄锦温）

[第 1540 号]

纪某奖生产、销售有毒、有害食品案

——有毒、有害非食品原料的认定及危害食品安全犯罪刑事附带民事公益诉讼中惩罚性赔偿的适用

一、基本案情

被告人纪某奖，男，1976 年×月×日出生。2022 年 1 月 20 日被逮捕。

广西壮族自治区来宾市兴宾区人民检察院指控被告人纪某奖犯生产、销售有毒、有害食品罪，向广西壮族自治区来宾市兴宾区人民法院提起公诉。在审理过程中，来宾市兴宾区人民检察院向来宾市兴宾区人民法院提起刑事附带民事公益诉讼，认为纪某奖在生产、销售的饺子皮、饺子中违法添加有毒、有害的非食品原料，其行为严重侵害了众多不特定消费者的健康权等合法权益，损害了社会公共利益，应承担支付有毒、有害食品已销售价款的十倍的赔偿金并向社会公众赔礼道歉的民事责任。

被告人纪某奖对起诉书指控事实及罪名均无异议，对公益诉讼起诉人的部分诉请有异议。其辩护人及刑事附带民事公益诉讼代理人认为在案并无硼砂是否属于有毒、有害非食品原料的鉴定意见、检验报告，故纪某奖的行为不构成犯罪，公益诉讼起诉人的诉讼请求无法律依据，不应支持。

来宾市兴宾区人民法院经审理查明：被告人纪某奖在来宾市兴宾区

经营一家小吃店,其为了延长所售饺子的保鲜时间,于 2021 年 6 月 25 日从网络上购买了一批硼砂。其明知硼砂系非食品原料,仍将所购硼砂掺入饺子皮中,制作成饺子出售给顾客食用,至 2021 年 7 月 13 日,被来宾市兴宾区市场监督管理局执法人员在执法检查中查获。截至查获时,其销售掺入硼砂的饺子金额总计 1500 元。经对查获的饺子皮、饺子抽样检验,检测出饺子的硼砂实测值为 263 毫克/千克;饺子皮的硼砂实测值为 2.21×10^3 毫克/千克,硼砂项目不符合《食品中可能违法添加的非食用物质和易滥用的食品添加剂品种名单(第一批)》(食品整治办〔2008〕3号)要求,检验结论为不合格。

来宾市兴宾区人民法院经审理认为,被告人纪某奖在生产、销售的食品中掺入有毒、有害的非食品原料,其行为已构成生产、销售有毒、有害食品罪。纪某奖作为食品生产者、销售者,违反国家食品安全管理法规,违背食品安全保障义务,在生产、销售的食品中掺入有毒、有害的非食品原料,侵犯了不特定多数消费者的合法权益,威胁到广大消费者的生命、健康安全,已经损害了社会公共利益,除应负刑事责任外,亦应依法承担其犯罪行为对社会公共利益造成损失和不良社会影响的民事责任,故刑事附带民事公益起诉人提起的诉讼请求,于法有据,予以支持。依照刑法第一百四十四条、第五十二条、第五十三条第一款、第六十四条、第六十七条第三款,刑事诉讼法第十五条、第一百零一条第二款,《最高人民法院、最高人民检察院关于办理危害食品安全刑事案件适用法律若干问题的解释》第九条、第十七条、第二十条第二项,民法典第一百七十九条及食品安全法第一百四十八条的规定,判决如下:(1)被告人纪某奖犯生产、销售有毒、有害食品罪,判处有期徒刑六个月,并处罚金人民币五千元;(2)附带民事公益诉讼被告纪某奖于本判决生效后十日内支付赔偿金人民币一万五千元,并在全国公开发行的媒体上赔礼道歉;(3)扣押在案的硼砂、饺子皮、饺子,予以没收,由扣押机关依法处理。

宣判后，在法定期限内，被告人纪某奖未提出上诉，公诉机关亦未提出抗诉。判决已发生法律效力。

二、主要问题

（1）对于有毒、有害非食品原料的认定是否必须以毒害性鉴定意见、检验报告为前提？

（2）在危害食品安全犯罪刑事附带民事公益诉讼案件中能否适用惩罚性赔偿？

三、裁判理由

本案中涉及的硼砂即硼酸钠，为无色无臭易溶于水的半透明结晶体或白色结晶粉末，系具有危险性的化工原料，常添加于防腐剂、除草剂和杀虫剂中。成人摄入1克至3克硼砂可引起中毒，硼砂中毒者病理性表现主要为胃、肾、肝、脑和皮肤出现非特异性病变，摄入15克至20克或长期服用即严重中毒者可致肝肾受损，循环衰竭，休克而亡。但因其化合成分具有增韧性、脆度及改善保水性及保鲜性等功能，如在粽子、面条、油条、糕点等食品中加入硼砂，能增加韧性、口感或延长保质期，且成本低廉，经常被不法食品生产者和商贩用作食品添加剂加入食品中。本案被告人纪某奖为了解决其小吃店的饺子在夏天变馊、变质的问题，在网上药店购买了商品链接标注为医用硼砂的袋装硼砂，按照5公斤面粉配2克至3克硼砂的比例将硼砂掺入饺子皮中，制作成饺子售卖给顾客食用，侵犯了国家食品安全管理制度和广大消费者的生命、健康安全，应依法惩处。本案审理过程中有如下争议问题。

（一）有毒、有害非食品原料的认定

被告人纪某奖的辩护人提出在案并无硼砂是否属于有毒、有害非食品原料的鉴定意见、检验报告，故纪某奖的行为不构成犯罪。我们认为，对于根据刑法第一百四十四条规定,构成生产、销售有毒、有害食品罪必须是在食品中掺入非食品原料,且该非食品原料应当具有毒害性即有毒、有害非食品原料是成立该罪的法定要件。根据文义解释方法,所谓有毒、有害的非食品原料是指对人体具有生理毒性,食用后会引起不良反应、损害肌体健康的不能食用的原料。根据《最高人民法院、最高人民检察院关于办理危害食品安全刑事案件适用法律若干问题的解释》(法释〔2021〕24号,以下简称《办理食品案件解释》)第九条和第二十四条的规定,对于有毒、有害非食品原料的认定,大致分为直接认定和综合性认定。直接认定即第九条规定中列明的参照法律、法规禁止添加、使用或国务院有关部门列入《食品中可能违法添加的非食用物质名单》《保健食品中可能非法添加的物质名单》《食品动物中禁止使用的药品及其他化合物清单》等名单上的物质等,不必须以毒害性鉴定意见、检验报告为前提。为打击、治理危害食品安全行为,我国有关行政法律、法规基于非法添加物质具有的严重毒害性,已对相关食品非法添加行为作出了明确的禁止性规定,并通过公布各类禁用物质名单等方式,为认定何为有毒、有害食品禁用物质提供了便捷路径。而综合性认定则是在实践中囿于司法解释或有关行政法律、法规不可能对所有有毒、有害物质一一列明的情况下,主要对新型的混合型有毒、有害物质,尚未有专门性文件确定其定性的,根据《办理食品案件解释》第二十四条规定,有毒、有害的非食品原料难以确定的,司法机关可以根据鉴定意见、检验报告、地市级以上相关行政主管部门组织出具的书面意见,结合其他证据作出认定。必要时,专门性问题由省级以上相关行政主管部门组织出具书面意见。实践中,司法机关还应结合非食品原料的性质、含量、毒害属性、质量标准等因素综合予以考虑。

本案中的硼砂已被全国打击违法添加非食用物质和滥用食品添加剂专项整治领导小组所发布的《食品中可能违法添加的非食用物质和易滥用的食品添加剂品种名单(第一批)》列入为食品中可能违法添加的非

食用物质，根据《办理食品案件解释》第九条第二项的规定，应直接认定为有毒、有害的非食品原料，无须另作毒害性鉴定、检验。被告人纪某奖作为一名长期从事食品行业工作、具有一定食品安全认知能力的生产、销售者，已意识到硼砂系非食品添加原料，仍将硼砂掺入所售食品中，其行为符合生产、销售有毒、有害食品罪的主观与客观构成要件，且该罪是行为犯，不要求必须有实害结果的发生，故认定纪某奖构成生产、销售有毒、有害食品罪于法有据。

（二）危害食品安全犯罪刑事附带民事公益诉讼中惩罚性赔偿的适用

惩罚性赔偿，一般是指在补偿性赔偿之外，要求行为人向受害者承担超出实际损失以外的超额责任的赔偿制度，具有补偿被害者损失、惩罚和遏制不法行为等多重功能。我国的消费者权益保护法、食品安全法等法律均规定了消费者的惩罚性赔偿规则，但关于惩罚性赔偿在公益诉讼中适用的问题法律尚未予以明确。在本案审理过程中，对检察机关在公益诉讼中提起的惩罚性赔偿请求是否予以支持的问题，主要有两种意见。

第一种意见认为，基于严格的法定主义，不应支持公益诉讼中的惩罚性赔偿请求。刑事附带民事公益诉讼是刑事附带民事诉讼和民事公益诉讼的结合，公益诉讼起诉人应在民事公益诉讼的框架内行使诉权。首先，根据《最高人民法院关于审理消费民事公益诉讼案件适用法律若干问题的解释》（以下简称《消费公益诉讼解释》）第十三条的规定，消费公益诉讼诉求承担民事责任的范围是停止侵害、排除妨碍、消除危险、赔礼道歉、确认无效等，并未将惩罚性赔偿纳入。其次，根据民法典第一千二百零七条、消费者权益保护法第五十五条及《最高人民法院关于审理食品药品纠纷案件适用法律若干问题的规定》（以下简称《食品药品纠纷解释》）第十五条的规定，请求惩罚性赔偿的主体是消费者，且前提是遭受实际损害，检察机关作为公益诉讼起诉人既没有实际购买行为，也未遭受任何实际损害，不具备诉求惩罚性赔偿的法律依据及主体资格。

第二种意见认为，基于消费者权益保护的替代性与补充性，应支持公益诉讼中的惩罚性赔偿请求。虽然现行法律只规定了民事特定主体之间的纠纷可以适用惩罚性赔偿，但特定主体的权利与不特定主体的公共利益是相互包容、相互补充的，并非排斥或对立的矛盾关系。检察机关作为公益诉讼起诉人以不特定主体的公共利益为保护目标，弥补被告人侵害公共利益的治理漏洞或救济空白，是不特定主体的抽象性概括，可参照相关法律适用惩罚性赔偿。

我们赞同第二种意见，具体理由如下。

第一，本案中，被告人纪某奖通过向不特定多数人售卖其添加了有毒、有害的硼砂的食品，损害社会公共利益，此处的社会公共利益本身就是众多消费者多项权益的集合。根据消费者权益保护法第四十七条的规定，消费者协会有权提起消费民事公益诉讼，又根据《食品药品纠纷解释》第十七条的规定，"消费者协会依法提起公益诉讼的，参照适用本规定"，即消费者协会提起公益诉讼时可参照适用《食品药品纠纷解释》中关于惩罚性赔偿的规定。同理，《消费公益诉讼解释》中关于公益诉讼诉请承担的民事责任，以"等"字兜底，应作等外解释，即可包括惩罚性赔偿责任。而检察机关同样作为公益诉讼起诉人的适格主体，与消费者协会的民事公益诉讼权利趋同一致，亦可参照《食品药品纠纷解释》第十五条的规定"生产不符合安全标准的食品或者销售明知是不符合安全标准的食品，消费者除要求赔偿损失外，向生产者、销售者主张支付价款十倍赔偿金或者依照法律规定的其他赔偿标准要求赔偿的，人民法院应予支持"，得到人民法院对其诉请惩罚性赔偿的支持。

第二，食品安全惩罚性赔偿，应适用特殊侵权责任。民法典第一千二百零七条的规定系对产品的一般性侵权责任规定，其他法律对侵权责任另有规定的，应依照特殊法，即食品安全领域的侵权，适用食品安全法。根据体系解释方法，食品安全法对于"向生产者或者经营者要求支付价款十倍或者损失三倍的赔偿金"的惩罚性赔偿不以造成实际损害为前提。因此，本案虽未有证据证实有消费者因被告人纪某奖的犯罪行为遭受人身损害，但不影响人民法院要求纪某奖支付销售价款十倍的惩罚性赔偿的判令。

综上，人民法院依法认定被告人纪某奖将硼砂掺入食品中予以售卖的行为构成生产、销售有毒、有害食品罪，并支持检察机关所提起的刑事附带民事公益诉讼请求，判令纪某奖除应负刑事责任外，亦应承担惩罚性赔偿金及向社会公众赔礼道歉、消除不良影响的民事责任，最大限度地保护众多消费者合法权益，是正确的，有利于惩治危害食品安全犯罪，维护市场秩序，实现保障食品安全的公益诉讼目标。

（撰稿：广西壮族自治区来宾市兴宾区人民法院　韦元臻
审编：最高人民法院刑二庭　逄锦温）

[第 1541 号]

姜某起等人生产、销售不符合安全标准的食品案

——食品安全法对从业禁止已有相关规定，
人民法院是否再裁判宣告从业禁止

一、基本案情

被告人姜某起，男，1969 年×月×日出生，山东省潍坊市众友达食品有限公司（以下简称众友达公司）法定代表人。2019 年 12 月 23 日被逮捕。

（其他被告人情况略。）

山东省寿光市人民检察院以被告人姜某起等犯生产、销售不符合安全标准的食品罪，向山东省寿光市人民法院提起公诉。

被告人姜某起对指控事实、罪名没有异议。

寿光市人民法院经审理查明：被告人姜某起自 2019 年 2 月开始，在山东省昌邑市经营众友达公司。其间，姜某起多次购入病死、死因不明的白条鸡鸭，分割加工后作为食品在市场上进行销售，涉案金额达 8.6 万余元。

寿光市人民法院认为，被告人姜某起生产、销售不符合安全标准的食品，足以造成严重食物中毒事故或者其他严重食源性疾病，其行为已构成生产、销售不符合安全标准的食品罪。姜某起认罪认罚，可以从轻

处罚。依照刑法第一百四十三条、第三百三十七条、第二十五条第一款、第二十七条、第三十七条之一、第五十二条、第五十三条、第六十七条第三款、第六十九条、第七十二条第一款和第三款、第七十三条第二款和第三款、第七十六条、第七十七条第一款，刑事诉讼法第十五条、第二百零一条之规定，判决如下：（1）被告人姜某起犯生产、销售不符合安全标准的食品罪，判处有期徒刑一年二个月，并处罚金人民币十八万元；（2）禁止被告人姜某起自刑罚执行完毕之日起三年内从事食品生产、销售及相关活动。

（其余判项略。）

宣判后，寿光市人民检察院提出抗诉，认为原审法院判决禁止被告人姜某起等自刑罚执行完毕之日起三年内从事食品生产、销售及相关活动，系适用法律错误，违反了刑法第三十七条之一第三款及食品安全法第一百三十五条之规定。

山东省潍坊市中级人民法院经审理认为，刑法第三十七条之一第一款规定"因利用职业便利实施犯罪，或者实施违背职业要求的特定义务的犯罪被判处刑罚的，人民法院可以根据犯罪情况和预防再犯罪的需要，禁止其自刑罚执行完毕之日或者假释之日起从事相关职业，期限为三年至五年"，第三款规定"其他法律、行政法规对其从事相关职业另有禁止或者限制性规定的，从其规定"。食品安全法第一百三十五条第二款规定"因食品安全犯罪被判处有期徒刑以上刑罚的，终身不得从事食品生产经营管理工作，也不得担任食品生产经营企业食品安全管理人员"。根据以上法律规定，抗诉理由部分成立。刑法作为最严厉的手段应保持其固有的谦抑性，存在行政法等其他前置手段时，应尽量避免适用刑法调整，以给其他法律适用留出空间。因此，本案中可以对原审被告人姜某起不予宣告从业禁止，留待判决生效后食品安全监督行政执法部门依法处理。故二审判决撤销原判宣告从业禁止的部分，维持其余判项的部分。

二、主要问题

在食品安全法对从业禁止有相关规定的情况下，人民法院如何适用刑法规定的从业禁止？

三、裁判理由

本案中，在食品安全法第一百三十五条对从业禁止有相关规定的情况下，人民法院对被告人姜某起如何适用刑法规定的从业禁止，形成以下三种意见。

第一种意见认为，无论其他法律、行政法规是否有关于从业禁止的规定，人民法院都可以根据刑法第三十七条之一第一款的规定，对被告人裁判宣告从业禁止，期限为三年至五年，行政机关可根据法律、行政法规的规定作出从业禁止的行政处罚。

第二种意见认为，刑法第三十七条之一第三款的规定，"其他法律、行政法规对其从事相关职业另有禁止或者限制性规定的，从其规定"。从其规定，是指人民法院所裁判宣告的从业禁止内容应与其他法律、行政法规规定的从业禁止内容一致。具体到本案，鉴于食品安全法对从业禁止有相关规定，故人民法院对被告人姜某起裁判宣告的从业禁止内容应与食品安全法规定一致，即终身不得从事食品生产经营管理工作，也不得担任食品生产经营企业食品安全管理人员。

第三种意见认为，刑法第三十七条之一第三款规定的"从其规定"，并非指人民法院所裁判宣告的从业禁止内容应与其他法律、行政法规规定的从业禁止内容一致，而是指人民法院的司法权需要尊重其他法律、行政法规的从业禁止规定，法院须在其他法律、行政法规对相关职业没有禁止或限制性规定的情况下才能适用从业禁止。因此，在其他法律、行政法规对从业禁止有规定的情况下，由行政主管部门根据相关规定对行为人作出从业禁止的行政处罚即可，人民法院无须再裁判宣告从业禁止。

我们同意第三种意见，具体理由如下。

(一) 刑法与其他法律、行政法规关于从业禁止规定的关系

从业禁止是刑法修正案（九）增设的一项重要制度，旨在进一步贯彻宽严相济刑事政策，防止犯罪分子利用职业便利再次实施犯罪。法院通过对被告人依法宣告从业禁止，可以有效防止其"重操旧业"，再犯同质新罪。从业禁止不是新增的刑罚种类或者刑罚执行方式，而是一种预防性措施。

在刑法修正案（九）增设从业禁止规定之前，我国20多部法律、行政法规对受过刑事处罚人员已有从事相关职业的禁止或者限制性规定，包括规定禁止或者限制担任一定公职，禁止或者限制从事特定职业，以及禁止或者限制从事特定活动等。例如，公司法第一百四十六条第一款第二项规定，因贪污、贿赂、侵占财产、挪用财产或者破坏社会主义市场经济秩序，被判处刑罚，执行期满未逾五年，或者因犯罪被剥夺政治权利，执行期满未逾五年的，不得担任公司的董事、监事、高级管理人员。道路交通安全法第一百零一条规定，违反道路交通安全法律、法规的规定，发生重大交通事故，构成犯罪的，依法追究刑事责任，并由公安机关交通管理部门吊销机动车驾驶证。造成交通事故后逃逸的，由公安机关交通管理部门吊销机动车驾驶证，且终生不得重新取得机动车驾驶证。

刑法修正案（九）第三十七条之一增加从业禁止规定，是考虑到在既有法律、行政法规之外，还有一些职业尚未规定从业禁止或者限制性规定，但又存在禁止在一定期限内从业的必要性。对这些法律、行政法规尚未规定职业资格准入制度的领域、行业，由刑法作出规定，并限定在一个合理的期限之内。刑法关于从业禁止的规定，相对于其他法律、行政法规的规定而言，发挥的是补充性的作用。换言之，对于法律、行

政法规已有相关规定的，由主管部门依照相关法律、行政法规作出从业禁止行政处罚；对于法律、行政法规尚没有相关规定的，人民法院可以根据被告人的犯罪情况和预防再犯罪的需要，依照刑法第三十七条之一第一款的规定作出从业禁止的裁判。因此，刑法第三十七条之一第三款"从其规定"，是指对于法律、行政法规已有相关规定的，对行为人作出从业禁止的主体、条件、期限等都要依照有关法律、行政法规的规定，而不是指人民法院要根据有关法律、行政法规规定作出从业禁止裁判。[①]故第二种意见不具有可采性。

（二）刑法与食品安全法关于从业禁止的规定

食品安全法第一百三十五条第一款规定，被吊销许可证的食品生产经营者及其法定代表人、直接负责的主管人员和其他直接责任人员自处罚决定作出之日起五年内不得申请食品生产经营许可，或者从事食品生产经营管理工作、担任食品生产经营企业食品安全管理人员；第二款规定，因食品安全犯罪被判处有期徒刑以上刑罚的，终身不得从事食品生产经营管理工作，也不得担任食品生产经营企业食品安全管理人员。

司法实践中，有意见认为，因食品安全法规定的从业禁止期限是终身禁业，而刑法规定的从业禁止期限仅为三年至五年，因此食品安全法规定的从业禁止较刑法规定更加严厉。但比较食品安全法和刑法对于从业禁止的规定，两者在从业禁止对象和从业禁止范围上均有差异，食品安全法规定的从业禁止对象是因食品安全犯罪被判处有期徒刑以上刑罚的人，从业禁止范围是不得从事食品生产经营管理工作，也不得担任食品生产经营企业食品安全管理人员；刑法规定的从业禁止对象是因利用职业便利实施食品安全犯罪，或者实施违背职业要求的特定义务的食品安全犯罪被判处刑罚的人，从业禁止范围是禁止从事相关职业。两者相比较，不难发现食品安全法适用的从业禁止对象和从业禁止范围都更窄，

---

① 参见王爱立主编：《中华人民共和国刑法释义》，法律出版社2021年版，第66页。

实际上针对的主要是食品生产经营管理人员和安全管理人员，从业禁止范围也是禁止从事食品管理工作和担任管理人员，并没有剥夺行为人从事一般性的食品生产、销售等从业权利。因此，尽管食品安全法规定的从业禁止期限是终身，但并不能简单得出较刑法规定更为严厉的结论。相反，适用刑法从业禁止的规定，意味着在一定时间内剥夺行为人从事食品行业工作的权利，某种程度上其后果更为严厉。同时，正是由于刑法和食品安全法关于从业禁止的规定，在适用对象、从业禁止范围、从业禁止期限上都有区别，如果按照上述第一种意见，实践中将面临较为复杂的行刑衔接问题，且与立法精神相悖，故第一种意见也不具有可采性。

2022年1月1日起施行的《最高人民法院、最高人民法检察院关于办理危害食品安全刑事案件适用法律若干问题的解释》（法释〔2021〕24号，以下简称2022年《办理食品案件解释》）未对从业禁止作出规定。2022年《办理食品案件解释》起草人在理解和适用文章中明确，刑法关于从业禁止的规定，主要是针对其他法律、行政法规对受到刑事处罚的人没有明确从业禁止规定的情况，人民法院判处的从业禁止主要起着补充性的作用。鉴于食品安全法第一百三十五条对受到刑事处罚的人的从业禁止已有相关规定，相关行政主管部门可以根据食品安全法的规定对行为人作出从业禁止的行政处罚，即采纳第三种意见。本案虽然在2022年《办理食品案件解释》出台之前判处，但二审裁判与2022年《办理食品案件解释》关于适用从业禁止的原则是相符的。

（撰稿：山东省高级人民法院　尹士强
　　　　山东省潍坊市中级人民法院　吴进元
　　　　　　最高人民法院刑一庭　靳丽君
审编：最高人民法院刑一庭　孙长山）

刑事审判参考 总第135、136辑

[第1542号]

上海嘉外国际贸易有限公司及刘某刚销售伪劣产品案

——如何准确认定对外销售时间、保质期计算时间及单位犯罪

一、基本案情

被告单位上海嘉外国际贸易有限公司（以下简称嘉外公司），住所地上海市闵行区吴中路×号。

被告人刘某刚，男，1976年×月×日出生，原系嘉外公司法定代表人、总经理。2016年6月2日被刑事拘留，同年7月1日被逮捕。

上海市人民检察院第三分院指控被告单位嘉外公司、被告人刘某刚犯销售伪劣产品罪，向上海市第三中级人民法院提起公诉。

上海市第三中级人民法院经公开审理查明：2016年1月，时任嘉外公司法定代表人、总经理的刘某刚在得知公司部分奶粉、奶酪已经过期及临近保质期后，经与南通华源饲料有限公司（以下简称华源公司）负责人联系，以货款从华源公司走账的形式，将该批奶粉、奶酪通过华源公司销售给尚某峰经营的公司（尚某峰及其具体参与经营的姜迪公司均已被另案处理，且尚某峰还参股其他公司）。2016年1月15日，嘉外公司将存放在上海林杰物流有限公司（以下简称林杰公司）仓库内超过保质期的新西兰恒天然NZMP全脂奶粉8330袋（25千克/袋），以及存放在上海申宏冷藏储

- 120 -

运有限公司（以下简称申宏公司）仓库内的超过保质期的新西兰恒天然NZMP切达奶酪269箱（20千克/箱）移库至尚某峰经营的公司，销售金额共计人民币294万余元。2016年4月，相关执法部门在林杰公司、申宏公司仓库查获部分奶粉及全部奶酪，上述物品现扣押于侦查机关。

上海市第三中级人民法院认为，被告单位嘉外公司为谋取非法利益，违反国家法律法规，以超过保质期的不合格产品冒充合格产品进行销售，销售金额达294万余元。被告人刘某刚作为被告单位嘉外公司直接负责的主管人员，决定并组织实施上述销售行为，被告单位嘉外公司及被告人刘某刚均构成销售伪劣产品罪。依照刑法第三十条、第三十一条、第一百四十条、第一百五十条、第五十二条、第五十三条第一款、第六十四条及《最高人民法院、最高人民检察院关于办理生产、销售伪劣商品刑事案件具体应用法律若干问题的解释》第一条第四款、第二条第一款之规定，以销售伪劣产品罪分别判处：被告单位嘉外公司罚金人民币三百万元；被告人刘某刚有期徒刑十五年，并处罚金人民币三十万元。扣押的过期乳制品等予以没收，违法所得予以追缴。

宣判后，上诉单位嘉外公司提出，其销售给华源公司的临期奶粉和超过保质期奶酪的行为不构成销售伪劣产品罪；刘某刚的行为并非为了嘉外公司利益，而是为了谋取个人利益。

上诉人刘某刚提出，嘉外公司通过华源公司走账将奶粉销售给尚某峰经营的公司并非事实，关于销售过期奶粉的时间界定存在错误，其并不明知涉案奶粉已过期。

上海市高级人民法院经审理认为，原判认定的犯罪事实清楚，证据确实、充分，定罪准确，量刑适当，审判程序合法。裁定驳回上诉，维持原判。

二、主要问题

（1）涉案奶粉对外销售的时间如何认定？

（2）涉案奶粉超保质期的数量如何认定？

（3）嘉外公司是否构成单位犯罪？

三、裁判理由

（一）涉案奶粉对外销售时间一般应以奶粉交付日为准

一种观点认为，嘉外公司与华源公司签订的购买合同盖章时间是2016年1月12日，嘉外公司将涉案奶粉相对应的生产日期批次、数量详细告知华源公司，合同约定客户自提，自提时间由客户确定。按照市场惯例，自合同签订时起该批奶粉所有权就归属于华源公司。另一种观点认为，根据合同法第一百三十三条规定，标的物所有权自标的物交付时起转移，法律另有规定或者当事人另有约定的除外。[①] 无论依据合同实际履行情况还是依据书面合同约定的内容，均应将2016年1月15日嘉外公司将涉案奶粉、奶酪移库实际交付的日期视为销售时间，嘉外公司应当履行交付时产品为保质期内合格产品的法定义务。

我们同意第二种观点。本案认定嘉外公司对外销售奶粉的时间需要结合相关证据及法律规定来综合认定。依法成立的合同，除法律、行政法规规定应当办理批准、登记等手续生效的依照其规定外，其他的自成立时生效。合同的生效并不意味着标的物的所有权当然地转移给买受人。一般来讲，买卖合同是买受人支付价款后标的物的所有权才会转移到买受人，除非当事人在买卖合同中特别约定了标的物的所有权转移方式，否则买受人未履行支付价款或者其他义务的，标的物的所有权属于出卖人，这意味着在标的物所有权转移前，出卖人对标的物的质量仍负有保证义务。合同法第一百四十二条规定："标的物毁损、灭失的风险，在标的物交付之前由出卖人承担，交付之后由买受人承担，但法律另有规定

[①] 本案审理时民法典尚未出台。合同法第一百三十三条的内容体现在民法典第二百二十四条、第二百二十八条。

或者当事人另有约定的除外。"① 显然，我国买卖合同标的物的风险从交付时起发生转移，这是我国买卖合同风险负担的基本规则，是买卖合同没有约定或者法律没有另行规定情况下的基本处理规则。

具体到本案，虽然嘉外公司与华源公司在2016年1月12日签订了买卖合同，但相关证据已充分证实华源公司并非涉案奶粉的真正买家，嘉外公司与华源公司签订的买卖合同并非真正意义上的买卖合同，合同所签订的时间亦无真正效力，只不过是为了掩饰嘉外公司将涉案奶粉和奶酪卖给尚某峰经营的公司的事实。经查，嘉外公司的奶粉存放于物流仓储公司即林杰公司，若没有嘉外公司的移库指令或相关凭证，华源公司即使拿着所谓的买卖合同要求林杰公司将奶粉移库，林杰公司也不会同意，毕竟林杰公司与嘉外公司签订的货物仓储合同明确规定了嘉外公司奶粉发货的流程，单凭买卖合同是不够的，必须有嘉外公司的提货单或其他有效指令。这符合当时合同法第一百三十五条的规定："出卖人应当履行向买受人交付标的物或者交付提取标的物的单证，并转移标的物所有权的义务。"② 换言之，在嘉外公司移库指令到达林杰公司之前，嘉外公司应当履行交付时奶粉为保质期内合格产品的法定义务。同理，修正前的《最高人民法院关于审理买卖合同纠纷案件适用法律问题的解释》第十四条也规定："当事人对风险负担没有约定，标的物为种类物，出卖人未以装运单据、加盖标记、通知买受人等可识别的方式清楚地将标的物特定于买卖合同，买受人主张不负担标的物毁损、灭失的风险的，人民法院应予支持。"③ 根据在案证据证实，林杰公司于2016年1月15日接到嘉外公司奶粉移库的指令，且将奶粉移库给尚某峰经营的公司。故无论是从合同法的规定还是从涉案奶粉买卖的真实情况，都应该将涉案奶粉销售时间认定为2016年1月15日而非1月12日。

---

① 对应民法典第六百零四条。
② 对应民法典第五百九十八条。
③ 2020年进行修正，对应修正后解释第十一条。

（二）保质期的计算应以销售者在食品上的标示为准

食品保质期是食品生产经营者向消费者所作的食品质量承诺，是不可或缺的契约凭证，保证消费者在保质期内可以安全食用该食品，一旦超过这一期限，食品则易发生变质，食用后容易损害消费者的身体健康。这就意味着即使食品保质期到了最后一天，若被销售，仍可以认定该食品尚在保质期内，只不过已临期，但不能认定为商家销售过期食品。但是若超过了截止日期，食品仍未下架、回收或销毁的话，则可以认定商家销售了过期食品，其行为违反相关行政法规甚至有可能引起刑事责任。因此，食品生产企业应当对必须标明保质期限的食品准确标示保质期。如何正确计算保质期限，将会关系对食品质量或数量的认定。2015年修订的食品安全法明确，保质期是指预包装食品在标签指明的贮存条件下保持品质的期限。第五十四条第一款要求食品经营者应当按照保证食品安全的要求贮存食品，定期检查库存食品，及时清理变质或者超过保质期的食品。根据《食品安全国家标准 预包装食品标签通则》（GB 7718—2011）的规定，生产日期是指食品成为最终产品的日期，也包括包装或灌装日期，即将食品装入（灌入）包装物或容器中，形成最终销售单元的日期。保质期是指预包装食品在标签指明的贮存条件下保持品质期限。保质期的标示可以采用"最好在×年×月×日之前食（饮）用最佳""保质期至×年×月×日""保质期××个月（或××日，或××天，或××周，或×年）"等形式。根据2015年4月11日国家卫生计生委食品司《关于预包装食品保质期标示有关问题的复函》（国卫食品标便函〔2015〕58号）对中国食品工业协会《关于建议明确保质期计算起点有关问题的函》的答复意见，食品生产者可以选择以具体日期或者固定时间段的形式标示保质期，保质期应与生产日期具有对应关系。以固定时间段的形式标示的，可以选择以生产日期或者生产日期的第二天为保质期的计算起点。综上，预包装食品必须同时标示生产日期和保质期，食品生产者可以选择以下两种方式之一标示：一是生产日期加保质期的具体日期，例如，生产日期×年×月×日至保质日期×年×月×日；二是生产日期加保质期固定时间段，例如，生产日期×年×月×日，保质期十二个月，食品生产者可以生产日期或者生产日期的第二天为保质期的计算起点。

具体到本案，涉案奶粉采用了上述第一种方式标示了生产日期和保质期的具体日期，均标注为×年×月×日——×年×月×日（加2年并少1日），故本案在以2016年1月15日为销售时间的情况下，凡是生产日期也即保质期起始时间标示为2014年1月16日（包括16日）之后的，或者截止日期标注为2016年1月15日（包括15日）之后的，均为合格奶粉，反之则为超过保质期的奶粉。以此为标准计算，涉案超过保质期的奶粉数量为8330袋，涉案金额为291万余元。

（三）单位犯罪的认定应坚持以单位名义和违法所得归单位的标准

一种观点认为，刘某刚未向嘉外公司董事会汇报将涉案奶粉销售给尚某峰经营的公司，根据嘉外公司章程，在未经股东同意的前提下，上诉人是不得与公司高级管理人员的关联公司（尚某峰与刘某刚之间有亲戚关系）发生业务往来的。刘某刚违反了公司规定，其行为损害了嘉外公司的利益，应是个人行为而非公司行为。另一种观点认为，刘某刚作为嘉外公司法定代表人、总经理，可以代表嘉外公司对外进行经营活动，刘某刚的行为是为了嘉外公司的利益，且现无证据证实刘某刚从中谋取非法个人利益，故嘉外公司符合单位犯罪的构成要件。

我们同意第二种观点，参照相关纪要和文件对单位犯罪的认定，如2001年《全国法院审理金融犯罪案件工作座谈会纪要》规定，以单位名义实施犯罪，违法所得归单位所有的，是单位犯罪。2002年《最高人民法院、最高人民检察院、海关总署关于办理走私刑事案件适用法律若干问题的意见》规定，具备下列特征的，可以认定为单位走私犯罪：一是以单位名义实施走私犯罪,即由单位集体研究决定,或者由单位的负责人或者被授权的其他人员决定、同意;二是为单位谋取不正当利益或者违法所得大部分归单位所有。从上述纪要或意见对单位犯罪的规定来看,要认定单位构成犯罪需把握两个主要特征:一是犯罪意志的整体性,即单位故意犯罪是经单位集体研究决定或由负责人决定的。如果单位中的一般工作人员擅自为单位谋取非法利益,事后得到负责人认可或默许的,可以视为其危害行为具有犯罪意志的整体性,以单位犯罪论处。否则,应认定其危害行为系出于个人意志,以个人犯罪论处。二是非法利益归属的团体性,即单位故意犯罪在客观上表现为为单位谋取非法利益,或者违法所得实际归属于单位。只有同时具备以上两个特征的行为,才能认定单位构成犯罪。具体到本案,刘某刚系嘉外公司的法定代表人及总经理,无论是根据公司法还是嘉外公司章程都可以代表嘉外公司对外进行经营活动,且其履职行为如与其他公司谈判、组织对外销售、签订合同等均具有法律效力。至于刘某刚的经营行为是否需经公司董事会同意,并不影响刘某刚代表嘉外公司对外经营的法律效力。刘某刚的履职行为并不违背公司法及公司章程的相关规定,且任何一家正常公司一般都不会在董事会上讨论非法经营活动,这不符合常识,也违背基本经营逻辑。相关证据证明刘某刚不仅明知涉案奶粉过期,还积极对外联系下家并组织嘉外公司员工对外销售,尤其嘉外公司及刘某刚在超过保质期的切达奶酪获得上家赔偿的情形下仍将切达奶酪以及涉案奶粉销售给尚某峰经营的公司,显然是置广大消费者的健康安全于不顾。在刘某刚可以代表嘉外公司意志的情况下,对外的销售款项也回到了嘉外公司账户,且目前既无证据证实刘某刚从中谋取非法利益,也无证据证实刘某刚与尚某峰经营的公司之间有违规关联关系,故应认定本案系单位犯罪。

综上,本案被告单位嘉外公司以及作为嘉外公司直接负责的主管人员被告人刘某刚,违反国家法律法规,以超过保质期的不合格产品冒充合格产品进行销售,符合刑法第一百四十条的规定,应以销售伪劣产品罪定罪处罚。自 2022 年 1 月 1 日起施行的《最高人民法、最高人民检察院关于办理危害食品安全刑事案件适用法律若干问题的解释》（法释〔2021〕24 号）第十五条规定，生产、销售用超过保质期的食品原料、超过保质期的食品、回收食品作为原料的食品，或者以更改生产日期、保质期、改换包装等方式销售超过保质期的食品、回收食品，符合刑法第一百四十条规定的，以生产、销售伪劣产品罪定罪处罚。本案定性准确，亦与新司法解释规定相符。

（撰稿：上海市高级人民法院　潘庸鲁
审编：最高人民法院刑一庭　孙长山）

【立法、司法规范及其理解与适用】

中华人民共和国农产品质量安全法

（2006年4月29日第十届全国人民代表大会常务委员会第二十一次会议通过 根据2018年10月26日第十三届全国人民代表大会常务委员会第六次会议《关于修改〈中华人民共和国野生动物保护法〉等十五部法律的决定》修正 2022年9月2日第十三届全国人民代表大会常务委员会第三十六次会议修订）

目 录

第一章 总 则

第二章 农产品质量安全风险管理和标准制定

第三章 农产品产地

第四章 农产品生产

第五章 农产品销售

第六章 监督管理

第七章 法律责任

第八章 附 则

第一章 总 则

第一条 为了保障农产品质量安全，维护公众健康，促进农业和农村经济发展，制定本法。

第二条 本法所称农产品，是指来源于种植业、林业、畜牧业和渔业等的初级产品，即在农业活动中获得的植物、动物、微生物及其产品。

本法所称农产品质量安全，是指农产品质量达到农产品质量安全标准，符合保障人的健康、安全的要求。

第三条 与农产品质量安全有关的农产品生产经营及其监督管理活动，适用本法。

《中华人民共和国食品安全法》对食用农产品的市场销售、有关质量安全标准的制定、有关安全信息的公布和农业投入品已经作出规定的，应当遵守其规定。

第四条 国家加强农产品质量安全工作，实行源头治理、风险管理、全程控制，建立科学、严格的监督管理制度，构建协同、高效的社会共治体系。

第五条 国务院农业农村主管部门、市场监督管理部门依照本法和规定的职责，对农产品质量安全实施监督管理。

国务院其他有关部门依照本法和规定的职责承担农产品质量安全的有关工作。

第六条 县级以上地方人民政府对本行政区域的农产品质量安全工作负责，统一领导、组织、协调本行政区域的农产品质量安全工作，建立健全农产品质量安全工作机制，提高农产品质量安全水平。

县级以上地方人民政府应当依照本法和有关规定，确定本级农业农村主管部门、市场监督管理部门和其他有关部门的农产品质量安全监督管理工作职责。各有关部门在职责范围内负责本行政区域的农产品质量安全监督管理工作。

乡镇人民政府应当落实农产品质量安全监督管理责任，协助上级人民政府及其有关部门做好农产品质量安全监督管理工作。

第七条 农产品生产经营者应当对其生产经营的农产品质量安全负责。

农产品生产经营者应当依照法律、法规和农产品质量安全标准从事生产经营活动,诚信自律,接受社会监督,承担社会责任。

第八条 县级以上人民政府应当将农产品质量安全管理工作纳入本级国民经济和社会发展规划,所需经费列入本级预算,加强农产品质量安全监督管理能力建设。

第九条 国家引导、推广农产品标准化生产,鼓励和支持生产绿色优质农产品,禁止生产、销售不符合国家规定的农产品质量安全标准的农产品。

第十条 国家支持农产品质量安全科学技术研究,推行科学的质量安全管理方法,推广先进安全的生产技术。国家加强农产品质量安全科学技术国际交流与合作。

第十一条 各级人民政府及有关部门应当加强农产品质量安全知识的宣传,发挥基层群众性自治组织、农村集体经济组织的优势和作用,指导农产品生产经营者加强质量安全管理,保障农产品消费安全。

新闻媒体应当开展农产品质量安全法律、法规和农产品质量安全知识的公益宣传,对违法行为进行舆论监督。有关农产品质量安全的宣传报道应当真实、公正。

第十二条 农民专业合作社和农产品行业协会等应当及时为其成员提供生产技术服务,建立农产品质量安全管理制度,健全农产品质量安全控制体系,加强自律管理。

第二章 农产品质量安全风险管理和标准制定

第十三条 国家建立农产品质量安全风险监测制度。

国务院农业农村主管部门应当制定国家农产品质量安全风险监测计划,并对重点区域、重点农产品品种进行质量安全风险监测。省、自治区、直辖市人民政府农业农村主管部门应当根据国家农产品质量安全风险监测计划，结合本行政区域农产品生产经营实际，制定本行政区域的农产品质量安全风险监测实施方案，并报国务院农业农村主管部门备案。县级以上地方人民政府农业农村主管部门负责组织实施本行政区域的农产品质量安全风险监测。

县级以上人民政府市场监督管理部门和其他有关部门获知有关农产品质量安全风险信息后，应当立即核实并向同级农业农村主管部门通报。接到通报的农业农村主管部门应当及时上报。制定农产品质量安全风险监测计划、实施方案的部门应当及时研究分析，必要时进行调整。

第十四条 国家建立农产品质量安全风险评估制度。

国务院农业农村主管部门应当设立农产品质量安全风险评估专家委员会，对可能影响农产品质量安全的潜在危害进行风险分析和评估。国务院卫生健康、市场监督管理等部门发现需要对农产品进行质量安全风险评估的，应当向国务院农业农村主管部门提出风险评估建议。

农产品质量安全风险评估专家委员会由农业、食品、营养、生物、环境、医学、化工等方面的专家组成。

第十五条 国务院农业农村主管部门应当根据农产品质量安全风险监测、风险评估结果采取相应的管理措施，并将农产品质量安全风险监测、风险评估结果及时通报国务院市场监督管理、卫生健康等部门和有关省、自治区、直辖市人民政府农业农村主管部门。

县级以上人民政府农业农村主管部门开展农产品质量安全风险监测和风险评估工作时，可以根据需要进入农产品产地、储存场所及批发、零售市场。采集样品应当按照市场价格支付费用。

第十六条 国家建立健全农产品质量安全标准体系，确保严格实施。农产品质量安全标准是强制执行的标准，包括以下与农产品质量安全有关的要求：

（一）农业投入品质量要求、使用范围、用法、用量、安全间隔期和休药期规定；

（二）农产品产地环境、生产过程管控、储存、运输要求；

（三）农产品关键成分指标等要求；

（四）与屠宰畜禽有关的检验规程；

（五）其他与农产品质量安全有关的强制性要求。

《中华人民共和国食品安全法》对食用农产品的有关质量安全标准作出规定的，依照其规定执行。

第十七条 农产品质量安全标准的制定和发布，依照法律、行政法规的规定执行。

制定农产品质量安全标准应当充分考虑农产品质量安全风险评估结果，并听取农产品生产经营者、消费者、有关部门、行业协会等的意见，保障农产品消费安全。

第十八条 农产品质量安全标准应当根据科学技术发展水平以及农产品质量安全的需要，及时修订。

第十九条 农产品质量安全标准由农业农村主管部门商有关部门推进实施。

第三章 农产品产地

第二十条 国家建立健全农产品产地监测制度。

县级以上地方人民政府农业农村主管部门应当会同同级生态环境、自然资源等部门制定农产品产地监测计划，加强农产品产地安全调查、监测和评价工作。

第二十一条 县级以上地方人民政府农业农村主管部门应当会同同级生态环境、自然资源等部门按照保障农产品质量安全的要求，根据农产品品种特性和产地安全调查、监测、评价结果，依照土壤污染防治等法律、法规的规定提出划定特定农产品禁止生产区域的建议，报本级人民政府批准后实施。

任何单位和个人不得在特定农产品禁止生产区域种植、养殖、捕捞、采集特定农产品和建立特定农产品生产基地。

特定农产品禁止生产区域划定和管理的具体办法由国务院农业农村主管部门商国务院生态环境、自然资源等部门制定。

第二十二条　任何单位和个人不得违反有关环境保护法律、法规的规定向农产品产地排放或者倾倒废水、废气、固体废物或者其他有毒有害物质。

农业生产用水和用作肥料的固体废物，应当符合法律、法规和国家有关强制性标准的要求。

第二十三条　农产品生产者应当科学合理使用农药、兽药、肥料、农用薄膜等农业投入品，防止对农产品产地造成污染。

农药、肥料、农用薄膜等农业投入品的生产者、经营者、使用者应当按照国家有关规定回收并妥善处置包装物和废弃物。

第二十四条　县级以上人民政府应当采取措施，加强农产品基地建设，推进农业标准化示范建设，改善农产品的生产条件。

第四章　农产品生产

第二十五条　县级以上地方人民政府农业农村主管部门应当根据本地区的实际情况，制定保障农产品质量安全的生产技术要求和操作规程，并加强对农产品生产经营者的培训和指导。

农业技术推广机构应当加强对农产品生产经营者质量安全知识和技能的培训。国家鼓励科研教育机构开展农产品质量安全培训。

第二十六条　农产品生产企业、农民专业合作社、农业社会化服务组织应当加强农产品质量安全管理。

农产品生产企业应当建立农产品质量安全管理制度，配备相应的技术人员；不具备配备条件的，应当委托具有专业技术知识的人员进行农产品质量安全指导。

国家鼓励和支持农产品生产企业、农民专业合作社、农业社会化服务组织建立和实施危害分析和关键控制点体系,实施良好农业规范,提高农产品质量安全管理水平。

第二十七条 农产品生产企业、农民专业合作社、农业社会化服务组织应当建立农产品生产记录,如实记载下列事项:

(一)使用农业投入品的名称、来源、用法、用量和使用、停用的日期;

(二)动物疫病、农作物病虫害的发生和防治情况;

(三)收获、屠宰或者捕捞的日期。

农产品生产记录应当至少保存二年。禁止伪造、变造农产品生产记录。

国家鼓励其他农产品生产者建立农产品生产记录。

第二十八条 对可能影响农产品质量安全的农药、兽药、饲料和饲料添加剂、肥料、兽医器械,依照有关法律、行政法规的规定实行许可制度。

省级以上人民政府农业农村主管部门应当定期或者不定期组织对可能危及农产品质量安全的农药、兽药、饲料和饲料添加剂、肥料等农业投入品进行监督抽查,并公布抽查结果。

农药、兽药经营者应当依照有关法律、行政法规的规定建立销售台账,记录购买者、销售日期和药品施用范围等内容。

第二十九条 农产品生产经营者应当依照有关法律、行政法规和国家有关强制性标准、国务院农业农村主管部门的规定,科学合理使用农药、兽药、饲料和饲料添加剂、肥料等农业投入品,严格执行农业投入品使用安全间隔期或者休药期的规定;不得超范围、超剂量使用农业投入品危及农产品质量安全。

禁止在农产品生产经营过程中使用国家禁止使用的农业投入品以及

其他有毒有害物质。

第三十条 农产品生产场所以及生产活动中使用的设施、设备、消毒剂、洗涤剂等应当符合国家有关质量安全规定，防止污染农产品。

第三十一条 县级以上人民政府农业农村主管部门应当加强对农业投入品使用的监督管理和指导，建立健全农业投入品的安全使用制度，推广农业投入品科学使用技术，普及安全、环保农业投入品的使用。

第三十二条 国家鼓励和支持农产品生产经营者选用优质特色农产品品种，采用绿色生产技术和全程质量控制技术，生产绿色优质农产品，实施分等分级，提高农产品品质，打造农产品品牌。

第三十三条 国家支持农产品产地冷链物流基础设施建设，健全有关农产品冷链物流标准、服务规范和监管保障机制，保障冷链物流农产品畅通高效、安全便捷，扩大高品质市场供给。

从事农产品冷链物流的生产经营者应当依照法律、法规和有关农产品质量安全标准，加强冷链技术创新与应用、质量安全控制，执行对冷链物流农产品及其包装、运输工具、作业环境等的检验检测检疫要求，保证冷链农产品质量安全。

第五章 农产品销售

第三十四条 销售的农产品应当符合农产品质量安全标准。

农产品生产企业、农民专业合作社应当根据质量安全控制要求自行或者委托检测机构对农产品质量安全进行检测；经检测不符合农产品质量安全标准的农产品，应当及时采取管控措施，且不得销售。

农业技术推广等机构应当为农户等农产品生产经营者提供农产品检测技术服务。

第三十五条 农产品在包装、保鲜、储存、运输中所使用的保鲜剂、防腐剂、添加剂、包装材料等，应当符合国家有关强制性标准以及其他农产品质量安全规定。

储存、运输农产品的容器、工具和设备应当安全、无害。禁止将农产品与有毒有害物质一同储存、运输,防止污染农产品。

第三十六条 有下列情形之一的农产品,不得销售:

(一)含有国家禁止使用的农药、兽药或者其他化合物;

(二)农药、兽药等化学物质残留或者含有的重金属等有毒有害物质不符合农产品质量安全标准;

(三)含有的致病性寄生虫、微生物或者生物毒素不符合农产品质量安全标准;

(四)未按照国家有关强制性标准以及其他农产品质量安全规定使用保鲜剂、防腐剂、添加剂、包装材料等,或者使用的保鲜剂、防腐剂、添加剂、包装材料等不符合国家有关强制性标准以及其他质量安全规定;

(五)病死、毒死或者死因不明的动物及其产品;

(六)其他不符合农产品质量安全标准的情形。

对前款规定不得销售的农产品,应当依照法律、法规的规定进行处置。

第三十七条 农产品批发市场应当按照规定设立或者委托检测机构,对进场销售的农产品质量安全状况进行抽查检测;发现不符合农产品质量安全标准的,应当要求销售者立即停止销售,并向所在地市场监督管理、农业农村等部门报告。

农产品销售企业对其销售的农产品,应当建立健全进货检查验收制度;经查验不符合农产品质量安全标准的,不得销售。

食品生产者采购农产品等食品原料,应当依照《中华人民共和国食品安全法》的规定查验许可证和合格证明,对无法提供合格证明的,应当按照规定进行检验。

第三十八条 农产品生产企业、农民专业合作社以及从事农产品收购的单位或者个人销售的农产品,按照规定应当包装或者附加承诺达标合格证等标识的，须经包装或者附加标识后方可销售。包装物或者标识上应当按照规定标明产品的品名、产地、生产者、生产日期、保质期、产品质量等级等内容；使用添加剂的，还应当按照规定标明添加剂的名称。具体办法由国务院农业农村主管部门制定。

第三十九条 农产品生产企业、农民专业合作社应当执行法律、法规的规定和国家有关强制性标准，保证其销售的农产品符合农产品质量安全标准，并根据质量安全控制、检测结果等开具承诺达标合格证，承诺不使用禁用的农药、兽药及其他化合物且使用的常规农药、兽药残留不超标等。鼓励和支持农户销售农产品时开具承诺达标合格证。法律、行政法规对畜禽产品的质量安全合格证明有特别规定的，应当遵守其规定。

从事农产品收购的单位或者个人应当按照规定收取、保存承诺达标合格证或者其他质量安全合格证明，对其收购的农产品进行混装或者分装后销售的，应当按照规定开具承诺达标合格证。

农产品批发市场应当建立健全农产品承诺达标合格证查验等制度。

县级以上人民政府农业农村主管部门应当做好承诺达标合格证有关工作的指导服务，加强日常监督检查。

农产品质量安全承诺达标合格证管理办法由国务院农业农村主管部门会同国务院有关部门制定。

第四十条 农产品生产经营者通过网络平台销售农产品的，应当依照本法和《中华人民共和国电子商务法》、《中华人民共和国食品安全法》等法律、法规的规定，严格落实质量安全责任，保证其销售的农产品符合质量安全标准。网络平台经营者应当依法加强对农产品生产经营者的管理。

第四十一条 国家对列入农产品质量安全追溯目录的农产品实施追溯管理。国务院农业农村主管部门应当会同国务院市场监督管理等部门建立农产品质量安全追溯协作机制。农产品质量安全追溯管理办法和追溯目录由国务院农业农村主管部门会同国务院市场监督管理等部门制定。

国家鼓励具备信息化条件的农产品生产经营者采用现代信息技术手段采集、留存生产记录、购销记录等生产经营信息。

第四十二条 农产品质量符合国家规定的有关优质农产品标准的,农产品生产经营者可以申请使用农产品质量标志。禁止冒用农产品质量标志。

国家加强地理标志农产品保护和管理。

第四十三条 属于农业转基因生物的农产品,应当按照农业转基因生物安全管理的有关规定进行标识。

第四十四条 依法需要实施检疫的动植物及其产品,应当附具检疫标志、检疫证明。

第六章 监督管理

第四十五条 县级以上人民政府农业农村主管部门和市场监督管理等部门应当建立健全农产品质量安全全程监督管理协作机制,确保农产品从生产到消费各环节的质量安全。

县级以上人民政府农业农村主管部门和市场监督管理部门应当加强收购、储存、运输过程中农产品质量安全监督管理的协调配合和执法衔接,及时通报和共享农产品质量安全监督管理信息,并按照职责权限,发布有关农产品质量安全日常监督管理信息。

第四十六条 县级以上人民政府农业农村主管部门应当根据农产品质量安全风险监测、风险评估结果和农产品质量安全状况等,制定监督抽查计划,确定农产品质量安全监督抽查的重点、方式和频次,并实施农产品质量安全风险分级管理。

第四十七条 县级以上人民政府农业农村主管部门应当建立健全随机抽查机制,按照监督抽查计划,组织开展农产品质量安全监督抽查。

农产品质量安全监督抽查检测应当委托符合本法规定条件的农产品质量安全检测机构进行。监督抽查不得向被抽查人收取费用，抽取的样品应当按照市场价格支付费用，并不得超过国务院农业农村主管部门规定的数量。

上级农业农村主管部门监督抽查的同批次农产品，下级农业农村主管部门不得另行重复抽查。

第四十八条 农产品质量安全检测应当充分利用现有的符合条件的检测机构。

从事农产品质量安全检测的机构，应当具备相应的检测条件和能力，由省级以上人民政府农业农村主管部门或者其授权的部门考核合格。具体办法由国务院农业农村主管部门制定。

农产品质量安全检测机构应当依法经资质认定。

第四十九条 从事农产品质量安全检测工作的人员，应当具备相应的专业知识和实际操作技能，遵纪守法，恪守职业道德。

农产品质量安全检测机构对出具的检测报告负责。检测报告应当客观公正，检测数据应当真实可靠，禁止出具虚假检测报告。

第五十条 县级以上地方人民政府农业农村主管部门可以采用国务院农业农村主管部门会同国务院市场监督管理等部门认定的快速检测方法，开展农产品质量安全监督抽查检测。抽查检测结果确定有关农产品不符合农产品质量安全标准的，可以作为行政处罚的证据。

第五十一条 农产品生产经营者对监督抽查检测结果有异议的，可以自收到检测结果之日起五个工作日内，向实施农产品质量安全监督抽查的农业农村主管部门或者其上一级农业农村主管部门申请复检。复检机构与初检机构不得为同一机构。

采用快速检测方法进行农产品质量安全监督抽查检测，被抽查人对检测结果有异议的，可以自收到检测结果时起四小时内申请复检。复检不得采用快速检测方法。

复检机构应当自收到复检样品之日起七个工作日内出具检测报告。因检测结果错误给当事人造成损害的，依法承担赔偿责任。

第五十二条 县级以上地方人民政府农业农村主管部门应当加强对农产品生产的监督管理，开展日常检查，重点检查农产品产地环境、农业投入品购买和使用、农产品生产记录、承诺达标合格证开具等情况。

国家鼓励和支持基层群众性自治组织建立农产品质量安全信息员工作制度，协助开展有关工作。

第五十三条 开展农产品质量安全监督检查，有权采取下列措施：

（一）进入生产经营场所进行现场检查，调查了解农产品质量安全的有关情况；

（二）查阅、复制农产品生产记录、购销台账等与农产品质量安全有关的资料；

（三）抽样检测生产经营的农产品和使用的农业投入品以及其他有关产品；

（四）查封、扣押有证据证明存在农产品质量安全隐患或者经检测不符合农产品质量安全标准的农产品；

（五）查封、扣押有证据证明可能危及农产品质量安全或者经检测不符合产品质量标准的农业投入品以及其他有毒有害物质；

（六）查封、扣押用于违法生产经营农产品的设施、设备、场所以及运输工具；

（七）收缴伪造的农产品质量标志。

农产品生产经营者应当协助、配合农产品质量安全监督检查，不得拒绝、阻挠。

第五十四条 县级以上人民政府农业农村等部门应当加强农产品质量安全信用体系建设，建立农产品生产经营者信用记录，记载行政处罚等信息，推进农产品质量安全信用信息的应用和管理。

第五十五条 农产品生产经营过程中存在质量安全隐患，未及时采取措施消除的，县级以上地方人民政府农业农村主管部门可以对农产品生产经营者的法定代表人或者主要负责人进行责任约谈。农产品生产经营者应当立即采取措施，进行整改，消除隐患。

第五十六条 国家鼓励消费者协会和其他单位或者个人对农产品质量安全进行社会监督，对农产品质量安全监督管理工作提出意见和建议。任何单位和个人有权对违反本法的行为进行检举控告、投诉举报。

县级以上人民政府农业农村主管部门应当建立农产品质量安全投诉举报制度，公开投诉举报渠道，收到投诉举报后，应当及时处理。对不属于本部门职责的，应当移交有权处理的部门并书面通知投诉举报人。

第五十七条 县级以上地方人民政府农业农村主管部门应当加强对农产品质量安全执法人员的专业技术培训并组织考核。不具备相应知识和能力的，不得从事农产品质量安全执法工作。

第五十八条 上级人民政府应当督促下级人民政府履行农产品质量安全职责。对农产品质量安全责任落实不力、问题突出的地方人民政府，上级人民政府可以对其主要负责人进行责任约谈。被约谈的地方人民政府应当立即采取整改措施。

第五十九条 国务院农业农村主管部门应当会同国务院有关部门制定国家农产品质量安全突发事件应急预案，并与国家食品安全事故应急预案相衔接。

县级以上地方人民政府应当根据有关法律、行政法规的规定和上级人民政府的农产品质量安全突发事件应急预案，制定本行政区域的农产品质量安全突发事件应急预案。

发生农产品质量安全事故时，有关单位和个人应当采取控制措施，及时向所在地乡镇人民政府和县级人民政府农业农村等部门报告；收到报告的机关应当按照农产品质量安全突发事件应急预案及时处理并报本级人民政府、上级人民政府有关部门。发生重大农产品质量安全事故时，按照规定上报国务院及其有关部门。

任何单位和个人不得隐瞒、谎报、缓报农产品质量安全事故，不得隐匿、伪造、毁灭有关证据。

第六十条　县级以上地方人民政府市场监督管理部门依照本法和《中华人民共和国食品安全法》等法律、法规的规定，对农产品进入批发、零售市场或者生产加工企业后的生产经营活动进行监督检查。

第六十一条　县级以上人民政府农业农村、市场监督管理等部门发现农产品质量安全违法行为涉嫌犯罪的，应当及时将案件移送公安机关。对移送的案件，公安机关应当及时审查；认为有犯罪事实需要追究刑事责任的，应当立案侦查。

公安机关对依法不需要追究刑事责任但应当给予行政处罚的，应当及时将案件移送农业农村、市场监督管理等部门，有关部门应当依法处理。

公安机关商请农业农村、市场监督管理、生态环境等部门提供检验结论、认定意见以及对涉案农产品进行无害化处理等协助的，有关部门应当及时提供、予以协助。

第七章　法律责任

第六十二条　违反本法规定，地方各级人民政府有下列情形之一的，对直接负责的主管人员和其他直接责任人员给予警告、记过、记大过处分；造成严重后果的，给予降级或者撤职处分：

（一）未确定有关部门的农产品质量安全监督管理工作职责，未建立健全农产品质量安全工作机制，或者未落实农产品质量安全监督管理责任；

（二）未制定本行政区域的农产品质量安全突发事件应急预案，或者发生农产品质量安全事故后未按照规定启动应急预案。

第六十三条　违反本法规定，县级以上人民政府农业农村等部门有下列行为之一的，对直接负责的主管人员和其他直接责任人员给予记大过处分；情节较重的，给予降级或者撤职处分；情节严重的，给予开除处分；造成严重后果的，其主要负责人还应当引咎辞职：

（一）隐瞒、谎报、缓报农产品质量安全事故或者隐匿、伪造、毁灭有关证据；

（二）未按照规定查处农产品质量安全事故，或者接到农产品质量安全事故报告未及时处理，造成事故扩大或者蔓延；

（三）发现农产品质量安全重大风险隐患后，未及时采取相应措施，造成农产品质量安全事故或者不良社会影响；

（四）不履行农产品质量安全监督管理职责，导致发生农产品质量安全事故。

第六十四条　县级以上地方人民政府农业农村、市场监督管理等部门在履行农产品质量安全监督管理职责过程中，违法实施检查、强制等执法措施，给农产品生产经营者造成损失的，应当依法予以赔偿，对直接负责的主管人员和其他直接责任人员依法给予处分。

第六十五条　农产品质量安全检测机构、检测人员出具虚假检测报告的，由县级以上人民政府农业农村主管部门没收所收取的检测费用，检测费用不足一万元的，并处五万元以上十万元以下罚款，检测费用一万元以上的，并处检测费用五倍以上十倍以下罚款；对直接负责的主管人员和其他直接责任人员处一万元以上五万元以下罚款；使消费者的合法权益受到损害的，农产品质量安全检测机构应当与农产品生产经营者承担连带责任。

因农产品质量安全违法行为受到刑事处罚或者因出具虚假检测报告导致发生重大农产品质量安全事故的检测人员，终身不得从事农产品质量安全检测工作。农产品质量安全检测机构不得聘用上述人员。

农产品质量安全检测机构有前两款违法行为的，由授予其资质的主管部门或者机构吊销该农产品质量安全检测机构的资质证书。

第六十六条　违反本法规定，在特定农产品禁止生产区域种植、养殖、捕捞、采集特定农产品或者建立特定农产品生产基地的，由县级以上地方人民政府农业农村主管部门责令停止违法行为，没收农产品和违法所得，并处违法所得一倍以上三倍以下罚款。

违反法律、法规规定，向农产品产地排放或者倾倒废水、废气、固体废物或者其他有毒有害物质的，依照有关环境保护法律、法规的规定处理、处罚；造成损害的，依法承担赔偿责任。

第六十七条　农药、肥料、农用薄膜等农业投入品的生产者、经营者、使用者未按照规定回收并妥善处置包装物或者废弃物的，由县级以上地方人民政府农业农村主管部门依照有关法律、法规的规定处理、处罚。

第六十八条　违反本法规定，农产品生产企业有下列情形之一的，由县级以上地方人民政府农业农村主管部门责令限期改正；逾期不改正的，处五千元以上五万元以下罚款：

（一）未建立农产品质量安全管理制度；

（二）未配备相应的农产品质量安全管理技术人员，且未委托具有专业技术知识的人员进行农产品质量安全指导。

第六十九条　农产品生产企业、农民专业合作社、农业社会化服务组织未依照本法规定建立、保存农产品生产记录，或者伪造、变造农产品生产记录的，由县级以上地方人民政府农业农村主管部门责令限期改正；逾期不改正的，处二千元以上二万元以下罚款。

第七十条　违反本法规定，农产品生产经营者有下列行为之一，尚不构成犯罪的，由县级以上地方人民政府农业农村主管部门责令停止生产经营、追回已经销售的农产品，对违法生产经营的农产品进行无害化处理或者予以监督销毁，没收违法所得，并可以没收用于违法生产经营的工具、设备、原料等物品；违法生产经营的农产品货值金额不足一万元的，并处十万元以上十五万元以下罚款，货值金额一万元以上的，并

- 144 -

处货值金额十五倍以上三十倍以下罚款；对农户，并处一千元以上一万元以下罚款；情节严重的，有许可证的吊销许可证，并可以由公安机关对其直接负责的主管人员和其他直接责任人员处五日以上十五日以下拘留：

（一）在农产品生产经营过程中使用国家禁止使用的农业投入品或者其他有毒有害物质；

（二）销售含有国家禁止使用的农药、兽药或者其他化合物的农产品；

（三）销售病死、毒死或者死因不明的动物及其产品。

明知农产品生产经营者从事前款规定的违法行为，仍为其提供生产经营场所或者其他条件的，由县级以上地方人民政府农业农村主管部门责令停止违法行为，没收违法所得，并处十万元以上二十万元以下罚款；使消费者的合法权益受到损害的，应当与农产品生产经营者承担连带责任。

第七十一条 违反本法规定，农产品生产经营者有下列行为之一，尚不构成犯罪的，由县级以上地方人民政府农业农村主管部门责令停止生产经营、追回已经销售的农产品，对违法生产经营的农产品进行无害化处理或者予以监督销毁，没收违法所得，并可以没收用于违法生产经营的工具、设备、原料等物品；违法生产经营的农产品货值金额不足一万元的，并处五万元以上十万元以下罚款，货值金额一万元以上的，并处货值金额十倍以上二十倍以下罚款；对农户，并处五百元以上五千元以下罚款：

（一）销售农药、兽药等化学物质残留或者含有的重金属等有毒有害物质不符合农产品质量安全标准的农产品；

（二）销售含有的致病性寄生虫、微生物或者生物毒素不符合农产品质量安全标准的农产品；

（三）销售其他不符合农产品质量安全标准的农产品。

第七十二条　违反本法规定，农产品生产经营者有下列行为之一的，由县级以上地方人民政府农业农村主管部门责令停止生产经营、追回已经销售的农产品，对违法生产经营的农产品进行无害化处理或者予以监督销毁，没收违法所得，并可以没收用于违法生产经营的工具、设备、原料等物品；违法生产经营的农产品货值金额不足一万元的，并处五千元以上五万元以下罚款，货值金额一万元以上的，并处货值金额五倍以上十倍以下罚款；对农户，并处三百元以上三千元以下罚款：

（一）在农产品生产场所以及生产活动中使用的设施、设备、消毒剂、洗涤剂等不符合国家有关质量安全规定；

（二）未按照国家有关强制性标准或者其他农产品质量安全规定使用保鲜剂、防腐剂、添加剂、包装材料等，或者使用的保鲜剂、防腐剂、添加剂、包装材料等不符合国家有关强制性标准或者其他质量安全规定；

（三）将农产品与有毒有害物质一同储存、运输。

第七十三条　违反本法规定，有下列行为之一的，由县级以上地方人民政府农业农村主管部门按照职责给予批评教育，责令限期改正；逾期不改正的，处一百元以上一千元以下罚款：

（一）农产品生产企业、农民专业合作社、从事农产品收购的单位或者个人未按照规定开具承诺达标合格证；

（二）从事农产品收购的单位或者个人未按照规定收取、保存承诺达标合格证或者其他合格证明。

第七十四条　农产品生产经营者冒用农产品质量标志，或者销售冒用农产品质量标志的农产品的，由县级以上地方人民政府农业农村主管部门按照职责责令改正，没收违法所得；违法生产经营的农产品货值金额不足五千元的，并处五千元以上五万元以下罚款，货值金额五千元以上的，并处货值金额十倍以上二十倍以下罚款。

第七十五条　违反本法关于农产品质量安全追溯规定的，由县级以上地方人民政府农业农村主管部门按照职责责令限期改正；逾期不改正的，可以处一万元以下罚款。

第七十六条 违反本法规定，拒绝、阻挠依法开展的农产品质量安全监督检查、事故调查处理、抽样检测和风险评估的，由有关主管部门按照职责责令停产停业，并处二千元以上五万元以下罚款；构成违反治安管理行为的，由公安机关依法给予治安管理处罚。

第七十七条 《中华人民共和国食品安全法》对食用农产品进入批发、零售市场或者生产加工企业后的违法行为和法律责任有规定的，由县级以上地方人民政府市场监督管理部门依照其规定进行处罚。

第七十八条 违反本法规定，构成犯罪的，依法追究刑事责任。

第七十九条 违反本法规定，给消费者造成人身、财产或者其他损害的，依法承担民事赔偿责任。生产经营者财产不足以同时承担民事赔偿责任和缴纳罚款、罚金时，先承担民事赔偿责任。

食用农产品生产经营者违反本法规定，污染环境、侵害众多消费者合法权益，损害社会公共利益的，人民检察院可以依照《中华人民共和国民事诉讼法》、《中华人民共和国行政诉讼法》等法律的规定向人民法院提起诉讼。

第八章　附　　则

第八十条 粮食收购、储存、运输环节的质量安全管理，依照有关粮食管理的法律、行政法规执行。

第八十一条 本法自2023年1月1日起施行。

中华人民共和国食品安全法

（2009年2月28日第十一届全国人民代表大会常务委员会第七次会议通过 2015年4月24日第十二届全国人民代表大会常务委员会第十四次会议修订 根据2018年12月29日第十三届全国人民代表大会常务委员会第七次会议《关于修改〈中华人民共和国产品质量法〉等五部法律的决定》第一次修正 根据2021年4月29日第十三届全国人民代表大会常务委员会第二十八次会议《关于修改〈中华人民共和国道路交通安全法〉等八部法律的决定》第二次修正）

目　　录

第一章　总　　则
第二章　食品安全风险监测和评估
第三章　食品安全标准
第四章　食品生产经营
　第一节　一般规定
　第二节　生产经营过程控制
　第三节　标签、说明书和广告
　第四节　特殊食品
第五章　食品检验
第六章　食品进出口
第七章　食品安全事故处置
第八章　监督管理

第九章　法律责任

第十章　附　　则

第一章　总　　则

第一条　为了保证食品安全，保障公众身体健康和生命安全，制定本法。

第二条　在中华人民共和国境内从事下列活动，应当遵守本法：

（一）食品生产和加工（以下称食品生产），食品销售和餐饮服务（以下称食品经营）；

（二）食品添加剂的生产经营；

（三）用于食品的包装材料、容器、洗涤剂、消毒剂和用于食品生产经营的工具、设备（以下称食品相关产品）的生产经营；

（四）食品生产经营者使用食品添加剂、食品相关产品；

（五）食品的贮存和运输；

（六）对食品、食品添加剂、食品相关产品的安全管理。

供食用的源于农业的初级产品（以下称食用农产品）的质量安全管理，遵守《中华人民共和国农产品质量安全法》的规定。但是，食用农产品的市场销售、有关质量安全标准的制定、有关安全信息的公布和本法对农业投入品作出规定的，应当遵守本法的规定。

第三条　食品安全工作实行预防为主、风险管理、全程控制、社会共治，建立科学、严格的监督管理制度。

第四条　食品生产经营者对其生产经营食品的安全负责。

食品生产经营者应当依照法律、法规和食品安全标准从事生产经营活动，保证食品安全，诚信自律，对社会和公众负责，接受社会监督，承担社会责任。

第五条　国务院设立食品安全委员会，其职责由国务院规定。

国务院食品安全监督管理部门依照本法和国务院规定的职责,对食品生产经营活动实施监督管理。

国务院卫生行政部门依照本法和国务院规定的职责,组织开展食品安全风险监测和风险评估,会同国务院食品安全监督管理部门制定并公布食品安全国家标准。

国务院其他有关部门依照本法和国务院规定的职责,承担有关食品安全工作。

第六条 县级以上地方人民政府对本行政区域的食品安全监督管理工作负责,统一领导、组织、协调本行政区域的食品安全监督管理工作以及食品安全突发事件应对工作,建立健全食品安全全程监督管理工作机制和信息共享机制。

县级以上地方人民政府依照本法和国务院的规定,确定本级食品安全监督管理、卫生行政部门和其他有关部门的职责。有关部门在各自职责范围内负责本行政区域的食品安全监督管理工作。

县级人民政府食品安全监督管理部门可以在乡镇或者特定区域设立派出机构。

第七条 县级以上地方人民政府实行食品安全监督管理责任制。上级人民政府负责对下一级人民政府的食品安全监督管理工作进行评议、考核。县级以上地方人民政府负责对本级食品安全监督管理部门和其他有关部门的食品安全监督管理工作进行评议、考核。

第八条 县级以上人民政府应当将食品安全工作纳入本级国民经济和社会发展规划,将食品安全工作经费列入本级政府财政预算,加强食品安全监督管理能力建设,为食品安全工作提供保障。

县级以上人民政府食品安全监督管理部门和其他有关部门应当加强沟通、密切配合,按照各自职责分工,依法行使职权,承担责任。

第九条 食品行业协会应当加强行业自律,按照章程建立健全行业规范和奖惩机制,提供食品安全信息、技术等服务,引导和督促食品生产经营者依法生产经营，推动行业诚信建设，宣传、普及食品安全知识。

消费者协会和其他消费者组织对违反本法规定，损害消费者合法权益的行为，依法进行社会监督。

第十条　各级人民政府应当加强食品安全的宣传教育，普及食品安全知识，鼓励社会组织、基层群众性自治组织、食品生产经营者开展食品安全法律、法规以及食品安全标准和知识的普及工作，倡导健康的饮食方式，增强消费者食品安全意识和自我保护能力。

新闻媒体应当开展食品安全法律、法规以及食品安全标准和知识的公益宣传，并对食品安全违法行为进行舆论监督。有关食品安全的宣传报道应当真实、公正。

第十一条　国家鼓励和支持开展与食品安全有关的基础研究、应用研究，鼓励和支持食品生产经营者为提高食品安全水平采用先进技术和先进管理规范。

国家对农药的使用实行严格的管理制度，加快淘汰剧毒、高毒、高残留农药，推动替代产品的研发和应用，鼓励使用高效低毒低残留农药。

第十二条　任何组织或者个人有权举报食品安全违法行为，依法向有关部门了解食品安全信息，对食品安全监督管理工作提出意见和建议。

第十三条　对在食品安全工作中做出突出贡献的单位和个人，按照国家有关规定给予表彰、奖励。

第二章　食品安全风险监测和评估

第十四条　国家建立食品安全风险监测制度，对食源性疾病、食品污染以及食品中的有害因素进行监测。

国务院卫生行政部门会同国务院食品安全监督管理等部门，制定、实施国家食品安全风险监测计划。

国务院食品安全监督管理部门和其他有关部门获知有关食品安全风

险信息后,应当立即核实并向国务院卫生行政部门通报。对有关部门通报的食品安全风险信息以及医疗机构报告的食源性疾病等有关疾病信息,国务院卫生行政部门应当会同国务院有关部门分析研究,认为必要的,及时调整国家食品安全风险监测计划。

省、自治区、直辖市人民政府卫生行政部门会同同级食品安全监督管理等部门,根据国家食品安全风险监测计划,结合本行政区域的具体情况,制定、调整本行政区域的食品安全风险监测方案,报国务院卫生行政部门备案并实施。

第十五条 承担食品安全风险监测工作的技术机构应当根据食品安全风险监测计划和监测方案开展监测工作,保证监测数据真实、准确,并按照食品安全风险监测计划和监测方案的要求报送监测数据和分析结果。

食品安全风险监测工作人员有权进入相关食用农产品种植养殖、食品生产经营场所采集样品、收集相关数据。采集样品应当按照市场价格支付费用。

第十六条 食品安全风险监测结果表明可能存在食品安全隐患的,县级以上人民政府卫生行政部门应当及时将相关信息通报同级食品安全监督管理等部门,并报告本级人民政府和上级人民政府卫生行政部门。食品安全监督管理等部门应当组织开展进一步调查。

第十七条 国家建立食品安全风险评估制度,运用科学方法,根据食品安全风险监测信息、科学数据以及有关信息,对食品、食品添加剂、食品相关产品中生物性、化学性和物理性危害因素进行风险评估。

国务院卫生行政部门负责组织食品安全风险评估工作,成立由医学、农业、食品、营养、生物、环境等方面的专家组成的食品安全风险评估专家委员会进行食品安全风险评估。食品安全风险评估结果由国务院卫生行政部门公布。

对农药、肥料、兽药、饲料和饲料添加剂等的安全性评估,应当有食品安全风险评估专家委员会的专家参加。

食品安全风险评估不得向生产经营者收取费用,采集样品应当按照市场价格支付费用。

第十八条 有下列情形之一的,应当进行食品安全风险评估:

(一) 通过食品安全风险监测或者接到举报发现食品、食品添加剂、食品相关产品可能存在安全隐患的;

(二) 为制定或者修订食品安全国家标准提供科学依据需要进行风险评估的;

(三) 为确定监督管理的重点领域、重点品种需要进行风险评估的;

(四) 发现新的可能危害食品安全因素的;

(五) 需要判断某一因素是否构成食品安全隐患的;

(六) 国务院卫生行政部门认为需要进行风险评估的其他情形。

第十九条 国务院食品安全监督管理、农业行政等部门在监督管理工作中发现需要进行食品安全风险评估的,应当向国务院卫生行政部门提出食品安全风险评估的建议,并提供风险来源、相关检验数据和结论等信息、资料。属于本法第十八条规定情形的,国务院卫生行政部门应当及时进行食品安全风险评估,并向国务院有关部门通报评估结果。

第二十条 省级以上人民政府卫生行政、农业行政部门应当及时相互通报食品、食用农产品安全风险监测信息。

国务院卫生行政、农业行政部门应当及时相互通报食品、食用农产品安全风险评估结果等信息。

第二十一条 食品安全风险评估结果是制定、修订食品安全标准和实施食品安全监督管理的科学依据。

经食品安全风险评估,得出食品、食品添加剂、食品相关产品不安全结论的,国务院食品安全监督管理等部门应当依据各自职责立即向社会公告,告知消费者停止食用或者使用,并采取相应措施,确保该食品、食品添加剂、食品相关产品停止生产经营;需要制定、修订相关食品安全国家标准的,国务院卫生行政部门应当会同国务院食品安全监督管理部门立即制定、修订。

第二十二条 国务院食品安全监督管理部门应当会同国务院有关部门,根据食品安全风险评估结果、食品安全监督管理信息,对食品安全状况进行综合分析。对经综合分析表明可能具有较高程度安全风险的食品,国务院食品安全监督管理部门应当及时提出食品安全风险警示,并向社会公布。

第二十三条 县级以上人民政府食品安全监督管理部门和其他有关部门、食品安全风险评估专家委员会及其技术机构,应当按照科学、客观、及时、公开的原则,组织食品生产经营者、食品检验机构、认证机构、食品行业协会、消费者协会以及新闻媒体等,就食品安全风险评估信息和食品安全监督管理信息进行交流沟通。

第三章 食品安全标准

第二十四条 制定食品安全标准,应当以保障公众身体健康为宗旨,做到科学合理、安全可靠。

第二十五条 食品安全标准是强制执行的标准。除食品安全标准外,不得制定其他食品强制性标准。

第二十六条 食品安全标准应当包括下列内容:

(一)食品、食品添加剂、食品相关产品中的致病性微生物,农药残留、兽药残留、生物毒素、重金属等污染物质以及其他危害人体健康物质的限量规定;

(二)食品添加剂的品种、使用范围、用量;

(三)专供婴幼儿和其他特定人群的主辅食品的营养成分要求;

(四)对与卫生、营养等食品安全要求有关的标签、标志、说明书的要求;

（五）食品生产经营过程的卫生要求；

（六）与食品安全有关的质量要求；

（七）与食品安全有关的食品检验方法与规程；

（八）其他需要制定为食品安全标准的内容。

第二十七条 食品安全国家标准由国务院卫生行政部门会同国务院食品安全监督管理部门制定、公布，国务院标准化行政部门提供国家标准编号。

食品中农药残留、兽药残留的限量规定及其检验方法与规程由国务院卫生行政部门、国务院农业行政部门会同国务院食品安全监督管理部门制定。

屠宰畜、禽的检验规程由国务院农业行政部门会同国务院卫生行政部门制定。

第二十八条 制定食品安全国家标准，应当依据食品安全风险评估结果并充分考虑食用农产品安全风险评估结果，参照相关的国际标准和国际食品安全风险评估结果，并将食品安全国家标准草案向社会公布，广泛听取食品生产经营者、消费者、有关部门等方面的意见。

食品安全国家标准应当经国务院卫生行政部门组织的食品安全国家标准审评委员会审查通过。食品安全国家标准审评委员会由医学、农业、食品、营养、生物、环境等方面的专家以及国务院有关部门、食品行业协会、消费者协会的代表组成，对食品安全国家标准草案的科学性和实用性等进行审查。

第二十九条 对地方特色食品，没有食品安全国家标准的，省、自治区、直辖市人民政府卫生行政部门可以制定并公布食品安全地方标准，报国务院卫生行政部门备案。食品安全国家标准制定后，该地方标准即行废止。

第三十条 国家鼓励食品生产企业制定严于食品安全国家标准或者地方标准的企业标准，在本企业适用，并报省、自治区、直辖市人民政府卫生行政部门备案。

第三十一条　省级以上人民政府卫生行政部门应当在其网站上公布制定和备案的食品安全国家标准、地方标准和企业标准，供公众免费查阅、下载。

对食品安全标准执行过程中的问题，县级以上人民政府卫生行政部门应当会同有关部门及时给予指导、解答。

第三十二条　省级以上人民政府卫生行政部门应当会同同级食品安全监督管理、农业行政等部门，分别对食品安全国家标准和地方标准的执行情况进行跟踪评价，并根据评价结果及时修订食品安全标准。

省级以上人民政府食品安全监督管理、农业行政等部门应当对食品安全标准执行中存在的问题进行收集、汇总，并及时向同级卫生行政部门通报。

食品生产经营者、食品行业协会发现食品安全标准在执行中存在问题的，应当立即向卫生行政部门报告。

第四章　食品生产经营

第一节　一般规定

第三十三条　食品生产经营应当符合食品安全标准，并符合下列要求：

（一）具有与生产经营的食品品种、数量相适应的食品原料处理和食品加工、包装、贮存等场所，保持该场所环境整洁，并与有毒、有害场所以及其他污染源保持规定的距离；

（二）具有与生产经营的食品品种、数量相适应的生产经营设备或者设施，有相应的消毒、更衣、盥洗、采光、照明、通风、防腐、防尘、防蝇、防鼠、防虫、洗涤以及处理废水、存放垃圾和废弃物的设备或者设施；

（三）有专职或者兼职的食品安全专业技术人员、食品安全管理人员和保证食品安全的规章制度；

（四）具有合理的设备布局和工艺流程，防止待加工食品与直接入口食品、原料与成品交叉污染，避免食品接触有毒物、不洁物；

（五）餐具、饮具和盛放直接入口食品的容器，使用前应当洗净、消毒，炊具、用具用后应当洗净，保持清洁；

（六）贮存、运输和装卸食品的容器、工具和设备应当安全、无害，保持清洁，防止食品污染，并符合保证食品安全所需的温度、湿度等特殊要求，不得将食品与有毒、有害物品一同贮存、运输；

（七）直接入口的食品应当使用无毒、清洁的包装材料、餐具、饮具和容器；

（八）食品生产经营人员应当保持个人卫生，生产经营食品时，应当将手洗净，穿戴清洁的工作衣、帽等；销售无包装的直接入口食品时，应当使用无毒、清洁的容器、售货工具和设备；

（九）用水应当符合国家规定的生活饮用水卫生标准；

（十）使用的洗涤剂、消毒剂应当对人体安全、无害；

（十一）法律、法规规定的其他要求。

非食品生产经营者从事食品贮存、运输和装卸的，应当符合前款第六项的规定。

第三十四条 禁止生产经营下列食品、食品添加剂、食品相关产品：

（一）用非食品原料生产的食品或者添加食品添加剂以外的化学物质和其他可能危害人体健康物质的食品，或者用回收食品作为原料生产的食品；

（二）致病性微生物，农药残留、兽药残留、生物毒素、重金属等污染物质以及其他危害人体健康的物质含量超过食品安全标准限量的食品、食品添加剂、食品相关产品；

（三）用超过保质期的食品原料、食品添加剂生产的食品、食品添加剂；

（四）超范围、超限量使用食品添加剂的食品；

（五）营养成分不符合食品安全标准的专供婴幼儿和其他特定人群的主辅食品；

（六）腐败变质、油脂酸败、霉变生虫、污秽不洁、混有异物、掺假掺杂或者感官性状异常的食品、食品添加剂；

（七）病死、毒死或者死因不明的禽、畜、兽、水产动物肉类及其制品；

（八）未按规定进行检疫或者检疫不合格的肉类，或者未经检验或者检验不合格的肉类制品；

（九）被包装材料、容器、运输工具等污染的食品、食品添加剂；

（十）标注虚假生产日期、保质期或者超过保质期的食品、食品添加剂；

（十一）无标签的预包装食品、食品添加剂；

（十二）国家为防病等特殊需要明令禁止生产经营的食品；

（十三）其他不符合法律、法规或者食品安全标准的食品、食品添加剂、食品相关产品。

第三十五条 国家对食品生产经营实行许可制度。从事食品生产、食品销售、餐饮服务，应当依法取得许可。但是，销售食用农产品和仅销售预包装食品的，不需要取得许可。仅销售预包装食品的，应当报所在地县级以上地方人民政府食品安全监督管理部门备案。

县级以上地方人民政府食品安全监督管理部门应当依照《中华人民共和国行政许可法》的规定，审核申请人提交的本法第三十三条第一款第一项至第四项规定要求的相关资料，必要时对申请人的生产经营场所进行现场核查；对符合规定条件的，准予许可；对不符合规定条件的，不予许可并书面说明理由。

第三十六条 食品生产加工小作坊和食品摊贩等从事食品生产经营活动，应当符合本法规定的与其生产经营规模、条件相适应的食品安全要求，保证所生产经营的食品卫生、无毒、无害，食品安全监督管理部门应当对其加强监督管理。

县级以上地方人民政府应当对食品生产加工小作坊、食品摊贩等进行综合治理，加强服务和统一规划，改善其生产经营环境，鼓励和支持其改进生产经营条件，进入集中交易市场、店铺等固定场所经营，或者在指定的临时经营区域、时段经营。

食品生产加工小作坊和食品摊贩等的具体管理办法由省、自治区、直辖市制定。

第三十七条 利用新的食品原料生产食品，或者生产食品添加剂新品种、食品相关产品新品种，应当向国务院卫生行政部门提交相关产品的安全性评估材料。国务院卫生行政部门应当自收到申请之日起六十日内组织审查；对符合食品安全要求的，准予许可并公布；对不符合食品安全要求的，不予许可并书面说明理由。

第三十八条 生产经营的食品中不得添加药品，但是可以添加按照传统既是食品又是中药材的物质。按照传统既是食品又是中药材的物质目录由国务院卫生行政部门会同国务院食品安全监督管理部门制定、公布。

第三十九条 国家对食品添加剂生产实行许可制度。从事食品添加剂生产，应当具有与所生产食品添加剂品种相适应的场所、生产设备或者设施、专业技术人员和管理制度，并依照本法第三十五条第二款规定的程序，取得食品添加剂生产许可。

生产食品添加剂应当符合法律、法规和食品安全国家标准。

第四十条 食品添加剂应当在技术上确有必要且经过风险评估证明安全可靠，方可列入允许使用的范围；有关食品安全国家标准应当根据技术必要性和食品安全风险评估结果及时修订。

食品生产经营者应当按照食品安全国家标准使用食品添加剂。

第四十一条 生产食品相关产品应当符合法律、法规和食品安全国家标准。对直接接触食品的包装材料等具有较高风险的食品相关产品，按照国家有关工业产品生产许可证管理的规定实施生产许可。食品安全监督管理部门应当加强对食品相关产品生产活动的监督管理。

第四十二条 国家建立食品安全全程追溯制度。

食品生产经营者应当依照本法的规定，建立食品安全追溯体系，保证食品可追溯。国家鼓励食品生产经营者采用信息化手段采集、留存生产经营信息，建立食品安全追溯体系。

国务院食品安全监督管理部门会同国务院农业行政等有关部门建立食品安全全程追溯协作机制。

第四十三条 地方各级人民政府应当采取措施鼓励食品规模化生产和连锁经营、配送。

国家鼓励食品生产经营企业参加食品安全责任保险。

第二节 生产经营过程控制

第四十四条 食品生产经营企业应当建立健全食品安全管理制度，对职工进行食品安全知识培训，加强食品检验工作，依法从事生产经营活动。

食品生产经营企业的主要负责人应当落实企业食品安全管理制度，对本企业的食品安全工作全面负责。

食品生产经营企业应当配备食品安全管理人员，加强对其培训和考核。经考核不具备食品安全管理能力的，不得上岗。食品安全监督管理部门应当对企业食品安全管理人员随机进行监督抽查考核并公布考核情况。监督抽查考核不得收取费用。

第四十五条 食品生产经营者应当建立并执行从业人员健康管理制度。患有国务院卫生行政部门规定的有碍食品安全疾病的人员，不得从事接触直接入口食品的工作。

从事接触直接入口食品工作的食品生产经营人员应当每年进行健康检查，取得健康证明后方可上岗工作。

第四十六条 食品生产企业应当就下列事项制定并实施控制要求，保证所生产的食品符合食品安全标准：

（一）原料采购、原料验收、投料等原料控制；

（二）生产工序、设备、贮存、包装等生产关键环节控制；

（三）原料检验、半成品检验、成品出厂检验等检验控制；

（四）运输和交付控制。

第四十七条 食品生产经营者应当建立食品安全自查制度，定期对食品安全状况进行检查评价。生产经营条件发生变化，不再符合食品安全要求的，食品生产经营者应当立即采取整改措施；有发生食品安全事故潜在风险的，应当立即停止食品生产经营活动，并向所在地县级人民政府食品安全监督管理部门报告。

第四十八条 国家鼓励食品生产经营企业符合良好生产规范要求，实施危害分析与关键控制点体系，提高食品安全管理水平。

对通过良好生产规范、危害分析与关键控制点体系认证的食品生产经营企业，认证机构应当依法实施跟踪调查；对不再符合认证要求的企业，应当依法撤销认证，及时向县级以上人民政府食品安全监督管理部门通报，并向社会公布。认证机构实施跟踪调查不得收取费用。

第四十九条 食用农产品生产者应当按照食品安全标准和国家有关规定使用农药、肥料、兽药、饲料和饲料添加剂等农业投入品，严格执行农业投入品使用安全间隔期或者休药期的规定，不得使用国家明令禁止的农业投入品。禁止将剧毒、高毒农药用于蔬菜、瓜果、茶叶和中草药材等国家规定的农作物。

食用农产品的生产企业和农民专业合作经济组织应当建立农业投入品使用记录制度。

县级以上人民政府农业行政部门应当加强对农业投入品使用的监督管理和指导，建立健全农业投入品安全使用制度。

第五十条 食品生产者采购食品原料、食品添加剂、食品相关产品，应当查验供货者的许可证和产品合格证明；对无法提供合格证明的食品原料，应当按照食品安全标准进行检验；不得采购或者使用不符合食品安全标准的食品原料、食品添加剂、食品相关产品。

食品生产企业应当建立食品原料、食品添加剂、食品相关产品进货查验记录制度，如实记录食品原料、食品添加剂、食品相关产品的名称、规格、数量、生产日期或者生产批号、保质期、进货日期以及供货者名称、地址、联系方式等内容，并保存相关凭证。记录和凭证保存期限不得少于产品保质期满后六个月；没有明确保质期的，保存期限不得少于二年。

第五十一条 食品生产企业应当建立食品出厂检验记录制度，查验出厂食品的检验合格证和安全状况，如实记录食品的名称、规格、数量、生产日期或者生产批号、保质期、检验合格证号、销售日期以及购货者名称、地址、联系方式等内容，并保存相关凭证。记录和凭证保存期限应当符合本法第五十条第二款的规定。

第五十二条 食品、食品添加剂、食品相关产品的生产者，应当按照食品安全标准对所生产的食品、食品添加剂、食品相关产品进行检验，检验合格后方可出厂或者销售。

第五十三条 食品经营者采购食品，应当查验供货者的许可证和食品出厂检验合格证或者其他合格证明（以下称合格证明文件）。

食品经营企业应当建立食品进货查验记录制度，如实记录食品的名称、规格、数量、生产日期或者生产批号、保质期、进货日期以及供货者名称、地址、联系方式等内容，并保存相关凭证。记录和凭证保存期限应当符合本法第五十条第二款的规定。

实行统一配送经营方式的食品经营企业，可以由企业总部统一查验供货者的许可证和食品合格证明文件，进行食品进货查验记录。

从事食品批发业务的经营企业应当建立食品销售记录制度，如实记录批发食品的名称、规格、数量、生产日期或者生产批号、保质期、销售日期以及购货者名称、地址、联系方式等内容，并保存相关凭证。记录和凭证保存期限应当符合本法第五十条第二款的规定。

第五十四条 食品经营者应当按照保证食品安全的要求贮存食品，定期检查库存食品，及时清理变质或者超过保质期的食品。

食品经营者贮存散装食品，应当在贮存位置标明食品的名称、生产日期或者生产批号、保质期、生产者名称及联系方式等内容。

第五十五条 餐饮服务提供者应当制定并实施原料控制要求，不得采购不符合食品安全标准的食品原料。倡导餐饮服务提供者公开加工过程，公示食品原料及其来源等信息。

餐饮服务提供者在加工过程中应当检查待加工的食品及原料，发现有本法第三十四条第六项规定情形的，不得加工或者使用。

第五十六条 餐饮服务提供者应当定期维护食品加工、贮存、陈列等设施、设备；定期清洗、校验保温设施及冷藏、冷冻设施。

餐饮服务提供者应当按照要求对餐具、饮具进行清洗消毒，不得使用未经清洗消毒的餐具、饮具；餐饮服务提供者委托清洗消毒餐具、饮具的，应当委托符合本法规定条件的餐具、饮具集中消毒服务单位。

第五十七条 学校、托幼机构、养老机构、建筑工地等集中用餐单位的食堂应当严格遵守法律、法规和食品安全标准；从供餐单位订餐的，应当从取得食品生产经营许可的企业订购，并按照要求对订购的食品进行查验。供餐单位应当严格遵守法律、法规和食品安全标准，当餐加工，确保食品安全。

学校、托幼机构、养老机构、建筑工地等集中用餐单位的主管部门应当加强对集中用餐单位的食品安全教育和日常管理，降低食品安全风险，及时消除食品安全隐患。

第五十八条 餐具、饮具集中消毒服务单位应当具备相应的作业场所、清洗消毒设备或者设施，用水和使用的洗涤剂、消毒剂应当符合相关食品安全国家标准和其他国家标准、卫生规范。

餐具、饮具集中消毒服务单位应当对消毒餐具、饮具进行逐批检验，检验合格后方可出厂，并应当随附消毒合格证明。消毒后的餐具、饮具应当在独立包装上标注单位名称、地址、联系方式、消毒日期以及使用期限等内容。

第五十九条 食品添加剂生产者应当建立食品添加剂出厂检验记录制度，查验出厂产品的检验合格证和安全状况，如实记录食品添加剂的名称、规格、数量、生产日期或者生产批号、保质期、检验合格证号、销售日期以及购货者名称、地址、联系方式等相关内容，并保存相关凭证。记录和凭证保存期限应当符合本法第五十条第二款的规定。

第六十条 食品添加剂经营者采购食品添加剂，应当依法查验供货者的许可证和产品合格证明文件，如实记录食品添加剂的名称、规格、数量、生产日期或者生产批号、保质期、进货日期以及供货者名称、地址、联系方式等内容，并保存相关凭证。记录和凭证保存期限应当符合本法第五十条第二款的规定。

第六十一条 集中交易市场的开办者、柜台出租者和展销会举办者，应当依法审查入场食品经营者的许可证，明确其食品安全管理责任，定期对其经营环境和条件进行检查，发现其有违反本法规定行为的，应当及时制止并立即报告所在地县级人民政府食品安全监督管理部门。

第六十二条 网络食品交易第三方平台提供者应当对入网食品经营者进行实名登记，明确其食品安全管理责任；依法应当取得许可证的，还应当审查其许可证。

网络食品交易第三方平台提供者发现入网食品经营者有违反本法规定行为的，应当及时制止并立即报告所在地县级人民政府食品安全监督管理部门；发现严重违法行为的，应当立即停止提供网络交易平台服务。

第六十三条 国家建立食品召回制度。食品生产者发现其生产的食品不符合食品安全标准或者有证据证明可能危害人体健康的，应当立即停止生产，召回已经上市销售的食品，通知相关生产经营者和消费者，并记录召回和通知情况。

食品经营者发现其经营的食品有前款规定情形的，应当立即停止经营，通知相关生产经营者和消费者，并记录停止经营和通知情况。食品生产者认为应当召回的，应当立即召回。由于食品经营者的原因造成其经营的食品有前款规定情形的，食品经营者应当召回。

食品生产经营者应当对召回的食品采取无害化处理、销毁等措施，防止其再次流入市场。但是，对因标签、标志或者说明书不符合食品安全标准而被召回的食品，食品生产者在采取补救措施且能保证食品安全的情况下可以继续销售；销售时应当向消费者明示补救措施。

食品生产经营者应当将食品召回和处理情况向所在地县级人民政府食品安全监督管理部门报告；需要对召回的食品进行无害化处理、销毁的，应当提前报告时间、地点。食品安全监督管理部门认为必要的，可以实施现场监督。

食品生产经营者未依照本条规定召回或者停止经营的，县级以上人民政府食品安全监督管理部门可以责令其召回或者停止经营。

第六十四条 食用农产品批发市场应当配备检验设备和检验人员或者委托符合本法规定的食品检验机构，对进入该批发市场销售的食用农产品进行抽样检验；发现不符合食品安全标准的，应当要求销售者立即停止销售，并向食品安全监督管理部门报告。

第六十五条 食用农产品销售者应当建立食用农产品进货查验记录制度，如实记录食用农产品的名称、数量、进货日期以及供货者名称、地址、联系方式等内容，并保存相关凭证。记录和凭证保存期限不得少于六个月。

第六十六条 进入市场销售的食用农产品在包装、保鲜、贮存、运输中使用保鲜剂、防腐剂等食品添加剂和包装材料等食品相关产品,应当符合食品安全国家标准。

第三节 标签、说明书和广告

第六十七条 预包装食品的包装上应当有标签。标签应当标明下列事项:

(一)名称、规格、净含量、生产日期;

(二)成分或者配料表;

(三)生产者的名称、地址、联系方式;

(四)保质期;

(五)产品标准代号;

(六)贮存条件;

(七)所使用的食品添加剂在国家标准中的通用名称;

(八)生产许可证编号;

(九)法律、法规或者食品安全标准规定应当标明的其他事项。

专供婴幼儿和其他特定人群的主辅食品,其标签还应当标明主要营养成分及其含量。

食品安全国家标准对标签标注事项另有规定的,从其规定。

第六十八条 食品经营者销售散装食品,应当在散装食品的容器、外包装上标明食品的名称、生产日期或者生产批号、保质期以及生产经营者名称、地址、联系方式等内容。

第六十九条 生产经营转基因食品应当按照规定显著标示。

第七十条 食品添加剂应当有标签、说明书和包装。标签、说明书应当载明本法第六十七条第一款第一项至第六项、第八项、第九项规定的事项,以及食品添加剂的使用范围、用量、使用方法,并在标签上载明"食品添加剂"字样。

第七十一条 食品和食品添加剂的标签、说明书,不得含有虚假内容，不得涉及疾病预防、治疗功能。生产经营者对其提供的标签、说明书的内容负责。

食品和食品添加剂的标签、说明书应当清楚、明显，生产日期、保质期等事项应当显著标注，容易辨识。

食品和食品添加剂与其标签、说明书的内容不符的，不得上市销售。

第七十二条 食品经营者应当按照食品标签标示的警示标志、警示说明或者注意事项的要求销售食品。

第七十三条 食品广告的内容应当真实合法，不得含有虚假内容，不得涉及疾病预防、治疗功能。食品生产经营者对食品广告内容的真实性、合法性负责。

县级以上人民政府食品安全监督管理部门和其他有关部门以及食品检验机构、食品行业协会不得以广告或者其他形式向消费者推荐食品。消费者组织不得以收取费用或者其他谋取利益的方式向消费者推荐食品。

第四节 特殊食品

第七十四条 国家对保健食品、特殊医学用途配方食品和婴幼儿配方食品等特殊食品实行严格监督管理。

第七十五条 保健食品声称保健功能，应当具有科学依据，不得对人体产生急性、亚急性或者慢性危害。

保健食品原料目录和允许保健食品声称的保健功能目录，由国务院食品安全监督管理部门会同国务院卫生行政部门、国家中医药管理部门制定、调整并公布。

保健食品原料目录应当包括原料名称、用量及其对应的功效；列入保健食品原料目录的原料只能用于保健食品生产，不得用于其他食品生产。

第七十六条 使用保健食品原料目录以外原料的保健食品和首次进口的保健食品应当经国务院食品安全监督管理部门注册。但是，首次进口的保健食品中属于补充维生素、矿物质等营养物质的，应当报国务院食品安全监督管理部门备案。其他保健食品应当报省、自治区、直辖市人民政府食品安全监督管理部门备案。

进口的保健食品应当是出口国（地区）主管部门准许上市销售的产品。

第七十七条 依法应当注册的保健食品，注册时应当提交保健食品的研发报告、产品配方、生产工艺、安全性和保健功能评价、标签、说明书等材料及样品，并提供相关证明文件。国务院食品安全监督管理部门经组织技术审评，对符合安全和功能声称要求的，准予注册；对不符合要求的，不予注册并书面说明理由。对使用保健食品原料目录以外原料的保健食品作出准予注册决定的，应当及时将该原料纳入保健食品原料目录。

依法应当备案的保健食品，备案时应当提交产品配方、生产工艺、标签、说明书以及表明产品安全性和保健功能的材料。

第七十八条 保健食品的标签、说明书不得涉及疾病预防、治疗功能，内容应当真实，与注册或者备案的内容相一致，载明适宜人群、不适宜人群、功效成分或者标志性成分及其含量等，并声明"本品不能代替药物"。保健食品的功能和成分应当与标签、说明书相一致。

第七十九条 保健食品广告除应当符合本法第七十三条第一款的规定外，还应当声明"本品不能代替药物"；其内容应当经生产企业所在地省、自治区、直辖市人民政府食品安全监督管理部门审查批准，取得保健食品广告批准文件。省、自治区、直辖市人民政府食品安全监督管理部门应当公布并及时更新已经批准的保健食品广告目录以及批准的广告内容。

第八十条 特殊医学用途配方食品应当经国务院食品安全监督管理部门注册。注册时，应当提交产品配方、生产工艺、标签、说明书以及表明产品安全性、营养充足性和特殊医学用途临床效果的材料。

特殊医学用途配方食品广告适用《中华人民共和国广告法》和其他法律、行政法规关于药品广告管理的规定。

第八十一条 婴幼儿配方食品生产企业应当实施从原料进厂到成品出厂的全过程质量控制，对出厂的婴幼儿配方食品实施逐批检验，保证食品安全。

生产婴幼儿配方食品使用的生鲜乳、辅料等食品原料、食品添加剂等，应当符合法律、行政法规的规定和食品安全国家标准，保证婴幼儿生长发育所需的营养成分。

婴幼儿配方食品生产企业应当将食品原料、食品添加剂、产品配方及标签等事项向省、自治区、直辖市人民政府食品安全监督管理部门备案。

婴幼儿配方乳粉的产品配方应当经国务院食品安全监督管理部门注册。注册时，应当提交配方研发报告和其他表明配方科学性、安全性的材料。

不得以分装方式生产婴幼儿配方乳粉，同一企业不得用同一配方生产不同品牌的婴幼儿配方乳粉。

第八十二条 保健食品、特殊医学用途配方食品、婴幼儿配方乳粉的注册人或者备案人应当对其提交材料的真实性负责。

省级以上人民政府食品安全监督管理部门应当及时公布注册或者备案的保健食品、特殊医学用途配方食品、婴幼儿配方乳粉目录，并对注册或者备案中获知的企业商业秘密予以保密。

保健食品、特殊医学用途配方食品、婴幼儿配方乳粉生产企业应当按照注册或者备案的产品配方、生产工艺等技术要求组织生产。

第八十三条 生产保健食品，特殊医学用途配方食品、婴幼儿配方食品和其他专供特定人群的主辅食品的企业，应当按照良好生产规范的要求建立与所生产食品相适应的生产质量管理体系，定期对该体系的运行情况进行自查，保证其有效运行，并向所在地县级人民政府食品安全监督管理部门提交自查报告。

第五章　食品检验

第八十四条　食品检验机构按照国家有关认证认可的规定取得资质认定后，方可从事食品检验活动。但是，法律另有规定的除外。

食品检验机构的资质认定条件和检验规范，由国务院食品安全监督管理部门规定。

符合本法规定的食品检验机构出具的检验报告具有同等效力。

县级以上人民政府应当整合食品检验资源，实现资源共享。

第八十五条　食品检验由食品检验机构指定的检验人独立进行。

检验人应当依照有关法律、法规的规定，并按照食品安全标准和检验规范对食品进行检验，尊重科学，恪守职业道德，保证出具的检验数据和结论客观、公正，不得出具虚假检验报告。

第八十六条　食品检验实行食品检验机构与检验人负责制。食品检验报告应当加盖食品检验机构公章，并有检验人的签名或者盖章。食品检验机构和检验人对出具的食品检验报告负责。

第八十七条　县级以上人民政府食品安全监督管理部门应当对食品进行定期或者不定期的抽样检验，并依据有关规定公布检验结果，不得免检。进行抽样检验，应当购买抽取的样品，委托符合本法规定的食品检验机构进行检验，并支付相关费用；不得向食品生产经营者收取检验费和其他费用。

第八十八条　对依照本法规定实施的检验结论有异议的，食品生产经营者可以自收到检验结论之日起七个工作日内向实施抽样检验的食品安全监督管理部门或者其上一级食品安全监督管理部门提出复检申请，由受理复检申请的食品安全监督管理部门在公布的复检机构名录中随机确定复检机构进行复检。复检机构出具的复检结论为最终检验结论。复检机构与初检机构不得为同一机构。复检机构名录由国务院认证认可监督管理、食品安全监督管理、卫生行政、农业行政等部门共同公布。

采用国家规定的快速检测方法对食用农产品进行抽查检测，被抽查人对检测结果有异议的，可以自收到检测结果时起四小时内申请复检。复检不得采用快速检测方法。

第八十九条 食品生产企业可以自行对所生产的食品进行检验，也可以委托符合本法规定的食品检验机构进行检验。

食品行业协会和消费者协会等组织、消费者需要委托食品检验机构对食品进行检验的，应当委托符合本法规定的食品检验机构进行。

第九十条 食品添加剂的检验，适用本法有关食品检验的规定。

第六章　食品进出口

第九十一条 国家出入境检验检疫部门对进出口食品安全实施监督管理。

第九十二条 进口的食品、食品添加剂、食品相关产品应当符合我国食品安全国家标准。

进口的食品、食品添加剂应当经出入境检验检疫机构依照进出口商品检验相关法律、行政法规的规定检验合格。

进口的食品、食品添加剂应当按照国家出入境检验检疫部门的要求随附合格证明材料。

第九十三条 进口尚无食品安全国家标准的食品，由境外出口商、境外生产企业或者其委托的进口商向国务院卫生行政部门提交所执行的相关国家（地区）标准或者国际标准。国务院卫生行政部门对相关标准进行审查，认为符合食品安全要求的，决定暂予适用，并及时制定相应的食品安全国家标准。进口利用新的食品原料生产的食品或者进口食品添加剂新品种、食品相关产品新品种，依照本法第三十七条的规定办理。

出入境检验检疫机构按照国务院卫生行政部门的要求，对前款规定的食品、食品添加剂、食品相关产品进行检验。检验结果应当公开。

第九十四条 境外出口商、境外生产企业应当保证向我国出口的食品、食品添加剂、食品相关产品符合本法以及我国其他有关法律、行政法规的规定和食品安全国家标准的要求，并对标签、说明书的内容负责。

进口商应当建立境外出口商、境外生产企业审核制度，重点审核前款规定的内容；审核不合格的，不得进口。

发现进口食品不符合我国食品安全国家标准或者有证据证明可能危害人体健康的，进口商应当立即停止进口，并依照本法第六十三条的规定召回。

第九十五条 境外发生的食品安全事件可能对我国境内造成影响，或者在进口食品、食品添加剂、食品相关产品中发现严重食品安全问题的，国家出入境检验检疫部门应当及时采取风险预警或者控制措施，并向国务院食品安全监督管理、卫生行政、农业行政部门通报。接到通报的部门应当及时采取相应措施。

县级以上人民政府食品安全监督管理部门对国内市场上销售的进口食品、食品添加剂实施监督管理。发现存在严重食品安全问题的，国务院食品安全监督管理部门应当及时向国家出入境检验检疫部门通报。国家出入境检验检疫部门应当及时采取相应措施。

第九十六条 向我国境内出口食品的境外出口商或者代理商、进口食品的进口商应当向国家出入境检验检疫部门备案。向我国境内出口食品的境外食品生产企业应当经国家出入境检验检疫部门注册。已经注册的境外食品生产企业提供虚假材料，或者因其自身的原因致使进口食品发生重大食品安全事故的，国家出入境检验检疫部门应当撤销注册并公告。

国家出入境检验检疫部门应当定期公布已经备案的境外出口商、代理商、进口商和已经注册的境外食品生产企业名单。

第九十七条 进口的预包装食品、食品添加剂应当有中文标签；依法应当有说明书的，还应当有中文说明书。标签、说明书应当符合本法以及我国其他有关法律、行政法规的规定和食品安全国家标准的要求，并载明食品的原产地以及境内代理商的名称、地址、联系方式。预包装食品没有中文标签、中文说明书或者标签、说明书不符合本条规定的，不得进口。

第九十八条 进口商应当建立食品、食品添加剂进口和销售记录制度，如实记录食品、食品添加剂的名称、规格、数量、生产日期、生产或者进口批号、保质期、境外出口商和购货者名称、地址及联系方式、交货日期等内容，并保存相关凭证。记录和凭证保存期限应当符合本法第五十条第二款的规定。

第九十九条 出口食品生产企业应当保证其出口食品符合进口国（地区）的标准或者合同要求。

出口食品生产企业和出口食品原料种植、养殖场应当向国家出入境检验检疫部门备案。

第一百条 国家出入境检验检疫部门应当收集、汇总下列进出口食品安全信息，并及时通报相关部门、机构和企业：

（一）出入境检验检疫机构对进出口食品实施检验检疫发现的食品安全信息；

（二）食品行业协会和消费者协会等组织、消费者反映的进口食品安全信息；

（三）国际组织、境外政府机构发布的风险预警信息及其他食品安全信息，以及境外食品行业协会等组织、消费者反映的食品安全信息；

（四）其他食品安全信息。

国家出入境检验检疫部门应当对进出口食品的进口商、出口商和出口食品生产企业实施信用管理，建立信用记录，并依法向社会公布。对有不良记录的进口商、出口商和出口食品生产企业，应当加强对其进出口食品的检验检疫。

第一百零一条 国家出入境检验检疫部门可以对向我国境内出口食品的国家（地区）的食品安全管理体系和食品安全状况进行评估和审查，并根据评估和审查结果，确定相应检验检疫要求。

第七章 食品安全事故处置

第一百零二条 国务院组织制定国家食品安全事故应急预案。

县级以上地方人民政府应当根据有关法律、法规的规定和上级人民政府的食品安全事故应急预案以及本行政区域的实际情况，制定本行政区域的食品安全事故应急预案，并报上一级人民政府备案。

食品安全事故应急预案应当对食品安全事故分级、事故处置组织指挥体系与职责、预防预警机制、处置程序、应急保障措施等作出规定。

食品生产经营企业应当制定食品安全事故处置方案，定期检查本企业各项食品安全防范措施的落实情况，及时消除事故隐患。

第一百零三条 发生食品安全事故的单位应当立即采取措施，防止事故扩大。事故单位和接收病人进行治疗的单位应当及时向事故发生地县级人民政府食品安全监督管理、卫生行政部门报告。

县级以上人民政府农业行政等部门在日常监督管理中发现食品安全事故或者接到事故举报，应当立即向同级食品安全监督管理部门通报。

发生食品安全事故，接到报告的县级人民政府食品安全监督管理部门应当按照应急预案的规定向本级人民政府和上级人民政府食品安全监督管理部门报告。县级人民政府和上级人民政府食品安全监督管理部门应当按照应急预案的规定上报。

任何单位和个人不得对食品安全事故隐瞒、谎报、缓报，不得隐匿、伪造、毁灭有关证据。

第一百零四条 医疗机构发现其接收的病人属于食源性疾病病人或

者疑似病人的，应当按照规定及时将相关信息向所在地县级人民政府卫生行政部门报告。县级人民政府卫生行政部门认为与食品安全有关的，应当及时通报同级食品安全监督管理部门。

县级以上人民政府卫生行政部门在调查处理传染病或者其他突发公共卫生事件中发现与食品安全相关的信息，应当及时通报同级食品安全监督管理部门。

第一百零五条 县级以上人民政府食品安全监督管理部门接到食品安全事故的报告后，应当立即会同同级卫生行政、农业行政等部门进行调查处理，并采取下列措施，防止或者减轻社会危害：

（一）开展应急救援工作，组织救治因食品安全事故导致人身伤害的人员；

（二）封存可能导致食品安全事故的食品及其原料，并立即进行检验；对确认属于被污染的食品及其原料，责令食品生产经营者依照本法第六十三条的规定召回或者停止经营；

（三）封存被污染的食品相关产品，并责令进行清洗消毒；

（四）做好信息发布工作，依法对食品安全事故及其处理情况进行发布，并对可能产生的危害加以解释、说明。

发生食品安全事故需要启动应急预案的，县级以上人民政府应当立即成立事故处置指挥机构，启动应急预案，依照前款和应急预案的规定进行处置。

发生食品安全事故，县级以上疾病预防控制机构应当对事故现场进行卫生处理，并对与事故有关的因素开展流行病学调查，有关部门应当予以协助。县级以上疾病预防控制机构应当向同级食品安全监督管理、卫生行政部门提交流行病学调查报告。

第一百零六条 发生食品安全事故，设区的市级以上人民政府食品安全监督管理部门应当立即会同有关部门进行事故责任调查，督促有关部门履行职责，向本级人民政府和上一级人民政府食品安全监督管理部门提出事故责任调查处理报告。

涉及两个以上省、自治区、直辖市的重大食品安全事故由国务院食品安全监督管理部门依照前款规定组织事故责任调查。

第一百零七条 调查食品安全事故，应当坚持实事求是、尊重科学的原则，及时、准确查清事故性质和原因，认定事故责任，提出整改措施。

调查食品安全事故，除了查明事故单位的责任，还应当查明有关监督管理部门、食品检验机构、认证机构及其工作人员的责任。

第一百零八条 食品安全事故调查部门有权向有关单位和个人了解与事故有关的情况，并要求提供相关资料和样品。有关单位和个人应当予以配合，按照要求提供相关资料和样品，不得拒绝。

任何单位和个人不得阻挠、干涉食品安全事故的调查处理。

第八章　监督管理

第一百零九条 县级以上人民政府食品安全监督管理部门根据食品安全风险监测、风险评估结果和食品安全状况等，确定监督管理的重点、方式和频次，实施风险分级管理。

县级以上地方人民政府组织本级食品安全监督管理、农业行政等部门制定本行政区域的食品安全年度监督管理计划，向社会公布并组织实施。

食品安全年度监督管理计划应当将下列事项作为监督管理的重点：

（一）专供婴幼儿和其他特定人群的主辅食品；

（二）保健食品生产过程中的添加行为和按照注册或者备案的技术要求组织生产的情况，保健食品标签、说明书以及宣传材料中有关功能宣传的情况；

（三）发生食品安全事故风险较高的食品生产经营者；

（四）食品安全风险监测结果表明可能存在食品安全隐患的事项。

第一百一十条 县级以上人民政府食品安全监督管理部门履行食品安全监督管理职责，有权采取下列措施，对生产经营者遵守本法的情况进行监督检查：

（一）进入生产经营场所实施现场检查；

（二）对生产经营的食品、食品添加剂、食品相关产品进行抽样检验；

（三）查阅、复制有关合同、票据、账簿以及其他有关资料；

（四）查封、扣押有证据证明不符合食品安全标准或者有证据证明存在安全隐患以及用于违法生产经营的食品、食品添加剂、食品相关产品；

（五）查封违法从事生产经营活动的场所。

第一百一十一条 对食品安全风险评估结果证明食品存在安全隐患，需要制定、修订食品安全标准的，在制定、修订食品安全标准前，国务院卫生行政部门应当及时会同国务院有关部门规定食品中有害物质的临时限量值和临时检验方法，作为生产经营和监督管理的依据。

第一百一十二条 县级以上人民政府食品安全监督管理部门在食品安全监督管理工作中可以采用国家规定的快速检测方法对食品进行抽查检测。

对抽查检测结果表明可能不符合食品安全标准的食品，应当依照本法第八十七条的规定进行检验。抽查检测结果确定有关食品不符合食品安全标准的，可以作为行政处罚的依据。

第一百一十三条 县级以上人民政府食品安全监督管理部门应当建立食品生产经营者食品安全信用档案，记录许可颁发、日常监督检查结果、违法行为查处等情况，依法向社会公布并实时更新；对有不良信用记录的食品生产经营者增加监督检查频次，对违法行为情节严重的食品生产经营者，可以通报投资主管部门、证券监督管理机构和有关的金融机构。

第一百一十四条　食品生产经营过程中存在食品安全隐患，未及时采取措施消除的，县级以上人民政府食品安全监督管理部门可以对食品生产经营者的法定代表人或者主要负责人进行责任约谈。食品生产经营者应当立即采取措施，进行整改，消除隐患。责任约谈情况和整改情况应当纳入食品生产经营者食品安全信用档案。

第一百一十五条　县级以上人民政府食品安全监督管理等部门应当公布本部门的电子邮件地址或者电话，接受咨询、投诉、举报。接到咨询、投诉、举报，对属于本部门职责的，应当受理并在法定期限内及时答复、核实、处理；对不属于本部门职责的，应当移交有权处理的部门并书面通知咨询、投诉、举报人。有权处理的部门应当在法定期限内及时处理，不得推诿。对查证属实的举报，给予举报人奖励。

有关部门应当对举报人的信息予以保密，保护举报人的合法权益。举报人举报所在企业的，该企业不得以解除、变更劳动合同或者其他方式对举报人进行打击报复。

第一百一十六条　县级以上人民政府食品安全监督管理等部门应当加强对执法人员食品安全法律、法规、标准和专业知识与执法能力等的培训，并组织考核。不具备相应知识和能力的，不得从事食品安全执法工作。

食品生产经营者、食品行业协会、消费者协会等发现食品安全执法人员在执法过程中有违反法律、法规规定的行为以及不规范执法行为的，可以向本级或者上级人民政府食品安全监督管理等部门或者监察机关投诉、举报。接到投诉、举报的部门或者机关应当进行核实，并将经核实的情况向食品安全执法人员所在部门通报；涉嫌违法违纪的，按照本法和有关规定处理。

第一百一十七条　县级以上人民政府食品安全监督管理等部门未及时发现食品安全系统性风险，未及时消除监督管理区域内的食品安全隐患的，本级人民政府可以对其主要负责人进行责任约谈。

地方人民政府未履行食品安全职责，未及时消除区域性重大食品安全隐患的，上级人民政府可以对其主要负责人进行责任约谈。

被约谈的食品安全监督管理等部门、地方人民政府应当立即采取措施，对食品安全监督管理工作进行整改。

责任约谈情况和整改情况应当纳入地方人民政府和有关部门食品安全监督管理工作评议、考核记录。

第一百一十八条 国家建立统一的食品安全信息平台，实行食品安全信息统一公布制度。国家食品安全总体情况、食品安全风险警示信息、重大食品安全事故及其调查处理信息和国务院确定需要统一公布的其他信息由国务院食品安全监督管理部门统一公布。食品安全风险警示信息和重大食品安全事故及其调查处理信息的影响限于特定区域的，也可以由有关省、自治区、直辖市人民政府食品安全监督管理部门公布。未经授权不得发布上述信息。

县级以上人民政府食品安全监督管理、农业行政部门依据各自职责公布食品安全日常监督管理信息。

公布食品安全信息，应当做到准确、及时，并进行必要的解释说明，避免误导消费者和社会舆论。

第一百一十九条 县级以上地方人民政府食品安全监督管理、卫生行政、农业行政部门获知本法规定需要统一公布的信息，应当向上级主管部门报告，由上级主管部门立即报告国务院食品安全监督管理部门；必要时，可以直接向国务院食品安全监督管理部门报告。

县级以上人民政府食品安全监督管理、卫生行政、农业行政部门应当相互通报获知的食品安全信息。

第一百二十条 任何单位和个人不得编造、散布虚假食品安全信息。

县级以上人民政府食品安全监督管理部门发现可能误导消费者和社会舆论的食品安全信息，应当立即组织有关部门、专业机构、相关食品生产经营者等进行核实、分析，并及时公布结果。

第一百二十一条 县级以上人民政府食品安全监督管理等部门发现涉嫌食品安全犯罪的，应当按照有关规定及时将案件移送公安机关。对移送的案件，公安机关应当及时审查；认为有犯罪事实需要追究刑事责任的，应当立案侦查。

公安机关在食品安全犯罪案件侦查过程中认为没有犯罪事实，或者犯罪事实显著轻微，不需要追究刑事责任，但依法应当追究行政责任的，应当及时将案件移送食品安全监督管理等部门和监察机关，有关部门应当依法处理。

公安机关商请食品安全监督管理、生态环境等部门提供检验结论、认定意见以及对涉案物品进行无害化处理等协助的，有关部门应当及时提供，予以协助。

第九章 法律责任

第一百二十二条 违反本法规定，未取得食品生产经营许可从事食品生产经营活动，或者未取得食品添加剂生产许可从事食品添加剂生产活动的，由县级以上人民政府食品安全监督管理部门没收违法所得和违法生产经营的食品、食品添加剂以及用于违法生产经营的工具、设备、原料等物品；违法生产经营的食品、食品添加剂货值金额不足一万元的，并处五万元以上十万元以下罚款；货值金额一万元以上的，并处货值金额十倍以上二十倍以下罚款。

明知从事前款规定的违法行为，仍为其提供生产经营场所或者其他条件的，由县级以上人民政府食品安全监督管理部门责令停止违法行为，没收违法所得，并处五万元以上十万元以下罚款；使消费者的合法权益受到损害的，应当与食品、食品添加剂生产经营者承担连带责任。

第一百二十三条 违反本法规定，有下列情形之一，尚不构成犯罪的，由县级以上人民政府食品安全监督管理部门没收违法所得和违法生产经营的食品，并可以没收用于违法生产经营的工具、设备、原料等物品；违法生产经营的食品货值金额不足一万元的，并处十万元以上十五万元以下罚款；货值金额一万元以上的，并处货值金额十五倍以上三十倍以下罚款；情节严重的，吊销许可证，并可以由公安机关对其直接负责的主管人员和其他直接责任人员处五日以上十五日以下拘留：

（一）用非食品原料生产食品、在食品中添加食品添加剂以外的化学物质和其他可能危害人体健康的物质，或者用回收食品作为原料生产食品，或者经营上述食品；

（二）生产经营营养成分不符合食品安全标准的专供婴幼儿和其他特定人群的主辅食品；

（三）经营病死、毒死或者死因不明的禽、畜、兽、水产动物肉类，或者生产经营其制品；

（四）经营未按规定进行检疫或者检疫不合格的肉类，或者生产经营未经检验或者检验不合格的肉类制品；

（五）生产经营国家为防病等特殊需要明令禁止生产经营的食品；

（六）生产经营添加药品的食品。

明知从事前款规定的违法行为，仍为其提供生产经营场所或者其他条件的，由县级以上人民政府食品安全监督管理部门责令停止违法行为，没收违法所得，并处十万元以上二十万元以下罚款；使消费者的合法权益受到损害的，应当与食品生产经营者承担连带责任。

违法使用剧毒、高毒农药的，除依照有关法律、法规规定给予处罚外，可以由公安机关依照第一款规定给予拘留。

第一百二十四条 违反本法规定，有下列情形之一，尚不构成犯罪的，由县级以上人民政府食品安全监督管理部门没收违法所得和违法生产经营的食品、食品添加剂，并可以没收用于违法生产经营的工具、设备、原料等物品；违法生产经营的食品、食品添加剂货值金额不足一万元的，并处五万元以上十万元以下罚款；货值金额一万元以上的，并处货值金额十倍以上二十倍以下罚款；情节严重的，吊销许可证：

（一）生产经营致病性微生物，农药残留、兽药残留、生物毒素、重金属等污染物质以及其他危害人体健康的物质含量超过食品安全标准限量的食品、食品添加剂；

（二）用超过保质期的食品原料、食品添加剂生产食品、食品添加剂，或者经营上述食品、食品添加剂；

（三）生产经营超范围、超限量使用食品添加剂的食品；

（四）生产经营腐败变质、油脂酸败、霉变生虫、污秽不洁、混有异物、掺假掺杂或者感官性状异常的食品、食品添加剂；

（五）生产经营标注虚假生产日期、保质期或者超过保质期的食品、食品添加剂；

（六）生产经营未按规定注册的保健食品、特殊医学用途配方食品、婴幼儿配方乳粉，或者未按注册的产品配方、生产工艺等技术要求组织生产；

（七）以分装方式生产婴幼儿配方乳粉，或者同一企业以同一配方生产不同品牌的婴幼儿配方乳粉；

（八）利用新的食品原料生产食品，或者生产食品添加剂新品种，未通过安全性评估；

（九）食品生产经营者在食品安全监督管理部门责令其召回或者停止经营后，仍拒不召回或者停止经营。

除前款和本法第一百二十三条、第一百二十五条规定的情形外，生产经营不符合法律、法规或者食品安全标准的食品、食品添加剂的，依照前款规定给予处罚。

生产食品相关产品新品种，未通过安全性评估，或者生产不符合食品安全标准的食品相关产品的，由县级以上人民政府食品安全监督管理部门依照第一款规定给予处罚。

第一百二十五条 违反本法规定，有下列情形之一的，由县级以上人民政府食品安全监督管理部门没收违法所得和违法生产经营的食品、食品添加剂，并可以没收用于违法生产经营的工具、设备、原料等物品；违法生产经营的食品、食品添加剂货值金额不足一万元的，并处五千元以上五万元以下罚款；货值金额一万元以上的，并处货值金额五倍以上十倍以下罚款；情节严重的，责令停产停业，直至吊销许可证：

（一）生产经营被包装材料、容器、运输工具等污染的食品、食品添加剂；

（二）生产经营无标签的预包装食品、食品添加剂或者标签、说明书不符合本法规定的食品、食品添加剂；

（三）生产经营转基因食品未按规定进行标示；

（四）食品生产经营者采购或者使用不符合食品安全标准的食品原料、食品添加剂、食品相关产品。

生产经营的食品、食品添加剂的标签、说明书存在瑕疵但不影响食品安全且不会对消费者造成误导的，由县级以上人民政府食品安全监督管理部门责令改正；拒不改正的，处二千元以下罚款。

第一百二十六条 违反本法规定，有下列情形之一的，由县级以上人民政府食品安全监督管理部门责令改正，给予警告；拒不改正的，处五千元以上五万元以下罚款；情节严重的，责令停产停业，直至吊销许可证：

（一）食品、食品添加剂生产者未按规定对采购的食品原料和生产的食品、食品添加剂进行检验；

（二）食品生产经营企业未按规定建立食品安全管理制度，或者未按规定配备或者培训、考核食品安全管理人员；

（三）食品、食品添加剂生产经营者进货时未查验许可证和相关证明文件，或者未按规定建立并遵守进货查验记录、出厂检验记录和销售记录制度；

（四）食品生产经营企业未制定食品安全事故处置方案；

（五）餐具、饮具和盛放直接入口食品的容器，使用前未经洗净、消毒或者清洗消毒不合格，或者餐饮服务设施、设备未按规定定期维护、清洗、校验；

（六）食品生产经营者安排未取得健康证明或者患有国务院卫生行政部门规定的有碍食品安全疾病的人员从事接触直接入口食品的工作；

（七）食品经营者未按规定要求销售食品；

（八）保健食品生产企业未按规定向食品安全监督管理部门备案，或者未按备案的产品配方、生产工艺等技术要求组织生产；

（九）婴幼儿配方食品生产企业未将食品原料、食品添加剂、产品配方、标签等向食品安全监督管理部门备案；

（十）特殊食品生产企业未按规定建立生产质量管理体系并有效运行，或者未定期提交自查报告；

（十一）食品生产经营者未定期对食品安全状况进行检查评价，或者生产经营条件发生变化，未按规定处理；

（十二）学校、托幼机构、养老机构、建筑工地等集中用餐单位未按规定履行食品安全管理责任；

（十三）食品生产企业、餐饮服务提供者未按规定制定、实施生产经营过程控制要求。

餐具、饮具集中消毒服务单位违反本法规定用水，使用洗涤剂、消毒剂，或者出厂的餐具、饮具未按规定检验合格并随附消毒合格证明，或者未按规定在独立包装上标注相关内容的，由县级以上人民政府卫生行政部门依照前款规定给予处罚。

食品相关产品生产者未按规定对生产的食品相关产品进行检验的，由县级以上人民政府食品安全监督管理部门依照第一款规定给予处罚。

食用农产品销售者违反本法第六十五条规定的，由县级以上人民政府食品安全监督管理部门依照第一款规定给予处罚。

第一百二十七条 对食品生产加工小作坊、食品摊贩等的违法行为的处罚，依照省、自治区、直辖市制定的具体管理办法执行。

第一百二十八条 违反本法规定，事故单位在发生食品安全事故后未进行处置、报告的，由有关主管部门按照各自职责分工责令改正，给予警告；隐匿、伪造、毁灭有关证据的，责令停产停业，没收违法所得，并处十万元以上五十万元以下罚款；造成严重后果的，吊销许可证。

第一百二十九条 违反本法规定，有下列情形之一的，由出入境检验检疫机构依照本法第一百二十四条的规定给予处罚：

（一）提供虚假材料，进口不符合我国食品安全国家标准的食品、食品添加剂、食品相关产品；

（二）进口尚无食品安全国家标准的食品，未提交所执行的标准并经国务院卫生行政部门审查，或者进口利用新的食品原料生产的食品或者进口食品添加剂新品种、食品相关产品新品种，未通过安全性评估；

（三）未遵守本法的规定出口食品；

（四）进口商在有关主管部门责令其依照本法规定召回进口的食品后，仍拒不召回。

违反本法规定，进口商未建立并遵守食品、食品添加剂进口和销售记录制度、境外出口商或者生产企业审核制度的，由出入境检验检疫机构依照本法第一百二十六条的规定给予处罚。

第一百三十条 违反本法规定，集中交易市场的开办者、柜台出租者、展销会的举办者允许未依法取得许可的食品经营者进入市场销售食品，或者未履行检查、报告等义务的，由县级以上人民政府食品安全监督管理部门责令改正，没收违法所得，并处五万元以上二十万元以下罚款；造成严重后果的，责令停业，直至由原发证部门吊销许可证；使消费者的合法权益受到损害的，应当与食品经营者承担连带责任。

食用农产品批发市场违反本法第六十四条规定的，依照前款规定承担责任。

第一百三十一条 违反本法规定，网络食品交易第三方平台提供者未对入网食品经营者进行实名登记、审查许可证，或者未履行报告、停止提供网络交易平台服务等义务的，由县级以上人民政府食品安全监督管理部门责令改正，没收违法所得，并处五万元以上二十万元以下罚款；造成严重后果的，责令停业，直至由原发证部门吊销许可证；使消费者的合法权益受到损害的，应当与食品经营者承担连带责任。

消费者通过网络食品交易第三方平台购买食品，其合法权益受到损害的，可以向入网食品经营者或者食品生产者要求赔偿。网络食品交易第三方平台提供者不能提供入网食品经营者的真实名称、地址和有效联系方式的，由网络食品交易第三方平台提供者赔偿。网络食品交易第三方平台提供者赔偿后，有权向入网食品经营者或者食品生产者追偿。网络食品交易第三方平台提供者作出更有利于消费者承诺的，应当履行其承诺。

第一百三十二条 违反本法规定，未按要求进行食品贮存、运输和装卸的，由县级以上人民政府食品安全监督管理等部门按照各自职责分工责令改正，给予警告；拒不改正的，责令停产停业，并处一万元以上五万元以下罚款；情节严重的，吊销许可证。

第一百三十三条 违反本法规定，拒绝、阻挠、干涉有关部门、机构及其工作人员依法开展食品安全监督检查、事故调查处理、风险监测和风险评估的，由有关主管部门按照各自职责分工责令停产停业，并处二千元以上五万元以下罚款；情节严重的，吊销许可证；构成违反治安管理行为的，由公安机关依法给予治安管理处罚。

违反本法规定，对举报人以解除、变更劳动合同或者其他方式打击报复的，应当依照有关法律的规定承担责任。

第一百三十四条 食品生产经营者在一年内累计三次因违反本法规定受到责令停产停业、吊销许可证以外处罚的，由食品安全监督管理部门责令停产停业，直至吊销许可证。

第一百三十五条 被吊销许可证的食品生产经营者及其法定代表人、

直接负责的主管人员和其他直接责任人员自处罚决定作出之日起五年内不得申请食品生产经营许可，或者从事食品生产经营管理工作、担任食品生产经营企业食品安全管理人员。

因食品安全犯罪被判处有期徒刑以上刑罚的，终身不得从事食品生产经营管理工作，也不得担任食品生产经营企业食品安全管理人员。

食品生产经营者聘用人员违反前两款规定的，由县级以上人民政府食品安全监督管理部门吊销许可证。

第一百三十六条 食品经营者履行了本法规定的进货查验等义务，有充分证据证明其不知道所采购的食品不符合食品安全标准，并能如实说明其进货来源的，可以免予处罚，但应当依法没收其不符合食品安全标准的食品；造成人身、财产或者其他损害的，依法承担赔偿责任。

第一百三十七条 违反本法规定，承担食品安全风险监测、风险评估工作的技术机构、技术人员提供虚假监测、评估信息的，依法对技术机构直接负责的主管人员和技术人员给予撤职、开除处分；有执业资格的，由授予其资格的主管部门吊销执业证书。

第一百三十八条 违反本法规定，食品检验机构、食品检验人员出具虚假检验报告的，由授予其资质的主管部门或者机构撤销该食品检验机构的检验资质，没收所收取的检验费用，并处检验费用五倍以上十倍以下罚款，检验费用不足一万元的，并处五万元以上十万元以下罚款；依法对食品检验机构直接负责的主管人员和食品检验人员给予撤职或者开除处分；导致发生重大食品安全事故的，对直接负责的主管人员和食品检验人员给予开除处分。

违反本法规定，受到开除处分的食品检验机构人员，自处分决定作出之日起十年内不得从事食品检验工作；因食品安全违法行为受到刑事处罚或者因出具虚假检验报告导致发生重大食品安全事故受到开除处分的食品检验机构人员，终身不得从事食品检验工作。食品检验机构聘用不得从事食品检验工作的人员的，由授予其资质的主管部门或者机构撤销该食品检验机构的检验资质。

食品检验机构出具虚假检验报告，使消费者的合法权益受到损害的，应当与食品生产经营者承担连带责任。

第一百三十九条 违反本法规定，认证机构出具虚假认证结论，由认证认可监督管理部门没收所收取的认证费用，并处认证费用五倍以上十倍以下罚款，认证费用不足一万元的，并处五万元以上十万元以下罚款；情节严重的，责令停业，直至撤销认证机构批准文件，并向社会公布；对直接负责的主管人员和负有直接责任的认证人员，撤销其执业资格。

认证机构出具虚假认证结论，使消费者的合法权益受到损害的，应当与食品生产经营者承担连带责任。

第一百四十条 违反本法规定，在广告中对食品作虚假宣传，欺骗消费者，或者发布未取得批准文件、广告内容与批准文件不一致的保健食品广告的，依照《中华人民共和国广告法》的规定给予处罚。

广告经营者、发布者设计、制作、发布虚假食品广告，使消费者的合法权益受到损害的，应当与食品生产经营者承担连带责任。

社会团体或者其他组织、个人在虚假广告或者其他虚假宣传中向消费者推荐食品，使消费者的合法权益受到损害的，应当与食品生产经营者承担连带责任。

违反本法规定，食品安全监督管理等部门、食品检验机构、食品行业协会以广告或者其他形式向消费者推荐食品，消费者组织以收取费用或者其他谋取利益的方式向消费者推荐食品的，由有关主管部门没收违法所得，依法对直接负责的主管人员和其他直接责任人员给予记大过、降级或者撤职处分；情节严重的，给予开除处分。

对食品作虚假宣传且情节严重的，由省级以上人民政府食品安全监督管理部门决定暂停销售该食品，并向社会公布；仍然销售该食品的，由县级以上人民政府食品安全监督管理部门没收违法所得和违法销售的食品，并处二万元以上五万元以下罚款。

第一百四十一条 违反本法规定，编造、散布虚假食品安全信息，构成违反治安管理行为的，由公安机关依法给予治安管理处罚。

媒体编造、散布虚假食品安全信息的，由有关主管部门依法给予处罚，并对直接负责的主管人员和其他直接责任人员给予处分；使公民、法人或者其他组织的合法权益受到损害的，依法承担消除影响、恢复名誉、赔偿损失、赔礼道歉等民事责任。

第一百四十二条 违反本法规定，县级以上地方人民政府有下列行为之一的，对直接负责的主管人员和其他直接责任人员给予记大过处分；情节较重的，给予降级或者撤职处分；情节严重的，给予开除处分；造成严重后果的，其主要负责人还应当引咎辞职：

（一）对发生在本行政区域内的食品安全事故，未及时组织协调有关部门开展有效处置，造成不良影响或者损失；

（二）对本行政区域内涉及多环节的区域性食品安全问题，未及时组织整治，造成不良影响或者损失；

（三）隐瞒、谎报、缓报食品安全事故；

（四）本行政区域内发生特别重大食品安全事故，或者连续发生重大食品安全事故。

第一百四十三条 违反本法规定，县级以上地方人民政府有下列行为之一的，对直接负责的主管人员和其他直接责任人员给予警告、记过或者记大过处分；造成严重后果的，给予降级或者撤职处分：

（一）未确定有关部门的食品安全监督管理职责，未建立健全食品安全全程监督管理工作机制和信息共享机制，未落实食品安全监督管理责任制；

（二）未制定本行政区域的食品安全事故应急预案，或者发生食品安全事故后未按规定立即成立事故处置指挥机构、启动应急预案。

第一百四十四条 违反本法规定，县级以上人民政府食品安全监督管理、卫生行政、农业行政等部门有下列行为之一的，对直接负责的主管人员和其他直接责任人员给予记大过处分；情节较重的，给予降级或者撤职处分；情节严重的，给予开除处分；造成严重后果的，其主要负责人还应当引咎辞职：

（一）隐瞒、谎报、缓报食品安全事故；

（二）未按规定查处食品安全事故，或者接到食品安全事故报告未及时处理，造成事故扩大或者蔓延；

（三）经食品安全风险评估得出食品、食品添加剂、食品相关产品不安全结论后，未及时采取相应措施，造成食品安全事故或者不良社会影响；

（四）对不符合条件的申请人准予许可，或者超越法定职权准予许可；

（五）不履行食品安全监督管理职责，导致发生食品安全事故。

第一百四十五条 违反本法规定，县级以上人民政府食品安全监督管理、卫生行政、农业行政等部门有下列行为之一，造成不良后果的，对直接负责的主管人员和其他直接责任人员给予警告、记过或者记大过处分；情节较重的，给予降级或者撤职处分；情节严重的，给予开除处分：

（一）在获知有关食品安全信息后，未按规定向上级主管部门和本级人民政府报告，或者未按规定相互通报；

（二）未按规定公布食品安全信息；

（三）不履行法定职责，对查处食品安全违法行为不配合，或者滥用职权、玩忽职守、徇私舞弊。

第一百四十六条 食品安全监督管理等部门在履行食品安全监督管理职责过程中，违法实施检查、强制等执法措施，给生产经营者造成损失的，应当依法予以赔偿，对直接负责的主管人员和其他直接责任人员依法给予处分。

第一百四十七条　违反本法规定，造成人身、财产或者其他损害的，依法承担赔偿责任。生产经营者财产不足以同时承担民事赔偿责任和缴纳罚款、罚金时，先承担民事赔偿责任。

第一百四十八条　消费者因不符合食品安全标准的食品受到损害的，可以向经营者要求赔偿损失，也可以向生产者要求赔偿损失。接到消费者赔偿要求的生产经营者，应当实行首负责任制，先行赔付，不得推诿；属于生产者责任的，经营者赔偿后有权向生产者追偿；属于经营者责任的，生产者赔偿后有权向经营者追偿。

生产不符合食品安全标准的食品或者经营明知是不符合食品安全标准的食品，消费者除要求赔偿损失外，还可以向生产者或者经营者要求支付价款十倍或者损失三倍的赔偿金；增加赔偿的金额不足一千元的，为一千元。但是，食品的标签、说明书存在不影响食品安全且不会对消费者造成误导的瑕疵的除外。

第一百四十九条　违反本法规定，构成犯罪的，依法追究刑事责任。

第十章　附　　则

第一百五十条　本法下列用语的含义：

食品，指各种供人食用或者饮用的成品和原料以及按照传统既是食品又是中药材的物品，但是不包括以治疗为目的的物品。

食品安全，指食品无毒、无害，符合应当有的营养要求，对人体健康不造成任何急性、亚急性或者慢性危害。

预包装食品，指预先定量包装或者制作在包装材料、容器中的食品。

食品添加剂，指为改善食品品质和色、香、味以及为防腐、保鲜和加工工艺的需要而加入食品中的人工合成或者天然物质，包括营养强化剂。

用于食品的包装材料和容器，指包装、盛放食品或者食品添加剂用的纸、竹、木、金属、搪瓷、陶瓷、塑料、橡胶、天然纤维、化学纤维、玻璃等制品和直接接触食品或者食品添加剂的涂料。

用于食品生产经营的工具、设备，指在食品或者食品添加剂生产、销售、使用过程中直接接触食品或者食品添加剂的机械、管道、传送带、容器、用具、餐具等。

用于食品的洗涤剂、消毒剂，指直接用于洗涤或者消毒食品、餐具、饮具以及直接接触食品的工具、设备或者食品包装材料和容器的物质。

食品保质期，指食品在标明的贮存条件下保持品质的期限。

食源性疾病，指食品中致病因素进入人体引起的感染性、中毒性等疾病，包括食物中毒。

食品安全事故，指食源性疾病、食品污染等源于食品，对人体健康有危害或者可能有危害的事故。

第一百五十一条 转基因食品和食盐的食品安全管理，本法未作规定的，适用其他法律、行政法规的规定。

第一百五十二条 铁路、民航运营中食品安全的管理办法由国务院食品安全监督管理部门会同国务院有关部门依照本法制定。

保健食品的具体管理办法由国务院食品安全监督管理部门依照本法制定。

食品相关产品生产活动的具体管理办法由国务院食品安全监督管理部门依照本法制定。

国境口岸食品的监督管理由出入境检验检疫机构依照本法以及有关法律、行政法规的规定实施。

军队专用食品和自供食品的食品安全管理办法由中央军事委员会依照本法制定。

第一百五十三条 国务院根据实际需要，可以对食品安全监督管理体制作出调整。

第一百五十四条 本法自 2015 年 10 月 1 日起施行。

农药管理条例

(1997年5月8日中华人民共和国国务院令第216号发布 根据2001年11月29日《国务院关于修改〈农药管理条例〉的决定》第一次修订 2017年2月8日国务院第164次常务会议修订通过 根据2022年3月29日《国务院关于修改和废止部分行政法规的决定》第二次修订)

第一章 总 则

第一条 为了加强农药管理,保证农药质量,保障农产品质量安全和人畜安全,保护农业、林业生产和生态环境,制定本条例。

第二条 本条例所称农药,是指用于预防、控制危害农业、林业的病、虫、草、鼠和其他有害生物以及有目的地调节植物、昆虫生长的化学合成或者来源于生物、其他天然物质的一种物质或者几种物质的混合物及其制剂。

前款规定的农药包括用于不同目的、场所的下列各类:

(一) 预防、控制危害农业、林业的病、虫(包括昆虫、蜱、螨)、草、鼠、软体动物和其他有害生物;

(二) 预防、控制仓储以及加工场所的病、虫、鼠和其他有害生物;

(三) 调节植物、昆虫生长;

(四) 农业、林业产品防腐或者保鲜;

（五）预防、控制蚊、蝇、蜚蠊、鼠和其他有害生物；

（六）预防、控制危害河流堤坝、铁路、码头、机场、建筑物和其他场所的有害生物。

第三条 国务院农业主管部门负责全国的农药监督管理工作。

县级以上地方人民政府农业主管部门负责本行政区域的农药监督管理工作。

县级以上人民政府其他有关部门在各自职责范围内负责有关的农药监督管理工作。

第四条 县级以上地方人民政府应当加强对农药监督管理工作的组织领导，将农药监督管理经费列入本级政府预算，保障农药监督管理工作的开展。

第五条 农药生产企业、农药经营者应当对其生产、经营的农药的安全性、有效性负责，自觉接受政府监管和社会监督。

农药生产企业、农药经营者应当加强行业自律，规范生产、经营行为。

第六条 国家鼓励和支持研制、生产、使用安全、高效、经济的农药，推进农药专业化使用，促进农药产业升级。

对在农药研制、推广和监督管理等工作中作出突出贡献的单位和个人，按照国家有关规定予以表彰或者奖励。

第二章 农药登记

第七条 国家实行农药登记制度。农药生产企业、向中国出口农药的企业应当依照本条例的规定申请农药登记，新农药研制者可以依照本条例的规定申请农药登记。

国务院农业主管部门所属的负责农药检定工作的机构负责农药登记具体工作。省、自治区、直辖市人民政府农业主管部门所属的负责农药检定工作的机构协助做好本行政区域的农药登记具体工作。

第八条 国务院农业主管部门组织成立农药登记评审委员会，负责农药登记评审。

农药登记评审委员会由下列人员组成：

（一）国务院农业、林业、卫生、环境保护、粮食、工业行业管理、安全生产监督管理等有关部门和供销合作总社等单位推荐的农药产品化学、药效、毒理、残留、环境、质量标准和检测等方面的专家；

（二）国家食品安全风险评估专家委员会的有关专家；

（三）国务院农业、林业、卫生、环境保护、粮食、工业行业管理、安全生产监督管理等有关部门和供销合作总社等单位的代表。

农药登记评审规则由国务院农业主管部门制定。

第九条 申请农药登记的，应当进行登记试验。

农药的登记试验应当报所在地省、自治区、直辖市人民政府农业主管部门备案。

第十条 登记试验应当由国务院农业主管部门认定的登记试验单位按照国务院农业主管部门的规定进行。

与已取得中国农药登记的农药组成成分、使用范围和使用方法相同的农药，免予残留、环境试验，但已取得中国农药登记的农药依照本条例第十五条的规定在登记资料保护期内的，应当经农药登记证持有人授权同意。

登记试验单位应当对登记试验报告的真实性负责。

第十一条 登记试验结束后，申请人应当向所在地省、自治区、直辖市人民政府农业主管部门提出农药登记申请，并提交登记试验报告、标签样张和农药产品质量标准及其检验方法等申请资料；申请新农药登记的，还应当提供农药标准品。

省、自治区、直辖市人民政府农业主管部门应当自受理申请之日起20个工作日内提出初审意见，并报送国务院农业主管部门。

向中国出口农药的企业申请农药登记的,应当持本条第一款规定的资料、农药标准品以及在有关国家(地区)登记、使用的证明材料,向国务院农业主管部门提出申请。

第十二条 国务院农业主管部门受理申请或者收到省、自治区、直辖市人民政府农业主管部门报送的申请资料后,应当组织审查和登记评审,并自收到评审意见之日起 20 个工作日内作出审批决定,符合条件的,核发农药登记证;不符合条件的,书面通知申请人并说明理由。

第十三条 农药登记证应当载明农药名称、剂型、有效成分及其含量、毒性、使用范围、使用方法和剂量、登记证持有人、登记证号以及有效期等事项。

农药登记证有效期为 5 年。有效期届满,需要继续生产农药或者向中国出口农药的,农药登记证持有人应当在有效期届满 90 日前向国务院农业主管部门申请延续。

农药登记证载明事项发生变化的,农药登记证持有人应当按照国务院农业主管部门的规定申请变更农药登记证。

国务院农业主管部门应当及时公告农药登记证核发、延续、变更情况以及有关的农药产品质量标准号、残留限量规定、检验方法、经核准的标签等信息。

第十四条 新农药研制者可以转让其已取得登记的新农药的登记资料;农药生产企业可以向具有相应生产能力的农药生产企业转让其已取得登记的农药的登记资料。

第十五条 国家对取得首次登记的、含有新化合物的农药的申请人提交的其自己所取得且未披露的试验数据和其他数据实施保护。

自登记之日起 6 年内,对其他申请人未经已取得登记的申请人同意,使用前款规定的数据申请农药登记的,登记机关不予登记;但是,其他申请人提交其自己所取得的数据的除外。

除下列情况外,登记机关不得披露本条第一款规定的数据:

（一）公共利益需要；

（二）已采取措施确保该类信息不会被不正当地进行商业使用。

第三章 农药生产

第十六条 农药生产应当符合国家产业政策。国家鼓励和支持农药生产企业采用先进技术和先进管理规范，提高农药的安全性、有效性。

第十七条 国家实行农药生产许可制度。农药生产企业应当具备下列条件，并按照国务院农业主管部门的规定向省、自治区、直辖市人民政府农业主管部门申请农药生产许可证：

（一）有与所申请生产农药相适应的技术人员；

（二）有与所申请生产农药相适应的厂房、设施；

（三）有对所申请生产农药进行质量管理和质量检验的人员、仪器和设备；

（四）有保证所申请生产农药质量的规章制度。

省、自治区、直辖市人民政府农业主管部门应当自受理申请之日起20个工作日内作出审批决定，必要时应当进行实地核查。符合条件的，核发农药生产许可证；不符合条件的，书面通知申请人并说明理由。

安全生产、环境保护等法律、行政法规对企业生产条件有其他规定的，农药生产企业还应当遵守其规定。

第十八条 农药生产许可证应当载明农药生产企业名称、住所、法定代表人（负责人）、生产范围、生产地址以及有效期等事项。

农药生产许可证有效期为5年。有效期届满，需要继续生产农药的，农药生产企业应当在有效期届满90日前向省、自治区、直辖市人民政府农业主管部门申请延续。

农药生产许可证载明事项发生变化的，农药生产企业应当按照国务院农业主管部门的规定申请变更农药生产许可证。

第十九条 委托加工、分装农药的,委托人应当取得相应的农药登记证,受托人应当取得农药生产许可证。

委托人应当对委托加工、分装的农药质量负责。

第二十条 农药生产企业采购原材料,应当查验产品质量检验合格证和有关许可证明文件,不得采购、使用未依法附具产品质量检验合格证、未依法取得有关许可证明文件的原材料。

农药生产企业应当建立原材料进货记录制度,如实记录原材料的名称、有关许可证明文件编号、规格、数量、供货人名称及其联系方式、进货日期等内容。原材料进货记录应当保存2年以上。

第二十一条 农药生产企业应当严格按照产品质量标准进行生产,确保农药产品与登记农药一致。农药出厂销售,应当经质量检验合格并附具产品质量检验合格证。

农药生产企业应当建立农药出厂销售记录制度,如实记录农药的名称、规格、数量、生产日期和批号、产品质量检验信息、购货人名称及其联系方式、销售日期等内容。农药出厂销售记录应当保存2年以上。

第二十二条 农药包装应当符合国家有关规定,并印制或者贴有标签。国家鼓励农药生产企业使用可回收的农药包装材料。

农药标签应当按照国务院农业主管部门的规定,以中文标注农药的名称、剂型、有效成分及其含量、毒性及其标识、使用范围、使用方法和剂量、使用技术要求和注意事项、生产日期、可追溯电子信息码等内容。

剧毒、高毒农药以及使用技术要求严格的其他农药等限制使用农药的标签还应当标注"限制使用"字样,并注明使用的特别限制和特殊要求。用于食用农产品的农药的标签还应当标注安全间隔期。

第二十三条 农药生产企业不得擅自改变经核准的农药的标签内容,不得在农药的标签中标注虚假、误导使用者的内容。

农药包装过小,标签不能标注全部内容的,应当同时附具说明书,说明书的内容应当与经核准的标签内容一致。

第四章 农药经营

第二十四条 国家实行农药经营许可制度，但经营卫生用农药的除外。农药经营者应当具备下列条件，并按照国务院农业主管部门的规定向县级以上地方人民政府农业主管部门申请农药经营许可证：

（一）有具备农药和病虫害防治专业知识，熟悉农药管理规定，能够指导安全合理使用农药的经营人员；

（二）有与其他商品以及饮用水水源、生活区域等有效隔离的营业场所和仓储场所，并配备与所申请经营农药相适应的防护设施；

（三）有与所申请经营农药相适应的质量管理、台账记录、安全防护、应急处置、仓储管理等制度。

经营限制使用农药的，还应当配备相应的用药指导和病虫害防治专业技术人员，并按照所在地省、自治区、直辖市人民政府农业主管部门的规定实行定点经营。

县级以上地方人民政府农业主管部门应当自受理申请之日起20个工作日内作出审批决定。符合条件的，核发农药经营许可证；不符合条件的，书面通知申请人并说明理由。

第二十五条 农药经营许可证应当载明农药经营者名称、住所、负责人、经营范围以及有效期等事项。

农药经营许可证有效期为5年。有效期届满，需要继续经营农药的，农药经营者应当在有效期届满90日前向发证机关申请延续。

农药经营许可证载明事项发生变化的，农药经营者应当按照国务院农业主管部门的规定申请变更农药经营许可证。

取得农药经营许可证的农药经营者设立分支机构的，应当依法申请变更农药经营许可证，并向分支机构所在地县级以上地方人民政府农业主管部门备案，其分支机构免予办理农药经营许可证。农药经营者应当对其分支机构的经营活动负责。

第二十六条　农药经营者采购农药应当查验产品包装、标签、产品质量检验合格证以及有关许可证明文件，不得向未取得农药生产许可证的农药生产企业或者未取得农药经营许可证的其他农药经营者采购农药。

农药经营者应当建立采购台账，如实记录农药的名称、有关许可证明文件编号、规格、数量、生产企业和供货人名称及其联系方式、进货日期等内容。采购台账应当保存2年以上。

第二十七条　农药经营者应当建立销售台账，如实记录销售农药的名称、规格、数量、生产企业、购买人、销售日期等内容。销售台账应当保存2年以上。

农药经营者应当向购买人询问病虫害发生情况并科学推荐农药，必要时应当实地查看病虫害发生情况，并正确说明农药的使用范围、使用方法和剂量、使用技术要求和注意事项，不得误导购买人。

经营卫生用农药的，不适用本条第一款、第二款的规定。

第二十八条　农药经营者不得加工、分装农药，不得在农药中添加任何物质，不得采购、销售包装和标签不符合规定，未附具产品质量检验合格证，未取得有关许可证明文件的农药。

经营卫生用农药的，应当将卫生用农药与其他商品分柜销售；经营其他农药的，不得在农药经营场所内经营食品、食用农产品、饲料等。

第二十九条　境外企业不得直接在中国销售农药。境外企业在中国销售农药的，应当依法在中国设立销售机构或者委托符合条件的中国代理机构销售。

向中国出口的农药应当附具中文标签、说明书，符合产品质量标准，并经出入境检验检疫部门依法检验合格。禁止进口未取得农药登记证的农药。

办理农药进出口海关申报手续，应当按照海关总署的规定出示相关证明文件。

第五章 农药使用

第三十条 县级以上人民政府农业主管部门应当加强农药使用指导、服务工作，建立健全农药安全、合理使用制度，并按照预防为主、综合防治的要求，组织推广农药科学使用技术，规范农药使用行为。林业、粮食、卫生等部门应当加强对林业、储粮、卫生用农药安全、合理使用的技术指导，环境保护主管部门应当加强对农药使用过程中环境保护和污染防治的技术指导。

第三十一条 县级人民政府农业主管部门应当组织植物保护、农业技术推广等机构向农药使用者提供免费技术培训，提高农药安全、合理使用水平。

国家鼓励农业科研单位、有关学校、农民专业合作社、供销合作社、农业社会化服务组织和专业人员为农药使用者提供技术服务。

第三十二条 国家通过推广生物防治、物理防治、先进施药器械等措施，逐步减少农药使用量。

县级人民政府应当制定并组织实施本行政区域的农药减量计划；对实施农药减量计划、自愿减少农药使用量的农药使用者，给予鼓励和扶持。

县级人民政府农业主管部门应当鼓励和扶持设立专业化病虫害防治服务组织，并对专业化病虫害防治和限制使用农药的配药、用药进行指导、规范和管理，提高病虫害防治水平。

县级人民政府农业主管部门应当指导农药使用者有计划地轮换使用农药，减缓危害农业、林业的病、虫、草、鼠和其他有害生物的抗药性。

乡、镇人民政府应当协助开展农药使用指导、服务工作。

第三十三条 农药使用者应当遵守国家有关农药安全、合理使用制度，妥善保管农药，并在配药、用药过程中采取必要的防护措施，避免发生农药使用事故。

限制使用农药的经营者应当为农药使用者提供用药指导，并逐步提供统一用药服务。

第三十四条 农药使用者应当严格按照农药的标签标注的使用范围、使用方法和剂量、使用技术要求和注意事项使用农药，不得扩大使用范围、加大用药剂量或者改变使用方法。

农药使用者不得使用禁用的农药。

标签标注安全间隔期的农药，在农产品收获前应当按照安全间隔期的要求停止使用。

剧毒、高毒农药不得用于防治卫生害虫，不得用于蔬菜、瓜果、茶叶、菌类、中草药材的生产，不得用于水生植物的病虫害防治。

第三十五条 农药使用者应当保护环境，保护有益生物和珍稀物种，不得在饮用水水源保护区、河道内丢弃农药、农药包装物或者清洗施药器械。

严禁在饮用水水源保护区内使用农药，严禁使用农药毒鱼、虾、鸟、兽等。

第三十六条 农产品生产企业、食品和食用农产品仓储企业、专业化病虫害防治服务组织和从事农产品生产的农民专业合作社等应当建立农药使用记录，如实记录使用农药的时间、地点、对象以及农药名称、用量、生产企业等。农药使用记录应当保存2年以上。

国家鼓励其他农药使用者建立农药使用记录。

第三十七条 国家鼓励农药使用者妥善收集农药包装物等废弃物；农药生产企业、农药经营者应当回收农药废弃物，防止农药污染环境和农药中毒事故的发生。具体办法由国务院环境保护主管部门会同国务院农业主管部门、国务院财政部门等部门制定。

第三十八条 发生农药使用事故，农药使用者、农药生产企业、农药经营者和其他有关人员应当及时报告当地农业主管部门。

接到报告的农业主管部门应当立即采取措施，防止事故扩大，同时通知有关部门采取相应措施。造成农药中毒事故的，由农业主管部门和公安机关依照职责权限组织调查处理，卫生主管部门应当按照国家有关规定立即对受到伤害的人员组织医疗救治；造成环境污染事故的，由环境保护等有关部门依法组织调查处理；造成储粮药剂使用事故和农作物药害事故的，分别由粮食、农业等部门组织技术鉴定和调查处理。

第三十九条　因防治突发重大病虫害等紧急需要，国务院农业主管部门可以决定临时生产、使用规定数量的未取得登记或者禁用、限制使用的农药，必要时应当会同国务院对外贸易主管部门决定临时限制出口或者临时进口规定数量、品种的农药。

前款规定的农药，应当在使用地县级人民政府农业主管部门的监督和指导下使用。

第六章　监督管理

第四十条　县级以上人民政府农业主管部门应当定期调查统计农药生产、销售、使用情况，并及时通报本级人民政府有关部门。

县级以上地方人民政府农业主管部门应当建立农药生产、经营诚信档案并予以公布；发现违法生产、经营农药的行为涉嫌犯罪的，应当依法移送公安机关查处。

第四十一条　县级以上人民政府农业主管部门履行农药监督管理职责，可以依法采取下列措施：

（一）进入农药生产、经营、使用场所实施现场检查；

（二）对生产、经营、使用的农药实施抽查检测；

（三）向有关人员调查了解有关情况；

（四）查阅、复制合同、票据、账簿以及其他有关资料；

（五）查封、扣押违法生产、经营、使用的农药，以及用于违法生产、经营、使用农药的工具、设备、原材料等；

（六）查封违法生产、经营、使用农药的场所。

第四十二条 国家建立农药召回制度。农药生产企业发现其生产的农药对农业、林业、人畜安全、农产品质量安全、生态环境等有严重危害或者较大风险的，应当立即停止生产，通知有关经营者和使用者，向所在地农业主管部门报告，主动召回产品，并记录通知和召回情况。

农药经营者发现其经营的农药有前款规定的情形的，应当立即停止销售，通知有关生产企业、供货人和购买人，向所在地农业主管部门报告，并记录停止销售和通知情况。

农药使用者发现其使用的农药有本条第一款规定的情形的，应当立即停止使用，通知经营者，并向所在地农业主管部门报告。

第四十三条 国务院农业主管部门和省、自治区、直辖市人民政府农业主管部门应当组织负责农药检定工作的机构、植物保护机构对已登记农药的安全性和有效性进行监测。

发现已登记农药对农业、林业、人畜安全、农产品质量安全、生态环境等有严重危害或者较大风险的，国务院农业主管部门应当组织农药登记评审委员会进行评审，根据评审结果撤销、变更相应的农药登记证，必要时应当决定禁用或者限制使用并予以公告。

第四十四条 有下列情形之一的，认定为假农药：

（一）以非农药冒充农药；

（二）以此种农药冒充他种农药；

（三）农药所含有效成分种类与农药的标签、说明书标注的有效成分不符。

禁用的农药，未依法取得农药登记证而生产、进口的农药，以及未附具标签的农药，按照假农药处理。

第四十五条 有下列情形之一的，认定为劣质农药：

（一）不符合农药产品质量标准；

（二）混有导致药害等有害成分。

超过农药质量保证期的农药，按照劣质农药处理。

第四十六条 假农药、劣质农药和回收的农药废弃物等应当交由具有危险废物经营资质的单位集中处置，处置费用由相应的农药生产企业、农药经营者承担；农药生产企业、农药经营者不明确的，处置费用由所在地县级人民政府财政列支。

第四十七条 禁止伪造、变造、转让、出租、出借农药登记证、农药生产许可证、农药经营许可证等许可证明文件。

第四十八条 县级以上人民政府农业主管部门及其工作人员和负责农药检定工作的机构及其工作人员，不得参与农药生产、经营活动。

第七章 法律责任

第四十九条 县级以上人民政府农业主管部门及其工作人员有下列行为之一的，由本级人民政府责令改正；对负有责任的领导人员和直接责任人员，依法给予处分；负有责任的领导人员和直接责任人员构成犯罪的，依法追究刑事责任：

（一）不履行监督管理职责，所辖行政区域的违法农药生产、经营活动造成重大损失或者恶劣社会影响；

（二）对不符合条件的申请人准予许可或者对符合条件的申请人拒不准予许可；

（三）参与农药生产、经营活动；

（四）有其他徇私舞弊、滥用职权、玩忽职守行为。

第五十条 农药登记评审委员会组成人员在农药登记评审中谋取不正当利益的，由国务院农业主管部门从农药登记评审委员会除名；属于国家工作人员的，依法给予处分；构成犯罪的，依法追究刑事责任。

第五十一条 登记试验单位出具虚假登记试验报告的，由省、自治区、直辖市人民政府农业主管部门没收违法所得，并处 5 万元以上 10 万元以下罚款；由国务院农业主管部门从登记试验单位中除名，5 年内不再受理其登记试验单位认定申请；构成犯罪的，依法追究刑事责任。

第五十二条 未取得农药生产许可证生产农药或者生产假农药的，由县级以上地方人民政府农业主管部门责令停止生产，没收违法所得、违法生产的产品和用于违法生产的工具、设备、原材料等，违法生产的产品货值金额不足 1 万元的，并处 5 万元以上 10 万元以下罚款，货值金额 1 万元以上的，并处货值金额 10 倍以上 20 倍以下罚款，由发证机关吊销农药生产许可证和相应的农药登记证；构成犯罪的，依法追究刑事责任。

取得农药生产许可证的农药生产企业不再符合规定条件继续生产农药的，由县级以上地方人民政府农业主管部门责令限期整改；逾期拒不整改或者整改后仍不符合规定条件的，由发证机关吊销农药生产许可证。

农药生产企业生产劣质农药的，由县级以上地方人民政府农业主管部门责令停止生产，没收违法所得、违法生产的产品和用于违法生产的工具、设备、原材料等，违法生产的产品货值金额不足 1 万元的，并处 1 万元以上 5 万元以下罚款，货值金额 1 万元以上的，并处货值金额 5 倍以上 10 倍以下罚款；情节严重的，由发证机关吊销农药生产许可证和相应的农药登记证；构成犯罪的，依法追究刑事责任。

委托未取得农药生产许可证的受托人加工、分装农药，或者委托加工、分装假农药、劣质农药的，对委托人和受托人均依照本条第一款、第三款的规定处罚。

第五十三条 农药生产企业有下列行为之一的，由县级以上地方人民政府农业主管部门责令改正，没收违法所得、违法生产的产品和用于违法生产的原材料等，违法生产的产品货值金额不足 1 万元的，并处 1 万元以上 2 万元以下罚款，货值金额 1 万元以上的，并处货值金额 2 倍以上 5 倍以下罚款；拒不改正或者情节严重的，由发证机关吊销农药生产许可证和相应的农药登记证：

（一）采购、使用未依法附具产品质量检验合格证、未依法取得有关许可证明文件的原材料；

（二）出厂销售未经质量检验合格并附具产品质量检验合格证的农药；

（三）生产的农药包装、标签、说明书不符合规定；

（四）不召回依法应当召回的农药。

第五十四条 农药生产企业不执行原材料进货、农药出厂销售记录制度，或者不履行农药废弃物回收义务的，由县级以上地方人民政府农业主管部门责令改正，处1万元以上5万元以下罚款；拒不改正或者情节严重的，由发证机关吊销农药生产许可证和相应的农药登记证。

第五十五条 农药经营者有下列行为之一的，由县级以上地方人民政府农业主管部门责令停止经营，没收违法所得、违法经营的农药和用于违法经营的工具、设备等，违法经营的农药货值金额不足1万元的，并处5000元以上5万元以下罚款，货值金额1万元以上的，并处货值金额5倍以上10倍以下罚款；构成犯罪的，依法追究刑事责任：

（一）违反本条例规定，未取得农药经营许可证经营农药；

（二）经营假农药；

（三）在农药中添加物质。

有前款第二项、第三项规定的行为，情节严重的，还应当由发证机关吊销农药经营许可证。

取得农药经营许可证的农药经营者不再符合规定条件继续经营农药的，由县级以上地方人民政府农业主管部门责令限期整改；逾期拒不整改或者整改后仍不符合规定条件的，由发证机关吊销农药经营许可证。

第五十六条 农药经营者经营劣质农药的，由县级以上地方人民政府农业主管部门责令停止经营，没收违法所得、违法经营的农药和用于违法经营的工具、设备等，违法经营的农药货值金额不足1万元的，并处 2000 元以上 2 万元以下罚款，货值金额 1 万元以上的，并处货值金额 2 倍以上 5 倍以下罚款；情节严重的，由发证机关吊销农药经营许可证；构成犯罪的，依法追究刑事责任。

第五十七条 农药经营者有下列行为之一的，由县级以上地方人民政府农业主管部门责令改正，没收违法所得和违法经营的农药，并处 5000 元以上 5 万元以下罚款；拒不改正或者情节严重的，由发证机关吊销农药经营许可证：

（一）设立分支机构未依法变更农药经营许可证，或者未向分支机构所在地县级以上地方人民政府农业主管部门备案；

（二）向未取得农药生产许可证的农药生产企业或者未取得农药经营许可证的其他农药经营者采购农药；

（三）采购、销售未附具产品质量检验合格证或者包装、标签不符合规定的农药；

（四）不停止销售依法应当召回的农药。

第五十八条 农药经营者有下列行为之一的，由县级以上地方人民政府农业主管部门责令改正；拒不改正或者情节严重的，处 2000 元以上 2 万元以下罚款，并由发证机关吊销农药经营许可证：

（一）不执行农药采购台账、销售台账制度；

（二）在卫生用农药以外的农药经营场所内经营食品、食用农产品、饲料等；

（三）未将卫生用农药与其他商品分柜销售；

（四）不履行农药废弃物回收义务。

第五十九条 境外企业直接在中国销售农药的，由县级以上地方人民政府农业主管部门责令停止销售，没收违法所得、违法经营的农药和用于违法经营的工具、设备等，违法经营的农药货值金额不足 5 万元的，并处 5 万元以上 50 万元以下罚款，货值金额 5 万元以上的，并处货值金额 10 倍以上 20 倍以下罚款，由发证机关吊销农药登记证。

取得农药登记证的境外企业向中国出口劣质农药情节严重或者出口假农药的，由国务院农业主管部门吊销相应的农药登记证。

第六十条　农药使用者有下列行为之一的，由县级人民政府农业主管部门责令改正，农药使用者为农产品生产企业、食品和食用农产品仓储企业、专业化病虫害防治服务组织和从事农产品生产的农民专业合作社等单位的，处5万元以上10万元以下罚款，农药使用者为个人的，处1万元以下罚款；构成犯罪的，依法追究刑事责任：

（一）不按照农药的标签标注的使用范围、使用方法和剂量、使用技术要求和注意事项、安全间隔期使用农药；

（二）使用禁用的农药；

（三）将剧毒、高毒农药用于防治卫生害虫，用于蔬菜、瓜果、茶叶、菌类、中草药材生产或者用于水生植物的病虫害防治；

（四）在饮用水水源保护区内使用农药；

（五）使用农药毒鱼、虾、鸟、兽等；

（六）在饮用水水源保护区、河道内丢弃农药、农药包装物或者清洗施药器械。

有前款第二项规定的行为的，县级人民政府农业主管部门还应当没收禁用的农药。

第六十一条　农产品生产企业、食品和食用农产品仓储企业、专业化病虫害防治服务组织和从事农产品生产的农民专业合作社等不执行农药使用记录制度的，由县级人民政府农业主管部门责令改正；拒不改正或者情节严重的，处2000元以上2万元以下罚款。

第六十二条　伪造、变造、转让、出租、出借农药登记证、农药生产许可证、农药经营许可证等许可证明文件的，由发证机关收缴或者予以吊销，没收违法所得，并处1万元以上5万元以下罚款；构成犯罪的，依法追究刑事责任。

第六十三条　未取得农药生产许可证生产农药，未取得农药经营许可证经营农药,或者被吊销农药登记证、农药生产许可证、农药经营许可证的,其直接负责的主管人员10年内不得从事农药生产、经营活动。

农药生产企业、农药经营者招用前款规定的人员从事农药生产、经营活动的,由发证机关吊销农药生产许可证、农药经营许可证。

被吊销农药登记证的,国务院农业主管部门5年内不再受理其农药登记申请。

第六十四条 生产、经营的农药造成农药使用者人身、财产损害的,农药使用者可以向农药生产企业要求赔偿,也可以向农药经营者要求赔偿。属于农药生产企业责任的,农药经营者赔偿后有权向农药生产企业追偿;属于农药经营者责任的,农药生产企业赔偿后有权向农药经营者追偿。

第八章 附 则

第六十五条 申请农药登记的,申请人应当按照自愿有偿的原则,与登记试验单位协商确定登记试验费用。

第六十六条 本条例自2017年6月1日起施行。

生猪屠宰管理条例

（1997年12月19日中华人民共和国国务院令第238号公布　2008年5月25日中华人民共和国国务院令第525号第一次修订　根据2011年1月8日《国务院关于废止和修改部分行政法规的决定》第二次修订　根据2016年2月6日《国务院关于修改部分行政法规的决定》第三次修订　2021年6月25日中华人民共和国国务院令第742号第四次修订）

第一章　总　　则

第一条　为了加强生猪屠宰管理，保证生猪产品质量安全，保障人民身体健康，制定本条例。

第二条　国家实行生猪定点屠宰、集中检疫制度。

除农村地区个人自宰自食的不实行定点屠宰外，任何单位和个人未经定点不得从事生猪屠宰活动。

在边远和交通不便的农村地区，可以设置仅限于向本地市场供应生猪产品的小型生猪屠宰场点，具体管理办法由省、自治区、直辖市制定。

第三条　国务院农业农村主管部门负责全国生猪屠宰的行业管理工作。县级以上地方人民政府农业农村主管部门负责本行政区域内生猪屠宰活动的监督管理。

县级以上人民政府有关部门在各自职责范围内负责生猪屠宰活动的

相关管理工作。

第四条 县级以上地方人民政府应当加强对生猪屠宰监督管理工作的领导，及时协调、解决生猪屠宰监督管理工作中的重大问题。

乡镇人民政府、街道办事处应当加强生猪定点屠宰的宣传教育，协助做好生猪屠宰监督管理工作。

第五条 国家鼓励生猪养殖、屠宰、加工、配送、销售一体化发展，推行标准化屠宰，支持建设冷链流通和配送体系。

第六条 国家根据生猪定点屠宰厂（场）的规模、生产和技术条件以及质量安全管理状况，推行生猪定点屠宰厂（场）分级管理制度，鼓励、引导、扶持生猪定点屠宰厂（场）改善生产和技术条件，加强质量安全管理，提高生猪产品质量安全水平。生猪定点屠宰厂（场）分级管理的具体办法由国务院农业农村主管部门制定。

第七条 县级以上人民政府农业农村主管部门应当建立生猪定点屠宰厂（场）信用档案，记录日常监督检查结果、违法行为查处等情况，并依法向社会公示。

第二章 生猪定点屠宰

第八条 省、自治区、直辖市人民政府农业农村主管部门会同生态环境主管部门以及其他有关部门，按照科学布局、集中屠宰、有利流通、方便群众的原则，结合生猪养殖、动物疫病防控和生猪产品消费实际情况制订生猪屠宰行业发展规划，报本级人民政府批准后实施。

生猪屠宰行业发展规划应当包括发展目标、屠宰厂（场）设置、政策措施等内容。

第九条 生猪定点屠宰厂（场）由设区的市级人民政府根据生猪屠宰行业发展规划，组织农业农村、生态环境主管部门以及其他有关部门，依照本条例规定的条件进行审查，经征求省、自治区、直辖市人民政府农业农村主管部门的意见确定，并颁发生猪定点屠宰证书和生猪定点屠宰标志牌。

生猪定点屠宰证书应当载明屠宰厂（场）名称、生产地址和法定代表人（负责人）等事项。

生猪定点屠宰厂（场）变更生产地址的，应当依照本条例的规定，重新申请生猪定点屠宰证书；变更屠宰厂（场）名称、法定代表人（负责人）的，应当在市场监督管理部门办理变更登记手续后15个工作日内，向原发证机关办理变更生猪定点屠宰证书。

设区的市级人民政府应当将其确定的生猪定点屠宰厂（场）名单及时向社会公布，并报省、自治区、直辖市人民政府备案。

第十条 生猪定点屠宰厂（场）应当将生猪定点屠宰标志牌悬挂于厂（场）区的显著位置。

生猪定点屠宰证书和生猪定点屠宰标志牌不得出借、转让。任何单位和个人不得冒用或者使用伪造的生猪定点屠宰证书和生猪定点屠宰标志牌。

第十一条 生猪定点屠宰厂（场）应当具备下列条件：

（一）有与屠宰规模相适应、水质符合国家规定标准的水源条件；

（二）有符合国家规定要求的待宰间、屠宰间、急宰间、检验室以及生猪屠宰设备和运载工具；

（三）有依法取得健康证明的屠宰技术人员；

（四）有经考核合格的兽医卫生检验人员；

（五）有符合国家规定要求的检验设备、消毒设施以及符合环境保护要求的污染防治设施；

（六）有病害生猪及生猪产品无害化处理设施或者无害化处理委托协议；

（七）依法取得动物防疫条件合格证。

第十二条 生猪定点屠宰厂（场）屠宰的生猪，应当依法经动物卫生监督机构检疫合格，并附有检疫证明。

第十三条 生猪定点屠宰厂（场）应当建立生猪进厂（场）查验登记制度。

生猪定点屠宰厂（场）应当依法查验检疫证明等文件，利用信息化手段核实相关信息，如实记录屠宰生猪的来源、数量、检疫证明号和供货者名称、地址、联系方式等内容，并保存相关凭证。发现伪造、变造检疫证明的，应当及时报告农业农村主管部门。发生动物疫情时，还应当查验、记录运输车辆基本情况。记录、凭证保存期限不得少于2年。

生猪定点屠宰厂（场）接受委托屠宰的，应当与委托人签订委托屠宰协议，明确生猪产品质量安全责任。委托屠宰协议自协议期满后保存期限不得少于2年。

第十四条 生猪定点屠宰厂（场）屠宰生猪，应当遵守国家规定的操作规程、技术要求和生猪屠宰质量管理规范，并严格执行消毒技术规范。发生动物疫情时，应当按照国务院农业农村主管部门的规定，开展动物疫病检测，做好动物疫情排查和报告。

第十五条 生猪定点屠宰厂（场）应当建立严格的肉品品质检验管理制度。肉品品质检验应当遵守生猪屠宰肉品品质检验规程，与生猪屠宰同步进行，并如实记录检验结果。检验结果记录保存期限不得少于2年。

经肉品品质检验合格的生猪产品，生猪定点屠宰厂（场）应当加盖肉品品质检验合格验讫印章，附具肉品品质检验合格证。未经肉品品质检验或者经肉品品质检验不合格的生猪产品，不得出厂（场）。经检验不合格的生猪产品，应当在兽医卫生检验人员的监督下，按照国家有关规定处理，并如实记录处理情况；处理情况记录保存期限不得少于2年。

生猪屠宰肉品品质检验规程由国务院农业农村主管部门制定。

第十六条 生猪屠宰的检疫及其监督，依照动物防疫法和国务院的有关规定执行。县级以上地方人民政府按照本级政府职责，将生猪、生猪产品的检疫和监督管理所需经费纳入本级预算。

县级以上地方人民政府农业农村主管部门应当按照规定足额配备农业农村主管部门任命的兽医，由其监督生猪定点屠宰厂（场）依法查验检疫证明等文件。

农业农村主管部门任命的兽医对屠宰的生猪实施检疫。检疫合格的，出具检疫证明、加施检疫标志，并在检疫证明、检疫标志上签字或者盖章，对检疫结论负责。未经检疫或者经检疫不合格的生猪产品，不得出厂（场）。经检疫不合格的生猪及生猪产品，应当在农业农村主管部门的监督下，按照国家有关规定处理。

第十七条 生猪定点屠宰厂（场）应当建立生猪产品出厂（场）记录制度，如实记录出厂（场）生猪产品的名称、规格、数量、检疫证明号、肉品品质检验合格证号、屠宰日期、出厂（场）日期以及购货者名称、地址、联系方式等内容，并保存相关凭证。记录、凭证保存期限不得少于2年。

第十八条 生猪定点屠宰厂（场）对其生产的生猪产品质量安全负责，发现其生产的生猪产品不符合食品安全标准、有证据证明可能危害人体健康、染疫或者疑似染疫的，应当立即停止屠宰，报告农业农村主管部门，通知销售者或者委托人，召回已经销售的生猪产品，并记录通知和召回情况。

生猪定点屠宰厂（场）应当对召回的生猪产品采取无害化处理等措施，防止其再次流入市场。

第十九条 生猪定点屠宰厂（场）对病害生猪及生猪产品进行无害化处理的费用和损失，由地方各级人民政府结合本地实际予以适当补贴。

第二十条 严禁生猪定点屠宰厂（场）以及其他任何单位和个人对生猪、生猪产品注水或者注入其他物质。

严禁生猪定点屠宰厂（场）屠宰注水或者注入其他物质的生猪。

第二十一条 生猪定点屠宰厂（场）对未能及时出厂（场）的生猪

产品,应当采取冷冻或者冷藏等必要措施予以储存。

第二十二条 严禁任何单位和个人为未经定点违法从事生猪屠宰活动的单位和个人提供生猪屠宰场所或者生猪产品储存设施,严禁为对生猪、生猪产品注水或者注入其他物质的单位和个人提供场所。

第二十三条 从事生猪产品销售、肉食品生产加工的单位和个人以及餐饮服务经营者、集中用餐单位生产经营的生猪产品,必须是生猪定点屠宰厂(场)经检疫和肉品品质检验合格的生猪产品。

第二十四条 地方人民政府及其有关部门不得限制外地生猪定点屠宰厂(场)经检疫和肉品品质检验合格的生猪产品进入本地市场。

第三章 监督管理

第二十五条 国家实行生猪屠宰质量安全风险监测制度。国务院农业农村主管部门负责组织制定国家生猪屠宰质量安全风险监测计划,对生猪屠宰环节的风险因素进行监测。

省、自治区、直辖市人民政府农业农村主管部门根据国家生猪屠宰质量安全风险监测计划,结合本行政区域实际情况,制定本行政区域生猪屠宰质量安全风险监测方案并组织实施,同时报国务院农业农村主管部门备案。

第二十六条 县级以上地方人民政府农业农村主管部门应当根据生猪屠宰质量安全风险监测结果和国务院农业农村主管部门的规定,加强对生猪定点屠宰厂(场)质量安全管理状况的监督检查。

第二十七条 农业农村主管部门应当依照本条例的规定严格履行职责,加强对生猪屠宰活动的日常监督检查,建立健全随机抽查机制。

农业农村主管部门依法进行监督检查,可以采取下列措施:

(一)进入生猪屠宰等有关场所实施现场检查;

(二)向有关单位和个人了解情况;

（三）查阅、复制有关记录、票据以及其他资料；

（四）查封与违法生猪屠宰活动有关的场所、设施，扣押与违法生猪屠宰活动有关的生猪、生猪产品以及屠宰工具和设备。

农业农村主管部门进行监督检查时，监督检查人员不得少于2人，并应当出示执法证件。

对农业农村主管部门依法进行的监督检查，有关单位和个人应当予以配合，不得拒绝、阻挠。

第二十八条　农业农村主管部门应当建立举报制度，公布举报电话、信箱或者电子邮箱，受理对违反本条例规定行为的举报，并及时依法处理。

第二十九条　农业农村主管部门发现生猪屠宰涉嫌犯罪的，应当按照有关规定及时将案件移送同级公安机关。

公安机关在生猪屠宰相关犯罪案件侦查过程中认为没有犯罪事实或者犯罪事实显著轻微，不需要追究刑事责任的，应当及时将案件移送同级农业农村主管部门。公安机关在侦查过程中，需要农业农村主管部门给予检验、认定等协助的，农业农村主管部门应当给予协助。

第四章　法律责任

第三十条　农业农村主管部门在监督检查中发现生猪定点屠宰厂（场）不再具备本条例规定条件的，应当责令停业整顿，并限期整改；逾期仍达不到本条例规定条件的，由设区的市级人民政府吊销生猪定点屠宰证书，收回生猪定点屠宰标志牌。

第三十一条　违反本条例规定，未经定点从事生猪屠宰活动的，由农业农村主管部门责令关闭，没收生猪、生猪产品、屠宰工具和设备以及违法所得；货值金额不足1万元的，并处5万元以上10万元以下的罚款；货值金额1万元以上的，并处货值金额10倍以上20倍以下的罚款。

冒用或者使用伪造的生猪定点屠宰证书或者生猪定点屠宰标志牌的，依照前款的规定处罚。

生猪定点屠宰厂（场）出借、转让生猪定点屠宰证书或者生猪定点屠宰标志牌的，由设区的市级人民政府吊销生猪定点屠宰证书，收回生猪定点屠宰标志牌；有违法所得的，由农业农村主管部门没收违法所得，并处5万元以上10万元以下的罚款。

第三十二条 违反本条例规定，生猪定点屠宰厂（场）有下列情形之一的，由农业农村主管部门责令改正，给予警告；拒不改正的，责令停业整顿，处5000元以上5万元以下的罚款，对其直接负责的主管人员和其他直接责任人员处2万元以上5万元以下的罚款；情节严重的，由设区的市级人民政府吊销生猪定点屠宰证书，收回生猪定点屠宰标志牌：

（一）未按照规定建立并遵守生猪进厂（场）查验登记制度、生猪产品出厂（场）记录制度的；

（二）未按照规定签订、保存委托屠宰协议的；

（三）屠宰生猪不遵守国家规定的操作规程、技术要求和生猪屠宰质量管理规范以及消毒技术规范的；

（四）未按照规定建立并遵守肉品品质检验制度的；

（五）对经肉品品质检验不合格的生猪产品未按照国家有关规定处理并如实记录处理情况的。

发生动物疫情时，生猪定点屠宰厂（场）未按照规定开展动物疫病检测的，由农业农村主管部门责令停业整顿，并处5000元以上5万元以下的罚款，对其直接负责的主管人员和其他直接责任人员处2万元以上5万元以下的罚款；情节严重的，由设区的市级人民政府吊销生猪定点屠宰证书，收回生猪定点屠宰标志牌。

第三十三条 违反本条例规定，生猪定点屠宰厂（场）出厂（场）未经肉品品质检验或者经肉品品质检验不合格的生猪产品的，由农业农村主管部门责令停业整顿，没收生猪产品和违法所得；货值金额不足1

万元的，并处 10 万元以上 15 万元以下的罚款；货值金额 1 万元以上的，并处货值金额 15 倍以上 30 倍以下的罚款；对其直接负责的主管人员和其他直接责任人员处 5 万元以上 10 万元以下的罚款；情节严重的，由设区的市级人民政府吊销生猪定点屠宰证书，收回生猪定点屠宰标志牌，并可以由公安机关依照《中华人民共和国食品安全法》的规定，对其直接负责的主管人员和其他直接责任人员处 5 日以上 15 日以下拘留。

第三十四条 生猪定点屠宰厂（场）依照本条例规定应当召回生猪产品而不召回的，由农业农村主管部门责令召回，停止屠宰；拒不召回或者拒不停止屠宰的，责令停业整顿，没收生猪产品和违法所得；货值金额不足 1 万元的，并处 5 万元以上 10 万元以下的罚款；货值金额 1 万元以上的，并处货值金额 10 倍以上 20 倍以下的罚款；对其直接负责的主管人员和其他直接责任人员处 5 万元以上 10 万元以下的罚款；情节严重的，由设区的市级人民政府吊销生猪定点屠宰证书，收回生猪定点屠宰标志牌。

委托人拒不执行召回规定的，依照前款规定处罚。

第三十五条 违反本条例规定，生猪定点屠宰厂（场）、其他单位和个人对生猪、生猪产品注水或者注入其他物质的，由农业农村主管部门没收注水或者注入其他物质的生猪、生猪产品、注水工具和设备以及违法所得；货值金额不足 1 万元的，并处 5 万元以上 10 万元以下的罚款；货值金额 1 万元以上的，并处货值金额 10 倍以上 20 倍以下的罚款；对生猪定点屠宰厂（场）或者其他单位的直接负责的主管人员和其他直接责任人员处 5 万元以上 10 万元以下的罚款。注入其他物质的，还可以由公安机关依照《中华人民共和国食品安全法》的规定，对其直接负责的主管人员和其他直接责任人员处 5 日以上 15 日以下拘留。

生猪定点屠宰厂（场）对生猪、生猪产品注水或者注入其他物质的，除依照前款规定处罚外，还应当由农业农村主管部门责令停业整顿；情节严重的，由设区的市级人民政府吊销生猪定点屠宰证书，收回生猪定点屠宰标志牌。

第三十六条 违反本条例规定,生猪定点屠宰厂(场)屠宰注水或者注入其他物质的生猪的,由农业农村主管部门责令停业整顿,没收注水或者注入其他物质的生猪、生猪产品和违法所得;货值金额不足1万元的,并处5万元以上10万元以下的罚款;货值金额1万元以上的,并处货值金额10倍以上20倍以下的罚款;对其直接负责的主管人员和其他直接责任人员处5万元以上10万元以下的罚款;情节严重的,由设区的市级人民政府吊销生猪定点屠宰证书,收回生猪定点屠宰标志牌。

第三十七条 违反本条例规定,为未经定点违法从事生猪屠宰活动的单位和个人提供生猪屠宰场所或者生猪产品储存设施,或者为对生猪、生猪产品注水或者注入其他物质的单位和个人提供场所的,由农业农村主管部门责令改正,没收违法所得,并处5万元以上10万以下的罚款。

第三十八条 违反本条例规定,生猪定点屠宰厂(场)被吊销生猪定点屠宰证书的,其法定代表人(负责人)、直接负责的主管人员和其他直接责任人员自处罚决定作出之日起5年内不得申请生猪定点屠宰证书或者从事生猪屠宰管理活动;因食品安全犯罪被判处有期徒刑以上刑罚的,终身不得从事生猪屠宰管理活动。

第三十九条 农业农村主管部门和其他有关部门的工作人员在生猪屠宰监督管理工作中滥用职权、玩忽职守、徇私舞弊,尚不构成犯罪的,依法给予处分。

第四十条 本条例规定的货值金额按照同类检疫合格及肉品品质检验合格的生猪、生猪产品的市场价格计算。

第四十一条 违反本条例规定,构成犯罪的,依法追究刑事责任。

第五章 附 则

第四十二条 省、自治区、直辖市人民政府确定实行定点屠宰的其他动物的屠宰管理办法，由省、自治区、直辖市根据本地区的实际情况，参照本条例制定。

第四十三条 本条例所称生猪产品，是指生猪屠宰后未经加工的胴体、肉、脂、脏器、血液、骨、头、蹄、皮。

第四十四条 生猪定点屠宰证书、生猪定点屠宰标志牌以及肉品品质检验合格验讫印章和肉品品质检验合格证的式样，由国务院农业农村主管部门统一规定。

第四十五条 本条例自2021年8月1日起施行。

兽药管理条例

(2004年4月9日中华人民共和国国务院令第404号公布 根据2014年7月29日《国务院关于修改部分行政法规的决定》第一次修订 根据2016年2月6日《国务院关于修改部分行政法规的决定》第二次修订 根据2020年3月27日《国务院关于修改和废止部分行政法规的决定》第三次修订)

第一章 总 则

第一条 为了加强兽药管理,保证兽药质量,防治动物疾病,促进养殖业的发展,维护人体健康,制定本条例。

第二条 在中华人民共和国境内从事兽药的研制、生产、经营、进出口、使用和监督管理,应当遵守本条例。

第三条 国务院兽医行政管理部门负责全国的兽药监督管理工作。

县级以上地方人民政府兽医行政管理部门负责本行政区域内的兽药监督管理工作。

第四条 国家实行兽用处方药和非处方药分类管理制度。兽用处方药和非处方药分类管理的办法和具体实施步骤,由国务院兽医行政管理部门规定。

第五条 国家实行兽药储备制度。

发生重大动物疫情、灾情或者其他突发事件时,国务院兽医行政管理部门可以紧急调用国家储备的兽药；必要时，也可以调用国家储备以外的兽药。

第二章 新兽药研制

第六条 国家鼓励研制新兽药，依法保护研制者的合法权益。

第七条 研制新兽药，应当具有与研制相适应的场所、仪器设备、专业技术人员、安全管理规范和措施。

研制新兽药，应当进行安全性评价。从事兽药安全性评价的单位应当遵守国务院兽医行政管理部门制定的兽药非临床研究质量管理规范和兽药临床试验质量管理规范。

省级以上人民政府兽医行政管理部门应当对兽药安全性评价单位是否符合兽药非临床研究质量管理规范和兽药临床试验质量管理规范的要求进行监督检查，并公布监督检查结果。

第八条 研制新兽药，应当在临床试验前向临床试验场所所在地省、自治区、直辖市人民政府兽医行政管理部门备案，并附具该新兽药实验室阶段安全性评价报告及其他临床前研究资料。

研制的新兽药属于生物制品的，应当在临床试验前向国务院兽医行政管理部门提出申请，国务院兽医行政管理部门应当自收到申请之日起60个工作日内将审查结果书面通知申请人。

研制新兽药需要使用一类病原微生物的，还应当具备国务院兽医行政管理部门规定的条件，并在实验室阶段前报国务院兽医行政管理部门批准。

第九条 临床试验完成后，新兽药研制者向国务院兽医行政管理部门提出新兽药注册申请时，应当提交该新兽药的样品和下列资料：

（一）名称、主要成分、理化性质；

（二）研制方法、生产工艺、质量标准和检测方法；

（三）药理和毒理试验结果、临床试验报告和稳定性试验报告；

（四）环境影响报告和污染防治措施。

研制的新兽药属于生物制品的，还应当提供菌（毒、虫）种、细胞等有关材料和资料。菌（毒、虫）种、细胞由国务院兽医行政管理部门指定的机构保藏。

研制用于食用动物的新兽药，还应当按照国务院兽医行政管理部门的规定进行兽药残留试验并提供休药期、最高残留限量标准、残留检测方法及其制定依据等资料。

国务院兽医行政管理部门应当自收到申请之日起10个工作日内，将决定受理的新兽药资料送其设立的兽药评审机构进行评审，将新兽药样品送其指定的检验机构复核检验，并自收到评审和复核检验结论之日起60个工作日内完成审查。审查合格的，发给新兽药注册证书，并发布该兽药的质量标准；不合格的，应当书面通知申请人。

第十条 国家对依法获得注册的、含有新化合物的兽药的申请人提交的其自己所取得且未披露的试验数据和其他数据实施保护。

自注册之日起6年内，对其他申请人未经已获得注册兽药的申请人同意，使用前款规定的数据申请兽药注册的，兽药注册机关不予注册；但是，其他申请人提交其自己所取得的数据的除外。

除下列情况外，兽药注册机关不得披露本条第一款规定的数据：

（一）公共利益需要；

（二）已采取措施确保该类信息不会被不正当地进行商业使用。

第三章 兽药生产

第十一条 从事兽药生产的企业，应当符合国家兽药行业发展规划和产业政策，并具备下列条件：

（一）与所生产的兽药相适应的兽医学、药学或者相关专业的技术人员；

（二）与所生产的兽药相适应的厂房、设施；

（三）与所生产的兽药相适应的兽药质量管理和质量检验的机构、人员、仪器设备；

（四）符合安全、卫生要求的生产环境；

（五）兽药生产质量管理规范规定的其他生产条件。

符合前款规定条件的，申请人方可向省、自治区、直辖市人民政府兽医行政管理部门提出申请，并附具符合前款规定条件的证明材料；省、自治区、直辖市人民政府兽医行政管理部门应当自收到申请之日起40个工作日内完成审查。经审查合格的，发给兽药生产许可证；不合格的，应当书面通知申请人。

第十二条 兽药生产许可证应当载明生产范围、生产地点、有效期和法定代表人姓名、住址等事项。

兽药生产许可证有效期为5年。有效期届满，需要继续生产兽药的，应当在许可证有效期届满前6个月到发证机关申请换发兽药生产许可证。

第十三条 兽药生产企业变更生产范围、生产地点的，应当依照本条例第十一条的规定申请换发兽药生产许可证；变更企业名称、法定代表人的，应当在办理工商变更登记手续后15个工作日内，到发证机关申请换发兽药生产许可证。

第十四条 兽药生产企业应当按照国务院兽医行政管理部门制定的兽药生产质量管理规范组织生产。

省级以上人民政府兽医行政管理部门，应当对兽药生产企业是否符合兽药生产质量管理规范的要求进行监督检查，并公布检查结果。

第十五条 兽药生产企业生产兽药，应当取得国务院兽医行政管理部门核发的产品批准文号，产品批准文号的有效期为5年。兽药产品批准文号的核发办法由国务院兽医行政管理部门制定。

第十六条 兽药生产企业应当按照兽药国家标准和国务院兽医行政

管理部门批准的生产工艺进行生产。兽药生产企业改变影响兽药质量的生产工艺的，应当报原批准部门审核批准。

兽药生产企业应当建立生产记录，生产记录应当完整、准确。

第十七条 生产兽药所需的原料、辅料，应当符合国家标准或者所生产兽药的质量要求。

直接接触兽药的包装材料和容器应当符合药用要求。

第十八条 兽药出厂前应当经过质量检验，不符合质量标准的不得出厂。

兽药出厂应当附有产品质量合格证。

禁止生产假、劣兽药。

第十九条 兽药生产企业生产的每批兽用生物制品，在出厂前应当由国务院兽医行政管理部门指定的检验机构审查核对，并在必要时进行抽查检验；未经审查核对或者抽查检验不合格的，不得销售。

强制免疫所需兽用生物制品，由国务院兽医行政管理部门指定的企业生产。

第二十条 兽药包装应当按照规定印有或者贴有标签，附具说明书，并在显著位置注明"兽用"字样。

兽药的标签和说明书经国务院兽医行政管理部门批准并公布后，方可使用。

兽药的标签或者说明书，应当以中文注明兽药的通用名称、成分及其含量、规格、生产企业、产品批准文号（进口兽药注册证号）、产品批号、生产日期、有效期、适应症或者功能主治、用法、用量、休药期、禁忌、不良反应、注意事项、运输贮存保管条件及其他应当说明的内容。有商品名称的，还应当注明商品名称。

除前款规定的内容外，兽用处方药的标签或者说明书还应当印有国务院兽医行政管理部门规定的警示内容，其中兽用麻醉药品、精神药品、毒性药品和放射性药品还应当印有国务院兽医行政管理部门规定的特殊标志；兽用非处方药的标签或者说明书还应当印有国务院兽医行政管理部门规定的非处方药标志。

第二十一条 国务院兽医行政管理部门，根据保证动物产品质量安全和人体健康的需要，可以对新兽药设立不超过 5 年的监测期；在监测期内，不得批准其他企业生产或者进口该新兽药。生产企业应当在监测期内收集该新兽药的疗效、不良反应等资料，并及时报送国务院兽医行政管理部门。

第四章 兽药经营

第二十二条 经营兽药的企业，应当具备下列条件：

（一）与所经营的兽药相适应的兽药技术人员；

（二）与所经营的兽药相适应的营业场所、设备、仓库设施；

（三）与所经营的兽药相适应的质量管理机构或者人员；

（四）兽药经营质量管理规范规定的其他经营条件。

符合前款规定条件的，申请人方可向市、县人民政府兽医行政管理部门提出申请，并附具符合前款规定条件的证明材料；经营兽用生物制品的，应当向省、自治区、直辖市人民政府兽医行政管理部门提出申请，并附具符合前款规定条件的证明材料。

县级以上地方人民政府兽医行政管理部门，应当自收到申请之日起 30 个工作日内完成审查。审查合格的，发给兽药经营许可证；不合格的，应当书面通知申请人。

第二十三条 兽药经营许可证应当载明经营范围、经营地点、有效期和法定代表人姓名、住址等事项。

兽药经营许可证有效期为 5 年。有效期届满，需要继续经营兽药的，应当在许可证有效期届满前 6 个月到发证机关申请换发兽药经营许可证。

第二十四条 兽药经营企业变更经营范围、经营地点的，应当依照本条例第二十二条的规定申请换发兽药经营许可证；变更企业名称、法定代表人的，应当在办理工商变更登记手续后15个工作日内，到发证机关申请换发兽药经营许可证。

第二十五条　兽药经营企业，应当遵守国务院兽医行政管理部门制定的兽药经营质量管理规范。

县级以上地方人民政府兽医行政管理部门，应当对兽药经营企业是否符合兽药经营质量管理规范的要求进行监督检查，并公布检查结果。

第二十六条　兽药经营企业购进兽药，应当将兽药产品与产品标签或者说明书、产品质量合格证核对无误。

第二十七条　兽药经营企业，应当向购买者说明兽药的功能主治、用法、用量和注意事项。销售兽用处方药的，应当遵守兽用处方药管理办法。

兽药经营企业销售兽用中药材的，应当注明产地。

禁止兽药经营企业经营人用药品和假、劣兽药。

第二十八条　兽药经营企业购销兽药，应当建立购销记录。购销记录应当载明兽药的商品名称、通用名称、剂型、规格、批号、有效期、生产厂商、购销单位、购销数量、购销日期和国务院兽医行政管理部门规定的其他事项。

第二十九条　兽药经营企业，应当建立兽药保管制度，采取必要的冷藏、防冻、防潮、防虫、防鼠等措施，保持所经营兽药的质量。

兽药入库、出库，应当执行检查验收制度，并有准确记录。

第三十条　强制免疫所需兽用生物制品的经营，应当符合国务院兽医行政管理部门的规定。

第三十一条　兽药广告的内容应当与兽药说明书内容相一致，在全国重点媒体发布兽药广告的，应当经国务院兽医行政管理部门审查批准，取得兽药广告审查批准文号。在地方媒体发布兽药广告的，应当经省、自治区、直辖市人民政府兽医行政管理部门审查批准，取得兽药广告审查批准文号；未经批准的，不得发布。

第五章　兽药进出口

第三十二条　首次向中国出口的兽药，由出口方驻中国境内的办事机构或者其委托的中国境内代理机构向国务院兽医行政管理部门申请注册，并提交下列资料和物品：

（一）生产企业所在国家（地区）兽药管理部门批准生产、销售的证明文件。

（二）生产企业所在国家（地区）兽药管理部门颁发的符合兽药生产质量管理规范的证明文件。

（三）兽药的制造方法、生产工艺、质量标准、检测方法、药理和毒理试验结果、临床试验报告、稳定性试验报告及其他相关资料；用于食用动物的兽药的休药期、最高残留限量标准、残留检测方法及其制定依据等资料。

（四）兽药的标签和说明书样本。

（五）兽药的样品、对照品、标准品。

（六）环境影响报告和污染防治措施。

（七）涉及兽药安全性的其他资料。

申请向中国出口兽用生物制品的，还应当提供菌（毒、虫）种、细胞等有关材料和资料。

第三十三条　国务院兽医行政管理部门，应当自收到申请之日起10个工作日内组织初步审查。经初步审查合格的，应当将决定受理的兽药资料送其设立的兽药评审机构进行评审，将该兽药样品送其指定的检验机构复核检验，并自收到评审和复核检验结论之日起60个工作日内完成审查。经审查合格的，发给进口兽药注册证书，并发布该兽药的质量标准；不合格的，应当书面通知申请人。

在审查过程中，国务院兽医行政管理部门可以对向中国出口兽药的企业是否符合兽药生产质量管理规范的要求进行考查，并有权要求该企业在国务院兽医行政管理部门指定的机构进行该兽药的安全性和有效性试验。

国内急需兽药、少量科研用兽药或者注册兽药的样品、对照品、标准品的进口，按照国务院兽医行政管理部门的规定办理。

第三十四条 进口兽药注册证书的有效期为 5 年。有效期届满，需要继续向中国出口兽药的，应当在有效期届满前 6 个月到发证机关申请再注册。

第三十五条 境外企业不得在中国直接销售兽药。境外企业在中国销售兽药，应当依法在中国境内设立销售机构或者委托符合条件的中国境内代理机构。

进口在中国已取得进口兽药注册证书的兽药的，中国境内代理机构凭进口兽药注册证书到口岸所在地人民政府兽医行政管理部门办理进口兽药通关单。海关凭进口兽药通关单放行。兽药进口管理办法由国务院兽医行政管理部门会同海关总署制定。

兽用生物制品进口后，应当依照本条例第十九条的规定进行审查核对和抽查检验。其他兽药进口后，由当地兽医行政管理部门通知兽药检验机构进行抽查检验。

第三十六条 禁止进口下列兽药：

（一）药效不确定、不良反应大以及可能对养殖业、人体健康造成危害或者存在潜在风险的；

（二）来自疫区可能造成疫病在中国境内传播的兽用生物制品；

（三）经考查生产条件不符合规定的；

（四）国务院兽医行政管理部门禁止生产、经营和使用的。

第三十七条 向中国境外出口兽药，进口方要求提供兽药出口证明文件的，国务院兽医行政管理部门或者企业所在地的省、自治区、直辖市人民政府兽医行政管理部门可以出具出口兽药证明文件。

国内防疫急需的疫苗，国务院兽医行政管理部门可以限制或者禁止出口。

第六章　兽药使用

第三十八条　兽药使用单位，应当遵守国务院兽医行政管理部门制定的兽药安全使用规定，并建立用药记录。

第三十九条　禁止使用假、劣兽药以及国务院兽医行政管理部门规定禁止使用的药品和其他化合物。禁止使用的药品和其他化合物目录由国务院兽医行政管理部门制定公布。

第四十条　有休药期规定的兽药用于食用动物时，饲养者应当向购买者或者屠宰者提供准确、真实的用药记录；购买者或者屠宰者应当确保动物及其产品在用药期、休药期内不被用于食品消费。

第四十一条　国务院兽医行政管理部门，负责制定公布在饲料中允许添加的药物饲料添加剂品种目录。

禁止在饲料和动物饮用水中添加激素类药品和国务院兽医行政管理部门规定的其他禁用药品。

经批准可以在饲料中添加的兽药，应当由兽药生产企业制成药物饲料添加剂后方可添加。禁止将原料药直接添加到饲料及动物饮用水中或者直接饲喂动物。

禁止将人用药品用于动物。

第四十二条　国务院兽医行政管理部门，应当制定并组织实施国家动物及动物产品兽药残留监控计划。

县级以上人民政府兽医行政管理部门，负责组织对动物产品中兽药残留量的检测。兽药残留检测结果，由国务院兽医行政管理部门或者省、自治区、直辖市人民政府兽医行政管理部门按照权限予以公布。

动物产品的生产者、销售者对检测结果有异议的，可以自收到检测结果之日起 7 个工作日内向组织实施兽药残留检测的兽医行政管理部门或者其上级兽医行政管理部门提出申请，由受理申请的兽医行政管理部门指定检验机构进行复检。

兽药残留限量标准和残留检测方法，由国务院兽医行政管理部门制定发布。

第四十三条 禁止销售含有违禁药物或者兽药残留量超过标准的食用动物产品。

第七章 兽药监督管理

第四十四条 县级以上人民政府兽医行政管理部门行使兽药监督管理权。

兽药检验工作由国务院兽医行政管理部门和省、自治区、直辖市人民政府兽医行政管理部门设立的兽药检验机构承担。国务院兽医行政管理部门，可以根据需要认定其他检验机构承担兽药检验工作。

当事人对兽药检验结果有异议的，可以自收到检验结果之日起 7 个工作日内向实施检验的机构或者上级兽医行政管理部门设立的检验机构申请复检。

第四十五条 兽药应当符合兽药国家标准。

国家兽药典委员会拟定的、国务院兽医行政管理部门发布的《中华人民共和国兽药典》和国务院兽医行政管理部门发布的其他兽药质量标准为兽药国家标准。

兽药国家标准的标准品和对照品的标定工作由国务院兽医行政管理部门设立的兽药检验机构负责。

第四十六条 兽医行政管理部门依法进行监督检查时，对有证据证明可能是假、劣兽药的，应当采取查封、扣押的行政强制措施，并自采取行政强制措施之日起 7 个工作日内作出是否立案的决定；需要检验的，应当自检验报告书发出之日起 15 个工作日内作出是否立案的决定；不符合立案条件的，应当解除行政强制措施；需要暂停生产的，由国务院兽医行政管理部门或者省、自治区、直辖市人民政府兽医行政管理部门按照权限作出决定；需要暂停经营、使用的，由县级以上人民政府兽医行政管理部门按照权限作出决定。

未经行政强制措施决定机关或者其上级机关批准，不得擅自转移、使用、销毁、销售被查封或者扣押的兽药及有关材料。

第四十七条 有下列情形之一的，为假兽药：

（一）以非兽药冒充兽药或者以他种兽药冒充此种兽药的；

（二）兽药所含成分的种类、名称与兽药国家标准不符合的。

有下列情形之一的，按照假兽药处理：

（一）国务院兽医行政管理部门规定禁止使用的；

（二）依照本条例规定应当经审查批准而未经审查批准即生产、进口的，或者依照本条例规定应当经抽查检验、审查核对而未经抽查检验、审查核对即销售、进口的；

（三）变质的；

（四）被污染的；

（五）所标明的适应症或者功能主治超出规定范围的。

第四十八条 有下列情形之一的，为劣兽药：

（一）成分含量不符合兽药国家标准或者不标明有效成分的；

（二）不标明或者更改有效期或者超过有效期的；

（三）不标明或者更改产品批号的；

（四）其他不符合兽药国家标准，但不属于假兽药的。

第四十九条 禁止将兽用原料药拆零销售或者销售给兽药生产企业以外的单位和个人。

禁止未经兽医开具处方销售、购买、使用国务院兽医行政管理部门规定实行处方药管理的兽药。

第五十条 国家实行兽药不良反应报告制度。

兽药生产企业、经营企业、兽药使用单位和开具处方的兽医人员发现可能与兽药使用有关的严重不良反应，应当立即向所在地人民政府兽医行政管理部门报告。

第五十一条 兽药生产企业、经营企业停止生产、经营超过6个月或者关闭的，由发证机关责令其交回兽药生产许可证、兽药经营许可证。

第五十二条 禁止买卖、出租、出借兽药生产许可证、兽药经营许可证和兽药批准证明文件。

第五十三条 兽药评审检验的收费项目和标准，由国务院财政部门会同国务院价格主管部门制定，并予以公告。

第五十四条 各级兽医行政管理部门、兽药检验机构及其工作人员，不得参与兽药生产、经营活动，不得以其名义推荐或者监制、监销兽药。

第八章 法律责任

第五十五条 兽医行政管理部门及其工作人员利用职务上的便利收取他人财物或者谋取其他利益，对不符合法定条件的单位和个人核发许可证、签署审查同意意见，不履行监督职责，或者发现违法行为不予查处，造成严重后果，构成犯罪的，依法追究刑事责任；尚不构成犯罪的，依法给予行政处分。

第五十六条 违反本条例规定，无兽药生产许可证、兽药经营许可证生产、经营兽药的，或者虽有兽药生产许可证、兽药经营许可证，生产、经营假、劣兽药的，或者兽药经营企业经营人用药品的，责令其停止生产、经营，没收用于违法生产的原料、辅料、包装材料及生产、经营的兽药和违法所得，并处违法生产、经营的兽药（包括已出售的和未出售的兽药，下同）货值金额2倍以上5倍以下罚款，货值金额无法查证核实的，处 10 万元以上 20 万元以下罚款；无兽药生产许可证生产兽药，情节严重的，没收其生产设备；生产、经营假、劣兽药，情节严重的，吊销兽药生产许可证、兽药经营许可证；构成犯罪的，依法追究刑事责任；给他人造成损失的，依法承担赔偿责任。生产、经营企业的主要负责人和直接负责的主管人员终身不得从事兽药的生产、经营活动。

擅自生产强制免疫所需兽用生物制品的，按照无兽药生产许可证生产兽药处罚。

第五十七条 违反本条例规定，提供虚假的资料、样品或者采取其他欺骗手段取得兽药生产许可证、兽药经营许可证或者兽药批准证明文件的，吊销兽药生产许可证、兽药经营许可证或者撤销兽药批准证明文件，并处 5 万元以上 10 万元以下罚款；给他人造成损失的，依法承担赔偿责任。其主要负责人和直接负责的主管人员终身不得从事兽药的生产、经营和进出口活动。

第五十八条 买卖、出租、出借兽药生产许可证、兽药经营许可证和兽药批准证明文件的，没收违法所得，并处 1 万元以上 10 万元以下罚款；情节严重的，吊销兽药生产许可证、兽药经营许可证或者撤销兽药批准证明文件；构成犯罪的，依法追究刑事责任；给他人造成损失的，依法承担赔偿责任。

第五十九条 违反本条例规定，兽药安全性评价单位、临床试验单位、生产和经营企业未按照规定实施兽药研究试验、生产、经营质量管理规范的，给予警告，责令其限期改正；逾期不改正的，责令停止兽药研究试验、生产、经营活动，并处 5 万元以下罚款；情节严重的，吊销兽药生产许可证、兽药经营许可证；给他人造成损失的，依法承担赔偿责任。

违反本条例规定，研制新兽药不具备规定的条件擅自使用一类病原微生物或者在实验室阶段前未经批准的，责令其停止实验，并处 5 万元以上 10 万元以下罚款；构成犯罪的，依法追究刑事责任；给他人造成损失的，依法承担赔偿责任。

违反本条例规定，开展新兽药临床试验应当备案而未备案的，责令其立即改正，给予警告，并处5万元以上10万元以下罚款；给他人造成损失的，依法承担赔偿责任。

第六十条 违反本条例规定，兽药的标签和说明书未经批准的，责令其限期改正；逾期不改正的，按照生产、经营假兽药处罚；有兽药产品批准文号的，撤销兽药产品批准文号；给他人造成损失的，依法承担赔偿责任。

兽药包装上未附有标签和说明书，或者标签和说明书与批准的内容不一致的，责令其限期改正；情节严重的，依照前款规定处罚。

第六十一条 违反本条例规定，境外企业在中国直接销售兽药的，责令其限期改正，没收直接销售的兽药和违法所得，并处5万元以上10万元以下罚款；情节严重的，吊销进口兽药注册证书；给他人造成损失的，依法承担赔偿责任。

第六十二条 违反本条例规定，未按照国家有关兽药安全使用规定使用兽药的、未建立用药记录或者记录不完整真实的，或者使用禁止使用的药品和其他化合物的，或者将人用药品用于动物的，责令其立即改正，并对饲喂了违禁药物及其他化合物的动物及其产品进行无害化处理；对违法单位处1万元以上5万元以下罚款；给他人造成损失的，依法承担赔偿责任。

第六十三条 违反本条例规定，销售尚在用药期、休药期内的动物及其产品用于食品消费的，或者销售含有违禁药物和兽药残留超标的动物产品用于食品消费的，责令其对含有违禁药物和兽药残留超标的动物产品进行无害化处理，没收违法所得，并处3万元以上10万元以下罚款；构成犯罪的，依法追究刑事责任；给他人造成损失的，依法承担赔偿责任。

第六十四条 违反本条例规定，擅自转移、使用、销毁、销售被查封或者扣押的兽药及有关材料的，责令其停止违法行为，给予警告，并处 5 万元以上 10 万元以下罚款。

第六十五条 违反本条例规定，兽药生产企业、经营企业、兽药使用单位和开具处方的兽医人员发现可能与兽药使用有关的严重不良反应，不向所在地人民政府兽医行政管理部门报告的，给予警告，并处 5000 元以上 1 万元以下罚款。

生产企业在新兽药监测期内不收集或者不及时报送该新兽药的疗效、不良反应等资料的，责令其限期改正，并处 1 万元以上 5 万元以下罚款；情节严重的，撤销该新兽药的产品批准文号。

第六十六条 违反本条例规定，未经兽医开具处方销售、购买、使用兽用处方药的，责令其限期改正，没收违法所得，并处 5 万元以下罚款；给他人造成损失的，依法承担赔偿责任。

第六十七条 违反本条例规定，兽药生产、经营企业把原料药销售给兽药生产企业以外的单位和个人的，或者兽药经营企业拆零销售原料药的，责令其立即改正，给予警告，没收违法所得，并处 2 万元以上 5 万元以下罚款；情节严重的，吊销兽药生产许可证、兽药经营许可证；给他人造成损失的，依法承担赔偿责任。

第六十八条 违反本条例规定，在饲料和动物饮用水中添加激素类药品和国务院兽医行政管理部门规定的其他禁用药品，依照《饲料和饲料添加剂管理条例》的有关规定处罚；直接将原料药添加到饲料及动物饮用水中，或者饲喂动物的，责令其立即改正，并处 1 万元以上 3 万元以下罚款；给他人造成损失的，依法承担赔偿责任。

第六十九条 有下列情形之一的，撤销兽药的产品批准文号或者吊销进口兽药注册证书：

（一）抽查检验连续 2 次不合格的；

（二）药效不确定、不良反应大以及可能对养殖业、人体健康造成危害或者存在潜在风险的；

（三）国务院兽医行政管理部门禁止生产、经营和使用的兽药。

被撤销产品批准文号或者被吊销进口兽药注册证书的兽药，不得继续生产、进口、经营和使用。已经生产、进口的，由所在地兽医行政管理部门监督销毁，所需费用由违法行为人承担；给他人造成损失的，依法承担赔偿责任。

第七十条 本条例规定的行政处罚由县级以上人民政府兽医行政管理部门决定；其中吊销兽药生产许可证、兽药经营许可证，撤销兽药批准证明文件或者责令停止兽药研究试验的，由发证、批准、备案部门决定。

上级兽医行政管理部门对下级兽医行政管理部门违反本条例的行政行为，应当责令限期改正；逾期不改正的，有权予以改变或者撤销。

第七十一条 本条例规定的货值金额以违法生产、经营兽药的标价计算；没有标价的，按照同类兽药的市场价格计算。

第九章 附 则

第七十二条 本条例下列用语的含义是：

（一）兽药，是指用于预防、治疗、诊断动物疾病或者有目的地调节动物生理机能的物质（含药物饲料添加剂），主要包括：血清制品、疫苗、诊断制品、微生态制品、中药材、中成药、化学药品、抗生素、生化药品、放射性药品及外用杀虫剂、消毒剂等。

（二）兽用处方药，是指凭兽医处方方可购买和使用的兽药。

（三）兽用非处方药，是指由国务院兽医行政管理部门公布的、不需要凭兽医处方就可以自行购买并按照说明书使用的兽药。

（四）兽药生产企业，是指专门生产兽药的企业和兼产兽药的企业，包括从事兽药分装的企业。

（五）兽药经营企业，是指经营兽药的专营企业或者兼营企业。

（六）新兽药，是指未曾在中国境内上市销售的兽用药品。

（七）兽药批准证明文件，是指兽药产品批准文号、进口兽药注册证书、出口兽药证明文件、新兽药注册证书等文件。

第七十三条 兽用麻醉药品、精神药品、毒性药品和放射性药品等特殊药品，依照国家有关规定管理。

第七十四条 水产养殖中的兽药使用、兽药残留检测和监督管理以及水产养殖过程中违法用药的行政处罚，由县级以上人民政府渔业主管部门及其所属的渔政监督管理机构负责。

第七十五条 本条例自 2004 年 11 月 1 日起施行。

中华人民共和国食品安全法实施条例

(2009年7月20日中华人民共和国国务院令第557号公布 根据2016年2月6日《国务院关于修改部分行政法规的决定》修订 2019年3月26日国务院第42次常务会议修订通过)

第一章 总 则

第一条 根据《中华人民共和国食品安全法》（以下简称食品安全法），制定本条例。

第二条 食品生产经营者应当依照法律、法规和食品安全标准从事生产经营活动，建立健全食品安全管理制度，采取有效措施预防和控制食品安全风险，保证食品安全。

第三条 国务院食品安全委员会负责分析食品安全形势，研究部署、统筹指导食品安全工作，提出食品安全监督管理的重大政策措施，督促落实食品安全监督管理责任。县级以上地方人民政府食品安全委员会按照本级人民政府规定的职责开展工作。

第四条 县级以上人民政府建立统一权威的食品安全监督管理体制，加强食品安全监督管理能力建设。

县级以上人民政府食品安全监督管理部门和其他有关部门应当依法履行职责，加强协调配合，做好食品安全监督管理工作。

乡镇人民政府和街道办事处应当支持、协助县级人民政府食品安全监督管理部门及其派出机构依法开展食品安全监督管理工作。

第五条 国家将食品安全知识纳入国民素质教育内容，普及食品安全科学常识和法律知识，提高全社会的食品安全意识。

第二章 食品安全风险监测和评估

第六条 县级以上人民政府卫生行政部门会同同级食品安全监督管理等部门建立食品安全风险监测会商机制，汇总、分析风险监测数据，研判食品安全风险，形成食品安全风险监测分析报告，报本级人民政府；县级以上地方人民政府卫生行政部门还应当将食品安全风险监测分析报告同时报上一级人民政府卫生行政部门。食品安全风险监测会商的具体办法由国务院卫生行政部门会同国务院食品安全监督管理等部门制定。

第七条 食品安全风险监测结果表明存在食品安全隐患，食品安全监督管理等部门经进一步调查确认有必要通知相关食品生产经营者的，应当及时通知。

接到通知的食品生产经营者应当立即进行自查，发现食品不符合食品安全标准或者有证据证明可能危害人体健康的，应当依照食品安全法第六十三条的规定停止生产、经营，实施食品召回，并报告相关情况。

第八条 国务院卫生行政、食品安全监督管理等部门发现需要对农药、肥料、兽药、饲料和饲料添加剂等进行安全性评估的，应当向国务院农业行政部门提出安全性评估建议。国务院农业行政部门应当及时组织评估，并向国务院有关部门通报评估结果。

第九条 国务院食品安全监督管理部门和其他有关部门建立食品安全风险信息交流机制，明确食品安全风险信息交流的内容、程序和要求。

第三章 食品安全标准

第十条 国务院卫生行政部门会同国务院食品安全监督管理、农业行政等部门制定食品安全国家标准规划及其年度实施计划。国务院卫生行政部门应当在其网站上公布食品安全国家标准规划及其年度实施计划的草案，公开征求意见。

第十一条　省、自治区、直辖市人民政府卫生行政部门依照食品安全法第二十九条的规定制定食品安全地方标准，应当公开征求意见。省、自治区、直辖市人民政府卫生行政部门应当自食品安全地方标准公布之日起30个工作日内，将地方标准报国务院卫生行政部门备案。国务院卫生行政部门发现备案的食品安全地方标准违反法律、法规或者食品安全国家标准的，应当及时予以纠正。

食品安全地方标准依法废止的，省、自治区、直辖市人民政府卫生行政部门应当及时在其网站上公布废止情况。

第十二条　保健食品、特殊医学用途配方食品、婴幼儿配方食品等特殊食品不属于地方特色食品，不得对其制定食品安全地方标准。

第十三条　食品安全标准公布后，食品生产经营者可以在食品安全标准规定的实施日期之前实施并公开提前实施情况。

第十四条　食品生产企业不得制定低于食品安全国家标准或者地方标准要求的企业标准。食品生产企业制定食品安全指标严于食品安全国家标准或者地方标准的企业标准的，应当报省、自治区、直辖市人民政府卫生行政部门备案。

食品生产企业制定企业标准的，应当公开，供公众免费查阅。

第四章　食品生产经营

第十五条　食品生产经营许可的有效期为5年。

食品生产经营者的生产经营条件发生变化，不再符合食品生产经营要求的，食品生产经营者应当立即采取整改措施；需要重新办理许可手续的，应当依法办理。

第十六条　国务院卫生行政部门应当及时公布新的食品原料、食品添加剂新品种和食品相关产品新品种目录以及所适用的食品安全国家标准。

对按照传统既是食品又是中药材的物质目录，国务院卫生行政部门会同国务院食品安全监督管理部门应当及时更新。

第十七条　国务院食品安全监督管理部门会同国务院农业行政等有关部门明确食品安全全程追溯基本要求，指导食品生产经营者通过信息化手段建立、完善食品安全追溯体系。

食品安全监督管理等部门应当将婴幼儿配方食品等针对特定人群的食品以及其他食品安全风险较高或者销售量大的食品的追溯体系建设作为监督检查的重点。

第十八条　食品生产经营者应当建立食品安全追溯体系，依照食品安全法的规定如实记录并保存进货查验、出厂检验、食品销售等信息，保证食品可追溯。

第十九条　食品生产经营企业的主要负责人对本企业的食品安全工作全面负责，建立并落实本企业的食品安全责任制，加强供货者管理、进货查验和出厂检验、生产经营过程控制、食品安全自查等工作。食品生产经营企业的食品安全管理人员应当协助企业主要负责人做好食品安全管理工作。

第二十条　食品生产经营企业应当加强对食品安全管理人员的培训和考核。食品安全管理人员应当掌握与其岗位相适应的食品安全法律、法规、标准和专业知识，具备食品安全管理能力。食品安全监督管理部门应当对企业食品安全管理人员进行随机监督抽查考核。考核指南由国务院食品安全监督管理部门制定、公布。

第二十一条　食品、食品添加剂生产经营者委托生产食品、食品添加剂的，应当委托取得食品生产许可、食品添加剂生产许可的生产者生产，并对其生产行为进行监督，对委托生产的食品、食品添加剂的安全负责。受托方应当依照法律、法规、食品安全标准以及合同约定进行生产，对生产行为负责，并接受委托方的监督。

第二十二条 食品生产经营者不得在食品生产、加工场所贮存依照本条例第六十三条规定制定的名录中的物质。

第二十三条 对食品进行辐照加工，应当遵守食品安全国家标准，并按照食品安全国家标准的要求对辐照加工食品进行检验和标注。

第二十四条 贮存、运输对温度、湿度等有特殊要求的食品，应当具备保温、冷藏或者冷冻等设备设施，并保持有效运行。

第二十五条 食品生产经营者委托贮存、运输食品的，应当对受托方的食品安全保障能力进行审核，并监督受托方按照保证食品安全的要求贮存、运输食品。受托方应当保证食品贮存、运输条件符合食品安全的要求，加强食品贮存、运输过程管理。

接受食品生产经营者委托贮存、运输食品的，应当如实记录委托方和收货方的名称、地址、联系方式等内容。记录保存期限不得少于贮存、运输结束后2年。

非食品生产经营者从事对温度、湿度等有特殊要求的食品贮存业务的，应当自取得营业执照之日起30个工作日内向所在地县级人民政府食品安全监督管理部门备案。

第二十六条 餐饮服务提供者委托餐具饮具集中消毒服务单位提供清洗消毒服务的，应当查验、留存餐具饮具集中消毒服务单位的营业执照复印件和消毒合格证明。保存期限不得少于消毒餐具饮具使用期限到期后6个月。

第二十七条 餐具饮具集中消毒服务单位应当建立餐具饮具出厂检验记录制度，如实记录出厂餐具饮具的数量、消毒日期和批号、使用期限、出厂日期以及委托方名称、地址、联系方式等内容。出厂检验记录保存期限不得少于消毒餐具饮具使用期限到期后6个月。消毒后的餐具饮具应当在独立包装上标注单位名称、地址、联系方式、消毒日期和批号以及使用期限等内容。

第二十八条 学校、托幼机构、养老机构、建筑工地等集中用餐单位的食堂应当执行原料控制、餐具饮具清洗消毒、食品留样等制度，并依照食品安全法第四十七条的规定定期开展食堂食品安全自查。

承包经营集中用餐单位食堂的，应当依法取得食品经营许可，并对食堂的食品安全负责。集中用餐单位应当督促承包方落实食品安全管理制度，承担管理责任。

第二十九条 食品生产经营者应当对变质、超过保质期或者回收的食品进行显著标示或者单独存放在有明确标志的场所，及时采取无害化处理、销毁等措施并如实记录。

食品安全法所称回收食品，是指已经售出，因违反法律、法规、食品安全标准或者超过保质期等原因，被召回或者退回的食品，不包括依照食品安全法第六十三条第三款的规定可以继续销售的食品。

第三十条 县级以上地方人民政府根据需要建设必要的食品无害化处理和销毁设施。食品生产经营者可以按照规定使用政府建设的设施对食品进行无害化处理或者予以销毁。

第三十一条 食品集中交易市场的开办者、食品展销会的举办者应当在市场开业或者展销会举办前向所在地县级人民政府食品安全监督管理部门报告。

第三十二条 网络食品交易第三方平台提供者应当妥善保存入网食品经营者的登记信息和交易信息。县级以上人民政府食品安全监督管理部门开展食品安全监督检查、食品安全案件调查处理、食品安全事故处置确需了解有关信息的，经其负责人批准，可以要求网络食品交易第三方平台提供者提供，网络食品交易第三方平台提供者应当按照要求提供。县级以上人民政府食品安全监督管理部门及其工作人员对网络食品交易第三方平台提供者提供的信息依法负有保密义务。

第三十三条 生产经营转基因食品应当显著标示，标示办法由国务院食品安全监督管理部门会同国务院农业行政部门制定。

第三十四条 禁止利用包括会议、讲座、健康咨询在内的任何方式对食品进行虚假宣传。食品安全监督管理部门发现虚假宣传行为的，应当依法及时处理。

第三十五条 保健食品生产工艺有原料提取、纯化等前处理工序的，生产企业应当具备相应的原料前处理能力。

第三十六条 特殊医学用途配方食品生产企业应当按照食品安全国家标准规定的检验项目对出厂产品实施逐批检验。

特殊医学用途配方食品中的特定全营养配方食品应当通过医疗机构或者药品零售企业向消费者销售。医疗机构、药品零售企业销售特定全营养配方食品的，不需要取得食品经营许可，但是应当遵守食品安全法和本条例关于食品销售的规定。

第三十七条 特殊医学用途配方食品中的特定全营养配方食品广告按照处方药广告管理，其他类别的特殊医学用途配方食品广告按照非处方药广告管理。

第三十八条 对保健食品之外的其他食品，不得声称具有保健功能。

对添加食品安全国家标准规定的选择性添加物质的婴幼儿配方食品，不得以选择性添加物质命名。

第三十九条 特殊食品的标签、说明书内容应当与注册或者备案的标签、说明书一致。销售特殊食品，应当核对食品标签、说明书内容是否与注册或者备案的标签、说明书一致，不一致的不得销售。省级以上人民政府食品安全监督管理部门应当在其网站上公布注册或者备案的特殊食品的标签、说明书。

特殊食品不得与普通食品或者药品混放销售。

第五章 食品检验

第四十条 对食品进行抽样检验，应当按照食品安全标准、注册或者备案的特殊食品的产品技术要求以及国家有关规定确定的检验项目和检验方法进行。

第四十一条 对可能掺杂掺假的食品,按照现有食品安全标准规定的检验项目和检验方法以及依照食品安全法第一百一十一条和本条例第六十三条规定制定的检验项目和检验方法无法检验的,国务院食品安全监督管理部门可以制定补充检验项目和检验方法,用于对食品的抽样检验、食品安全案件调查处理和食品安全事故处置。

第四十二条 依照食品安全法第八十八条的规定申请复检的,申请人应当向复检机构先行支付复检费用。复检结论表明食品不合格的,复检费用由复检申请人承担;复检结论表明食品合格的,复检费用由实施抽样检验的食品安全监督管理部门承担。

复检机构无正当理由不得拒绝承担复检任务。

第四十三条 任何单位和个人不得发布未依法取得资质认定的食品检验机构出具的食品检验信息,不得利用上述检验信息对食品、食品生产经营者进行等级评定,欺骗、误导消费者。

第六章 食品进出口

第四十四条 进口商进口食品、食品添加剂,应当按照规定向出入境检验检疫机构报检,如实申报产品相关信息,并随附法律、行政法规规定的合格证明材料。

第四十五条 进口食品运达口岸后,应当存放在出入境检验检疫机构指定或者认可的场所;需要移动的,应当按照出入境检验检疫机构的要求采取必要的安全防护措施。大宗散装进口食品应当在卸货口岸进行检验。

第四十六条 国家出入境检验检疫部门根据风险管理需要,可以对部分食品实行指定口岸进口。

第四十七条 国务院卫生行政部门依照食品安全法第九十三条的规定对境外出口商、境外生产企业或者其委托的进口商提交的相关国家（地区）标准或者国际标准进行审查，认为符合食品安全要求的，决定暂予适用并予以公布；暂予适用的标准公布前，不得进口尚无食品安全国家标准的食品。

食品安全国家标准中通用标准已经涵盖的食品不属于食品安全法第九十三条规定的尚无食品安全国家标准的食品。

第四十八条 进口商应当建立境外出口商、境外生产企业审核制度，重点审核境外出口商、境外生产企业制定和执行食品安全风险控制措施的情况以及向我国出口的食品是否符合食品安全法、本条例和其他有关法律、行政法规的规定以及食品安全国家标准的要求。

第四十九条 进口商依照食品安全法第九十四条第三款的规定召回进口食品的，应当将食品召回和处理情况向所在地县级人民政府食品安全监督管理部门和所在地出入境检验检疫机构报告。

第五十条 国家出入境检验检疫部门发现已经注册的境外食品生产企业不再符合注册要求的，应当责令其在规定期限内整改，整改期间暂停进口其生产的食品；经整改仍不符合注册要求的，国家出入境检验检疫部门应当撤销境外食品生产企业注册并公告。

第五十一条 对通过我国良好生产规范、危害分析与关键控制点体系认证的境外生产企业，认证机构应当依法实施跟踪调查。对不再符合认证要求的企业，认证机构应当依法撤销认证并向社会公布。

第五十二条 境外发生的食品安全事件可能对我国境内造成影响，或者在进口食品、食品添加剂、食品相关产品中发现严重食品安全问题的，国家出入境检验检疫部门应当及时进行风险预警，并可以对相关的食品、食品添加剂、食品相关产品采取下列控制措施：

（一）退货或者销毁处理；

（二）有条件地限制进口；

（三）暂停或者禁止进口。

第五十三条 出口食品、食品添加剂的生产企业应当保证其出口食品、食品添加剂符合进口国家（地区）的标准或者合同要求；我国缔结或者参加的国际条约、协定有要求的，还应当符合国际条约、协定的要求。

第七章 食品安全事故处置

第五十四条 食品安全事故按照国家食品安全事故应急预案实行分级管理。县级以上人民政府食品安全监督管理部门会同同级有关部门负责食品安全事故调查处理。

县级以上人民政府应当根据实际情况及时修改、完善食品安全事故应急预案。

第五十五条 县级以上人民政府应当完善食品安全事故应急管理机制，改善应急装备，做好应急物资储备和应急队伍建设，加强应急培训、演练。

第五十六条 发生食品安全事故的单位应当对导致或者可能导致食品安全事故的食品及原料、工具、设备、设施等，立即采取封存等控制措施。

第五十七条 县级以上人民政府食品安全监督管理部门接到食品安全事故报告后，应当立即会同同级卫生行政、农业行政等部门依照食品安全法第一百零五条的规定进行调查处理。食品安全监督管理部门应当对事故单位封存的食品及原料、工具、设备、设施等予以保护，需要封存而事故单位尚未封存的应当直接封存或者责令事故单位立即封存，并通知疾病预防控制机构对与事故有关的因素开展流行病学调查。

疾病预防控制机构应当在调查结束后向同级食品安全监督管理、卫生行政部门同时提交流行病学调查报告。

任何单位和个人不得拒绝、阻挠疾病预防控制机构开展流行病学调查。有关部门应当对疾病预防控制机构开展流行病学调查予以协助。

第五十八条 国务院食品安全监督管理部门会同国务院卫生行政、农业行政等部门定期对全国食品安全事故情况进行分析，完善食品安全监督管理措施，预防和减少事故的发生。

第八章 监督管理

第五十九条 设区的市级以上人民政府食品安全监督管理部门根据监督管理工作需要，可以对由下级人民政府食品安全监督管理部门负责日常监督管理的食品生产经营者实施随机监督检查，也可以组织下级人民政府食品安全监督管理部门对食品生产经营者实施异地监督检查。

设区的市级以上人民政府食品安全监督管理部门认为必要的，可以直接调查处理下级人民政府食品安全监督管理部门管辖的食品安全违法案件，也可以指定其他下级人民政府食品安全监督管理部门调查处理。

第六十条 国家建立食品安全检查员制度，依托现有资源加强职业化检查员队伍建设，强化考核培训，提高检查员专业化水平。

第六十一条 县级以上人民政府食品安全监督管理部门依照食品安全法第一百一十条的规定实施查封、扣押措施，查封、扣押的期限不得超过30日；情况复杂的，经实施查封、扣押措施的食品安全监督管理部门负责人批准，可以延长，延长期限不得超过45日。

第六十二条 网络食品交易第三方平台多次出现入网食品经营者违法经营或者入网食品经营者的违法经营行为造成严重后果的，县级以上人民政府食品安全监督管理部门可以对网络食品交易第三方平台提供者的法定代表人或者主要负责人进行责任约谈。

第六十三条 国务院食品安全监督管理部门会同国务院卫生行政等部门根据食源性疾病信息、食品安全风险监测信息和监督管理信息等，对发现的添加或者可能添加到食品中的非食品用化学物质和其他可能危害人体健康的物质，制定名录及检测方法并予以公布。

第六十四条　县级以上地方人民政府卫生行政部门应当对餐具饮具集中消毒服务单位进行监督检查，发现不符合法律、法规、国家相关标准以及相关卫生规范等要求的，应当及时调查处理。监督检查的结果应当向社会公布。

第六十五条　国家实行食品安全违法行为举报奖励制度，对查证属实的举报，给予举报人奖励。举报人举报所在企业食品安全重大违法犯罪行为的，应当加大奖励力度。有关部门应当对举报人的信息予以保密，保护举报人的合法权益。食品安全违法行为举报奖励办法由国务院食品安全监督管理部门会同国务院财政等有关部门制定。

食品安全违法行为举报奖励资金纳入各级人民政府预算。

第六十六条　国务院食品安全监督管理部门应当会同国务院有关部门建立守信联合激励和失信联合惩戒机制，结合食品生产经营者信用档案，建立严重违法生产经营者黑名单制度，将食品安全信用状况与准入、融资、信贷、征信等相衔接，及时向社会公布。

第九章　法律责任

第六十七条　有下列情形之一的，属于食品安全法第一百二十三条至第一百二十六条、第一百三十二条以及本条例第七十二条、第七十三条规定的情节严重情形：

（一）违法行为涉及的产品货值金额2万元以上或者违法行为持续时间3个月以上；

（二）造成食源性疾病并出现死亡病例，或者造成30人以上食源性疾病但未出现死亡病例；

（三）故意提供虚假信息或者隐瞒真实情况；

（四）拒绝、逃避监督检查；

（五）因违反食品安全法律、法规受到行政处罚后1年内又实施同一性质的食品安全违法行为，或者因违反食品安全法律、法规受到刑事处罚后又实施食品安全违法行为；

（六）其他情节严重的情形。

对情节严重的违法行为处以罚款时，应当依法从重从严。

第六十八条 有下列情形之一的，依照食品安全法第一百二十五条第一款、本条例第七十五条的规定给予处罚：

（一）在食品生产、加工场所贮存依照本条例第六十三条规定制定的名录中的物质；

（二）生产经营的保健食品之外的食品的标签、说明书声称具有保健功能；

（三）以食品安全国家标准规定的选择性添加物质命名婴幼儿配方食品；

（四）生产经营的特殊食品的标签、说明书内容与注册或者备案的标签、说明书不一致。

第六十九条 有下列情形之一的，依照食品安全法第一百二十六条第一款、本条例第七十五条的规定给予处罚：

（一）接受食品生产经营者委托贮存、运输食品，未按照规定记录保存信息；

（二）餐饮服务提供者未查验、留存餐具饮具集中消毒服务单位的营业执照复印件和消毒合格证明；

（三）食品生产经营者未按照规定对变质、超过保质期或者回收的食品进行标示或者存放，或者未及时对上述食品采取无害化处理、销毁等措施并如实记录；

（四）医疗机构和药品零售企业之外的单位或者个人向消费者销售特殊医学用途配方食品中的特定全营养配方食品；

（五）将特殊食品与普通食品或者药品混放销售。

第七十条　除食品安全法第一百二十五条第一款、第一百二十六条规定的情形外，食品生产经营者的生产经营行为不符合食品安全法第三十三条第一款第五项、第七项至第十项的规定，或者不符合有关食品生产经营过程要求的食品安全国家标准的，依照食品安全法第一百二十六条第一款、本条例第七十五条的规定给予处罚。

第七十一条　餐具饮具集中消毒服务单位未按照规定建立并遵守出厂检验记录制度的，由县级以上人民政府卫生行政部门依照食品安全法第一百二十六条第一款、本条例第七十五条的规定给予处罚。

第七十二条　从事对温度、湿度等有特殊要求的食品贮存业务的非食品生产经营者，食品集中交易市场的开办者、食品展销会的举办者，未按照规定备案或者报告的，由县级以上人民政府食品安全监督管理部门责令改正，给予警告；拒不改正的，处1万元以上5万元以下罚款；情节严重的，责令停产停业，并处5万元以上20万元以下罚款。

第七十三条　利用会议、讲座、健康咨询等方式对食品进行虚假宣传的，由县级以上人民政府食品安全监督管理部门责令消除影响，有违法所得的，没收违法所得；情节严重的，依照食品安全法第一百四十条第五款的规定进行处罚；属于单位违法的，还应当依照本条例第七十五条的规定对单位的法定代表人、主要负责人、直接负责的主管人员和其他直接责任人员给予处罚。

第七十四条　食品生产经营者生产经营的食品符合食品安全标准但不符合食品所标注的企业标准规定的食品安全指标的，由县级以上人民政府食品安全监督管理部门给予警告，并责令食品经营者停止经营该食品，责令食品生产企业改正；拒不停止经营或者改正的，没收不符合企业标准规定的食品安全指标的食品，货值金额不足1万元的，并处1万元以上5万元以下罚款，货值金额1万元以上的，并处货值金额5倍以上10倍以下罚款。

第七十五条 食品生产经营企业等单位有食品安全法规定的违法情形，除依照食品安全法的规定给予处罚外，有下列情形之一的，对单位的法定代表人、主要负责人、直接负责的主管人员和其他直接责任人员处以其上一年度从本单位取得收入的1倍以上10倍以下罚款：

（一）故意实施违法行为；

（二）违法行为性质恶劣；

（三）违法行为造成严重后果。

属于食品安全法第一百二十五条第二款规定情形的，不适用前款规定。

第七十六条 食品生产经营者依照食品安全法第六十三条第一款、第二款的规定停止生产、经营，实施食品召回，或者采取其他有效措施减轻或者消除食品安全风险，未造成危害后果的，可以从轻或者减轻处罚。

第七十七条 县级以上地方人民政府食品安全监督管理等部门对有食品安全法第一百二十三条规定的违法情形且情节严重，可能需要行政拘留的，应当及时将案件及有关材料移送同级公安机关。公安机关认为需要补充材料的，食品安全监督管理等部门应当及时提供。公安机关经审查认为不符合行政拘留条件的，应当及时将案件及有关材料退回移送的食品安全监督管理等部门。

第七十八条 公安机关对发现的食品安全违法行为，经审查没有犯罪事实或者立案侦查后认为不需要追究刑事责任，但依法应当予以行政拘留的，应当及时作出行政拘留的处罚决定；不需要予以行政拘留但依法应当追究其他行政责任的，应当及时将案件及有关材料移送同级食品安全监督管理等部门。

第七十九条 复检机构无正当理由拒绝承担复检任务的，由县级以上人民政府食品安全监督管理部门给予警告，无正当理由1年内2次拒绝承担复检任务的，由国务院有关部门撤销其复检机构资质并向社会公布。

- 254 -

第八十条 发布未依法取得资质认定的食品检验机构出具的食品检验信息，或者利用上述检验信息对食品、食品生产经营者进行等级评定，欺骗、误导消费者的，由县级以上人民政府食品安全监督管理部门责令改正，有违法所得的，没收违法所得，并处 10 万元以上 50 万元以下罚款；拒不改正的，处 50 万元以上 100 万元以下罚款；构成违反治安管理行为的，由公安机关依法给予治安管理处罚。

第八十一条 食品安全监督管理部门依照食品安全法、本条例对违法单位或者个人处以 30 万元以上罚款的，由设区的市级以上人民政府食品安全监督管理部门决定。罚款具体处罚权限由国务院食品安全监督管理部门规定。

第八十二条 阻碍食品安全监督管理等部门工作人员依法执行职务，构成违反治安管理行为的，由公安机关依法给予治安管理处罚。

第八十三条 县级以上人民政府食品安全监督管理等部门发现单位或者个人违反食品安全法第一百二十条第一款规定，编造、散布虚假食品安全信息，涉嫌构成违反治安管理行为的，应当将相关情况通报同级公安机关。

第八十四条 县级以上人民政府食品安全监督管理部门及其工作人员违法向他人提供网络食品交易第三方平台提供者提供的信息的，依照食品安全法第一百四十五条的规定给予处分。

第八十五条 违反本条例规定，构成犯罪的，依法追究刑事责任。

第十章 附 则

第八十六条 本条例自 2019 年 12 月 1 日起施行。

饲料和饲料添加剂管理条例

（1999年5月29日中华人民共和国国务院令第266号发布　根据2001年11月29日《国务院关于修改〈饲料和饲料添加剂管理条例〉的决定》第一次修订　2011年10月26日国务院第177次常务会议修订通过　根据2013年12月7日《国务院关于修改部分行政法规的决定》第二次修订　根据2016年2月6日《国务院关于修改部分行政法规的决定》第三次修订　根据2017年3月1日《国务院关于修改和废止部分行政法规的决定》第四次修订）

第一章　总　则

第一条　为了加强对饲料、饲料添加剂的管理，提高饲料、饲料添加剂的质量，保障动物产品质量安全，维护公众健康，制定本条例。

第二条　本条例所称饲料，是指经工业化加工、制作的供动物食用的产品，包括单一饲料、添加剂预混合饲料、浓缩饲料、配合饲料和精料补充料。

本条例所称饲料添加剂，是指在饲料加工、制作、使用过程中添加的少量或者微量物质，包括营养性饲料添加剂和一般饲料添加剂。

饲料原料目录和饲料添加剂品种目录由国务院农业行政主管部门制定并公布。

第三条　国务院农业行政主管部门负责全国饲料、饲料添加剂的监督管理工作。

县级以上地方人民政府负责饲料、饲料添加剂管理的部门（以下简称饲料管理部门），负责本行政区域饲料、饲料添加剂的监督管理工作。

第四条 县级以上地方人民政府统一领导本行政区域饲料、饲料添加剂的监督管理工作，建立健全监督管理机制，保障监督管理工作的开展。

第五条 饲料、饲料添加剂生产企业、经营者应当建立健全质量安全制度，对其生产、经营的饲料、饲料添加剂的质量安全负责。

第六条 任何组织或者个人有权举报在饲料、饲料添加剂生产、经营、使用过程中违反本条例的行为，有权对饲料、饲料添加剂监督管理工作提出意见和建议。

第二章 审定和登记

第七条 国家鼓励研制新饲料、新饲料添加剂。

研制新饲料、新饲料添加剂，应当遵循科学、安全、有效、环保的原则，保证新饲料、新饲料添加剂的质量安全。

第八条 研制的新饲料、新饲料添加剂投入生产前，研制者或者生产企业应当向国务院农业行政主管部门提出审定申请，并提供该新饲料、新饲料添加剂的样品和下列资料：

（一）名称、主要成分、理化性质、研制方法、生产工艺、质量标准、检测方法、检验报告、稳定性试验报告、环境影响报告和污染防治措施；

（二）国务院农业行政主管部门指定的试验机构出具的该新饲料、新饲料添加剂的饲喂效果、残留消解动态以及毒理学安全性评价报告。

申请新饲料添加剂审定的，还应当说明该新饲料添加剂的添加目的、使用方法，并提供该饲料添加剂残留可能对人体健康造成影响的分析评价报告。

第九条 国务院农业行政主管部门应当自受理申请之日起 5 个工作日内,将新饲料、新饲料添加剂的样品和申请资料交全国饲料评审委员会,对该新饲料、新饲料添加剂的安全性、有效性及其对环境的影响进行评审。

全国饲料评审委员会由养殖、饲料加工、动物营养、毒理、药理、代谢、卫生、化工合成、生物技术、质量标准、环境保护、食品安全风险评估等方面的专家组成。全国饲料评审委员会对新饲料、新饲料添加剂的评审采取评审会议的形式,评审会议应当有 9 名以上全国饲料评审委员会专家参加,根据需要也可以邀请 1 至 2 名全国饲料评审委员会专家以外的专家参加,参加评审的专家对评审事项具有表决权。评审会议应当形成评审意见和会议纪要,并由参加评审的专家审核签字;有不同意见的,应当注明。参加评审的专家应当依法公平、公正履行职责,对评审资料保密,存在回避事由的,应当主动回避。

全国饲料评审委员会应当自收到新饲料、新饲料添加剂的样品和申请资料之日起 9 个月内出具评审结果并提交国务院农业行政主管部门;但是,全国饲料评审委员会决定由申请人进行相关试验的,经国务院农业行政主管部门同意,评审时间可以延长 3 个月。

国务院农业行政主管部门应当自收到评审结果之日起 10 个工作日内作出是否核发新饲料、新饲料添加剂证书的决定;决定不予核发的,应当书面通知申请人并说明理由。

第十条 国务院农业行政主管部门核发新饲料、新饲料添加剂证书,应当同时按照职责权限公布该新饲料、新饲料添加剂的产品质量标准。

第十一条 新饲料、新饲料添加剂的监测期为 5 年。新饲料、新饲料添加剂处于监测期的,不受理其他就该新饲料、新饲料添加剂的生产申请和进口登记申请,但超过 3 年不投入生产的除外。

生产企业应当收集处于监测期的新饲料、新饲料添加剂的质量稳定性及其对动物产品质量安全的影响等信息,并向国务院农业行政主管部门报告;国务院农业行政主管部门应当对新饲料、新饲料添加剂的质量安全状况组织跟踪监测,证实其存在安全问题的,应当撤销新饲料、新饲料添加剂证书并予以公告。

第十二条 向中国出口中国境内尚未使用但出口国已经批准生产和使用的饲料、饲料添加剂的,由出口方驻中国境内的办事机构或者其委托的中国境内代理机构向国务院农业行政主管部门申请登记,并提供该饲料、饲料添加剂的样品和下列资料:

(一) 商标、标签和推广应用情况;

(二) 生产地批准生产、使用的证明和生产地以外其他国家、地区的登记资料;

(三) 主要成分、理化性质、研制方法、生产工艺、质量标准、检测方法、检验报告、稳定性试验报告、环境影响报告和污染防治措施;

(四) 国务院农业行政主管部门指定的试验机构出具的该饲料、饲料添加剂的饲喂效果、残留消解动态以及毒理学安全性评价报告。

申请饲料添加剂进口登记的,还应当说明该饲料添加剂的添加目的、使用方法,并提供该饲料添加剂残留可能对人体健康造成影响的分析评价报告。

国务院农业行政主管部门应当依照本条例第九条规定的新饲料、新饲料添加剂的评审程序组织评审,并决定是否核发饲料、饲料添加剂进口登记证。

首次向中国出口中国境内已经使用且出口国已经批准生产和使用的饲料、饲料添加剂的,应当依照本条第一款、第二款的规定申请登记。国务院农业行政主管部门应当自受理申请之日起 10 个工作日内对申请资料进行审查;审查合格的,将样品交由指定的机构进行复核检测;复核检测合格的,国务院农业行政主管部门应当在 10 个工作日内核发饲料、饲料添加剂进口登记证。

饲料、饲料添加剂进口登记证有效期为 5 年。进口登记证有效期满需要继续向中国出口饲料、饲料添加剂的，应当在有效期届满 6 个月前申请续展。

禁止进口未取得饲料、饲料添加剂进口登记证的饲料、饲料添加剂。

第十三条 国家对已经取得新饲料、新饲料添加剂证书或者饲料、饲料添加剂进口登记证的、含有新化合物的饲料、饲料添加剂的申请人提交的其自己所取得且未披露的试验数据和其他数据实施保护。

自核发证书之日起 6 年内，对其他申请人未经已取得新饲料、新饲料添加剂证书或者饲料、饲料添加剂进口登记证的申请人同意，使用前款规定的数据申请新饲料、新饲料添加剂审定或者饲料、饲料添加剂进口登记的，国务院农业行政主管部门不予审定或者登记；但是，其他申请人提交其自己所取得的数据的除外。

除下列情形外，国务院农业行政主管部门不得披露本条第一款规定的数据：

（一）公共利益需要；

（二）已采取措施确保该类信息不会被不正当地进行商业使用。

第三章 生产、经营和使用

第十四条 设立饲料、饲料添加剂生产企业，应当符合饲料工业发展规划和产业政策，并具备下列条件：

（一）有与生产饲料、饲料添加剂相适应的厂房、设备和仓储设施；

（二）有与生产饲料、饲料添加剂相适应的专职技术人员；

（三）有必要的产品质量检验机构、人员、设施和质量管理制度；

（四）有符合国家规定的安全、卫生要求的生产环境；

（五）有符合国家环境保护要求的污染防治措施；

（六）国务院农业行政主管部门制定的饲料、饲料添加剂质量安全管

- 260 -

理规范规定的其他条件。

第十五条 申请从事饲料、饲料添加剂生产的企业，申请人应当向省、自治区、直辖市人民政府饲料管理部门提出申请。省、自治区、直辖市人民政府饲料管理部门应当自受理申请之日起 10 个工作日内进行书面审查；审查合格的，组织进行现场审核，并根据审核结果在 10 个工作日内作出是否核发生产许可证的决定。

生产许可证有效期为 5 年。生产许可证有效期满需要继续生产饲料、饲料添加剂的，应当在有效期届满 6 个月前申请续展。

第十六条 饲料添加剂、添加剂预混合饲料生产企业取得生产许可证后，由省、自治区、直辖市人民政府饲料管理部门按照国务院农业行政主管部门的规定，核发相应的产品批准文号。

第十七条 饲料、饲料添加剂生产企业应当按照国务院农业行政主管部门的规定和有关标准，对采购的饲料原料、单一饲料、饲料添加剂、药物饲料添加剂、添加剂预混合饲料和用于饲料添加剂生产的原料进行查验或者检验。

饲料生产企业使用限制使用的饲料原料、单一饲料、饲料添加剂、药物饲料添加剂、添加剂预混合饲料生产饲料的，应当遵守国务院农业行政主管部门的限制性规定。禁止使用国务院农业行政主管部门公布的饲料原料目录、饲料添加剂品种目录和药物饲料添加剂品种目录以外的任何物质生产饲料。

饲料、饲料添加剂生产企业应当如实记录采购的饲料原料、单一饲料、饲料添加剂、药物饲料添加剂、添加剂预混合饲料和用于饲料添加剂生产的原料的名称、产地、数量、保质期、许可证明文件编号、质量检验信息、生产企业名称或者供货者名称及其联系方式、进货日期等。记录保存期限不得少于 2 年。

第十八条 饲料、饲料添加剂生产企业，应当按照产品质量标准以及国务院农业行政主管部门制定的饲料、饲料添加剂质量安全管理规范和饲料添加剂安全使用规范组织生产，对生产过程实施有效控制并实行生产记录和产品留样观察制度。

第十九条 饲料、饲料添加剂生产企业应当对生产的饲料、饲料添加剂进行产品质量检验；检验合格的，应当附具产品质量检验合格证。未经产品质量检验、检验不合格或者未附具产品质量检验合格证的，不得出厂销售。

饲料、饲料添加剂生产企业应当如实记录出厂销售的饲料、饲料添加剂的名称、数量、生产日期、生产批次、质量检验信息、购货者名称及其联系方式、销售日期等。记录保存期限不得少于2年。

第二十条 出厂销售的饲料、饲料添加剂应当包装，包装应当符合国家有关安全、卫生的规定。

饲料生产企业直接销售给养殖者的饲料可以使用罐装车运输。罐装车应当符合国家有关安全、卫生的规定，并随罐装车附具符合本条例第二十一条规定的标签。

易燃或者其他特殊的饲料、饲料添加剂的包装应当有警示标志或者说明，并注明储运注意事项。

第二十一条 饲料、饲料添加剂的包装上应当附具标签。标签应当以中文或者适用符号标明产品名称、原料组成、产品成分分析保证值、净重或者净含量、贮存条件、使用说明、注意事项、生产日期、保质期、生产企业名称以及地址、许可证明文件编号和产品质量标准等。加入药物饲料添加剂的，还应当标明"加入药物饲料添加剂"字样，并标明其通用名称、含量和休药期。乳和乳制品以外的动物源性饲料，还应当标明"本产品不得饲喂反刍动物"字样。

第二十二条 饲料、饲料添加剂经营者应当符合下列条件：

（一）有与经营饲料、饲料添加剂相适应的经营场所和仓储设施；

（二）有具备饲料、饲料添加剂使用、贮存等知识的技术人员；

（三）有必要的产品质量管理和安全管理制度。

第二十三条 饲料、饲料添加剂经营者进货时应当查验产品标签、产品质量检验合格证和相应的许可证明文件。

饲料、饲料添加剂经营者不得对饲料、饲料添加剂进行拆包、分装，不得对饲料、饲料添加剂进行再加工或者添加任何物质。

禁止经营用国务院农业行政主管部门公布的饲料原料目录、饲料添加剂品种目录和药物饲料添加剂品种目录以外的任何物质生产的饲料。

饲料、饲料添加剂经营者应当建立产品购销台账，如实记录购销产品的名称、许可证明文件编号、规格、数量、保质期、生产企业名称或者供货者名称及其联系方式、购销时间等。购销台账保存期限不得少于2年。

第二十四条 向中国出口的饲料、饲料添加剂应当包装，包装应当符合中国有关安全、卫生的规定，并附具符合本条例第二十一条规定的标签。

向中国出口的饲料、饲料添加剂应当符合中国有关检验检疫的要求，由出入境检验检疫机构依法实施检验检疫，并对其包装和标签进行核查。包装和标签不符合要求的，不得入境。

境外企业不得直接在中国销售饲料、饲料添加剂。境外企业在中国销售饲料、饲料添加剂的，应当依法在中国境内设立销售机构或者委托符合条件的中国境内代理机构销售。

第二十五条 养殖者应当按照产品使用说明和注意事项使用饲料。在饲料或者动物饮用水中添加饲料添加剂的，应当符合饲料添加剂使用说明和注意事项的要求，遵守国务院农业行政主管部门制定的饲料添加剂安全使用规范。

养殖者使用自行配制的饲料的，应当遵守国务院农业行政主管部门制定的自行配制饲料使用规范，并不得对外提供自行配制的饲料。

使用限制使用的物质养殖动物的，应当遵守国务院农业行政主管部门的限制性规定。禁止在饲料、动物饮用水中添加国务院农业行政主管部门公布禁用的物质以及对人体具有直接或者潜在危害的其他物质，或者直接使用上述物质养殖动物。禁止在反刍动物饲料中添加乳和乳制品以外的动物源性成分。

第二十六条　国务院农业行政主管部门和县级以上地方人民政府饲料管理部门应当加强饲料、饲料添加剂质量安全知识的宣传，提高养殖者的质量安全意识，指导养殖者安全、合理使用饲料、饲料添加剂。

第二十七条　饲料、饲料添加剂在使用过程中被证实对养殖动物、人体健康或者环境有害的，由国务院农业行政主管部门决定禁用并予以公布。

第二十八条　饲料、饲料添加剂生产企业发现其生产的饲料、饲料添加剂对养殖动物、人体健康有害或者存在其他安全隐患的，应当立即停止生产，通知经营者、使用者，向饲料管理部门报告，主动召回产品，并记录召回和通知情况。召回的产品应当在饲料管理部门监督下予以无害化处理或者销毁。

饲料、饲料添加剂经营者发现其销售的饲料、饲料添加剂具有前款规定情形的，应当立即停止销售，通知生产企业、供货者和使用者，向饲料管理部门报告，并记录通知情况。

养殖者发现其使用的饲料、饲料添加剂具有本条第一款规定情形的，应当立即停止使用，通知供货者，并向饲料管理部门报告。

第二十九条　禁止生产、经营、使用未取得新饲料、新饲料添加剂证书的新饲料、新饲料添加剂以及禁用的饲料、饲料添加剂。

禁止经营、使用无产品标签、无生产许可证、无产品质量标准、无产品质量检验合格证的饲料、饲料添加剂。禁止经营、使用无产品批准文号的饲料添加剂、添加剂预混合饲料。禁止经营、使用未取得饲料、饲料添加剂进口登记证的进口饲料、进口饲料添加剂。

第三十条　禁止对饲料、饲料添加剂作具有预防或者治疗动物疾病作用的说明或者宣传。但是，饲料中添加药物饲料添加剂的，可以对所添加的药物饲料添加剂的作用加以说明。

第三十一条 国务院农业行政主管部门和省、自治区、直辖市人民政府饲料管理部门应当按照职责权限对全国或者本行政区域饲料、饲料添加剂的质量安全状况进行监测，并根据监测情况发布饲料、饲料添加剂质量安全预警信息。

第三十二条 国务院农业行政主管部门和县级以上地方人民政府饲料管理部门，应当根据需要定期或者不定期组织实施饲料、饲料添加剂监督抽查；饲料、饲料添加剂监督抽查检测工作由国务院农业行政主管部门或者省、自治区、直辖市人民政府饲料管理部门指定的具有相应技术条件的机构承担。饲料、饲料添加剂监督抽查不得收费。

国务院农业行政主管部门和省、自治区、直辖市人民政府饲料管理部门应当按照职责权限公布监督抽查结果，并可以公布具有不良记录的饲料、饲料添加剂生产企业、经营者名单。

第三十三条 县级以上地方人民政府饲料管理部门应当建立饲料、饲料添加剂监督管理档案，记录日常监督检查、违法行为查处等情况。

第三十四条 国务院农业行政主管部门和县级以上地方人民政府饲料管理部门在监督检查中可以采取下列措施：

（一）对饲料、饲料添加剂生产、经营、使用场所实施现场检查；

（二）查阅、复制有关合同、票据、账簿和其他相关资料；

（三）查封、扣押有证据证明用于违法生产饲料的饲料原料、单一饲料、饲料添加剂、药物饲料添加剂、添加剂预混合饲料，用于违法生产饲料添加剂的原料，用于违法生产饲料、饲料添加剂的工具、设施，违法生产、经营、使用的饲料、饲料添加剂；

（四）查封违法生产、经营饲料、饲料添加剂的场所。

第四章 法律责任

第三十五条 国务院农业行政主管部门、县级以上地方人民政府饲料管理部门或者其他依照本条例规定行使监督管理权的部门及其工作人员,不履行本条例规定的职责或者滥用职权、玩忽职守、徇私舞弊的,对直接负责的主管人员和其他直接责任人员,依法给予处分;直接负责的主管人员和其他直接责任人员构成犯罪的,依法追究刑事责任。

第三十六条 提供虚假的资料、样品或者采取其他欺骗方式取得许可证明文件的,由发证机关撤销相关许可证明文件,处5万元以上10万元以下罚款,申请人3年内不得就同一事项申请行政许可。以欺骗方式取得许可证明文件给他人造成损失的,依法承担赔偿责任。

第三十七条 假冒、伪造或者买卖许可证明文件的,由国务院农业行政主管部门或者县级以上地方人民政府饲料管理部门按照职责权限收缴或者吊销、撤销相关许可证明文件;构成犯罪的,依法追究刑事责任。

第三十八条 未取得生产许可证生产饲料、饲料添加剂的,由县级以上地方人民政府饲料管理部门责令停止生产,没收违法所得、违法生产的产品和用于违法生产饲料的饲料原料、单一饲料、饲料添加剂、药物饲料添加剂、添加剂预混合饲料以及用于违法生产饲料添加剂的原料,违法生产的产品货值金额不足1万元的,并处1万元以上5万元以下罚款,货值金额1万元以上的,并处货值金额5倍以上10倍以下罚款;情节严重的,没收其生产设备,生产企业的主要负责人和直接负责的主管人员10年内不得从事饲料、饲料添加剂生产、经营活动。

已经取得生产许可证,但不再具备本条例第十四条规定的条件而继续生产饲料、饲料添加剂的,由县级以上地方人民政府饲料管理部门责令停止生产、限期改正,并处1万元以上5万元以下罚款;逾期不改正的,由发证机关吊销生产许可证。

已经取得生产许可证,但未取得产品批准文号而生产饲料添加剂、添加剂预混合饲料的,由县级以上地方人民政府饲料管理部门责令停止生产,没收违法所得、违法生产的产品和用于违法生产饲料的饲料原料、单一饲料、饲料添加剂、药物饲料添加剂以及用于违法生产饲料添加剂的原料，限期补办产品批准文号，并处违法生产的产品货值金额1倍以上3倍以下罚款；情节严重的，由发证机关吊销生产许可证。

第三十九条 饲料、饲料添加剂生产企业有下列行为之一的，由县级以上地方人民政府饲料管理部门责令改正，没收违法所得、违法生产的产品和用于违法生产饲料的饲料原料、单一饲料、饲料添加剂、药物饲料添加剂、添加剂预混合饲料以及用于违法生产饲料添加剂的原料，违法生产的产品货值金额不足1万元的，并处1万元以上5万元以下罚款，货值金额1万元以上的，并处货值金额5倍以上10倍以下罚款；情节严重的，由发证机关吊销、撤销相关许可证明文件，生产企业的主要负责人和直接负责的主管人员10年内不得从事饲料、饲料添加剂生产、经营活动；构成犯罪的，依法追究刑事责任：

（一）使用限制使用的饲料原料、单一饲料、饲料添加剂、药物饲料添加剂、添加剂预混合饲料生产饲料，不遵守国务院农业行政主管部门的限制性规定的；

（二）使用国务院农业行政主管部门公布的饲料原料目录、饲料添加剂品种目录和药物饲料添加剂品种目录以外的物质生产饲料的；

（三）生产未取得新饲料、新饲料添加剂证书的新饲料、新饲料添加剂或者禁用的饲料、饲料添加剂的。

第四十条 饲料、饲料添加剂生产企业有下列行为之一的，由县级以上地方人民政府饲料管理部门责令改正，处1万元以上2万元以下罚款；拒不改正的，没收违法所得、违法生产的产品和用于违法生产饲料的饲料原料、单一饲料、饲料添加剂、药物饲料添加剂、添加剂预混合饲料以及用于违法生产饲料添加剂的原料，并处5万元以上10万元以下罚款；情节严重的，责令停止生产，可以由发证机关吊销、撤销相关许可证明文件：

（一）不按照国务院农业行政主管部门的规定和有关标准对采购的饲料原料、单一饲料、饲料添加剂、药物饲料添加剂、添加剂预混合饲料和用于饲料添加剂生产的原料进行查验或者检验的；

（二）饲料、饲料添加剂生产过程中不遵守国务院农业行政主管部门制定的饲料、饲料添加剂质量安全管理规范和饲料添加剂安全使用规范的；

（三）生产的饲料、饲料添加剂未经产品质量检验的。

第四十一条 饲料、饲料添加剂生产企业不依照本条例规定实行采购、生产、销售记录制度或者产品留样观察制度的，由县级以上地方人民政府饲料管理部门责令改正，处1万元以上2万元以下罚款；拒不改正的，没收违法所得、违法生产的产品和用于违法生产饲料的饲料原料、单一饲料、饲料添加剂、药物饲料添加剂、添加剂预混合饲料以及用于违法生产饲料添加剂的原料，处2万元以上5万元以下罚款，并可以由发证机关吊销、撤销相关许可证明文件。

饲料、饲料添加剂生产企业销售的饲料、饲料添加剂未附具产品质量检验合格证或者包装、标签不符合规定的，由县级以上地方人民政府饲料管理部门责令改正；情节严重的，没收违法所得和违法销售的产品，可以处违法销售的产品货值金额30%以下罚款。

第四十二条 不符合本条例第二十二条规定的条件经营饲料、饲料添加剂的，由县级人民政府饲料管理部门责令限期改正；逾期不改正的，没收违法所得和违法经营的产品，违法经营的产品货值金额不足1万元的，并处2000元以上2万元以下罚款，货值金额1万元以上的，并处货值金额2倍以上5倍以下罚款；情节严重的，责令停止经营，并通知工商行政管理部门，由工商行政管理部门吊销营业执照。

第四十三条 饲料、饲料添加剂经营者有下列行为之一的，由县级人民政府饲料管理部门责令改正，没收违法所得和违法经营的产品，违法经营的产品货值金额不足1万元的，并处2000元以上2万元以下罚款，货值金额1万元以上的，并处货值金额2倍以上5倍以下罚款；情节严重的，责令停止经营，并通知工商行政管理部门，由工商行政管理部门吊销营业执照；构成犯罪的，依法追究刑事责任：

（一）对饲料、饲料添加剂进行再加工或者添加物质的；

（二）经营无产品标签、无生产许可证、无产品质量检验合格证的饲料、饲料添加剂的；

（三）经营无产品批准文号的饲料添加剂、添加剂预混合饲料的；

（四）经营用国务院农业行政主管部门公布的饲料原料目录、饲料添加剂品种目录和药物饲料添加剂品种目录以外的物质生产的饲料的；

（五）经营未取得新饲料、新饲料添加剂证书的新饲料、新饲料添加剂或者未取得饲料、饲料添加剂进口登记证的进口饲料、进口饲料添加剂以及禁用的饲料、饲料添加剂的。

第四十四条 饲料、饲料添加剂经营者有下列行为之一的，由县级人民政府饲料管理部门责令改正，没收违法所得和违法经营的产品，并处2000元以上1万元以下罚款：

（一）对饲料、饲料添加剂进行拆包、分装的；

（二）不依照本条例规定实行产品购销台账制度的；

（三）经营的饲料、饲料添加剂失效、霉变或者超过保质期的。

第四十五条 对本条例第二十八条规定的饲料、饲料添加剂，生产企业不主动召回的，由县级以上地方人民政府饲料管理部门责令召回，并监督生产企业对召回的产品予以无害化处理或者销毁；情节严重的，没收违法所得，并处应召回的产品货值金额1倍以上3倍以下罚款，可以由发证机关吊销、撤销相关许可证明文件；生产企业对召回的产品不予以无害化处理或者销毁的，由县级人民政府饲料管理部门代为销毁，所需费用由生产企业承担。

对本条例第二十八条规定的饲料、饲料添加剂，经营者不停止销售的，由县级以上地方人民政府饲料管理部门责令停止销售；拒不停止销售的，没收违法所得，处1000元以上5万元以下罚款；情节严重的，责令停止经营，并通知工商行政管理部门，由工商行政管理部门吊销营业执照。

第四十六条 饲料、饲料添加剂生产企业、经营者有下列行为之一的，由县级以上地方人民政府饲料管理部门责令停止生产、经营，没收违法所得和违法生产、经营的产品，违法生产、经营的产品货值金额不足1万元的，并处2000元以上2万元以下罚款，货值金额1万元以上的，并处货值金额2倍以上5倍以下罚款；构成犯罪的，依法追究刑事责任：

（一）在生产、经营过程中，以非饲料、非饲料添加剂冒充饲料、饲料添加剂或者以此种饲料、饲料添加剂冒充他种饲料、饲料添加剂的；

（二）生产、经营无产品质量标准或者不符合产品质量标准的饲料、饲料添加剂的；

（三）生产、经营的饲料、饲料添加剂与标签标示的内容不一致的。

饲料、饲料添加剂生产企业有前款规定的行为，情节严重的，由发证机关吊销、撤销相关许可证明文件；饲料、饲料添加剂经营者有前款规定的行为，情节严重的，通知工商行政管理部门，由工商行政管理部门吊销营业执照。

第四十七条 养殖者有下列行为之一的，由县级人民政府饲料管理部门没收违法使用的产品和非法添加物质，对单位处1万元以上5万元以下罚款，对个人处5000元以下罚款；构成犯罪的，依法追究刑事责任：

（一）使用未取得新饲料、新饲料添加剂证书的新饲料、新饲料添加剂或者未取得饲料、饲料添加剂进口登记证的进口饲料、进口饲料添加剂的；

（二）使用无产品标签、无生产许可证、无产品质量标准、无产品质量检验合格证的饲料、饲料添加剂的；

（三）使用无产品批准文号的饲料添加剂、添加剂预混合饲料的；

（四）在饲料或者动物饮用水中添加饲料添加剂，不遵守国务院农业行政主管部门制定的饲料添加剂安全使用规范的；

（五）使用自行配制的饲料，不遵守国务院农业行政主管部门制定的自行配制饲料使用规范的；

（六）使用限制使用的物质养殖动物，不遵守国务院农业行政主管部门的限制性规定的；

（七）在反刍动物饲料中添加乳和乳制品以外的动物源性成分的。

在饲料或者动物饮用水中添加国务院农业行政主管部门公布禁用的物质以及对人体具有直接或者潜在危害的其他物质，或者直接使用上述物质养殖动物的，由县级以上地方人民政府饲料管理部门责令其对饲喂了违禁物质的动物进行无害化处理，处3万元以上10万元以下罚款；构成犯罪的，依法追究刑事责任。

第四十八条 养殖者对外提供自行配制的饲料的，由县级人民政府饲料管理部门责令改正，处2000元以上2万元以下罚款。

第五章 附 则

第四十九条 本条例下列用语的含义：

（一）饲料原料，是指来源于动物、植物、微生物或者矿物质，用于加工制作饲料但不属于饲料添加剂的饲用物质。

（二）单一饲料，是指来源于一种动物、植物、微生物或者矿物质，用于饲料产品生产的饲料。

（三）添加剂预混合饲料，是指由两种（类）或者两种（类）以上营养性饲料添加剂为主，与载体或者稀释剂按照一定比例配制的饲料，包括复合预混合饲料、微量元素预混合饲料、维生素预混合饲料。

（四）浓缩饲料，是指主要由蛋白质、矿物质和饲料添加剂按照一定比例配制的饲料。

（五）配合饲料，是指根据养殖动物营养需要，将多种饲料原料和饲料添加剂按照一定比例配制的饲料。

（六）精料补充料，是指为补充草食动物的营养，将多种饲料原料和饲料添加剂按照一定比例配制的饲料。

（七）营养性饲料添加剂，是指为补充饲料营养成分而掺入饲料中的少量或者微量物质，包括饲料级氨基酸、维生素、矿物质微量元素、酶制剂、非蛋白氮等。

（八）一般饲料添加剂，是指为保证或者改善饲料品质、提高饲料利用率而掺入饲料中的少量或者微量物质。

（九）药物饲料添加剂，是指为预防、治疗动物疾病而掺入载体或者稀释剂的兽药的预混合物质。

（十）许可证明文件，是指新饲料、新饲料添加剂证书，饲料、饲料添加剂进口登记证，饲料、饲料添加剂生产许可证，饲料添加剂、添加剂预混合饲料产品批准文号。

第五十条 药物饲料添加剂的管理，依照《兽药管理条例》的规定执行。

第五十一条 本条例自 2012 年 5 月 1 日起施行。

中共中央 国务院
关于深化改革加强食品安全工作的意见

(2019年5月9日)

食品安全关系人民群众身体健康和生命安全，关系中华民族未来。党的十九大报告明确提出实施食品安全战略，让人民吃得放心。这是党中央着眼党和国家事业全局，对食品安全工作作出的重大部署，是决胜全面建成小康社会、全面建设社会主义现代化国家的重大任务。现就深化改革加强食品安全工作提出如下意见。

一、深刻认识食品安全面临的形势

党的十八大以来，以习近平同志为核心的党中央坚持以人民为中心的发展思想，从党和国家事业发展全局、实现中华民族伟大复兴中国梦的战略高度，把食品安全工作放在"五位一体"总体布局和"四个全面"战略布局中统筹谋划部署，在体制机制、法律法规、产业规划、监督管理等方面采取了一系列重大举措。各地区各部门认真贯彻党中央、国务院决策部署，食品产业快速发展，安全标准体系逐步健全，检验检测能力不断提高，全过程监管体系基本建立，重大食品安全风险得到控制，人民群众饮食安全得到保障，食品安全形势不断好转。

但是，我国食品安全工作仍面临不少困难和挑战，形势依然复杂严峻。微生物和重金属污染、农药兽药残留超标、添加剂使用不规范、制假售假等问题时有发生,环境污染对食品安全的影响逐渐显现;违法成本低,维权成本高,法制不够健全,一些生产经营者唯利是图、主体责任意识不强;新业态、新资源潜在风险增多,国际贸易带来的食品安全问题加深;食品安全标准与最严谨标准要求尚有一定差距,风险监测评估预警等基础工作薄弱,基层监管力量和技术手段跟不上;一些地方对食品安全重视不够,责任落实不到位,安全与发展的矛盾仍然突出。这些问题影响到人民群众的获得感、幸福感、安全感,成为全面建成小康社会、全面建设社会主义现代化国家的明显短板。

人民日益增长的美好生活需要对加强食品安全工作提出了新的更高要求;推进国家治理体系和治理能力现代化,推动高质量发展,实施健康中国战略和乡村振兴战略,为解决食品安全问题提供了前所未有的历史机遇。必须深化改革创新,用最严谨的标准、最严格的监管、最严厉的处罚、最严肃的问责,进一步加强食品安全工作,确保人民群众"舌尖上的安全"。

二、总体要求

(一)指导思想。以习近平新时代中国特色社会主义思想为指导,全面贯彻党的十九大和十九届二中、三中全会精神,坚持和加强党的全面领导,坚持以人民为中心的发展思想,紧紧围绕统筹推进"五位一体"总体布局和协调推进"四个全面"战略布局,坚持稳中求进工作总基调,坚持新发展理念,遵循"四个最严"要求,建立食品安全现代化治理体系,提高从农田到餐桌全过程监管能力,提升食品全链条质量安全保障水平,增强广大人民群众的获得感、幸福感、安全感,为实现"两个一百年"奋斗目标和中华民族伟大复兴的中国梦奠定坚实基础。

(二)基本原则。

——坚持安全第一。把保障人民群众食品安全放在首位,坚守安全底线,正确处理安全与发展的关系,促一方发展,保一方安全。

——坚持问题导向。以维护和促进公众健康为目标,从解决人民群众普遍关心的突出问题入手,标本兼治、综合施策,不断增强人民群众的安全感和满意度。

——坚持预防为主。牢固树立风险防范意识,强化风险监测、风险评估和供应链管理,提高风险发现与处置能力。坚持"产"出来和"管"出来两手抓,落实生产经营者主体责任,最大限度消除不安全风险。

——坚持依法监管。强化法治理念,健全法规制度、标准体系,重典治乱,加大检查执法力度,依法从严惩处违法犯罪行为,严把从农田到餐桌的每一道防线。

——坚持改革创新。深化监管体制机制改革,创新监管理念、监管方式,堵塞漏洞、补齐短板,推进食品安全领域国家治理体系和治理能力现代化。

——坚持共治共享。生产经营者自觉履行主体责任,政府部门依法加强监管,公众积极参与社会监督,形成各方各尽其责、齐抓共管、合力共治的工作格局。

(三) 总体目标

到 2020 年,基于风险分析和供应链管理的食品安全监管体系初步建立。农产品和食品抽检量达到 4 批次/千人,主要农产品质量安全监测总体合格率稳定在 97% 以上,食品抽检合格率稳定在 98% 以上,区域性、系统性重大食品安全风险基本得到控制,公众对食品安全的安全感、满意度进一步提高,食品安全整体水平与全面建成小康社会目标基本相适应。

到 2035 年,基本实现食品安全领域国家治理体系和治理能力现代化。食品安全标准水平进入世界前列,产地环境污染得到有效治理,生产经营者责任意识、诚信意识和食品质量安全管理水平明显提高,经济利益驱动型食品安全违法犯罪明显减少。食品安全风险管控能力达到国际先进水平,从农田到餐桌全过程监管体系运行有效,食品安全状况实现根本好转,人民群众吃得健康、吃得放心。

三、建立最严谨的标准

(四)加快制修订标准。立足国情、对接国际,加快制修订农药残留、兽药残留、重金属、食品污染物、致病性微生物等食品安全通用标准,到 2020 年农药兽药残留限量指标达到 1 万项,基本与国际食品法典标准接轨。加快制修订产业发展和监管急需的食品安全基础标准、产品标准、配套检验方法标准。完善食品添加剂、食品相关产品等标准制定。及时修订完善食品标签等标准。

(五)创新标准工作机制。借鉴和转化国际食品安全标准,简化优化食品安全国家标准制修订流程,加快制修订进度。完善食品中有害物质的临时限量值制定机制。建立企业标准公开承诺制度,完善配套管理制度,鼓励企业制定实施严于国家标准或地方标准的企业标准。支持各方参与食品安全国家标准制修订,积极参与国际食品法典标准制定,积极参与国际新兴危害因素的评估分析与管理决策。

(六)强化标准实施。加大食品安全标准解释、宣传贯彻和培训力度,督促食品生产经营者准确理解和应用食品安全标准,维护食品安全标准的强制性。对食品安全标准的使用进行跟踪评价,充分发挥食品安全标准保障食品安全、促进产业发展的基础作用。

四、实施最严格的监管

(七)严把产地环境安全关。实施耕地土壤环境治理保护重大工程。强化土壤污染管控和修复,开展重点地区涉重金属行业污染土壤风险排查和整治。强化大气污染治理,加大重点行业挥发性有机物治理力度。加强流域水污染防治工作。

(八)严把农业投入品生产使用关。严格执行农药兽药、饲料添加剂等农业投入品生产和使用规定，严禁使用国家明令禁止的农业投入品，严格落实定点经营和实名购买制度。将高毒农药禁用范围逐步扩大到所有食用农产品。落实农业生产经营记录制度、农业投入品使用记录制度，指导农户严格执行农药安全间隔期、兽药休药期有关规定，防范农药兽药残留超标。

（九）严把粮食收储质量安全关。做好粮食收购企业资格审核管理，督促企业严格落实出入厂（库）和库存质量检验制度，积极探索建立质量追溯制度，加强烘干、存储和检验监测能力建设，为农户提供粮食烘干存储服务，防止发霉变质受损。健全超标粮食收购处置长效机制，推进无害化处理和资源合理化利用，严禁不符合食品安全标准的粮食流入口粮市场和食品生产企业。

（十）严把食品加工质量安全关。实行生产企业食品安全风险分级管理，在日常监督检查全覆盖基础上，对一般风险企业实施按比例"双随机"抽查，对高风险企业实施重点检查，对问题线索企业实施飞行检查，督促企业生产过程持续合规。加强保健食品等特殊食品监管。将体系检查从婴幼儿配方乳粉逐步扩大到高风险大宗消费食品，着力解决生产过程不合规、非法添加、超范围超限量使用食品添加剂等问题。

（十一）严把流通销售质量安全关。建立覆盖基地贮藏、物流配送、市场批发、销售终端全链条的冷链配送系统，严格执行全过程温控标准和规范，落实食品运输在途监管责任，鼓励使用温控标签，防止食物脱冷变质。督促企业严格执行进货查验记录制度和保质期标识等规定，严查临期、过期食品翻新销售。严格执行畜禽屠宰检验检疫制度。加强食品集中交易市场监管，强化农产品产地准出和市场准入衔接。

（十二）严把餐饮服务质量安全关。全面落实餐饮服务食品安全操作规范，严格执行进货查验、加工操作、清洗消毒、人员管理等规定。集体用餐单位要建立稳定的食材供应渠道和追溯记录，保证购进原料符合食品安全标准。严格落实网络订餐平台责任，保证线上线下餐饮同标同质,保证一次性餐具制品质量安全,所有提供网上订餐服务的餐饮单位必须有实体店经营资格。

五、实行最严厉的处罚

(十三)完善法律法规。研究修订食品安全法及其配套法规制度,修订完善刑法中危害食品安全犯罪和刑罚规定,加快修订农产品质量安全法,研究制定粮食安全保障法,推动农产品追溯入法。加快完善办理危害食品安全刑事案件的司法解释,推动危害食品安全的制假售假行为"直接入刑"。推动建立食品安全司法鉴定制度,明确证据衔接规则、涉案食品检验认定与处置协作配合机制、检验认定时限和费用等有关规定。加快完善食品安全民事纠纷案件司法解释,依法严肃追究故意违法者的民事赔偿责任。

(十四)严厉打击违法犯罪。落实"处罚到人"要求,综合运用各种法律手段,对违法企业及其法定代表人、实际控制人、主要负责人等直接负责的主管人员和其他直接责任人员进行严厉处罚,大幅提高违法成本,实行食品行业从业禁止、终身禁业,对再犯从严从重进行处罚。严厉打击刑事犯罪,对情节严重、影响恶劣的危害食品安全刑事案件依法从重判罚。加强行政执法与刑事司法衔接,行政执法机关发现涉嫌犯罪、依法需要追究刑事责任的,依据行刑衔接有关规定及时移送公安机关,同时抄送检察机关;发现涉嫌职务犯罪线索的,及时移送监察机关。积极完善食品安全民事和行政公益诉讼,做好与民事和行政诉讼的衔接与配合,探索建立食品安全民事公益诉讼惩罚性赔偿制度。

(十五)加强基层综合执法。深化综合执法改革,加强基层综合执法队伍和能力建设,确保有足够资源履行食品安全监管职责。县级市场监管部门及其在乡镇(街道)的派出机构,要以食品安全为首要职责,执法力量向一线岗位倾斜,完善工作流程,提高执法效率。农业综合执法要把保障农产品质量安全作为重点任务。加强执法力量和装备配备,确保执法监管工作落实到位。公安、农业农村、市场监管等部门要落实重大案件联合督办制度，按照国家有关规定，对贡献突出的单位和个人进行表彰奖励。

（十六）强化信用联合惩戒。推进食品工业企业诚信体系建设。建立全国统一的食品生产经营企业信用档案，纳入全国信用信息共享平台和国家企业信用信息公示系统。实行食品生产经营企业信用分级分类管理。进一步完善食品安全严重失信者名单认定机制，加大对失信人员联合惩戒力度。

六、坚持最严肃的问责

（十七）明确监管事权。各省、自治区、直辖市政府要结合实际，依法依规制定食品安全监管事权清单，压实各职能部门在食品安全工作中的行业管理责任。对产品风险高、影响区域广的生产企业监督检查，对重大复杂案件查处和跨区域执法，原则上由省级监管部门负责组织和协调，市县两级监管部门配合，也可实行委托监管、指定监管、派驻监管等制度，确保监管到位。市县两级原则上承担辖区内直接面向市场主体、直接面向消费者的食品生产经营监管和执法事项，保护消费者合法权益。上级监管部门要加强对下级监管部门的监督管理。

（十八）加强评议考核。完善对地方党委和政府食品安全工作评议考核制度，将食品安全工作考核结果作为党政领导班子和领导干部综合考核评价的重要内容，作为干部奖惩和使用、调整的重要参考。对考核达不到要求的，约谈地方党政主要负责人，并督促限期整改。

（十九）严格责任追究。依照监管事权清单，尽职照单免责、失职照单问责。对贯彻落实党中央、国务院有关食品安全工作决策部署不力、履行职责不力、给国家和人民利益造成严重损害的，依规依纪依法追究相关领导责任。对监管工作中失职失责、不作为、乱作为、慢作为、假作为的，依规依纪依法追究相关人员责任；涉嫌犯罪的，依法追究刑事责任。对参与、包庇、放纵危害食品安全违法犯罪行为、弄虚作假、干扰责任调查、帮助伪造、隐匿、毁灭证据的，依法从重追究法律责任。

七、落实生产经营者主体责任

（二十）落实质量安全管理责任。生产经营者是食品安全第一责任人，要结合实际设立食品质量安全管理岗位，配备专业技术人员，严格执行法律法规、标准规范等要求，确保生产经营过程持续合规，确保产品符合食品安全标准。食品质量安全管理岗位人员的法规知识抽查考核合格率要达到90%以上。风险高的大型食品企业要率先建立和实施危害分析和关键控制点体系。保健食品生产经营者要严格落实质量安全主体责任，加强全面质量管理，规范生产行为，确保产品功能声称真实。

（二十一）加强生产经营过程控制。食品生产经营者应当依法对食品安全责任落实情况、食品安全状况进行自查评价。对生产经营条件不符合食品安全要求的，要立即采取整改措施；发现存在食品安全风险的，应当立即停止生产经营活动，并及时报告属地监管部门。要主动监测其上市产品质量安全状况，对存在隐患的，要及时采取风险控制措施。食品生产企业自查报告率要达到90%以上。

（二十二）建立食品安全追溯体系。食用农产品生产经营主体和食品生产企业对其产品追溯负责，依法建立食品安全追溯体系，确保记录真实完整，确保产品来源可查、去向可追。国家建立统一的食用农产品追溯平台，建立食用农产品和食品安全追溯标准和规范，完善全程追溯协作机制。加强全程追溯的示范推广，逐步实现企业信息化追溯体系与政府部门监管平台、重要产品追溯管理平台对接，接受政府监督，互通互享信息。

（二十三）积极投保食品安全责任保险。因食品安全问题造成损害的，食品生产经营者要依法承担赔偿责任。推进肉蛋奶和白酒生产企业、集体用餐单位、农村集体聚餐、大宗食品配送单位、中央厨房和配餐单位主动购买食品安全责任保险，有条件的中小企业要积极投保食品安全责任保险，发挥保险的他律作用和风险分担机制。

八、推动食品产业高质量发展

（二十四）改革许可认证制度。坚持"放管服"相结合，减少制度性交易成本。推进农产品认证制度改革，加快建立食用农产品合格证制度。深化食品生产经营许可改革，优化许可程序，实现全程电子化。推进保健食品注册与备案双轨运行，探索对食品添加剂经营实行备案管理。制定完善食品新业态、新模式监管制度。利用现有相关信息系统，实现全国范围内食品生产经营许可信息可查询。

（二十五）实施质量兴农计划。以乡村振兴战略为引领，以优质安全、绿色发展为目标，推动农业由增产导向转向提质导向。全面推行良好农业规范。创建农业标准化示范区。实施农业品牌提升行动。培育新型农业生产服务主体，推广面向适度规模经营主体特别是小农户的病虫害统防统治专业化服务，逐步减少自行使用农药兽药的农户。

（二十六）推动食品产业转型升级。调整优化食品产业布局，鼓励企业获得认证认可，实施增品种、提品质、创品牌行动。引导食品企业延伸产业链条，建立优质原料生产基地及配套设施，加强与电商平台深度融合，打造有影响力的百年品牌。大力发展专业化、规模化冷链物流企业，保障生鲜食品流通环节质量安全。

（二十七）加大科技支撑力度。将食品安全纳入国家科技计划，加强食品安全领域的科技创新，引导食品企业加大科研投入，完善科技成果转化应用机制。建设一批国际一流的食品安全技术支撑机构和重点实验室，加快引进培养高层次人才和高水平创新团队，重点突破"卡脖子"关键技术。依托国家级专业技术机构，开展基础科学和前沿科学研究，提高食品安全风险发现和防范能力。

九、提高食品安全风险管理能力

（二十八）加强协调配合。完善统一领导、分工负责、分级管理的食品安全监管体制，地方各级党委和政府对本地区食品安全工作负总责。相关职能部门要各司其职、齐抓共管，健全工作协调联动机制，加强跨地区协作配合，发现问题迅速处置，并及时通报上游查明原因、下游控制危害。在城市社区和农村建立专兼职食品安全信息员（协管员）队伍，充分发挥群众监督作用。

（二十九）提高监管队伍专业化水平。强化培训和考核，依托现有资源加强职业化检查队伍建设，提高检查人员专业技能，及时发现和处置风险隐患。完善专业院校课程设置，加强食品学科建设和人才培养。加大公安机关打击食品安全犯罪专业力量、专业装备建设力度。

（三十）加强技术支撑能力建设。推进国家级、省级食品安全专业技术机构能力建设，提升食品安全标准、监测、评估、监管、应急等工作水平。根据标准分类加快建设7个食品安全风险评估与标准研制重点实验室。健全以国家级检验机构为龙头，省级检验机构为骨干，市县两级检验机构为基础的食品和农产品质量安全检验检测体系，打造国际一流的国家检验检测平台，落实各级食品和农产品检验机构能力和装备配备标准。严格检验机构资质认定管理、跟踪评价和能力验证，发展社会检验力量。

（三十一）推进"互联网+食品"监管。建立基于大数据分析的食品安全信息平台，推进大数据、云计算、物联网、人工智能、区块链等技术在食品安全监管领域的应用，实施智慧监管，逐步实现食品安全违法犯罪线索网上排查汇聚和案件网上移送、网上受理、网上监督，提升监管工作信息化水平。

（三十二）完善问题导向的抽检监测机制。国家、省、市、县抽检事权四级统筹、各有侧重、不重不漏，统一制定计划、统一组织实施、统一数据报送、统一结果利用,力争抽检样品覆盖到所有农产品和食品企业、品种、项目,到 2020 年达到 4 批次/千人。逐步将监督抽检、风险监测与评价性抽检分离,提高监管的靶向性。完善抽检监测信息通报机制,依法及时公开抽检信息,加强不合格产品的核查处置,控制产品风险。

(三十三)强化突发事件应急处置。修订国家食品安全事故应急预案,完善事故调查、处置、报告、信息发布工作程序。完善食品安全事件预警监测、组织指挥、应急保障、信息报告制度和工作体系,提升应急响应、现场处置、医疗救治能力。加强舆情监测,建立重大舆情收集、分析研判和快速响应机制。

十、推进食品安全社会共治

(三十四)加强风险交流。主动发布权威信息,及时开展风险解读,鼓励研究机构、高校、协会、媒体等参与食品安全风险交流,科学解疑释惑。鼓励企业通过新闻媒体、网络平台等方式直接回应消费者咨询。建立谣言抓取、识别、分析、处置智能化平台,依法坚决打击造谣传谣、欺诈和虚假宣传行为。

(三十五)强化普法和科普宣传。落实"谁执法谁普法"普法责任制,对各类从事食品生产经营活动的单位和个人,持续加强食品安全法律法规、国家标准、科学知识的宣传教育。在中小学开展食品安全与营养教育,有条件的主流媒体可开办食品安全栏目,持续开展"食品安全宣传周"和食品安全进农村、进校园、进企业、进社区等宣传活动,提升公众食品安全素养,改变不洁饮食习俗,避免误采误食,防止发生食源性疾病。普及健康知识,倡导合理膳食,开展营养均衡配餐示范推广,提倡"减盐、减油、减糖"。

(三十六)鼓励社会监督。依法公开行政监管和处罚的标准、依据、结果,接受社会监督。支持行业协会建立行规行约和奖惩机制,强化行业自律。鼓励新闻媒体准确客观报道食品安全问题,有序开展食品安舆论监督。

（三十七）完善投诉举报机制。畅通投诉举报渠道，落实举报奖励制度。鼓励企业内部知情人举报食品研发、生产、销售等环节中的违法犯罪行为，经查证属实的，按照有关规定给予奖励。加强对举报人的保护，对打击报复举报人的，要依法严肃查处。对恶意举报非法牟利的行为，要依法严厉打击。

十一、开展食品安全放心工程建设攻坚行动

围绕人民群众普遍关心的突出问题，开展食品安全放心工程建设攻坚行动，用5年左右时间，以点带面治理"餐桌污染"，力争取得明显成效。

（三十八）实施风险评估和标准制定专项行动。系统开展食物消费量调查、总膳食研究、毒理学研究等基础性工作，完善风险评估基础数据库。加强食源性疾病、食品中有害物质、环境污染物、食品相关产品等风险监测，系统开展食品中主要危害因素的风险评估，建立更加适用于我国居民的健康指导值。按照最严谨要求和现阶段实际，制定实施计划，加快推进内外销食品标准互补和协调，促进国民健康公平。

（三十九）实施农药兽药使用减量和产地环境净化行动。开展高毒高风险农药淘汰工作，5年内分期分批淘汰现存的10种高毒农药。实施化肥农药减量增效行动、水产养殖用药减量行动、兽药抗菌药治理行动，遏制农药兽药残留超标问题。加强耕地土壤环境类别划分和重金属污染区耕地风险管控与修复，重度污染区域要加快退出食用农产品种植。

（四十）实施国产婴幼儿配方乳粉提升行动。在婴幼儿配方乳粉生产企业全面实施良好生产规范、危害分析和关键控制点体系，自查报告率要达到100%。完善企业批批全检的检验制度，健全安全生产规范体系检查常态化机制。禁止使用进口大包装婴幼儿配方乳粉到境内分装，规范标识标注。支持婴幼儿配方乳粉企业兼并重组，建设自有自控奶源基地，

严格奶牛养殖饲料、兽药管理。促进奶源基地实行专业化、规模化、智能化生产，提高原料奶质量。发挥骨干企业引领作用，加大产品研发力度，培育优质品牌。力争3年内显著提升国产婴幼儿配方乳粉的品质、竞争力和美誉度。

（四十一）实施校园食品安全守护行动。严格落实学校食品安全校长（园长）负责制，保证校园食品安全，防范发生群体性食源性疾病事件。全面推行"明厨亮灶"，实行大宗食品公开招标、集中定点采购，建立学校相关负责人陪餐制度，鼓励家长参与监督。对学校食堂、学生集体用餐配送单位、校园周边餐饮门店及食品销售单位实行全覆盖监督检查。落实好农村义务教育学生营养改善计划，保证学生营养餐质量。

（四十二）实施农村假冒伪劣食品治理行动。以农村地区、城乡结合部为主战场，全面清理食品生产经营主体资格，严厉打击制售"三无"食品、假冒食品、劣质食品、过期食品等违法违规行为，坚决取缔"黑工厂"、"黑窝点"和"黑作坊"，实现风险隐患排查整治常态化。用2—3年时间，建立规范的农村食品流通供应体系，净化农村消费市场，提高农村食品安全保障水平。

（四十三）实施餐饮质量安全提升行动。推广"明厨亮灶"、餐饮安全风险分级管理，支持餐饮服务企业发展连锁经营和中央厨房，提升餐饮行业标准化水平，规范快餐、团餐等大众餐饮服务。鼓励餐饮外卖对配送食品进行封签，使用环保可降解的容器包装。大力推进餐厨废弃物资源化利用和无害化处理，防范"地沟油"流入餐桌。开展餐饮门店"厕所革命"，改善就餐环境卫生。

（四十四）实施保健食品行业专项清理整治行动。全面开展严厉打击保健食品欺诈和虚假宣传、虚假广告等违法犯罪行为。广泛开展以老年人识骗、防骗为主要内容的宣传教育活动。加大联合执法力度，大力整治保健食品市场经营秩序，严厉查处各种非法销售保健食品行为，打击传销。完善保健食品标准和标签标识管理。做好消费者维权服务工作。

（四十五）实施"优质粮食工程"行动。完善粮食质量安全检验监测体系，健全为农户提供专业化社会化粮食产后烘干储存销售服务体系。开展"中国好粮油"行动，提高绿色优质安全粮油产品供给水平。

（四十六）实施进口食品"国门守护"行动。将进口食品的境外生产经营企业、国内进口企业等纳入海关信用管理体系，实施差别化监管，开展科学有效的进口食品监督抽检和风险监控，完善企业信用管理、风险预警、产品追溯和快速反应机制，落实跨境电商零售进口监管政策，严防输入型食品安全风险。建立多双边国际合作信息通报机制、跨境检查执法协作机制，共同防控食品安全风险。严厉打击食品走私行为。

（四十七）实施"双安双创"示范引领行动。发挥地方党委和政府积极性，持续开展食品安全示范城市创建和农产品质量安全县创建活动，总结推广经验，落实属地管理责任和生产经营者主体责任。

十二、加强组织领导

（四十八）落实党政同责。地方各级党委和政府要把食品安全作为一项重大政治任务来抓。落实《地方党政领导干部食品安全责任制规定》，明确党委和政府主要负责人为第一责任人，自觉履行组织领导和督促落实食品安全属地管理责任，确保不发生重大食品安全事件。强化各级食品安全委员会及其办公室统筹协调作用，及时研究部署食品安全工作，协调解决跨部门跨地区重大问题。各有关部门要按照管行业必须管安全的要求，对主管领域的食品安全工作承担管理责任。各级农业农村、海关、市场监管等部门要压实监管责任，加强全链条、全流程监管。各地区各有关部门每年12月底前要向党中央、国务院报告食品安全工作情况。

（四十九）加大投入保障。健全食品和农产品质量安全财政投入保障机制，将食品和农产品质量安全工作所需经费列入同级财政预算，保障必要的监管执法条件。企业要加大食品质量安全管理方面的投入，鼓励社会资本进入食品安全专业化服务领域，构建多元化投入保障机制。

（五十）激励干部担当。加强监管队伍思想政治建设，增强"四个意识"，坚定"四个自信"，做到"两个维护"，忠实履行监管职责，敢于同危害食品安全的不法行为作斗争。各级党委和政府要关心爱护一线监管执法干部，建立健全容错纠错机制，为敢于担当作为的干部撑腰鼓劲。对在食品安全工作中作出突出贡献的单位和个人，按照国家有关规定给予表彰奖励，激励广大监管干部为党和人民干事创业、建功立业。

（五十一）强化组织实施。各地区各有关部门要根据本意见提出的改革任务和工作要求，结合实际认真研究制定具体措施，明确时间表、路线图、责任人，确保各项改革举措落实到位。国务院食品安全委员会办公室要会同有关部门建立协调机制，加强沟通会商，研究解决实施中遇到的问题。要严格督查督办，将实施情况纳入对地方政府食品安全工作督查考评内容，确保各项任务落实到位。

最高人民法院 最高人民检察院
关于办理危害食品安全刑事案件
适用法律若干问题的解释

法释〔2021〕24号

(2021年12月13日最高人民法院审判委员会第1856次会议、2021年12月29日最高人民检察院第十三届检察委员会第八十四次会议通过 2021年12月30日最高人民法院、最高人民检察院公告公布 自2022年1月1日起施行)

为依法惩治危害食品安全犯罪,保障人民群众身体健康、生命安全,根据《中华人民共和国刑法》《中华人民共和国刑事诉讼法》的有关规定,对办理此类刑事案件适用法律的若干问题解释如下:

第一条 生产、销售不符合食品安全标准的食品,具有下列情形之一的,应当认定为刑法第一百四十三条规定的"足以造成严重食物中毒事故或者其他严重食源性疾病":

(一)含有严重超出标准限量的致病性微生物、农药残留、兽药残留、生物毒素、重金属等污染物质以及其他严重危害人体健康的物质的;

(二)属于病死、死因不明或者检验检疫不合格的畜、禽、兽、水产动物肉类及其制品的;

(三)属于国家为防控疾病等特殊需要明令禁止生产、销售的;

（四）特殊医学用途配方食品、专供婴幼儿的主辅食品营养成分严重不符合食品安全标准的；

（五）其他足以造成严重食物中毒事故或者严重食源性疾病的情形。

第二条 生产、销售不符合食品安全标准的食品，具有下列情形之一的，应当认定为刑法第一百四十三条规定的"对人体健康造成严重危害"：

（一）造成轻伤以上伤害的；

（二）造成轻度残疾或者中度残疾的；

（三）造成器官组织损伤导致一般功能障碍或者严重功能障碍的；

（四）造成十人以上严重食物中毒或者其他严重食源性疾病的；

（五）其他对人体健康造成严重危害的情形。

第三条 生产、销售不符合食品安全标准的食品，具有下列情形之一的，应当认定为刑法第一百四十三条规定的"其他严重情节"：

（一）生产、销售金额二十万元以上的；

（二）生产、销售金额十万元以上不满二十万元，不符合食品安全标准的食品数量较大或者生产、销售持续时间六个月以上的；

（三）生产、销售金额十万元以上不满二十万元，属于特殊医学用途配方食品、专供婴幼儿的主辅食品的；

（四）生产、销售金额十万元以上不满二十万元，且在中小学校园、托幼机构、养老机构及周边面向未成年人、老年人销售的；

（五）生产、销售金额十万元以上不满二十万元，曾因危害食品安全犯罪受过刑事处罚或者二年内因危害食品安全违法行为受过行政处罚的；

（六）其他情节严重的情形。

第四条 生产、销售不符合食品安全标准的食品，具有下列情形之一的，应当认定为刑法第一百四十三条规定的"后果特别严重"：

（一）致人死亡的；

（二）造成重度残疾以上的；

（三）造成三人以上重伤、中度残疾或者器官组织损伤导致严重功能障碍的；

（四）造成十人以上轻伤、五人以上轻度残疾或者器官组织损伤导致一般功能障碍的；

（五）造成三十人以上严重食物中毒或者其他严重食源性疾病的；

（六）其他特别严重的后果。

第五条 在食品生产、销售、运输、贮存等过程中，违反食品安全标准，超限量或者超范围滥用食品添加剂，足以造成严重食物中毒事故或者其他严重食源性疾病的，依照刑法第一百四十三条的规定以生产、销售不符合安全标准的食品罪定罪处罚。

在食用农产品种植、养殖、销售、运输、贮存等过程中，违反食品安全标准，超限量或者超范围滥用添加剂、农药、兽药等，足以造成严重食物中毒事故或者其他严重食源性疾病的，适用前款的规定定罪处罚。

第六条 生产、销售有毒、有害食品，具有本解释第二条规定情形之一的，应当认定为刑法第一百四十四条规定的"对人体健康造成严重危害"。

第七条 生产、销售有毒、有害食品，具有下列情形之一的，应当认定为刑法第一百四十四条规定的"其他严重情节"：

（一）生产、销售金额二十万元以上不满五十万元的；

（二）生产、销售金额十万元以上不满二十万元，有毒、有害食品数量较大或者生产、销售持续时间六个月以上的；

（三）生产、销售金额十万元以上不满二十万元，属于特殊医学用途配方食品、专供婴幼儿的主辅食品的；

（四）生产、销售金额十万元以上不满二十万元，且在中小学校园、托幼机构、养老机构及周边面向未成年人、老年人销售的；

（五）生产、销售金额十万元以上不满二十万元，曾因危害食品安全犯罪受过刑事处罚或者二年内因危害食品安全违法行为受过行政处罚的；

（六）有毒、有害的非食品原料毒害性强或者含量高的；

（七）其他情节严重的情形。

第八条 生产、销售有毒、有害食品，生产、销售金额五十万元以上，或者具有本解释第四条第二项至第六项规定的情形之一的，应当认定为刑法第一百四十四条规定的"其他特别严重情节"。

第九条 下列物质应当认定为刑法第一百四十四条规定的"有毒、有害的非食品原料"：

（一）因危害人体健康，被法律、法规禁止在食品生产经营活动中添加、使用的物质；

（二）因危害人体健康，被国务院有关部门列入《食品中可能违法添加的非食用物质名单》《保健食品中可能非法添加的物质名单》和国务院有关部门公告的禁用农药、《食品动物中禁止使用的药品及其他化合物清单》等名单上的物质；

（三）其他有毒、有害的物质。

第十条 刑法第一百四十四条规定的"明知"，应当综合行为人的认知能力、食品质量、进货或者销售的渠道及价格等主、客观因素进行认定。

具有下列情形之一的，可以认定为刑法第一百四十四条规定的"明知"，但存在相反证据并经查证属实的除外：

（一）长期从事相关食品、食用农产品生产、种植、养殖、销售、运输、贮存行业，不依法履行保障食品安全义务的；

（二）没有合法有效的购货凭证，且不能提供或者拒不提供销售的相关食品来源的；

（三）以明显低于市场价格进货或者销售且无合理原因的；

（四）在有关部门发出禁令或者食品安全预警的情况下继续销售的；

（五）因实施危害食品安全行为受过行政处罚或者刑事处罚，又实施同种行为的；

（六）其他足以认定行为人明知的情形。

第十一条 在食品生产、销售、运输、贮存等过程中，掺入有毒、有害的非食品原料，或者使用有毒、有害的非食品原料生产食品的，依照刑法第一百四十四条的规定以生产、销售有毒、有害食品罪定罪处罚。

在食用农产品种植、养殖、销售、运输、贮存等过程中，使用禁用农药、食品动物中禁止使用的药品及其他化合物等有毒、有害的非食品原料，适用前款的规定定罪处罚。

在保健食品或者其他食品中非法添加国家禁用药物等有毒、有害的非食品原料的，适用第一款的规定定罪处罚。

第十二条 在食品生产、销售、运输、贮存等过程中，使用不符合食品安全标准的食品包装材料、容器、洗涤剂、消毒剂，或者用于食品生产经营的工具、设备等，造成食品被污染，符合刑法第一百四十三条、第一百四十四条规定的，以生产、销售不符合安全标准的食品罪或者生产、销售有毒、有害食品罪定罪处罚。

第十三条 生产、销售不符合食品安全标准的食品，有毒、有害食品，符合刑法第一百四十三条、第一百四十四条规定的，以生产、销售不符合安全标准的食品罪或者生产、销售有毒、有害食品罪定罪处罚。同时构成其他犯罪的，依照处罚较重的规定定罪处罚。

生产、销售不符合食品安全标准的食品，无证据证明足以造成严重食物中毒事故或者其他严重食源性疾病，不构成生产、销售不符合安全标准的食品罪，但构成生产、销售伪劣产品罪，妨害动植物防疫、检疫罪等其他犯罪的，依照该其他犯罪定罪处罚。

第十四条 明知他人生产、销售不符合食品安全标准的食品，有毒、有害食品，具有下列情形之一的，以生产、销售不符合安全标准的食品罪或者生产、销售有毒、有害食品罪的共犯论处：

（一）提供资金、贷款、账号、发票、证明、许可证件的；

（二）提供生产、经营场所或者运输、贮存、保管、邮寄、销售渠道等便利条件的；

（三）提供生产技术或者食品原料、食品添加剂、食品相关产品或者有毒、有害的非食品原料的；

（四）提供广告宣传的；

（五）提供其他帮助行为的。

第十五条 生产、销售不符合食品安全标准的食品添加剂，用于食品的包装材料、容器、洗涤剂、消毒剂，或者用于食品生产经营的工具、设备等，符合刑法第一百四十条规定的，以生产、销售伪劣产品罪定罪处罚。

生产、销售用超过保质期的食品原料、超过保质期的食品、回收食品作为原料的食品，或者以更改生产日期、保质期、改换包装等方式销售超过保质期的食品、回收食品，适用前款的规定定罪处罚。

实施前两款行为，同时构成生产、销售不符合安全标准的食品罪，生产、销售不符合安全标准的产品罪等其他犯罪的，依照处罚较重的规定定罪处罚。

第十六条 以提供给他人生产、销售食品为目的，违反国家规定，生产、销售国家禁止用于食品生产、销售的非食品原料，情节严重的，依照刑法第二百二十五条的规定以非法经营罪定罪处罚。

以提供给他人生产、销售食用农产品为目的，违反国家规定，生产、销售国家禁用农药、食品动物中禁止使用的药品及其他化合物等有毒、有害的非食品原料，或者生产、销售添加上述有毒、有害的非食品原料的农药、兽药、饲料、饲料添加剂、饲料原料，情节严重的，依照前款的规定定罪处罚。

第十七条 违反国家规定，私设生猪屠宰厂（场），从事生猪屠宰、销售等经营活动，情节严重的，依照刑法第二百二十五条的规定以非法经营罪定罪处罚。

在畜禽屠宰相关环节，对畜禽使用食品动物中禁止使用的药品及其他化合物等有毒、有害的非食品原料，依照刑法第一百四十四条的规定以生产、销售有毒、有害食品罪定罪处罚；对畜禽注水或者注入其他物质，足以造成严重食物中毒事故或者其他严重食源性疾病的，依照刑法第一百四十三条的规定以生产、销售不符合安全标准的食品罪定罪处罚；虽不足以造成严重食物中毒事故或者其他严重食源性疾病，但符合刑法第一百四十条规定的，以生产、销售伪劣产品罪定罪处罚。

第十八条 实施本解释规定的非法经营行为，非法经营数额在十万元以上，或者违法所得数额在五万元以上的，应当认定为刑法第二百二十五条规定的"情节严重"；非法经营数额在五十万元以上，或者违法所得数额在二十五万元以上的，应当认定为刑法第二百二十五条规定的"情节特别严重"。

实施本解释规定的非法经营行为，同时构成生产、销售伪劣产品罪，生产、销售不符合安全标准的食品罪，生产、销售有毒、有害食品罪，生产、销售伪劣农药、兽药罪等其他犯罪的，依照处罚较重的规定定罪处罚。

第十九条 违反国家规定，利用广告对保健食品或者其他食品作虚假宣传，符合刑法第二百二十二条规定的，以虚假广告罪定罪处罚；以非法占有为目的，利用销售保健食品或者其他食品诈骗财物，符合刑法第二百六十六条规定的，以诈骗罪定罪处罚。同时构成生产、销售伪劣产品罪等其他犯罪的，依照处罚较重的规定定罪处罚。

第二十条 负有食品安全监督管理职责的国家机关工作人员，滥用职权或者玩忽职守，构成食品监管渎职罪，同时构成徇私舞弊不移交刑事案件罪、商检徇私舞弊罪、动植物检疫徇私舞弊罪、放纵制售伪劣商品犯罪行为罪等其他渎职犯罪的，依照处罚较重的规定定罪处罚。

负有食品安全监督管理职责的国家机关工作人员滥用职权或者玩忽职守，不构成食品监管渎职罪，但构成前款规定的其他渎职犯罪的，依照该其他犯罪定罪处罚。

负有食品安全监督管理职责的国家机关工作人员与他人共谋，利用其职务行为帮助他人实施危害食品安全犯罪行为，同时构成渎职犯罪和危害食品安全犯罪共犯的，依照处罚较重的规定定罪从重处罚。

第二十一条 犯生产、销售不符合安全标准的食品罪，生产、销售有毒、有害食品罪，一般应当依法判处生产、销售金额二倍以上的罚金。

共同犯罪的，对各共同犯罪人合计判处的罚金一般应当在生产、销售金额的二倍以上。

第二十二条 对实施本解释规定之犯罪的犯罪分子，应当依照刑法规定的条件，严格适用缓刑、免予刑事处罚。对于依法适用缓刑的，可以根据犯罪情况，同时宣告禁止令。

对于被不起诉或者免予刑事处罚的行为人，需要给予行政处罚、政务处分或者其他处分的，依法移送有关主管机关处理。

第二十三条 单位实施本解释规定的犯罪的，对单位判处罚金，并对直接负责的主管人员和其他直接责任人员，依照本解释规定的定罪量刑标准处罚。

第二十四条 "足以造成严重食物中毒事故或者其他严重食源性疾病""有毒、有害的非食品原料"等专门性问题难以确定的，司法机关可以依据鉴定意见、检验报告、地市级以上相关行政主管部门组织出具的书面意见，结合其他证据作出认定。必要时，专门性问题由省级以上相关行政主管部门组织出具书面意见。

第二十五条 本解释所称"二年内"，以第一次违法行为受到行政处罚的生效之日与又实施相应行为之日的时间间隔计算确定。

第二十六条 本解释自 2022 年 1 月 1 日起施行。本解释公布实施后，《最高人民法院、最高人民检察院关于办理危害食品安全刑事案件适用法律若干问题的解释》（法释〔2013〕12 号）同时废止；之前发布的司法解释与本解释不一致的，以本解释为准。

《最高人民法院、最高人民检察院关于办理危害食品安全刑事案件适用法律若干问题的解释》的理解与适用

安 翱 高 雨 肖 凤[*]

为依法惩治危害食品安全犯罪，保障人民群众身体健康和生命安全，最高人民法院、最高人民检察院共同制定了《关于办理危害食品安全刑事案件适用法律若干问题的解释》（法释〔2021〕24 号，以下简称《解释》）。《解释》于 2021 年 12 月 31 日公布，自 2022 年 1 月 1 日起施行。为便于司法实践中正确理解和适用，现就《解释》的制定背景、主要内容介绍如下。

一、《解释》的制定背景

食品安全事关人民群众的身体健康和生命安全，是重大的民生问题，司法机关一直高度重视依法惩治危害食品安全犯罪。2013 年 5 月，最高人民法院、最高人民检察院联合公布《关于办理危害食品安全刑事案件适用法律若干问题的解释》（法释〔2013〕12 号，以下简称 2013 年《解释》），为依法惩治危害食品安全犯罪、保护人民群众饮食安全发挥了重要作用。

---

[*] 作者单位：最高人民法院。

近年来，我国食品安全形势总体稳中向好，但食品安全违法犯罪行为屡禁不止，人民群众反映强烈。随着犯罪分子作案手段不断翻新，新型犯罪层出不穷，司法实践中对一些案件定性和处罚标准存在争议，影响对危害食品安全犯罪的惩治效果。同时，2015年以来，食品安全法三次对食品安全监管制度进行修改，农产品质量安全法、食品安全法实施条例以及《农药管理条例》《兽药管理条例》《生猪屠宰管理条例》等一系列相关法律法规亦进行修订，刑法修正案（十一）对食品监管渎职罪作出修改。在此背景下，2013年《解释》亟待进行相应修订完善，以便与相关法律法规相衔接，适应司法实践需要。

2017年，最高人民法院、最高人民检察院启动2013年《解释》修订工作，在深入调研的基础上，对司法实践中存在的问题进行了全面系统梳理，经广泛征求意见和反复研究论证，制定了《解释》。

二、《解释》的主要内容

《解释》共26个条文。现结合司法实践，对需要说明的主要内容阐述如下。

（一）生产、销售不符合安全标准的食品罪的定罪量刑

1. 关于食品滥用添加行为的定性

《解释》第五条是关于食品滥用添加行为的定性处理规定，基本沿用2013年《解释》第八条的规定。司法实践中需要注意以下问题。

（1）第五条第一款在适用过程中应注意把握食品滥用添加行为与食品非法添加行为的区别，特别是要注意"超范围滥用食品添加剂"与"掺入有毒、有害的非食品原料"的区分，避免将仅在部分食品中禁止使用的食品添加剂视为有毒、有害的非食品原料，进而混淆生产、销售不符合安全标准的食品罪与生产、销售有毒、有害食品罪。

（2）第五条第二款在适用时也存在同样的问题，应注意"超范围滥

用农药、兽药"与"使用禁用农药、食品动物中禁止使用的药品及其他化合物等有毒、有害的非食品原料"的区分，避免将仅在部分食用农产品中禁止使用的农药、兽药认定为有毒、有害的非食品原料，进而混淆生产、销售不符合安全标准的食品罪与生产、销售有毒、有害食品罪。例如，根据农业农村部公告的禁限用农药名录，禁止在蔬菜、瓜果、茶叶、菌类、中草药材上使用克百威，但可在水稻、花生、大豆等食品农产品上使用，故在蔬菜、瓜果上使用克百威属于超范围滥用农药，应依照生产、销售不符合安全标准的食品罪处理。对于超范围滥用克百威等农药的，如果农药残留量超出标准限量，可以生产、销售不符合安全标准的食品罪定罪处罚，既坚持了罪刑法定原则，避免定罪标准不统一，又能够实现对此类具有较高食品安全风险的犯罪予以从严惩处的效果。

2. 关于生产、销售不符合安全标准的食品罪"足以造成严重食物中毒事故或者其他严重食源性疾病"的认定标准

《解释》第一条沿用了 2013 年《解释》将实践中具有高度危险的一些典型情形予以类型化的认定方式，其中，第三项中"防控疾病"是指人类可能患有的疾病，包括人畜共患疾病，但不包括非洲猪瘟等人类不会患有的疾病，因此生产、销售感染非洲猪瘟的生猪及其制品，不能适用《解释》第一条第二项、第三项的规定以生产、销售不符合安全标准的食品罪定罪处罚，但根据《解释》第十三条第二款的规定，构成生产、销售伪劣产品罪，妨害动植物防疫、检疫罪等其他犯罪的，可依照该其他犯罪定罪处罚。

需要说明的是，2013 年《解释》施行以来，一些基层执法部门建议以倍比数的方式明确第一条第一项"严重超出"和第一条第四项"严重不符合"的认定标准，部分地方制定了地方标准。征求意见过程中，有意见提出建议将农药残留、兽药残留及铅、汞、镉、铬、砷、铊、锑超过食品安全标准三倍以上的认定为"严重超出"。笔者经研究认为，该标准的制定不仅是法律问题，更是科学问题。鉴于食品中涉及的物质种类

繁多，不同物质标准制定过程中考虑的因素多样，且超出标准后的危害差异性悬殊，如农药就有高毒、中毒、低毒和微毒之分，故难以在《解释》中"一刀切"地以倍比数的方式加以解决。

（二）生产、销售有毒、有害食品罪的定罪量刑

1. 关于有毒、有害的非食品原料的认定

在司法实践中，如何把握2013年《解释》第二十条规定的"有毒、有害的非食品原料"范围，存在一定分歧。有的将法律法规或者国务院公告的禁用物质完全等同于有毒、有害的非食品原料，不再进行有毒、有害的实质性判断。但实际上，国务院有关部门公告禁用物质的禁用原因复杂，一些物质并非因危害人体健康被禁用，有的系因工艺或者技术上没有必要添加等情况而被禁用。

针对上述问题，《解释》第九条第一项和第二项增加了"因危害人体健康"被禁用的限制性规定，强调对第一项和第二项的禁用物质要进行有毒、有害的实质性判断，避免将禁用物质完全等同于有毒、有害的非食品原料。在此特别强调的是，有毒、有害的非食品原料要求在食品、食用农产品以及食品、食用农产品生产、种植、养殖、销售、运输、贮存等环节均被禁止添加、使用，如果仅在部分食品、食用农产品中被禁止添加、使用，或者仅在部分环节被禁止添加、使用，均不能认定为有毒、有害的非食品原料。同时，在禁用物质毒害性不明时，根据《解释》第二十四条的规定，可以依据鉴定意见、检验报告、相关行政主管部门组织出具的书面意见，结合其他证据作出认定。

2. 关于生产、销售有毒、有害食品罪"明知"的认定

根据刑法第一百四十四条的规定，认定行为人构成销售有毒、有害食品罪，要求行为人明知销售的是掺有有毒、有害的非食品原料的食品。基层执法部门普遍反映，实践中在行为人否认明知的情况下，认定明知存在困难。为此，《解释》第十条增加了相关规定。

征求意见过程中,有意见提出,《解释》列举的情形与明知的内容是掺有有毒、有害的非食品原料的食品之间没有必然关联,如以明显低于市场价格进货或者销售且无合理原因的,既可能明知销售的是掺有有毒、有害的非食品原料的食品,也可能明知销售的是不符合食品安全标准的食品。经研究,该意见涉及认定销售有毒、有害食品罪的"明知",是否要求行为人确知所销售的食品是掺有有毒、有害的非食品原料的食品的问题。笔者认为,认定销售有毒、有害食品罪的"明知"不要求达到确知的程度,而只要达到概括性的程度即可,即只要行为人对所销售的食品存在食品安全隐患具有概括性的认识即可。这种概括性的认识,意味着食品无论是掺有有毒、有害的非食品原料,还是不符合食品安全标准,或者是伪劣食品,都没有超出行为人的主观认识。在具体案件认定时,应当遵循主客观统一原则,既要考虑行为人主观故意,也要考虑涉案食品的危害性。

(三)食品相关产品造成食品被污染行为的定性处理

用于食品的包装材料、容器、洗涤剂、消毒剂和用于食品生产经营的工具、设备等食品相关产品直接与食品接触,其是否符合食品安全标准直接关系食品安全。根据食品安全法的规定,食品相关产品中的致病性微生物、农药残留、兽药残留、生物毒素、重金属等污染物质以及其他危害人体健康物质的限量规定必须要符合食品安全标准,禁止生产经营被包装材料、容器、运输工具等污染的食品。

《解释》第十二条明确了食品相关产品造成食品被污染行为的定性处理。对于食品相关产品含有严重超出标准限量的致病性微生物、农药残留、兽药残留、生物毒素、重金属等污染物质以及其他严重危害人体健康的物质,造成食品被污染,足以造成严重食物中毒事故或者其他严重食源性疾病的,以生产、销售不符合安全标准的食品罪定罪处罚;对于食品相关产品造成食品中掺入有毒、有害的非食品原料的,以生产、销售有毒、有害食品罪定罪处罚。

(四) 用超过保质期的食品原料生产食品等行为的定性处理

生产、销售用超过保质期的食品原料、超过保质期的食品、回收食品作为原料的食品，或者销售超过保质期的食品、回收食品，均具有较高食品安全风险和社会危害性，因此被食品安全法和食品安全法实施条例明令禁止。

根据刑法第一百四十条的规定，生产者、销售者在产品中掺杂、掺假，以假充真，以次充好或者以不合格产品冒充合格产品，销售金额5万元以上的，以生产、销售伪劣产品罪定罪处罚。根据《最高人民法院、最高人民检察院关于办理生产、销售伪劣商品刑事案件具体应用法律若干问题的解释》的规定，刑法第一百四十条规定的"不合格产品"，是指不符合产品质量法第二十六条第二款规定的质量要求的产品。产品质量法第二十六条第二款第一项规定，产品质量应当不存在危及人身、财产安全的不合理的危险，有保障人体健康和人身、财产安全的国家标准、行业标准的，应当符合该标准。根据上述规定，用超过保质期的食品原料、超过保质期的食品、回收食品作为原料的食品和超过保质期的食品、回收食品，可认定为不合格产品。因此，《解释》第十五条第二款明确生产、销售用超过保质期的食品原料、超过保质期的食品、回收食品作为原料的食品，或者以更改生产日期、保质期、改换包装等方式销售超过保质期的食品、回收食品，符合刑法第一百四十条规定的，以生产、销售伪劣产品罪定罪处罚。司法实践中已有这方面的判例，如被告单位上海福喜公司销售用超过保质期的食品、回收食品作为原料生产食品案，即是以生产、销售伪劣产品罪定罪处罚。具体适用时，需要注意把握以下两点。

1. 关于回收食品的界定

根据食品安全法实施条例第二十九条的规定，食品安全法所称回收食品，是指已经售出，因违反法律、法规、食品安全标准或者超过保质期等原因，被召回或者退回的食品，不包括依照食品安全法第六十三条第三款的规定可以继续销售的食品。食品安全法第六十三条第三款规定，对因标签、标志或者说明书不符合食品安全标准而被召回的食品，食品生产者在采取补救措施且能保证食品安全的情况下可以继续销售；销售时应当向消费者明示补救措施。

2. 关于标注虚假生产日期、保质期行为的定性处理

标注虚假生产日期、保质期的行为也被食品安全法明令禁止。实施此类行为是否按照犯罪处理，需要严格把握所销售的食品是否超过保质期，对于采用标注虚假生产日期、保质期方式销售超过保质期的食品的，可依照《解释》第十五条第二款的规定处理；对于虽标注虚假生产日期、保质期，但销售时食品尚未超过保质期的，可由相关行政主管部门依法予以行政处罚。

（五）生产、销售禁止食品使用物质等行为的定性处理

《解释》第十六条第一款沿用2013年《解释》第十一条第一款的相关规定，明确"以提供给他人生产、销售食品为目的，违反国家规定，生产、销售国家禁止用于食品生产、销售的非食品原料，情节严重的，依照刑法第二百二十五条的规定以非法经营罪定罪处罚"。

《解释》第十六条第二款对2013年《解释》第十一条第二款规定进行了修改完善，增加了农药、兽药、饲料、饲料添加剂、饲料原料中非法添加行为的定性处理规定，主要考虑是：司法实践中，在农药、兽药、饲料、饲料添加剂、饲料原料中非法添加禁用药物的违法犯罪问题突出。据农业农村部农药产品监督抽查结果显示，2018年抽检样品中擅自添加其他农药成分的，占质量不合格产品的40.3%。此类行为严重威胁食用农产品的质量安全，亟待惩治。生产、销售添加禁用农药、食品动物中禁止使用的药品及其他化合物等有毒、有害的非食品原料的农药、兽药、

饲料、饲料添加剂、饲料原料，与生产、销售国家禁用农药、食品动物中禁止使用的药品及其他化合物的行为性质和危害性相当，均属于刑法第二百二十五条第四项规定的"其他严重扰乱市场经济秩序的行为"，应以非法经营罪定罪处罚。另外，《解释》第十六条第二款增加了"以提供给他人生产、销售食用农产品为目的"的规定，使该款适用范围更为清晰，惩治对象更加明确。这里的生产、销售食用农产品，实际上涵盖食用农产品种植、养殖、销售、运输、贮存等各环节。

同时，《解释》第十八条第二款规定："实施本解释规定的非法经营行为，同时构成生产、销售伪劣产品罪，生产、销售不符合安全标准的食品罪，生产、销售有毒、有害食品罪，生产、销售伪劣农药、兽药罪等其他犯罪的，依照处罚较重的规定定罪处罚。"

（六）畜禽屠宰相关环节注水注药等行为的定性处理

《解释》第十七条第二款明确了屠宰相关环节畜禽注水注药行为的定性处理。这里的屠宰相关环节，既包括进入屠宰厂（场）后的待宰环节，也包括屠宰前的运输等相关环节。

关于是否区分药物情况作出不同定性处理。一种意见认为，只要在屠宰相关环节对畜禽使用兽药、人用药或者其他有毒、有害物质的，就以生产、销售有毒、有害食品罪定罪处罚。另一种意见认为，应当区分药物情况适用不同罪名，对于使用禁用药物的，以生产、销售有毒、有害食品罪定罪处罚；使用非禁用药物的，根据具体情况，分别以生产、销售不符合安全标准的食品罪，生产、销售伪劣产品罪定罪处罚。经研究认为，从刑法第一百四十四条的构成要件来看，只有在食品（含食用农产品）生产、销售过程中使用有毒、有害的非食品原料的行为，才能以生产、销售有毒、有害食品罪定罪处罚。将屠宰相关环节对畜禽使用兽药和人用药行为一律以生产、销售有毒、有害食品罪定罪处罚，未充分考虑不同种类药品的属性差异和可能造成的危害，不符合刑法第一百四十四条的规定构成要件,不符合罪责刑相适应原则,也不利于区别对待、从严惩治严重危害食品安全犯罪。因此,我们采纳了第二种意见,根据对畜禽注入药物等物质的差异和可能造成的危害,适用不同罪名。另外,对于仅查明有注水行为的,也要区分不同情况,准确适用法律。

(1)对于使用盐酸克仑特罗、沙丁胺醇等禁用药物的,以生产、销售有毒、有害食品罪定罪处罚。

(2)对于使用允许使用的兽药的,如果肉品中兽药残留量超标,足以造成严重食物中毒事故或者其他严重食源性疾病,以生产、销售不符合安全标准的食品罪定罪处罚;如果肉品中兽药残留量不超标,或者所注入的兽药未规定最大残留限量,但销售金额在5万元以上,以生产、销售伪劣产品罪定罪处罚。

司法实践中,较为常见多发的是在屠宰相关环节对畜禽注入阿托品和肾上腺素。鉴于阿托品和肾上腺素均属允许使用的兽药,不是禁用药物,故不能以生产、销售有毒、有害食品罪定罪处罚。且阿托品和肾上腺素均未规定兽药最大残留量,此类案件又通常从肉品中检不出药物残留,难以认定足以造成严重食物中毒事故或者其他严重食源性疾病,故也难以以生产、销售不符合安全标准的食品罪定罪处罚。实施此类行为,销售金额在5万元以上的,应以生产、销售伪劣产品罪定罪处罚。

(3)对于不法分子使用自己购买或者配置的化学物质的,如果可以证明属于其他有毒、有害物质,以生产、销售有毒、有害食品罪定罪处罚;如果难以证明毒害性,但销售金额在5万元以上,可以生产、销售伪劣产品罪定罪处罚。

鉴于畜禽注药或者注入其他化学物质后,由于药物代谢等原因,往往难以从肉品中检出药物残留,进而造成取证难、鉴定难、定性难,笔者认为,在屠宰相关环节只要证明有注药行为,注药后的肉品可认定为不合格产品,销售金额在5万元以上的,即可以生产、销售伪劣产品罪定罪处罚。这既满足打击此类犯罪的现实需要,也体现了罪责刑相适应的原则。

（4）仅查明有注水行为的，对于注入污水，致肉品微生物等污染物超标，足以造成严重食物中毒事故或者其他严重食源性疾病的，以生产、销售不符合安全标准的食品罪定罪处罚；对于肉品污染物未超标，但含水量超标，且销售金额在 5 万元以上的，以生产、销售伪劣产品罪定罪处罚；对于污染物和含水量均不超标的，不宜认定为犯罪，应由行政主管部门依法作出行政处罚。

（七）增加从严惩治的相关规定

《解释》贯彻落实"四个最严"要求，对危害食品安全犯罪体现从严惩处的政策导向。

1. 生产、销售不符合安全标准的食品罪和生产、销售有毒、有害食品罪"其他严重情节"的认定标准

《解释》第三条、第七条分别将"在中小学校园、托幼机构、养老机构及周边面向未成年人、老年人销售的"增加规定为数额减半"其他严重情节"的认定情形，有利于加强对特殊群体的食品安全保护力度；将曾因危害食品安全犯罪受过刑事处罚的年限由一年修改为不受年限限制，将受行政处罚的年限由一年修改为二年，加大了处罚力度。

2. 食品监管渎职犯罪的竞合处理

《解释》第二十条沿用 2013 年《解释》对同时构成食品监管渎职罪与其他渎职犯罪时按照从一重罪处罚的原则。同时，鉴于负有食品安全监督管理职责的国家机关工作人员与他人通谋共同实施危害食品安全犯罪，既违反相关国家机关工作人员职责，又危害食品安全，导致危害食品安全犯罪更容易得逞，犯罪性质更为恶劣，有必要从重处罚。因此，《解释》第二十条第三款明确，负有食品安全监督管理职责的国家机关工作人员利用其职务行为帮助他人实施危害食品安全犯罪行为，同时构成渎职犯罪和危害食品安全犯罪共犯的，依照处罚较重的规定定罪，并予

以从重处罚。

3. 从严适用缓刑、免予刑事处罚

《解释》第二十二条第一款沿用2013年《解释》从严适用缓刑、免予刑事处罚的规定，明确规定对实施《解释》规定之犯罪的犯罪分子，应当依照刑法规定的条件，严格适用缓刑、免予刑事处罚。对于依法适用缓刑的，可以根据犯罪情况，同时宣告禁止令，进一步体现从严惩处的政策导向。另外，为落实行政执法与刑事司法双向衔接机制，《解释》第二十二条第二款规定，对于被不起诉或者免予刑事处罚的行为人，需要给予行政处罚、政务处分或者其他处分的，依法移送有关主管机关处理。

需要说明的是，食品安全法第一百三十五条第二款规定："因食品安全犯罪被判处有期徒刑以上刑罚的，终身不得从事食品生产经营管理工作，也不得担任食品生产经营企业食品安全管理人员。"在征求意见过程中，对《解释》是否规定从业禁止以及如何规定从业禁止存在较大争议。第一种意见认为，根据刑法第三十七条之一第三款的规定："其他法律、行政法规对其从事相关职业另有禁止或者限制性规定的，从其规定。"因此，《解释》应对从业禁止作出规定，并应与食品安全法规定一致。第二种意见认为，《解释》应根据刑法第三十七条之一第一款的规定对从业禁止作出规定，也就是说，法院只有权判处禁业三年至五年，期满后再继续执行其他法律、行政法规规定的从业禁止。第三种意见认为，鉴于食品安全法第一百三十五条对从业禁止已有相关规定，由相关行政主管部门作出从业禁止处罚即可，《解释》无须再对从业禁止作出规定，人民法院也无须再作出从业禁止判决。之所以存在上述三种不同意见，原因在于对刑法第三十七条之一第三款存在不同认识。经研究认为，刑法关于从业禁止的规定，主要是针对其他法律、行政法规对受到刑事处罚的人没有明确禁业规定的情况，换言之，人民法院判处的从业禁止主要起着补充性的作用。鉴于食品安全法第一百三十五条对受到刑事处罚的人的从业禁止已有相关规定，因此我们倾向于第三种意见，相关行政主管部门可以根据食品安全法的规定对行为人作出从业禁止的行政处罚。同时，鉴于该问题涉及刑法和行政法律的衔接，情况较为复杂，需要进一步总结实践经验，统一思想认识，《解释》未作明确规定。

农业农村部　国家卫生健康委员会
国家市场监督管理总局

食品安全国家标准
食品中 41 种兽药最大残留限量

GB 31650.1—2022

（2022 年 9 月 20 日发布　自 2023 年 2 月 1 日起实施）

前　　言

本文件按照 GB/T 1.1—2020《标准化工作导则　第 1 部分：标准化文件的结构和起草规则》的规定起草。

本文件是 GB 31650—2019《食品安全国家标准　食品中兽药最大残留限量》的增补版，与 GB 31650—2019《食品安全国家标准　食品中兽药最大残留限量》配套使用。

1　范围

本文件规定了动物性食品中得曲恩特等 41 种兽药的最大残留限量。

本文件适用于与最大残留限量相关的动物性食品。

2　规范性引用文件

下列文件中的内容通过文中的规范性引用而构成本文件必不可少的

条款。其中，注日期的引用文件，仅该日期对应的版本适用于本文件；不注日期的引用文件，其最新版本（包括所有的修改单）适用于本文件。

GB 31650—2019 食品安全国家标准 食品中兽药最大残留限量

3 术语和定义

GB 31650—2019 界定的以及下列术语和定义适用于本文件。

3.1 残留标志物 marker residue

动物用药后在靶组织中与总残留物有明确相关性的残留物。可以是药物原形、相关代谢物，也可以是原形与代谢物的加和，或者是可转为单一衍生物或药物分子片段的残留物总量。

4 技术要求

4.1 烯丙孕素（altrenogest）

4.1.1 兽药分类：性激素类药。

4.1.2 ADI：0μg/kg bw～0.2μg/kg bw。

4.1.3 残留标志物：烯丙孕素（altrenogest）。

4.1.4 最大残留限量：应符合表1的规定。

表1

动物种类	靶组织	最大残留限量，μg/kg
猪	肌肉	1
	皮+脂	4
	肝	2

4.2 阿莫西林（amoxicillin）

4.2.1 兽药分类：β-内酰胺类抗生素。

4.2.2 ADI：0μg/kg bw～2μg/kg bw，微生物学ADI。

4.2.3 残留标志物：阿莫西林（amoxicillin）。

4.2.4 最大残留限量：应符合表2的规定。

表2

动物种类	靶组织	最大残留限量，μg/kg
家禽	蛋	4

4.3 氨苄西林（ampicillin）

4.3.1 兽药分类：β-内酰胺类抗生素。

4.3.2 ADI：0μg/kg bw～3μg/kg bw，微生物学ADI。

4.3.3 残留标志物：氨苄西林（ampicillin）。

4.3.4 最大残留限量：应符合表3的规定。

表3

动物种类	靶组织	最大残留限量，μg/kg
家禽	蛋	4

4.4 安普霉素（apramycin）

4.4.1 兽药分类：氨基糖苷类抗生素。

4.4.2 ADI：0μg/kg bw～25μg/kg bw。

4.4.3 残留标志物：安普霉素（apramycin）。

4.4.4 最大残留限量：应符合表4的规定。

表4

动物种类	靶组织	最大残留限量，μg/kg
鸡	蛋	10

4.5 阿司匹林（aspirin）

4.5.1 兽药分类：解热镇痛抗炎药。

4.5.2 残留标志物：阿司匹林（aspirin）。

4.5.3 最大残留限量：应符合表5的规定。

表5

动物种类	靶组织	最大残留限量，μg/kg
鸡	蛋	10

4.6 阿维拉霉素（avilamycin）

4.6.1 兽药分类：寡糖类抗生素。

4.6.2 ADI：0μg/kg bw～2000μg/kg bw。

4.6.3 残留标志物：二氯异苔酸［dichloroisoeverninic acid（DIA）］。

4.6.4 最大残留限量：应符合表6的规定。

表6

动物种类	靶组织	最大残留限量，μg/kg
鸡/火鸡	蛋	10

4.7 青霉素、普鲁卡因青霉素（benzylpenicillin, procaine benzylpenicillin）

4.7.1 兽药分类：β-内酰胺类抗生素。

4.7.2 ADI：0μg penicillin/（人·d）～30μg penicillin/（人·d）。

4.7.3 残留标志物：青霉素（benzylpenicillin）。

4.7.4 最大残留限量：应符合表7的规定。

表7

动物种类	靶组织	最大残留限量，μg/kg
家禽	蛋	4

4.8 氯唑西林（cloxacillin）

4.8.1 兽药分类：β-内酰胺类抗生素。

4.8.2 ADI：0μg/kg bw～200μg/kg bw。

4.8.3 残留标志物：氯唑西林（cloxacillin）。

4.8.4 最大残留限量：应符合表8的规定。

表8

动物种类	靶组织	最大残留限量，μg/kg
家禽	蛋	4

4.9 达氟沙星（danofloxacin）

4.9.1 兽药分类：喹诺酮类合成抗菌药。

4.9.2 ADI：0μg/kg bw～20μg/kg bw。

4.9.3 残留标志物：达氟沙星（danofloxacin）。

4.9.4 最大残留限量：应符合表9的规定。

表9

动物种类	靶组织	最大残留限量，μg/kg
家禽	蛋	10

4.10 得曲恩特（derquantel）

4.10.1 兽药分类：抗寄生虫药。

4.10.2 ADI：0μg/kg bw～0.3μg/kg bw。

4.10.3 残留标志物：得曲恩特（derquantel）。

4.10.4 最大残留限量：应符合表10的规定。

表10

动物种类	靶组织	最大残留限量，μg/kg
绵羊	肌肉	0.3
	脂肪	7.0
	肝	0.8
	肾	0.4

4.11 地克珠利（diclazuril）

4.11.1 兽药分类：抗球虫药。

4.11.2 ADI：0μg/kg bw～30μg/kg bw。

4.11.3 残留标志物：地克珠利（diclazuril）。

4.11.4 最大残留限量：应符合表11的规定。

表11

动物种类	靶组织	最大残留限量，μg/kg
家禽	蛋	10

4.12 双氯芬酸（diclofenac）

4.12.1 兽药分类：解热镇痛抗炎药。

4.12.2 ADI：0μg/kg bw～0.5μg/kg bw。

4.12.3 残留标志物：双氯芬酸（diclofenac）。

4.12.4 最大残留限量：应符合表12的规定。

表 12

动物种类	靶组织	最大残留限量，μg/kg
猪	肌肉	5
	皮+脂	1
	肝	5
	肾	10

4.13 二氟沙星（difloxacin）

4.13.1 兽药分类：喹诺酮类合成抗菌药。

4.13.2 ADI：0μg/kg bw～10μg/kg bw。

4.13.3 残留标志物：二氟沙星（difloxacin）。

4.13.4 最大残留限量：应符合表 13 的规定。

表 13

动物种类	靶组织	最大残留限量，μg/kg
家禽	蛋	10

4.14 多西环素（doxycycline）

4.14.1 兽药分类：四环素类抗生素。

4.14.2 ADI：0μg/kg bw～3μg/kg bw。

4.14.3 残留标志物：多西环素（doxycycline）。

4.14.4 最大残留限量：应符合表 14 的规定。

表 14

动物种类	靶组织	最大残留限量，μg/kg
家禽	蛋	10

4.15 因灭汀（emamectin benzoate）

4.15.1 兽药分类：杀虫药。

4.15.2 ADI：0μg/kg bw～0.5μg/kg bw。

4.15.3 残留标志物：埃玛菌素 B_{1a}（emamectin B_{1a}）。

4.15.4 最大残留限量：应符合表15的规定。

表15

动物种类	靶组织	最大残留限量，μg/kg
鲑鱼	皮+肉	100
鳟鱼	皮+肉	100

4.16 恩诺沙星（enrofloxacin）

4.16.1 兽药分类：喹诺酮类合成抗菌药。

4.16.2 ADI：0μg/kg bw～6.2μg/kg bw。

4.16.3 残留标志物：恩诺沙星与环丙沙星之和（sum of enrofloxacin and ciprofloxacin）。

4.16.4 最大残留限量：应符合表16的规定。

表16

动物种类	靶组织	最大残留限量，μg/kg
家禽	蛋	10

4.17 氟苯尼考（florfenicol）

4.17.1 兽药分类：酰胺醇类抗生素。

4.17.2 ADI：0μg/kg bw～3μg/kg bw。

4.17.3 残留标志物：氟苯尼考与氟苯尼考胺之和（sum of florfenicol and florfenicol-amine）。

4.17.4 最大残留限量：应符合表17的规定。

表 17

动物种类	靶组织	最大残留限量，μg/kg
家禽	蛋	10

4.18 氟甲喹（flumequine）

4.18.1 兽药分类：喹诺酮类合成抗菌药。

4.18.2 ADI：0μg/kg bw～30μg/kg bw。

4.18.3 残留标志物：氟甲喹（flumequine）。

4.18.4 最大残留限量：应符合表 18 的规定。

表 18

动物种类	靶组织	最大残留限量，μg/kg
鸡	蛋	10

4.19 氟尼辛（flunixin）

4.19.1 兽药分类：解热镇痛抗炎药。

4.19.2 ADI：0μg/kg bw～6μg/kg bw。

4.19.3 残留标志物：可食组织：氟尼辛（flunixin）；牛奶：5G 羟基氟尼辛（5-hydroxy flunixin）。

4.19.4 最大残留限量：应符合表 19 的规定。

表 19

动物种类	靶组织	最大残留限量，μg/kg
猪	肌肉	50
	脂肪	10
	肝	200
	肾	30

(续表)

动物种类	靶组织	最大残留限量，μg/kg
牛	肌肉	20
	脂肪	30
	肝	300
	肾	100
	奶	40

4.20　加米霉素（gamithromycin）

4.20.1　兽药分类：大环内酯类抗生素。

4.20.2　ADI：0μg/kg bw~10μg/kg bw。

4.20.3　残留标志物：加米霉素（gamithromycin）。

4.20.4　最大残留限量：应符合表20的规定。

表20

动物种类	靶组织	最大残留限量，μg/kg
猪	肌肉	100
	皮+脂	100
	肝	100
	肾	300
牛	肌肉	150
	脂肪	20
	肝	200
	肾	100

4.21　卡那霉素（kanamycin）

4.21.1　兽药分类：氨基糖苷类抗生素。

4.21.2　ADI：0μg/kg bw~8μg/kg bw，微生物学ADI。

4.21.3　残留标示物：卡那霉素 A（kanamycin A）。

4.21.4　最大残留限量：应符合表 21 的规定。

表 21

动物种类	靶组织	最大残留限量，$\mu g/kg$
家禽	蛋	10

4.22　左旋咪唑（levamisole）

4.22.1　兽药分类：抗线虫药。

4.22.2　ADI：$0\mu g/kg\ bw \sim 6\mu g/kg\ bw$。

4.22.3　残留标志物：左旋咪唑（levamisole）。

4.22.4　最大残留限量：应符合表 22 的规定。

表 22

动物种类	靶组织	最大残留限量，$\mu g/kg$
家禽	蛋	5

4.23　洛美沙星（lomefloxacin）

4.23.1　兽药分类：喹诺酮类合成抗菌药。

4.23.2　ADI：$0\mu g/kg\ bw \sim 25\mu g/kg\ bw$。

4.23.3　残留标志物：洛美沙星（lomefloxacin）。

4.23.4　最大残留限量：应符合表 23 的规定。

表 23

动物种类	靶组织	最大残留限量，μg/kg
所有食品动物	肌肉	2
	肝	2
	肾	2
	脂肪	2
	奶	2
	蛋	2
鱼	皮+肉	2
蜜蜂	蜂蜜	5

4.24 氯芬新（lufenuron）

4.24.1 兽药分类：杀虫药。

4.24.2 ADI：0μg/kg bw～20μg/kg bw。

4.24.3 残留标志物：氯芬新（lufenuron）。

4.24.4 最大残留限量：应符合表 24 的规定。

表 24

动物种类	靶组织	最大残留限量，μg/kg
鲑鱼	皮+肉	1350
鳟鱼	皮+肉	1350

4.25 马波沙星（marbofloxacin）

4.25.1 兽药分类：喹诺酮类合成抗菌药。

4.25.2 ADI：0μg/kg bw～4.5μg/kg bw。

4.25.3 残留标志物：马波沙星（marbofloxacin）。

4.25.4 最大残留限量：应符合表 25 的规定。

表 25

动物种类	靶组织	最大残留限量，μg/kg
牛	肌肉	150
	脂肪	50
	肝	150
	肾	150
	奶	75
猪	肌肉	150
	皮+脂	50
	肝	150
	肾	150

4.26 美洛昔康（meloxicam）

4.26.1 兽药分类：解热镇痛抗炎药。

4.26.2 ADI：0μg/kg bw～75μg/kg bw。

4.26.3 残留标志物：美洛昔康（meloxicam）。

4.26.4 最大残留限量：应符合表 26 的规定。

表 26

动物种类	靶组织	最大残留限量，μg/kg
猪	肌肉	20
	肝	65
	肾	65
牛	肌肉	20
	肝	65
	肾	65
	奶	15

4.27 莫奈太尔（monepantel）

4.27.1 兽药分类：抗寄生虫药。

4.27.2 ADI：0μg/kg bw～20μg/kg bw。

4.27.3 残留标志物：莫奈太尔砜（monepantel sulfone，expresed as monepantel）。

4.27.4 最大残留限量：应符合表27的规定。

表27

动物种类	靶组织	最大残留限量，μg/kg
牛	肌肉	300
	脂肪	7000
	肝	2000
	肾	1000
绵羊	肌肉	500
	脂肪	13000
	肝	7000
	肾	1700

4.28 诺氟沙星（norfloxacin）

4.28.1 兽药分类：喹诺酮类合成抗菌药。

4.28.2 ADI：0μg/kg bw～14μg/kg bw。

4.28.3 残留标志物：诺氟沙星（norfloxacin）。

4.28.4 最大残留限量：应符合表28的规定。

表 28

动物种类	靶组织	最大残留限量，μg/kg
所有食品动物	肌肉	2
	肝	2
	肾	2
	脂肪	2
	奶	2
	蛋	2
鱼	皮+肉	2
蜜蜂	蜂蜜	5

4.29 氧氟沙星（ofloxacin）

4.29.1 兽药分类：喹诺酮类合成抗菌药。

4.29.2 ADI：0μg/kg bw～5μg/kg bw。

4.29.3 残留标志物：氧氟沙星（ofloxacin）。

4.29.4 最大残留限量：应符合表 29 的规定。

表 29

动物种类	靶组织	最大残留限量，μg/kg
所有食品动物	肌肉	2
	肝	2
	肾	2
	脂肪	2
	奶	2
	蛋	2
鱼	皮+肉	2
蜜蜂	蜂蜜	5

4.30 苯唑西林（oxacillin）

4.30.1 兽药分类：β-内酰胺类抗生素。

4.30.2 残留标志物：苯唑西林（oxacillin）。

4.30.3 最大残留限量：应符合表30的规定。

表30

动物种类	靶组织	最大残留限量，μg/kg
家禽	蛋	4

4.31 χ喹酸（oxolinic acid）

4.31.1 兽药分类：喹诺酮类合成抗菌药。

4.31.2 ADI：0μg/kg bw～2.5μg/kg bw。

4.31.3 残留标志物：χ喹酸（oxolinic acid）。

4.31.4 最大残留限量：应符合表31的规定。

表31

动物种类	靶组织	最大残留限量，μg/kg
鸡	蛋	10

4.32 培氟沙星（pefloxacin）

4.32.1 兽药分类：喹诺酮类合成抗菌药。

4.32.2 残留标志物：培氟沙星（pefloxacin）。

4.32.3 最大残留限量：应符合表32的规定。

表 32

动物种类	靶组织	最大残留限量，μg/kg
所有食品动物	肌肉	2
	肝	2
	肾	2
	脂肪	2
	奶	2
	蛋	2
鱼	皮+肉	2
蜜蜂	蜂蜜	5

4.33 沙拉沙星（sarafloxacin）

4.33.1 兽药分类：喹诺酮类合成抗菌药。

4.33.2 ADI：0μg/kg bw～0.3μg/kg bw。

4.33.3 残留标志物：沙拉沙星（sarafloxacin）。

4.33.4 最大残留限量：应符合表33的规定。

表 33

动物种类	靶组织	最大残留限量，μg/kg
鸡/火鸡	蛋	5

4.34 磺胺二甲嘧啶（sulfadimidine）

4.34.1 兽药分类：磺胺类合成抗菌药。

4.34.2 ADI：0μg/kg bw～50μg/kg bw。

4.34.3 残留标志物：磺胺二甲嘧啶（sulfadimidine）。

4.34.4 最大残留限量：应符合表34的规定。

表 34

动物种类	靶组织	最大残留限量，μg/kg
家禽	蛋	10

4.35 磺胺类（sulfonamides）

4.35.1 兽药分类：磺胺类合成抗菌药。

4.35.2 ADI：0μg/kg bw～50μg/kg bw。

4.35.3 残留标志物：兽药原型之和（sum of parent drug）。

4.35.4 最大残留限量：应符合表 35 的规定。

表 35

动物种类	靶组织	最大残留限量，μg/kg
家禽	蛋	10

4.36 氟苯脲（teflubenzuron）

4.36.1 兽药分类：杀虫药。

4.36.2 ADI：0μg/kg bw～5μg/kg bw。

4.36.3 残留标志物：氟苯脲（teflubenzuron）。

4.36.4 最大残留限量：应符合表 36 的规定。

表 36

动物种类	靶组织	最大残留限量，μg/kg
鱼	皮+肉	400

4.37 甲砜霉素（thiamphenicol）

4.37.1 兽药分类：酰胺醇类抗生素。

4.37.2 ADI：0μg/kg bw～5μg/kg bw。

4.37.3 残留标志物：甲砜霉素（thiamphenicol）。

4.37.4 最大残留限量：应符合表37的规定。

表37

动物种类	靶组织	最大残留限量，μg/kg
家禽	蛋	10

4.38 替米考星（tilmicosin）

4.38.1 兽药分类：大环内酯类抗生素。

4.38.2 ADI：0μg/kg bw～40μg/kg bw。

4.38.3 残留标志物：替米考星（tilmicosin）。

4.38.4 最大残留限量：应符合表38的规定。

表38

动物种类	靶组织	最大残留限量，μg/kg
鸡	蛋	10

4.39 托曲珠利（toltrazuril）

4.39.1 兽药分类：抗球虫药。

4.39.2 ADI：0μg/kg bw～2μg/kg bw。

4.39.3 残留标志物：托曲珠利砜（toltrazurilsulfone）。

4.39.4 最大残留限量：应符合表39的规定。

表39

动物种类	靶组织	最大残留限量，μg/kg
家禽	蛋	10

4.40 甲氧苄啶（trimethoprim）

4.40.1 兽药分类：抗菌增效剂。

4.40.2 ADI：0μg/kg bw～4.2μg/kg bw。

4.40.3 残留标志物：甲氧苄啶（trimethoprim）。

4.40.4 最大残留限量：应符合表40的规定。

表40

动物种类	靶组织	最大残留限量，μg/kg
家禽	蛋	10

4.41 泰拉霉素（tulathromycin）

4.41.1 兽药分类：大环内酯类抗生素。

4.41.2 ADI：0μg/kg bw～50μg/kg bw.

4.41.3 残留标志物：泰拉霉素等效物，以（2R，3S，4R，5R，8R，10R，11R，12S，13S，14R）-2-乙基-3，4，10，13-四羟基-3，5，8，10，12，14-六甲基-11-｛[3，4，6-三脱氧-3-（二甲胺基）-β-D-木吡喃型己糖基]氧｝-1-氧杂-6-氮杂环十五烷-15-酮计[（2R，3S，4R，5R，8R，10R，11R，12S，13S，14R）-2-ethyl-3，4，10，13-tetra-hydrox-y-3，5，8，10，12，14-hexamethyl-11-｛[3，4，6-trideoxy-3-（dimethyl-amino）-β-D-xylo-hexopyranosyl］oxy｝-1-oxa-6-azacyclopent-decan-15-one expresed as tulathromycin equivalents］。

4.41.4 最大残留限量：应符合表41的规定。

表41

动物种类	靶组织	最大残留限量，μg/kg
牛	肌肉	300
	脂肪	200
	肝	4500
	肾	3000

（续表）

动物种类	靶组织	最大残留限量，μg/kg
猪	肌肉	800
	脂肪	300
	肝	4000
	肾	8000

兽药英文通用名称索引

altrenogest	烯丙孕素	……4.1
amoxicillin	阿莫西林	……4.2
ampicillin	氨苄西林	……4.3
apramycin	安普霉素	……4.4
aspirin	阿司匹林	……4.5
avilamycin	阿维拉霉素	……4.6
benzylpenicillin, procaine benzylpenicillin	青霉素、普鲁卡因青霉素	……4.7
cloxacillin	氯唑西林	……4.8
danofloxacin	达氟沙星	……4.9
derquantel	得曲恩特	……4.10
diclazuril	地克珠利	……4.11
diclofenac	双氯芬酸	……4.12
difloxacin	二氟沙星	……4.13
doxycycline	多西环素	……4.14
emamectin benzoate	因灭汀	……4.15
enrofloxacin	恩诺沙星	……4.16

florfenicol	氟苯尼考	……4.17
flumequine	氟甲喹	……4.18
flunixin	氟尼辛	……4.19
gamithromycin	加米霉素	……4.20
kanamycin	卡那霉素	……4.21
levamisole	左旋咪唑	……4.22
lomefloxacin	洛美沙星	……4.23
lufenuron	氯芬新	……4.24
marbofloxacin	马波沙星	……4.25
meloxicam	美洛昔康	……4.26
monepantel	莫奈太尔	……4.27
norfloxacin	诺氟沙星	……4.28
oflorxacin	氧氟沙星	……4.29
oxacillin	苯唑西林	……4.30
oxolinic acid	χ 喹酸	……4.31
pefloxacin	培氟沙星	……4.32
sarafloxacin	沙拉沙星	……4.33
sulfadimidine	磺胺二甲嘧啶	……4.34
sulfonamides	磺胺类	……4.35
teflubenzuron	氟苯脲	……4.36
thiamphenicol	甲砜霉素	……4.37
tilmicosin	替米考星	……4.38
toltrazuril	托曲珠利	……4.39
trimethoprim	甲氧苄啶	……4.40
tulathromycin	泰拉霉素	……4.41

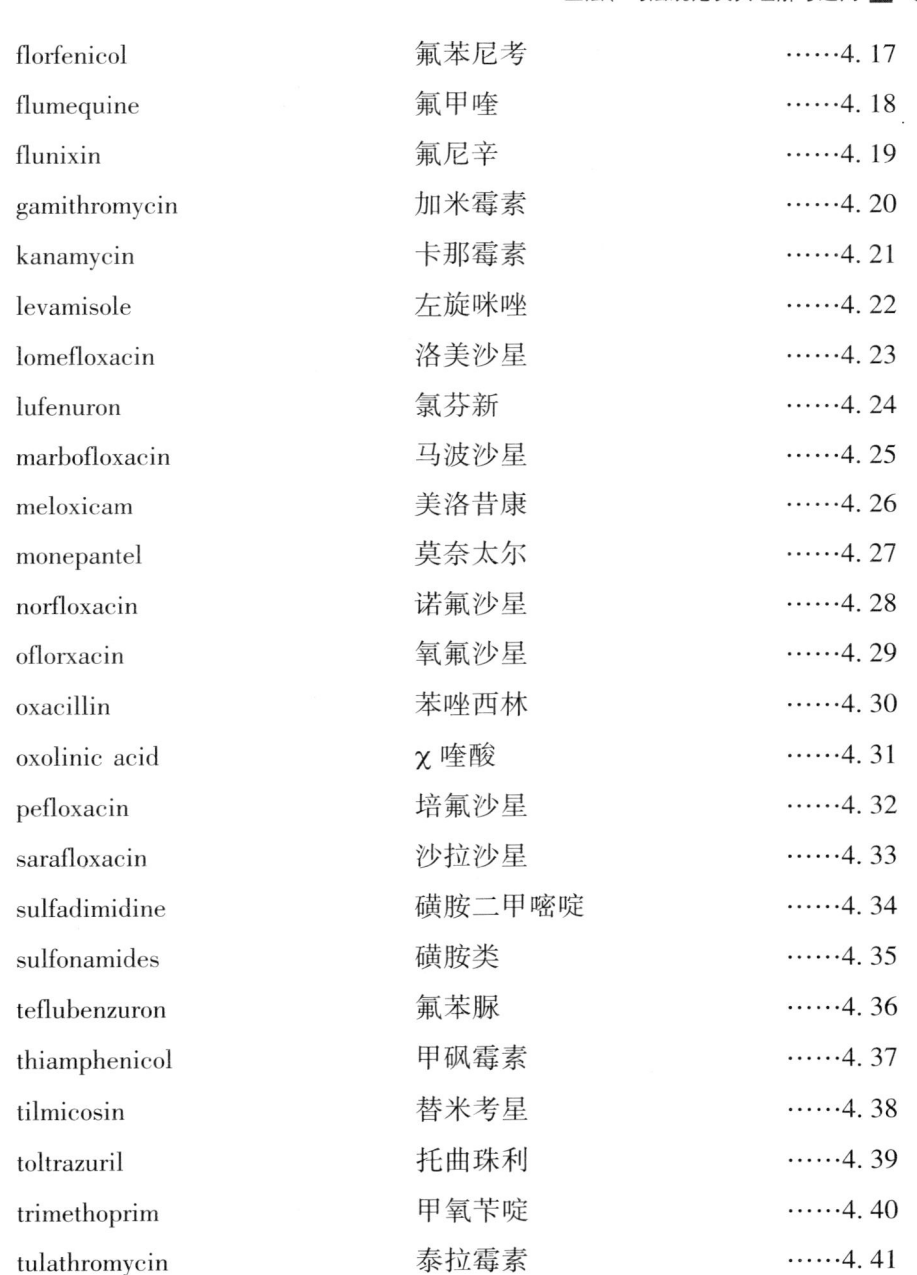

国家卫生健康委员会　国家市场监督管理总局
食品安全国家标准
食品中污染物限量
GB 2762—2022

（2022 年 6 月 30 日发布　自 2023 年 6 月 30 日起实施）

前　言

本标准代替 GB 2762—2017《食品安全国家标准　食品中污染物限量》及第 1 号修改单。

本标准与 GB 2762—2017 相比，主要变化如下：

——修改了术语和定义；

——修改了应用原则；

——修改了部分食品中铅限量要求；

——修改了部分食品中镉限量要求；

——修改了部分食品中砷限量要求；

——修改了部分食品中汞限量要求；

——修改了表 5 中注释用词及标注的位置；

——修改了谷物及其制品中苯并［a］芘限量要求；

——修改了食品中多氯联苯限量要求；

——修改了包装饮用水中污染物限量引用的检验方法；

——增加了液态婴幼儿配方食品的折算比例；

——修改了附录A。

1 范围

本标准规定了食品中铅、镉、汞、砷、锡、镍、铬、亚硝酸盐、硝酸盐、苯并[a]芘、N-二甲基亚硝胺、多氯联苯、3-氯-1,2-丙二醇的限量指标。

2 术语和定义

2.1 污染物

食品在从生产（包括农作物种植、动物饲养和兽医用药）、加工、包装、贮存、运输、销售，直至食用等过程中产生的或由环境污染带入的、非有意加入的化学性危害物质。

本标准所规定的污染物是指除农药残留、兽药残留、生物毒素和放射性物质以外的污染物。

2.2 可食用部分

食品原料经过机械手段（如谷物碾磨、水果剥皮、坚果去壳、肉去骨、鱼去刺、贝去壳等）去除非食用部分后，所得到的用于食用的部分。

2.3 限量

污染物在食品原料和（或）食品成品可食用部分中允许的最大含量水平。

3 应用原则

3.1 无论是否制定污染物限量，食品生产和加工者均应采取控制措施，使食品中污染物的含量达到最低水平。

3.2 本标准列出了可能对公众健康构成较大风险的污染物，制定限量值的食品是对消费者膳食暴露量产生较大影响的食品。

3.3 食品类别（名称）说明（见附录A）用于界定污染物限量的

适用范围,仅适用于本标准。当某种污染物限量应用于某一食品类别(名称)时,则该食品类别(名称)内的所有类别食品均适用。有特别规定的除外。

3.4 食品中污染物限量以食品通常的可食用部分计算。有特别规定的除外。

3.5 对于肉类干制品、干制水产品、干制食用菌,限量指标对新鲜食品和相应制品都有要求的情况下,干制品中污染物限量应以相应新鲜食品中污染物限量结合其脱水率或浓缩率折算。如果干制品中污染物含量低于其新鲜原料的污染物限量要求,可判定符合限量要求。脱水率或浓缩率可通过对食品的分析、生产者提供的信息以及其他可获得的数据信息等确定。有特别规定的除外。

4 指标要求

4.1 铅

4.1.1 食品中铅限量指标见表1。

表1 食品中铅限量指标

食品类别(名称)	限量(以 Pb 计) mg/kg
谷物及其制品[a] [麦片、面筋、粥类罐头、带馅(料)面米制品除外]	0.2
麦片、面筋、粥类罐头、带馅(料)面米制品	0.5
蔬菜及其制品 新鲜蔬菜(芸薹类蔬菜、叶菜蔬菜、豆类蔬菜、生姜、薯类除外)	0.1
叶菜蔬菜	0.3
芸薹类蔬菜、豆类蔬菜、生姜、薯类	0.2
蔬菜制品(酱腌菜、干制蔬菜除外)	0.3
酱腌菜	0.5
干制蔬菜	0.8

(续表)

食品类别（名称）	限量（以 Pb 计）mg/kg
水果及其制品	
新鲜水果（蔓越莓、醋栗除外）	0.1
蔓越莓、醋栗	0.2
水果制品［果酱（泥）、蜜饯、水果干类除外］	0.2
果酱（泥）	0.4
蜜饯	0.8
水果干类	0.5
食用菌及其制品（双孢菇、平菇、香菇、榛蘑、牛肝菌、松茸、松露、青头菌、鸡枞、鸡油菌、多汁乳菇、木耳、银耳及以上食用菌的制品除外）	0.5
双孢菇、平菇、香菇、榛蘑及以上食用菌的制品	0.3
牛肝菌、松茸、松露、青头菌、鸡枞、鸡油菌、多汁乳菇及以上食用菌的制品	1.0
木耳及其制品、银耳及其制品	1.0（干重计）
豆类及其制品	
豆类	0.2
豆类制品（豆浆除外）	0.3
豆浆	0.05
藻类及其制品	
新鲜藻类（螺旋藻除外）	0.5
螺旋藻	2.0（干重计）
藻类制品（螺旋藻制品除外）	1.0
螺旋藻制品	2.0（干重计）
坚果及籽类（生咖啡豆及烘焙咖啡豆除外）	0.2
生咖啡豆及烘焙咖啡豆	0.5
肉及肉制品	
肉类（畜禽内脏除外）	0.2
畜禽内脏	0.5
肉制品（畜禽内脏制品除外）	0.3
畜禽内脏制品	0.5

(续表)

食品类别（名称）	限量（以 Pb 计）mg/kg
水产动物及其制品	
鲜、冻水产动物（鱼类、甲壳类、双壳贝类除外）	1.0（去除内脏）
鱼类、甲壳类	0.5
双壳贝类	1.5
水产制品（鱼类制品、海蜇制品除外）	1.0
鱼类制品	0.5
海蜇制品	2.0
乳及乳制品（生乳、巴氏杀菌乳、灭菌乳、调制乳、发酵乳除外）	0.2
生乳、巴氏杀菌乳、灭菌乳	0.02
调制乳、发酵乳	0.04
蛋及蛋制品	0.2
油脂及其制品	0.08
调味品（香辛料类除外）	1.0
香辛料类[b]［花椒、桂皮（肉桂）、多种香辛料混合的香辛料除外］	1.5
花椒、桂皮（肉桂）、多种香辛料混合的香辛料	3.0
食糖及淀粉糖	0.5
淀粉及淀粉制品	
食用淀粉	0.2
淀粉制品	0.5
焙烤食品	0.5
饮料类（包装饮用水、果蔬汁类及其饮料、含乳饮料、固体饮料除外）	0.3
包装饮用水	0.01mg/L
含乳饮料	0.05
果蔬汁类及其饮料［含浆果及小粒水果的果蔬汁类及其饮料、浓缩果蔬汁（浆）除外］	0.03
含浆果及小粒水果的果蔬汁类及其饮料（葡萄汁除外）	0.05
葡萄汁	0.04
浓缩果蔬汁（浆）	0.5
固体饮料	1.0
酒类（白酒、黄酒除外）	0.2
白酒、黄酒	0.5

(续表)

食品类别（名称）	限量（以 Pb 计）mg/kg
可可制品、巧克力和巧克力制品以及糖果	0.5
冷冻饮品	0.3
特殊膳食用食品 　　婴幼儿配方食品[c] 　　婴幼儿辅助食品 　　特殊医学用途配方食品（特殊医学用途婴儿配方食品涉及的品种除外） 　　　　10 岁以上人群的产品 　　　　1 岁~10 岁人群的产品 　　辅食营养补充品 　　运动营养食品 　　　　固态、半固态或粉状 　　　　液态 　　孕妇及乳母营养补充食品	 0.08（以固态产品计） 0.2 0.5（以固态产品计） 0.15（以固态产品计） 0.5 0.5 0.05 0.5
其他类 　　果冻 　　膨化食品 　　茶叶 　　干菊花 　　苦丁茶 　　蜂蜜 　　花粉（松花粉、油菜花粉除外） 　　　　油菜花粉 　　　　松花粉	 0.4 0.5 5.0 5.0 2.0 0.5 0.5 1.0 1.5

[a] 稻谷以糙米计。
[b] 新鲜香辛料（如姜、葱、蒜等）应按对应的新鲜蔬菜（或新鲜水果）类别执行。
[c] 液态婴幼儿配方食品根据 8∶1 的比例折算其限量。

4.1.2 检验方法：包装饮用水按 GB 8538 规定的方法测定，其他食品按 GB 5009.12 规定的方法测定。

4.2 镉

4.2.1 食品中镉限量指标见表 2。

表2 食品中镉限量指标

食品类别（名称）	限量（以 Cd 计）mg/kg
谷物及其制品	
谷物（稻谷[a] 除外）	0.1
谷物碾磨加工品［糙米、大米（粉）除外］	0.1
稻谷[a]、糙米、大米（粉）	0.2
蔬菜及其制品	
新鲜蔬菜（叶菜蔬菜、豆类蔬菜、块根和块茎蔬菜、茎类蔬菜、黄花菜除外）	0.05
叶菜蔬菜	0.2
豆类蔬菜、块根和块茎蔬菜、茎类蔬菜（芹菜除外）	0.1
芹菜、黄花菜	0.2
水果及其制品	
新鲜水果	0.05
食用菌及其制品（香菇、羊肚菌、獐头菌、青头菌、鸡油菌、榛蘑、松茸、牛肝菌、鸡枞、多汁乳菇、松露、姬松茸、木耳、银耳及以上食用菌的制品除外）	0.2
香菇及其制品	0.5
羊肚菌、獐头菌、青头菌、鸡油菌、榛蘑及以上食用菌的制品	0.6
松茸、牛肝菌、鸡枞、多汁乳菇及以上食用菌的制品	1.0
松露、姬松茸及以上食用菌的制品	2.0
木耳及其制品、银耳及其制品	0.5（干重计）
豆类及其制品	
豆类	0.2
坚果及籽类	
花生	0.5
肉及肉制品（畜禽内脏及其制品除外）	0.1
畜禽肝脏及其制品	0.5
畜禽肾脏及其制品	1.0

(续表)

食品类别（名称）	限量（以 Cd 计）mg/kg
水产动物及其制品	
鲜、冻水产动物	
鱼类	0.1
甲壳类（海蟹、虾蛄除外）	0.5
海蟹、虾蛄	3.0
双壳贝类、腹足类、头足类、棘皮类	2.0（去除内脏）
水产制品	
鱼类罐头	0.2
其他鱼类制品	0.1
蛋及蛋制品	0.05
调味品	
食用盐	0.5
鱼类调味品	0.1
饮料类	
包装饮用水（饮用天然矿泉水除外）	0.005mg/L
饮用天然矿泉水	0.003mg/L
特殊膳食用食品	
婴幼儿谷类辅助食品	0.06
[a] 稻谷以糙米计。	

4.2.2 检验方法：包装饮用水按 GB 8538 规定的方法测定，其他食品按 GB 5009.15 规定的方法测定。

4.3 汞

4.3.1 食品中汞限量指标见表 3。

表3 食品中汞限量指标

食品类别（名称）	限量（以 Hg 计）mg/kg 总汞	限量（以 Hg 计）mg/kg 甲基汞[a]
水产动物及其制品（肉食性鱼类及其制品除外）	—	0.5
肉食性鱼类及其制品（金枪鱼、金目鲷、枪鱼、鲨鱼及以上鱼类的制品除外）	—	1.0
金枪鱼及其制品	—	1.2
金目鲷及其制品	—	1.5
枪鱼及其制品	—	1.7
鲨鱼及其制品	—	1.6
谷物及其制品 稻谷[b]、糙米、大米（粉）、玉米、玉米粉、玉米糁（渣）、小麦、小麦粉	0.02	—
蔬菜及其制品 新鲜蔬菜	0.01	—
食用菌及其制品（木耳及其制品、银耳及其制品除外）	—	0.1
木耳及其制品、银耳及其制品	—	0.1（干重计）
肉及肉制品 肉类	0.05	—
乳及乳制品 生乳、巴氏杀菌乳、灭菌乳、调制乳、发酵乳	0.01	—
蛋及蛋制品 鲜蛋	0.05	—
调味品 食用盐	0.1	—
饮料类 饮用天然矿泉水	0.001mg/L	—
特殊膳食用食品 婴幼儿罐装辅助食品	0.02	—

注："—"指无相应限量要求。
[a] 对于制定甲基汞限量的食品可先测定总汞，当总汞含量不超过甲基汞限量值时，可判定符合限量要求而不必测定甲基汞；否则，需测定甲基汞含量再作判定。
[b] 稻谷以糙米计。

4.3.2 检验方法：饮用天然矿泉水按 GB 8538 规定的方法测定，其他食品按 GB 5009.17 规定的方法测定。

4.4 砷

4.4.1 食品中砷限量指标见表4。

表4 食品中砷限量指标

食品类别（名称）	限量（以 As 计）mg/kg 总砷	限量（以 As 计）mg/kg 无机砷[b]
谷物及其制品		
谷物（稻谷[a] 除外）	0.5	—
稻谷[a]	—	0.35
谷物碾磨加工品［糙米、大米（粉）除外］	0.5	—
糙米	—	0.35
大米（粉）	—	0.2
水产动物及其制品（鱼类及其制品除外）	—	0.5
鱼类及其制品	—	0.1
蔬菜及其制品		
新鲜蔬菜	0.5	—
食用菌及其制品（松茸及其制品、木耳及其制品、银耳及其制品除外）	—	0.5
松茸及其制品	—	0.8
木耳及其制品、银耳及其制品	—	0.5（干重计）
肉及肉制品	0.5	—
乳及乳制品		
生乳、巴氏杀菌乳、灭菌乳、调制乳、发酵乳	0.1	—
乳粉和调制乳粉	0.5	—
油脂及其制品（鱼油及其制品、磷虾油及其制品除外）	0.1	—
鱼油及其制品、磷虾油及其制品	—	0.1
调味品（水产调味品、复合调味料和香辛料类除外）	0.5	—
水产调味品（鱼类调味品除外）	—	0.5
鱼类调味品	—	0.1
复合调味料	—	0.1
食糖及淀粉糖	0.5	—

(续表)

食品类别（名称）	限量（以 As 计）mg/kg	
	总砷	无机砷[b]
饮料类 　包装饮用水	0.01mg/L	—
可可制品、巧克力和巧克力制品以及糖果 　可可制品、巧克力和巧克力制品	0.5	—
特殊膳食用食品 　婴幼儿辅助食品 　　婴幼儿谷类辅助食品（添加藻类的产品除外） 　　　添加藻类的产品 　婴幼儿罐装辅助食品（以水产及动物肝脏为原料的产品除外） 　　以水产及动物肝脏为原料的产品 　辅食营养补充品 　运动营养食品 　　固态、半固态或粉状 　　液态 　孕妇及乳母营养补充食品	— — — — 0.5 0.5 0.2 0.5	0.2 0.3 0.1 0.3 — — — —
注："—"者指无相应限量要求。 [a] 稻谷以糙米计。 [b] 对于制定无机砷限量的食品可先测定其总砷，当总砷含量不超过无机砷限量值时，可判定符合限量要求而不必测定无机砷；否则，需测定无机砷含量再作判定。		

4.4.2 检验方法：包装饮用水按 GB 8538 规定的方法测定，其他食品按 GB 5009.11 规定的方法测定。

4.5 锡

4.5.1 食品中锡限量指标见表 5。

表 5　食品中锡限量指标

食品类别（名称）[a]	限量（以 Sn 计）mg/kg
食品（饮料类、婴幼儿配方食品、婴幼儿辅助食品除外）	250
饮料类	150
婴幼儿配方食品、婴幼儿辅助食品	50

[a] 仅限于采用镀锡薄钢板容器包装的食品。

4.5.2 检验方法：按 GB 5009.16 规定的方法测定。

4.6　镍

4.6.1 食品中镍限量指标见表6。

表 6　食品中镍限量指标

食品类别（名称）	限量（以 Ni 计）mg/kg
油脂及其制品 　氢化植物油、含氢化和（或）部分氢化油脂的油脂制品	1.0

4.6.2 检验方法：按 GB 5009.138 规定的方法测定。

4.7　铬

4.7.1 食品中铬限量指标见表7。

表 7　食品中铬限量指标

食品类别（名称）	限量（以 Cr 计）mg/kg
谷物及其制品	
谷物[a]	1.0
谷物碾磨加工品	1.0
蔬菜及其制品	
新鲜蔬菜	0.5

(续表)

食品类别（名称）	限量（以 Cr 计）mg/kg
豆类及其制品 　豆类	1.0
肉及肉制品	1.0
水产动物及其制品	2.0
乳及乳制品 　生乳、巴氏杀菌乳、灭菌乳、调制乳、发酵乳 　乳粉和调制乳粉	0.3 2.0

[a] 稻谷以糙米计。

4.7.2 检验方法：按 GB 5009.123 规定的方法测定。

4.8 亚硝酸盐、硝酸盐

4.8.1 食品中亚硝酸盐、硝酸盐限量指标见表8。

表8 食品中亚硝酸盐、硝酸盐限量指标

食品类别（名称）	限量 mg/kg 亚硝酸盐（以 $NaNO_2$ 计）	硝酸盐（以 $NaNO_3$ 计）
蔬菜及其制品 　酱腌菜	20	—
乳及乳制品 　生乳 　乳粉和调制乳粉	0.4 2.0	— —
饮料类 　包装饮用水（饮用天然矿泉水除外） 　饮用天然矿泉水	0.005mg/L（以 NO_2^- 计） 0.1mg/L（以 NO_2^- 计）	— 45mg/L（以 NO_3^- 计）

(续表)

食品类别（名称）	限量 mg/kg	
	亚硝酸盐 （以 $NaNO_2$ 计）	硝酸盐 （以 $NaNO_3$ 计）
特殊膳食用食品 　婴幼儿配方食品[a] 　　婴儿配方食品、较大婴儿配方食品、幼儿配方食品 　　特殊医学用途婴儿配方食品 　婴幼儿辅助食品 　　婴幼儿谷类辅助食品 　　婴幼儿罐装辅助食品 　特殊医学用途配方食品（特殊医学用途婴儿配方食品涉及的品种除外） 　辅食营养补充品 　孕妇及乳母营养补充食品	 2.0[b]（以固态产品计） 2.0（以固态产品计） 2.0[d] 4.0[d] 2.0[e]（以固态产品计） 2.0[b] 2.0[d]	 100[c]（以固态产品计） 100（以固态产品计） 100[c] 200[c] 100c（以固态产品计） 100[c] 100[c]

注：划"—"者指无相应限量要求。

[a] 液态婴幼儿配方食品根据 8∶1 的比例折算其限量。
[b] 仅适用于乳基产品。
[c] 不适用于添加蔬菜和水果的产品。
[d] 不适用于添加豆类的产品。
[e] 仅适用于乳基产品（不含豆类成分）。

4.8.2 检验方法：饮料类按 GB 8538 规定的方法测定，其他食品按 GB 5009.33 规定的方法测定。

4.9 苯并[a]芘

4.9.1 食品中苯并[a]芘限量指标见表9

表9 食品中苯并[a]芘限量指标

食品类别（名称）	限量 μg/kg
谷物及其制品 　稻谷[a]、糙米、大米（粉）、小麦、小麦粉、玉米、玉米粉、玉米糁（渣）	2.0

（续表）

食品类别（名称）	限量 μg/kg
肉及肉制品 　熏、烧、烤肉类	5.0
水产动物及其制品 　熏、烤水产品	5.0
乳及乳制品 　稀奶油、奶油、无水奶油	10
油脂及其制品	10
[a] 稻谷以糙米计。	

4.9.2　检验方法：按 GB 5009.27 规定的方法测定。

4.10　N-二甲基亚硝胺

4.10.1　食品中 N-二甲基亚硝胺限量指标见表 10。

表 10　食品中 N-二甲基亚硝胺限量指标

食品类别（名称）	限量 μg/kg
肉及肉制品 　肉制品（肉类罐头除外） 　熟肉干制品	3.0 3.0
水产动物及其制品 　水产制品（水产品罐头除外） 　干制水产品	4.0 4.0

4.10.2　检验方法：按 GB 5009.26 规定的方法测定。

4.11　多氯联苯

4.11.1　食品中多氯联苯限量指标见表 11。

表 11 食品中多氯联苯限量指标

食品类别（名称）	限量 a μg/kg
水产动物及其制品	20
油脂及其制品 　水产动物油脂	200

a 多氯联苯以 PCB28、PCB52、PCB101、PCB118、PCB138、PCB153 和 PCB180 总和计。

4.11.2 检验方法：按 GB 5009.190 规定的方法测定。

4.12 3-氯-1,2-丙二醇

4.12.1 食品中 3-氯-1,2-丙二醇限量指标见表 12。

表 12 食品中 3-氯-1,2-丙二醇限量指标

食品类别（名称）a	限量 mg/kg
调味品（固态调味品除外） 　固态调味品	0.4 1.0

a 仅限于添加酸水解植物蛋白的产品。

4.12.2 检验方法：按 GB 5009.191 规定的方法测定。

附录 A
食品类别（名称）说明

食品类别（名称）说明见表 A.1。

表 A.1 食品类别（名称）说明

水果及其制品	新鲜水果（未经加工的、经表面处理的、去皮或预切的、冷冻的水果） 　浆果和其他小粒水果（例如：蔓越莓、醋栗等） 　其他新鲜水果（包括甘蔗） 水果制品 　水果罐头 　水果干类 　醋、油或盐渍水果 　果酱（泥） 　蜜饯（包括果丹皮） 　发酵的水果制品 　煮熟的或油炸的水果 　水果甜品 　其他水果制品
蔬菜及其制品（包括薯类，不包括食用菌）	新鲜蔬菜（未经加工的、经表面处理的、去皮或预切的、冷冻的蔬菜） 　芸薹类蔬菜 　叶菜蔬菜（包括芸薹类叶菜） 　豆类蔬菜 　块根和块茎蔬菜（例如：薯类、胡萝卜、萝卜、生姜等） 　茎类蔬菜 　其他新鲜蔬菜（包括瓜果类、鳞茎类和水生类、芽菜类；竹笋、黄花菜等多年生蔬菜） 蔬菜制品 　蔬菜罐头 　干制蔬菜 　酱腌菜 　蔬菜泥（酱） 　经水煮或油炸的蔬菜 　其他蔬菜制品

(续表)

食用菌及其制品	新鲜食用菌（未经加工的、经表面处理的、预切的、冷冻的食用菌） 　双孢菇 Agaricus bisporus（J. E. Lange）Imbach 　平菇 Pleurotus ostreatus（Jacq.）P. Kumm 　香菇 Lentinula edodes（Berk.）Pegler 　榛蘑 Armillaria mellea（Vahl.）P. Kumm 　牛肝菌［美味牛肝菌 Boletus bainiugan Dentinger；兰茂牛肝菌 Lanmaoa asiatica G. Wu&Zhu L. Yang；茶褐新生牛肝菌 Sutorius brunneissimus（W. F. Chiu）G. Wu&Zhu L. Yang；远东邹盖牛肝菌 Rugiboletus extremiorientalis（Lj. N. Vassiljeva）G. Wu&Zhu L. Yang］ 　松茸 Tricholoma matsutake（S. Ito&S. Imai）Singer 　松露 Tuber spp. 　青头菌 Russula virescens（Schaeff.）Fr. 　鸡枞 Termitomyces spp. 　鸡油菌 Cantharellus spp. 　多汁乳菇 Lactarius volemus（Fr.） 　羊肚菌 Morchella importuna M. Kuo，O'Donnel&T. J. Volk 　獐头菌 Sarcodon imbricatus（L.）P. Karst. 　姬松茸 Agaricus blazei Murril 　木耳（毛木耳 Auricularia cornea Ehrenb.；黑木耳 Auricularia heimuer F. Wu，B. K. Cui&Y. C. Dai） 　银耳 Tremella fuciformis Berk. 　其他新鲜食用菌 　食用菌制品 食用菌罐头 　腌渍食用菌（例如：酱渍、盐渍、糖醋渍食用菌等） 　经水煮或油炸食用菌 　其他食用菌制品

（续表）

谷物及其制品（不包括焙烤食品）	谷物 　稻谷 　玉米 　小麦 　大麦（包括青稞） 　其他谷物［例如：粟（谷子）、高粱、黑麦、燕麦、荞麦等］ 谷物碾磨加工品 　糙米（包括色稻米） 　大米（粉） 　小麦粉（包括食用麸皮） 　玉米粉、玉米糁（渣） 　麦片 　其他谷物碾磨加工品（例如：小米、高粱米、大麦米、黍米等） 谷物制品 　大米制品（例如：米粉、米线等） 　小麦粉制品 　　生湿面制品（例如：面条、饺子皮、馄饨皮、烧麦皮等） 　　生干面制品 　　发酵面制品 　　面糊（例如：用于鱼和禽肉的拖面糊）、裹粉、煎炸粉 　　面筋 　　其他小麦粉制品 　玉米制品（例如：玉米面条、玉米片等） 　其他谷物制品［例如：带馅（料）面米制品、粥类罐头等］
豆类及其制品	豆类（干豆、以干豆磨成的粉） 豆类制品 　非发酵豆制品（例如：豆浆、豆腐类、豆干类、腐竹类、熟制豆类、大豆蛋白膨化食品、大豆素肉等） 　发酵豆制品（例如：腐乳类、纳豆、豆豉、豆豉制品等） 　豆类罐头 　其他豆类制品（包括豆沙馅）
藻类及其制品	新鲜藻类（未经加工的、经表面处理的、预切的、冷冻的藻类） 　螺旋藻 　其他新鲜藻类 藻类制品 　藻类罐头 　干制藻类 　盐渍藻类 　经水煮或油炸的藻类 　其他藻类制品

(续表)

坚果及籽类	生干坚果及籽类（不包括谷物种子和豆类，包括咖啡豆、可可豆） 坚果及籽类制品 　　熟制坚果及籽类（带壳、脱壳、包衣） 　　坚果及籽类罐头 　　坚果及籽类的泥（酱）（例如：花生酱等） 　　其他坚果及籽类制品（例如：腌渍的果仁等）
肉及 肉制品	肉类（生鲜、冷却、冷冻肉等） 　　畜禽肉 　　畜禽内脏（例如：肝、肾、肺、肠等） 肉制品（包括内脏制品、血制品） 　　预制肉制品 　　　　调理肉制品（生肉添加调理料） 　　　　腌腊肉制品类（例如：咸肉、腊肉、板鸭、中式火腿、腊肠等） 　　熟肉制品 　　　　肉类罐头 　　　　酱卤肉制品类 　　　　熏、烧、烤肉类 　　　　油炸肉类 　　　　西式火腿（熏烤、烟熏、蒸煮火腿）类 　　　　肉灌肠类 　　　　发酵肉制品类 　　　　其他熟肉制品

(续表)

水产动物及其制品	鲜、冻水产动物 　　鱼类 　　　　非肉食性鱼类 　　　　肉食性鱼类（例如：金枪鱼、金目鲷、枪鱼、鲨鱼等） 　　甲壳类（例如：虾类、蟹类等） 　　软体动物 　　　　头足类 　　　　双壳贝类 　　　　腹足类 　　　　其他软体动物 　　棘皮类 　　其他鲜、冻水产动物 水产制品 　　水产品罐头 　　鱼糜制品（例如：鱼丸等） 　　腌制水产品 　　鱼子制品 　　熏、烤水产品 　　发酵水产品 　　其他水产制品
乳及乳制品	生乳 巴氏杀菌乳 灭菌乳 调制乳 发酵乳 浓缩乳制品 稀奶油、奶油、无水奶油 乳粉和调制乳粉 乳清粉和乳清蛋白粉 干酪 再制干酪 其他乳制品（例如：酪蛋白等）
蛋及蛋制品	鲜蛋 蛋制品 　　卤蛋 　　糟蛋 　　皮蛋 　　咸蛋 　　其他蛋制品

(续表)

油脂及其制品	植物油脂（包括食用植物调和油及添加了鱼油的调和油） 动物油脂（例如：猪油、牛油、鱼油、磷虾油等） 油脂制品 　　氢化植物油 　　含氢化和（或）部分氢化油脂的油脂制品 　　其他油脂制品
调味品	食用盐 味精 食醋 酱油 酿造酱 香辛料类 　　香辛料及粉 　　香辛料油 　　香辛料酱（例如：芥末酱、青芥酱等） 　　其他香辛料加工品 水产调味品 　　鱼类调味品（例如：鱼露等） 　　其他水产调味品（例如：蚝油、虾油等） 复合调味料（例如：调味料酒、固体汤料、鸡精、鸡粉、蛋黄酱、沙拉酱、调味清汁等） 其他调味品

(续表)

饮料类	包装饮用水 　　饮用天然矿泉水 　　饮用纯净水 　　其他类饮用水 果蔬汁类及其饮料（例如：苹果汁、苹果醋饮料、山楂汁、山楂醋饮料等） 　　果蔬汁（浆） 　　浓缩果蔬汁（浆） 　　果蔬汁（浆）类饮料 蛋白饮料 　　含乳饮料（例如：发酵型含乳饮料、配制型含乳饮料、乳酸菌饮料等） 　　植物蛋白饮料 　　复合蛋白饮料 　　其他蛋白饮料 碳酸饮料 茶饮料 咖啡类饮料 植物饮料 风味饮料 固体饮料［包括速溶咖啡、研磨咖啡（烘焙咖啡）］ 特殊用途饮料 其他饮料
酒类	蒸馏酒（例如：白酒、白兰地、威士忌、伏特加、朗姆酒等） 配制酒 发酵酒（例如：葡萄酒、黄酒、果酒、啤酒等）
食糖及淀粉糖	食糖（包括方糖、冰片糖、原糖、糖蜜、部分转化糖、槭树糖浆） 乳糖 淀粉糖（例如：食用葡萄糖、低聚异麦芽糖、果葡糖浆、麦芽糖、麦芽糊精、葡萄糖浆等）
淀粉及淀粉制品（包括谷物、豆类和块根植物提取的淀粉）	食用淀粉 淀粉制品（包括虾味片）
焙烤食品	面包 糕点（包括月饼） 饼干 其他焙烤食品

(续表)

可可制品、巧克力和巧克力制品以及糖果	可可制品、巧克力和巧克力制品（包括代可可脂巧克力及制品） 糖果（包括胶基糖果）
冷冻饮品	冰淇淋 　　雪糕 　　雪泥 　　冰棍 　　甜味冰 　　食用冰 　　其他冷冻饮品
特殊膳食用食品	婴幼儿配方食品 　　婴儿配方食品 　　较大婴儿配方食品 　　幼儿配方食品 　　特殊医学用途婴儿配方食品 婴幼儿辅助食品 　　婴幼儿谷类辅助食品 　　婴幼儿罐装辅助食品 特殊医学用途配方食品（特殊医学用途婴儿配方食品涉及的品种除外） 　　其他特殊膳食用食品（例如：辅食营养补充品、运动营养食品、孕妇及乳母营养补充食品等）
其他类（除上述食品以外的食品）	果冻 膨化食品 蜂蜜 花粉 茶叶 干菊花 苦丁茶

农业农村部
关于修订《人畜共患传染病名录》的公告

2022年6月23日　　　　　　　　农业农村部公告第571号

根据《中华人民共和国动物防疫法》有关规定，我部对原《人畜共患传染病名录》进行了修订，现予发布，自发布之日起施行。2009年发布的农业部第1149号公告同时废止。

附件：人畜共患传染病名录

附件

人畜共患传染病名录

牛海绵状脑病、高致病性禽流感、狂犬病、炭疽、布鲁氏菌病、弓形虫病、棘球蚴病、钩端螺旋体病、沙门氏菌病、牛结核病、日本血吸虫病、日本脑炎（流行性乙型脑炎）、猪链球菌Ⅱ型感染、旋毛虫病、囊尾蚴病、马鼻疽、李氏杆菌病、类鼻疽、片形吸虫病、鹦鹉热、Q热、利什曼原虫病、尼帕病毒性脑炎、华支睾吸虫病

国家市场监督管理总局　国家标准化管理委员会

畜禽肉水分限量

GB 18394—2020

（2020年12月24日发布　自2022年1月1日起实施）

前　言

本标准按 GB/T1.1—2009 给出的规则起草。

本标准代替 GB 18394—2001《畜禽肉水分限量》，与 GB 18394—2001 相比，主要技术变化如下：

——修改了规范性引用文件（见第2章，2001年版的第2章）；

——修改了鲜、冻猪肉出水分限量指标（见第4章，2001年版的第3章）；

——修改了直接干燥法（见5.1，2001年版的5.1）；

——修改了结果计算（见5.3，2001年版的第6章）。

本标准由中华人民共和国农业农村部提出并归口。

本标准所替代标准的历次版本发布情况为：

——GB 18394—2001。

1 范围

本标准规定了畜禽肉水分限量指标和试验方法。

本标准适用于鲜（冻）猪肉、牛肉、羊肉和鸡肉。

2 规范性引用文件

下列文件对于本文件的应用是必不可少的。凡是注日期的引用文件，仅注日期的版本适用于本文件。凡是不注日期的引用文件，其最新版本（包括所有的修改单）适用于本文件。

GB 5009.3—2016 食品安全国家标准 食品中水分的测定

GB/T 6682 分析实验室用水规格和试验方法

GB/T 19480 肉与肉制品术语

3 术语和定义

GB/T 19480 界定的术语和定义适用于本文件。

4 畜禽肉水分限量指标

畜禽肉水分限量指标见表1。畜禽肉水分含量测定的仲裁法按 GB 5009.3—2016 中规定的蒸馏法。

表1 畜禽肉水分限量指标

品种	水分含量/（g/100g）
猪肉	≤76.0
牛肉	≤77.0
羊肉	≤78.0
鸡肉	≤77.0

5 试验方法

5.1 直接干燥法

5.1.1 原理

利用畜禽肉中水分的物理性质，在101.3kPa（一个大气压），温度

（103±2）℃下采用挥发方法测定样品中干燥减失的质量，包括吸湿水、部分结晶水和该条件下能挥发的物质，再通过干燥前后称量数值的变化计算出水分的含量。

5.1.2 试剂和材料

除非另有说明，本方法所用试剂均为分析纯，水为 GB/T 6682 规定的三级水。

5.1.2.1 试剂及试验材料

5.1.2.1.1 氢氧化钠（NaOH）。

5.1.2.1.2 盐酸（HCl）。

5.1.2.1.3 砂：粒径 12 目～60 目。

5.1.2.2 试剂配制及试验材料处理

5.1.2.2.1 盐酸溶液（6 mol/L）：量取 50mL 盐酸，加水稀释至 100mL。

5.1.2.2.2 氢氧化钠溶液（6 mol/L）：称取 24g 氢氧化钠，加水溶解并稀释至 100mL。

5.1.2.2.3 砂：用水洗去海砂、河砂、石英砂或类似物中的泥土，用盐酸溶液（6mol/L）煮沸 0.5h，用水洗至中性，再用氢氧化钠溶液（6 mol/L）煮沸 0.5h，用水洗至中性，经 105℃干燥备用。

5.1.3 仪器和设备

5.1.3.1 称量器皿：扁形铝制或玻璃制称量器皿、瓷坩埚，内径不小于 25mm。

5.1.3.2 均质设备：斩拌机或者绞肉机。

5.1.3.3 细玻璃棒：略高于称量器皿。

5.1.3.4 恒温干燥箱。

5.1.3.5 干燥器：内附有效干燥剂。

5.1.3.6 天平：感量为 0.01g 和 0.0001g。

5.1.4 样品制备

5.1.4.1 样品采集

从采样部位做切口，避开脂肪、筋、腱，割取约200g的肌肉，放入密封容器中。冷却肉应去除表面风干的部分，冷冻肉应从样品内部取样。

5.1.4.2 样品处理

5.1.4.2.1 非冷冻样品

样品检测前应剔除其中的脂肪、筋、腱，取其肌肉部分进行均质，均质后的样品应尽快进行检测。均质后如未能及时检测，应密封冷藏储存，密封冷藏储存时间不应超过24h。储存的样品在检测时应重新混匀。

5.1.4.2.2 冷冻样品

在15℃~25℃下解冻，记录解冻前后的样品质量 m_3 和 m_4（精确至0.01g），解冻后的样品按5.1.4.2.1处理。

5.1.5 分析步骤

5.1.5.1 称量器皿恒重：于称量器皿中放入细玻璃棒和10g左右砂，将其放入（103±2）℃的恒温干燥箱中恒重。记录恒重后质量（m_0）。

5.1.5.2 称取约5g的样品（精确至0.0001g），置于称量器皿中，准确记录样品及称量器皿的总质量（m_1），并用细玻璃棒将砂与样品混合均匀。

5.1.5.3 称量器皿及样品移至（103±2）℃的恒温干燥箱中，干燥4h后将其取出并在干燥器中冷却后称重；将其再次在恒温干燥箱中烘干1h后取出，冷却后称重；重复以上步骤直至前后连续两次质量差小于2mg为止，并记录最终称量器皿和内容物的总质量（m_2）。

5.2 红外线干燥法（快速法）

5.2.1 原理

用红外线加热将水分从样品中去除，再用干燥前后的质量差计算出水分含量。

5.2.2 仪器

红外线快速水分分析仪：水分测定范围0%~100%，读数精度

0.01%，称量范围0g~30g，称量精度1mg。

5.2.3 测定

5.2.3.1 接通电源并打开开关，设定干燥加热温度为105℃，加热时间为自动，结果表示方式为0%~100%。

5.2.3.2 打开样品室罩，取一样品盘置于红外线水分分析仪的天平架上，并回零。

5.2.3.3 取出样品盘，将约5g按5.1.4.1制备而成的样品均匀铺于盘上，再放回样品室。

5.2.3.4 盖上样品室罩，开始加热，待完成干燥后，读取在数字显示屏上的水分含量。在配有打印机的状况下，可自动打印出水分含量。

5.3 结果计算

5.3.1 非冷冻样品的水分含量，按式（1）进行计算：

$$X = \frac{m_1 - m_2}{m_1 - m_0} \times 100 \quad \cdots\cdots\cdots\cdots\cdots\cdots\cdots（1）$$

式中：

X ——非冷冻样品水分含量，单位为克每百克（g/100g）；

m_0 ——干燥后称量器皿、细玻璃棒和砂的总质量，单位为克（g）；

m_1 ——干燥前肉、称量器皿、细玻璃棒和砂的总质量，单位为克（g）；

m_2 ——干燥后肉、称量器皿、细玻璃棒和砂的总质量，单位为克（g）；

100——单位换算系数。

计算结果用两次平行测定的算术平均值表示，保留三位有效数字。

5.3.2 冷冻样品或者有水分析出的，按式（2）进行计算：

$$W = \frac{(m_3 - m_4) + m_4 \times X}{m_3} \times 100 \quad \cdots\cdots\cdots\cdots（2）$$

式中：

W——冷冻样品水分含量，单位为克每百克（g/100g）；

X——解冻后样品水分含量，即5.3.1非冷冻样品水分含量，单位为克每百克（g/100g）；

m_3——解冻前样品的质量，单位为克（g）；

m_4——解冻后样品的质量，单位为克（g）；

100——单位换算系数。

计算结果用两次平行测定的算术平均值表示，保留三位有效数字。

5.3.3 在重复性条件下获得的两次独立测定结果的绝对差值不超过1%。

农业农村部
食品动物中禁止使用的药品及其他化合物清单

2019年12月27日　　　　　　　　农业农村部公告第250号

为进一步规范养殖用药行为，保障动物源性食品安全，根据《兽药管理条例》有关规定，我部修订了食品动物中禁止使用的药品及其他化合物清单，现予以发布，自发布之日起施行。食品动物中禁止使用的药品及其他化合物以本清单为准，原农业部公告第193号、235号、560号等文件中的相关内容同时废止。

附件：食品动物中禁止使用的药品及其他化合物清单

附件

食品动物中禁止使用的药品及其他化合物清单

序号	药品及其他化合物名称
1	酒石酸锑钾（Antimony potassium tartrate）
2	β-兴奋剂（β-agonists）类及其盐、酯
3	汞制剂：氯化亚汞（甘汞）（Calomel）、醋酸汞（Mercurous acetate）、硝酸亚汞（Mercurous nitrate）、吡啶基醋酸汞（Pyridyl mercurous acetate）
4	毒杀芬（氯化烯）（Camahechlor）

（续表）

序号	药品及其他化合物名称
5	卡巴氧（Carbadox）及其盐、酯
6	呋喃丹（克百威）（Carbofuran）
7	氯霉素（Chloramphenicol）及其盐、酯
8	杀虫脒（克死螨）（Chlordimeform）
9	氨苯砜（Dapsone）
10	硝基呋喃类：呋喃西林（Furacilinum）、呋喃妥因（Furadantin）、呋喃它酮（Furaltadone）、呋喃唑酮（Furazolidone）、呋喃苯烯酸钠（Nifurstyrenate sodium）
11	林丹（Lindane）
12	孔雀石绿（Malachite green）
13	类固醇激素：醋酸美仑孕酮（Melengestrol Acetate）、甲基睾丸酮（Methyltestosterone）、群勃龙（去甲雄三烯醇酮）（Trenbolone）、玉米赤霉醇（Zeranal）
14	安眠酮（Methaqualone）
15	硝呋烯腙（Nitrovin）
16	五氯酚酸钠（Pentachlorophenol sodium）
17	硝基咪唑类：洛硝达唑（Ronidazole）、替硝唑（Tinidazole）
18	硝基酚钠（Sodium nitrophenolate）
19	己二烯雌酚（Dienoestrol）、己烯雌酚（Diethylstilbestrol）、己烷雌酚（Hexoestrol）及其盐、酯
20	锥虫砷胺（Tryparsamile）
21	万古霉素（Vancomycin）及其盐、酯

国家食品药品监督管理局办公室
关于发布保健食品中可能非法添加的物质名单（第一批）的通知

2012 年 3 月 16 日　　　　　　　食药监办保化〔2012〕33 号

各省、自治区、直辖市食品药品监督管理局（药品监督管理局）：

　　贯彻落实国务院食品安全委员会办公室《关于进一步加强保健食品质量安全监管工作的通知》（食安办〔2011〕37 号）要求，严厉打击保健食品生产中非法添加物质的违法违规行为，保障消费者健康，国家局组织制定了《保健食品中可能非法添加的物质名单（第一批）》，现予以印发。

　　该名单未涵盖行业内存在的所有非法添加物质，各级食品药品监督管理部门在监督检查中要注意收集名单之外的非法添加物质情况，汇总后报送国家局。

　　附件：保健食品中可能非法添加的物质名单（第一批）

附件：

保健食品中可能非法添加的物质名单（第一批）

序号	保健功能	可能非法添加物质名称	检测依据
1	声称减肥功能产品	西布曲明、麻黄碱、芬氟拉明	国家食品药品监督管理局药品检验补充检验方法和检验项目批准件 2006004
2	声称辅助降血糖（调节血糖）功能产品	甲苯磺丁脲、格列苯脲、格列齐特、格列吡嗪、格列喹酮、格列美脲、马来酸罗格列酮、瑞格列奈、盐酸吡格列酮、盐酸二甲双胍、盐酸苯乙双胍	国家食品药品监督管理局药品检验补充检验方法和检验项目批准件 2009029
3	声称缓解体力疲劳（抗疲劳）功能产品	那红地那非、红地那非、伐地那非、羟基豪莫西地那非、西地那非、豪莫西地那非、氨基他打拉非、他达拉非、硫代艾地那非、伪伐地那非和那莫西地那非等PDE5型（磷酸二酯酶5型）抑制剂	国家食品药品监督管理局药品检验补充检验方法和检验项目批准件 2008016，2009030
4	声称增强免疫力（调节免疫）功能产品	那红地那非、红地那非、伐地那非、羟基豪莫西地那非、西地那非、豪莫西地那非、氨基他打拉非、他达拉非、硫代艾地那非、伪伐地那非和那莫西地那非等PDE5型（磷酸二酯酶5型）抑制剂	国家食品药品监督管理局药品检验补充检验方法和检验项目批准件 2008016，2009030
5	声称改善睡眠功能产品	地西泮、硝西泮、氯硝西泮、氯氮卓、奥沙西泮、马来酸咪哒唑仑、劳拉西泮、艾司唑仑、阿普唑仑、三唑仑、巴比妥、苯巴比妥、异戊巴比妥、司可巴比妥、氯美扎酮	国家食品药品监督管理局药品检验补充检验方法和检验项目批准件 2009024
6	声称辅助降血压（调节血脂）功能产品	阿替洛尔、盐酸可乐定、氢氯噻嗪、卡托普利、哌唑嗪、利血平、硝苯地平	国家食品药品监督管理局药品检验补充检验方法和检验项目批准件 2009032

卫生部

关于公布食品中可能违法添加的非食用物质和易滥用的食品添加剂名单（第六批）的公告

2011年6月1日　　　　　　　　卫生部公告2011年第16号

为打击在食品及食品添加剂生产中违法添加非食用物质的行为，保障消费者身体健康，卫生部制定了《食品中可能违法添加的非食用物质和易滥用的食品添加剂名单（第六批）》，现公告如下：

名　称	可能添加的食品品种	检验方法
邻苯二甲酸酯类物质，主要包括：邻苯二甲酸二（2-乙基）己酯（DEHP）、邻苯二甲酸二异壬酯（DINP）、邻苯二甲酸二苯酯、邻苯二甲酸二甲酯（DMP）、邻苯二甲酸二乙酯（DEP）、邻苯二甲酸二丁酯（DBP）、邻苯二甲酸二戊酯（DPP）、邻苯二甲酸二己酯（DHXP）、邻苯二甲酸二壬酯（DNP）、邻苯二甲酸二异丁酯（DIBP）、邻苯二甲酸二环己酯（DCHP）、邻苯二甲酸二正辛酯（DNOP）、邻苯二甲酸丁基苄基酯（BBP）、邻苯二甲酸二（2-甲氧基）乙酯（DMEP）、邻苯二甲酸二（2-乙氧基）乙酯（DEEP）、邻苯二甲酸二（2-丁氧基）乙酯（DBEP）、邻苯二甲酸二（4-甲基-2-戊基）酯（BMPP）等	乳化剂类食品添加剂、使用乳化剂的其他类食品添加剂或食品等	GB/T 21911 食品中邻苯二甲酸酯的测定

特此公告。

食品中可能违法添加的非食用物质和易滥用的食品添加剂名单（第1—5批汇总）

（2011年4月19日）

为进一步打击在食品生产、流通、餐饮服务中违法添加非食用物质和滥用食品添加剂的行为，保障消费者健康，全国打击违法添加非食用物质和滥用食品添加剂专项整治领导小组自2008年以来陆续发布了五批《食品中可能违法添加的非食用物质和易滥用的食品添加剂名单》。为方便查询，现将五批名单汇总发布（见表一、表二）。

表一 食品中可能违法添加的非食用物质名单

序号	名称	可能添加的食品品种	检测方法
1	吊白块	腐竹、粉丝、面粉、竹笋	GB/T 21126—2007 小麦粉与大米粉及其制品中甲醛次硫酸氢钠含量的测定；卫生部《关于印发面粉、油脂中过氧化苯甲酰测定等检验方法的通知》（卫监发〔2001〕159号）附件2 食品中甲醛次硫酸氢钠的测定方法
2	苏丹红	辣椒粉、含辣椒类的食品（辣椒酱、辣味调味品）	GB/T 19681—2005 食品中苏丹红染料的检测方法高效液相色谱法
3	王金黄、块黄	腐皮	

(续表)

序号	名称	可能添加的食品品种	检测方法
4	蛋白精、三聚氰胺	乳及乳制品	GB/T 22388—2008 原料乳与乳制品中三聚氰胺检测方法 GB/T 22400—2008 原料乳中三聚氰胺快速检测液相色谱法
5	硼酸与硼砂	腐竹、肉丸、凉粉、凉皮、面条、饺子皮	无
6	硫氰酸钠	乳及乳制品	无
7	玫瑰红B	调味品	无
8	美术绿	茶叶	无
9	碱性嫩黄	豆制品	
10	工业用甲醛	海参、鱿鱼等干水产品、血豆腐	SC/T 3025—2006 水产品中甲醛的测定
11	工业用火碱	海参、鱿鱼等干水产品、生鲜乳	无
12	一氧化碳	金枪鱼、三文鱼	无
13	硫化钠	味精	无
14	工业硫磺	白砂糖、辣椒、蜜饯、银耳、龙眼、胡萝卜、姜等	无
15	工业染料	小米、玉米粉、熟肉制品等	无
16	罂粟壳	火锅底料及小吃类	参照上海市食品药品检验所自建方法
17	革皮水解物	乳与乳制品 含乳饮料	乳与乳制品中动物水解蛋白鉴定-L（-）-羟脯氨酸含量测定（检测方法由中国检验检疫科学院食品安全所提供。该方法仅适应于生鲜乳、纯牛奶、奶粉 联系方式：Wkzhong@21cn.com）
18	溴酸钾	小麦粉	GB/T 20188—2006 小麦粉中溴酸盐的测定 离子色谱法

(续表)

序号	名称	可能添加的食品品种	检测方法
19	β-内酰胺酶（金玉兰酶制剂）	乳与乳制品	液相色谱法（检测方法由中国检验检疫科学院食品安全所提供。联系方式：Wkzhong@21cn.com）
20	富马酸二甲酯	糕点	气相色谱法（检测方法由中国疾病预防控制中心营养与食品安全所提供
21	废弃食用油脂	食用油脂	无
22	工业用矿物油	陈化大米	无
23	工业明胶	冰淇淋、肉皮冻等	无
24	工业酒精	勾兑假酒	无
25	敌敌畏	火腿、鱼干、咸鱼等制品	GB/T 5009.20—2003 食品中有机磷农药残留的测定
26	毛发水	酱油等	无
27	工业用乙酸	勾兑食醋	GB/T 5009.41—2003 食醋卫生标准的分析方法
28	肾上腺素受体激动剂类药物（盐酸克伦特罗，莱克多巴胺等）	猪肉、牛羊肉及肝脏等	GB/T 22286—2008 动物源性食品中多种β-受体激动剂残留量的测定，液相色谱串联质谱法
29	硝基呋喃类药物	猪肉、禽肉、动物性水产品	GB/T 21311—2007 动物源性食品中硝基呋喃类药物代谢物残留量检测方法，高效液相色谱-串联质谱法
30	玉米赤霉醇	牛羊肉及肝脏、牛奶	GB/T 21982—2008 动物源食品中玉米赤霉醇、β-玉米赤霉醇、α-玉米赤霉烯醇、β-玉米赤霉烯醇、玉米赤霉酮和赤霉烯酮残留量检测方法，液相色谱-质谱/质谱法
31	抗生素残渣	猪肉	无，需要研制动物性食品中测定万古霉素的液相色谱-串联质谱法

(续表)

序号	名称	可能添加的食品品种	检测方法
32	镇静剂	猪肉	参考 GB/T 20763—2006 猪肾和肌肉组织中乙酰丙嗪、氯丙嗪、氟哌啶醇、丙酰二甲氨基丙吩噻嗪、甲苯噻嗪、阿扎哌垄阿扎哌醇、咔唑心安残留量的测定,液相色谱-串联质谱法 无,需要研制动物性食品中测定安定的液相色谱-串联质谱法
33	荧光增白物质	双孢蘑菇、金针菇、白灵菇、面粉	蘑菇样品可通过照射进行定性检测 面粉样品无检测方法
34	工业氯化镁	木耳	无
35	磷化铝	木耳	无
36	馅料原料漂白剂	焙烤食品	无,需要研制馅料原料中二氧化硫脲的测定方法
37	酸性橙Ⅱ	黄鱼、鲍汁、腌卤肉制品、红壳瓜子、辣椒面和豆瓣酱	无,需要研制食品中酸性橙Ⅱ的测定方法。参照江苏省疾控创建的鲍汁中酸性橙Ⅱ的高效液相色谱-串联质谱法 (说明:水洗方法可作为补充,如果脱色,可怀疑是违法添加了色素)
38	氯霉素	生食水产品、肉制品、猪肠衣、蜂蜜	GB/T 22338—2008 动物源性食品中氯霉素类药物残留量测定
39	喹诺酮类	麻辣烫类食品	无,需要研制麻辣烫类食品中喹诺酮类抗生素的测定方法
40	水玻璃	面制品	无
41	孔雀石绿	鱼类	GB 20361—2006 水产品中孔雀石绿和结晶紫残留量的测定,高效液相色谱荧光检测法(建议研制水产品中孔雀石绿和结晶紫残留量测定的液相色谱-串联质谱法)
42	乌洛托品	腐竹、米线等	无,需要研制食品中六亚甲基四胺的测定方法

(续表)

序号	名称	可能添加的食品品种	检测方法
43	五氯酚钠	河蟹	SC/T 3030—2006 水产品中五氯苯酚及其钠盐残留量的测定 气相色谱法
44	喹乙醇	水产养殖饲料	水产品中喹乙醇代谢物残留量的测定 高效液相色谱法（农业部1077号公告-5—2008）；水产品中喹乙醇残留量的测定 液相色谱法（SC/T 3019—2004）
45	碱性黄	大黄鱼	无
46	磺胺二甲嘧啶	叉烧肉类	GB 20759—2006 畜禽肉中十六种磺胺类药物残留量的测定 液相色谱-串联质谱法
47	敌百虫	腌制食品	GB/T 5009.20—2003 食品中有机磷农药残留量的测定

表二 食品中可能滥用的食品添加剂品种名单

序号	食品品种	可能易滥用的添加剂品种	检测方法
1	渍菜（泡菜等）、葡萄酒	着色剂（胭脂红、柠檬黄、诱惑红、日落黄）等	GB/T 5009.35—2003 食品中合成着色剂的测定 GB/T 5009.141—2003 食品中诱惑红的测定
2	水果冻、蛋白冻类	着色剂、防腐剂、酸度调节剂（己二酸等）	
3	腌菜	着色剂、防腐剂、甜味剂（糖精钠、甜蜜素等）	
4	面点、月饼	乳化剂（蔗糖脂肪酸酯等、乙酰化单甘脂肪酸酯等）、防腐剂、着色剂、甜味剂	
5	面条、饺子皮	面粉处理剂	

(续表)

序号	食品品种	可能易滥用的添加剂品种	检测方法
6	糕点	膨松剂（硫酸铝钾、硫酸铝铵等）、水分保持剂磷酸盐类（磷酸钙、焦磷酸二氢二钠等）、增稠剂（黄原胶、黄蜀葵胶等）、甜味剂（糖精钠、甜蜜素等）	GB/T 5009.182—2003 面制食品中铝的测定
7	馒头	漂白剂（硫磺）	
8	油条	膨松剂（硫酸铝钾、硫酸铝铵）	
9	肉制品和卤制熟食、腌肉料和嫩肉粉类产品	护色剂（硝酸盐、亚硝酸盐）	GB/T 5009.33—2003 食品中亚硝酸盐、硝酸盐的测定
10	小麦粉	二氧化钛、硫酸铝钾	
11	小麦粉	滑石粉	GB 21913—2008 食品中滑石粉的测定
12	臭豆腐	硫酸亚铁	
13	乳制品（除干酪外）	山梨酸	GB/T 21703—2008《乳与乳制品中苯甲酸和山梨酸的测定方法》
14	乳制品（除干酪外）	纳他霉素	参照 GB/T 21915—2008《食品中纳他霉素的测定方法》
15	蔬菜干制品	硫酸铜	无
16	"酒类"（配制酒除外）	甜蜜素	
17	"酒类"	安塞蜜	
18	面制品和膨化食品	硫酸铝钾、硫酸铝铵	
19	鲜瘦肉	胭脂红	GB/T 5009.35—2003 食品中合成着色剂的测定

(续表)

序号	食品品种	可能易滥用的添加剂品种	检测方法
20	大黄鱼、小黄鱼	柠檬黄	GB/T 5009.35—2003 食品中合成着色剂的测定
21	陈粮、米粉等	焦亚硫酸钠	GB 5009.34—2003 食品中亚硫酸盐的测定
22	烤鱼片、冷冻虾、烤虾、鱼干、鱿鱼丝、蟹肉、鱼糜等	亚硫酸钠	GB/T 5009.34—2003 食品中亚硫酸盐的测定

注：滥用食品添加剂的行为包括超量使用或超范围使用食品添加剂的行为。

卫生部
关于进一步规范保健食品原料管理的通知

2002年2月28日　　　　　　　　　卫法监发〔2002〕51号

各省、自治区、直辖市卫生厅局、卫生部卫生监督中心：

为进一步规范保健食品原料管理，根据《中华人民共和国食品卫生法》，现印发《既是食品又是药品的物品名单》、《可用于保健食品的物品名单》和《保健食品禁用物品名单》（见附件），并规定如下：

一、申报保健食品中涉及的物品（或原料）是我国新研制、新发现、新引进的无食用习惯或仅在个别地区有食用习惯的，按照《新资源食品卫生管理办法》的有关规定执行。

二、申报保健食品中涉及食品添加剂的，按照《食品添加剂卫生管理办法》的有关规定执行。

三、申报保健食品中涉及真菌、益生菌等物品（或原料）的，按照我部印发的《卫生部关于印发真菌类和益生菌类保健食品评审规定的通知》（卫法监发〔2001〕84号）执行。

四、申报保健食品中涉及国家保护动植物等物品（或原料）的，按照我部印发的《卫生部关于限制以野生动植物及其产品为原料生产保健食品的通知》（卫法监发〔2001〕160号）、《卫生部关于限制以甘草、麻黄草、苁蓉和雪莲及其产品为原料生产保健食品的通知》（卫法监发〔2001〕188号）、《卫生部关于不再审批以熊胆粉和肌酸为原料生产的保健食品的通告》（卫法监发〔2001〕267号）等文件执行。

五、申报保健食品中含有动植物物品（或原料）的，动植物物品（或原料）总个数不得超过14个。如使用附件1之外的动植物物品（或原料），个数不得超过4个；使用附件1和附件2之外的动植物物品（或原料），个数不得超过1个，且该物品（或原料）应参照《食品安全性毒理学评价程序》（GB 15193.1—1994）中对食品新资源和新资源食品的有关要求进行安全性毒理学评价。

以普通食品作为原料生产保健食品的，不受本条规定的限制。

六、以往公布的与本通知规定不一致的，以本通知为准。

附件：1. 既是食品又是药品的物品名单
2. 可用于保健食品的物品名单
3. 保健食品禁用物品名单

附件1：既是食品又是药品的物品名单

（按笔划顺序排列）

丁香、八角茴香、刀豆、小茴香、小蓟、山药、山楂、马齿苋、乌梢蛇、乌梅、木瓜、火麻仁、代代花、玉竹、甘草、白芷、白果、白扁豆、白扁豆花、龙眼肉（桂圆）、决明子、百合、肉豆蔻、肉桂、余甘子、佛手、杏仁（甜、苦）、沙棘、牡蛎、芡实、花椒、赤小豆、阿胶、鸡内金、麦芽、昆布、枣（大枣、酸枣、黑枣）、罗汉果、郁李仁、金银花、青果、鱼腥草、姜（生姜、干姜）、枳实子、枸杞子、栀子、砂仁、胖大海、茯苓、香橼、香薷、桃仁、桑叶、桑椹、桔红、桔梗、益智仁、荷叶、莱菔子、莲子、高良姜、淡竹叶、淡豆豉、菊花、菊苣、黄芥子、黄精、紫苏、紫苏籽、葛根、黑芝麻、黑胡椒、槐米、槐花、蒲公英、蜂蜜、榧子、酸枣仁、鲜白茅根、鲜芦根、蝮蛇、橘皮、薄荷、薏苡仁、薤白、覆盆子、藿香。

附件2：可用于保健食品的物品名单

（按笔划顺序排列）

人参、人参叶、人参果、三七、土茯苓、大蓟、女贞子、山茱萸、川牛膝、川贝母、川芎、马鹿胎、马鹿茸、马鹿骨、丹参、五加皮、五味子、升麻、天门冬、天麻、太子参、巴戟天、木香、木贼、牛蒡子、牛蒡根、车前子、车前草、北沙参、平贝母、玄参、生地黄、生何首乌、白及、白术、白芍、白豆蔻、石决明、石斛（需提供可使用证明）、地骨皮、当归、竹茹、红花、红景天、西洋参、吴茱萸、怀牛膝、杜仲、杜仲叶、沙苑子、牡丹皮、芦荟、苍术、补骨脂、诃子、赤芍、远志、麦门冬、龟甲、佩兰、侧柏叶、制大黄、制何首乌、刺五加、刺玫果、泽兰、泽泻、玫瑰花、玫瑰茄、知母、罗布麻、苦丁茶、金荞麦、金樱子、青皮、厚朴、厚朴花、姜黄、枳壳、枳实、柏子仁、珍珠、绞股蓝、胡芦巴、茜草、荜茇、韭菜子、首乌藤、香附、骨碎补、党参、桑白皮、桑枝、浙贝母、益母草、积雪草、淫羊藿、菟丝子、野菊花、银杏叶、黄芪、湖北贝母、番泻叶、蛤蚧、越橘、槐实、蒲黄、蒺藜、蜂胶、酸角、墨旱莲、熟大黄、熟地黄、鳖甲。

附件3：保健食品禁用物品名单

（按笔划顺序排列）

八角莲、八里麻、千金子、土青木香、山莨菪、川乌、广防已、马桑叶、马钱子、六角莲、天仙子、巴豆、水银、长春花、甘遂、生天南星、生半夏、生白附子、生狼毒、白降丹、石蒜、关木通、农吉痢、夹竹桃、朱砂、米壳（罂粟壳）、红升丹、红豆杉、红茴香、红粉、羊角拗、羊踯躅、丽江山慈姑、京大戟、昆明山海棠、河豚、闹羊花、青娘虫、鱼藤、洋地黄、洋金花、牵牛子、砒石（白砒、红砒、砒霜）、草乌、香加皮（杠柳皮）、骆驼蓬、鬼臼、莽草、铁棒槌、铃兰、雪上一枝蒿、黄花夹竹桃、斑蝥、硫磺、雄黄、雷公藤、颠茄、藜芦、蟾酥。

【实务探讨】

关于危害食品安全犯罪案件审理情况的调研报告
——以福建法院2017年至2022年4月的审理数据为样本

福建省高级人民法院刑二庭课题组[*]

2021年12月31日，最高人民法院、最高人民检察院联合出台了《关于办理危害食品安全刑事案件适用法律若干问题的解释》（法释〔2021〕24号，以下简称《办理食品案件解释》），进一步严密刑事法网、加大打击力度，对于促进法律适用统一、依法严惩食品犯罪，具有重要作用。与此同时，由于食品犯罪涉及面广、专业性强、形态复杂，司法实践中仍有一些问题值得探讨。本文拟结合《办理食品案件解释》的相关规定，对福建法院近年来审理的食品犯罪案件的基本情况进行梳理分析，总结归纳此类案件审理的难点，研究提出解决建议，以期为新时期食品犯罪案件的审判提供帮助。

一、危害食品安全犯罪案件的审理概况

（一）收结案数及生效判决人数整体稳中有升

2017年1月至2022年4月，福建法院共受理危害食品安全犯罪一审

---

[*] 课题指导人：李永军；课题组负责人：熊焰；课题组成员：钟巧燕、江桓、刘震（执笔人）。

案件 823 件,审结 677 件,判决生效 1015 人。其中,2017 年受理 133 件,审结 123 件,判决生效 184 人;2018 年受理 137 件,审结 127 件,判决生效 189 人;2019 年受理 161 件,审结 147 件,判决生效 190 人;2020 年受理 166 件,审结 142 件,判决生效 207 人;2021 年受理 144 件,审结 103 件,判决生效 175 人;2022 年 1 月至 4 月受理 82 件,审结 35 件,判决生效 70 人。总体看,收结案数及生效判决人数稳中有升,表明已形成严厉惩治食品犯罪的高压态势,同时反映食品犯罪形势不容乐观。

(二)涉及罪名较为集中

危害食品安全犯罪案件主要涉及生产、销售不符合安全标准的食品罪,生产、销售有毒、有害食品罪,生产、销售伪劣产品罪,非法经营罪等罪名。2017 年至 2022 年 4 月,福建法院审结的 677 件食品犯罪案件中,以生产、销售有毒、有害食品罪和生产、销售不符合安全标准的食品罪定罪的案件有 472 件,占案件总数近 70%。

(三)涉及食品种类广泛

犯罪对象涉及面制品、肉制品、海鲜、农产品、食用菌、保健品等多种与人民群众生活密切相关的食品。针对不同的犯罪对象,其行为方式也呈现类型化:比如,面制品领域的犯罪主要表现为非法滥用食品添加剂;肉制品领域,随着对制售病死猪肉的严厉打击,此类行为得到有效遏制,近年来非法屠宰以及走私、销售境外冻品案件呈多发态势;使用工业原料加工、生产食品的现象凸显,比如使用工业硫磺熏蒸食用菌等;而保健品领域的犯罪主要集中于性保健品,这些产品大多都添加了西地那非、他达拉非等成分,具有一定的"功效",犯罪分子将此类产品销往成人保健品店等,具有一定的欺骗性和隐蔽性。

(四)犯罪手段传统与新型交织

随着"互联网+"时代的到来,犯罪分子在利用传统手段实施食品犯罪的同时，利用网络、现代物流实施犯罪的现象日益增加。一方面，通过建立网站、微信群吸引客户，利用网络直播、微商等方式虚假宣传、销售；另一方面，利用物流公司、快递等渠道进行运送，作案手段具有发散性、快捷性，短期内销售范围覆盖到全国甚至境外，受害人分布范围广，侦查取证难度升级。

（五）被告人以个体和无业者为主体

公司化、规模化运作的犯罪行为比较少见，经营模式整体呈现生产规模小、犯罪金额低、分散程度高的特点，被告人以个体和无业者为主体，大多文化程度低，缺乏食品安全意识，对相关法律法规的认识也模糊不清，有的在案发后仍然认为自己的行为只是行政违法，不构成犯罪。比如，有的行为人认为炸油条添加明矾是我国传统食品工艺，对超范围超剂量添加可能构成犯罪缺乏认知；有的行为人对我国《生猪屠宰管理条例》及相关司法解释的规定一知半解，认为其屠宰的生猪并没有检测出质量问题，对于还要因无证屠宰承担较重的刑事责任难以理解。

（六）刑罚轻缓化

2017年至2022年4月，全省法院共判决生效危害食品安全犯罪分子1015人，判处五年以上有期徒刑的有62人，重刑率为6.11%；判处五年以下有期徒刑或者拘役的有583人，占比57.44%；判处缓刑、免予刑事处罚的有370人，占比36.45%。刑罚轻缓化的主要原因是，案件整体呈现"低、小、散"特征，危害严重、影响重大的案件数量占比较小。此外，食品犯罪隐蔽性、专业性强，取证难度大，行为的现实危险、危害后果等难以认定，也影响刑罚上档。从五年有期徒刑以上重刑适用情况看，以非法经营罪定罪的非法屠宰等案件占比62.9%，而需要认定现实危险或危害后果才能定罪处罚的罪名重刑率较低，也侧面印证这一问题。

二、危害食品安全犯罪案件审判实务难题及解决建议

(一) 关于食品的认定

危害食品安全犯罪案件中,食品的认定对罪名选择及法律适用具有重要意义。刑法条文没有对食品的概念作出规定,鉴于危害食品安全犯罪属于行政犯,其构成要素的判断应参照行政法规范的相关规定,以确保刑法和行政法律规范调整领域的一致性,从而更有利于发挥刑法的法律指引功能。

我国食品安全法第一百五十条第一项规定:"食品,指各种供人食用或者饮用的成品和原料以及按照传统既是食品又是中药材的物品,但是不包括以治疗为目的的物品。"上述概念包含三个方面的要素:一是供人食用的成品和原料。供人食用是食品的核心要素。比如,病死猪肉既可以作动物饲料也可能供人食用,而只有在供人食用的情况下才能被认定为食品,并选择适用食品犯罪相应罪名予以处罚。根据这一要素,也可以将食品与食品安全法中所规定的食品添加剂、食品辅料、食品相关产品等进行有效区分,进而选择适用不同罪名。二是按照传统既是食品又是药品的物品。我国有食药同源的传统,对于食药同源的物品,在没有明确以治疗为目的的情况下,应按照食品对待。三是不包括以治疗为目的的物品。该要素主要涉及食品和药品的区别问题。药品管理法第二条第二款规定:"本法所称药品,是指用于预防、治疗、诊断人的疾病,有目的地调节人的生理机能并规定有适应症或者功能主治、用法和用量的物质,包括中药、化学药和生物制品等。"对比食品和药品的概念可知,两者的主要区别在于是否"以治疗为目的",并规定有适应症或者功能主治、用法和用量。以保健食品为例,保健食品顾名思义属于食品。[①] 但如

[①] 《保健食品管理办法》第二条规定:"本办法所称保健食品系指表明具有特定保健功能的食品。即适宜于特定人群食用,具有调节机体功能,不以治疗疾病为目的食品。"

果行为人宣称所销售的保健品具有"治疗功能",则可能涉及"以非药品冒充药品",从而适用生产、销售假药罪等危害药品安全犯罪的相应罪名定罪处罚。

(二) 关于涉案食品的鉴定、检验与认定

由于目前涉食品鉴定业务尚未纳入我国司法鉴定统一登记管理范围,实践中尚缺乏涉食品犯罪司法鉴定机构。[①] 根据《最高人民法院关于适用〈中华人民共和国刑事诉讼法〉的解释》(以下简称《刑诉法解释》) 第一百条规定,因无鉴定机构,或者根据法律、司法解释的规定,指派、聘请有专门知识的人就案件的专门性问题出具的报告,可以作为证据使用。同时,根据《办理食品案件解释》第二十四条的规定,"足以造成严重食物中毒事故或者其他严重食源性疾病""有毒、有害的非食品原料"等专门性问题难以确定的,司法机关可以依据鉴定意见、检验报告、地市级以上相关行政主管部门组织出具的书面意见,结合其他证据作出认定。实践中,由于鉴定机构的缺失,由检验报告结合认定意见代替鉴定意见,成为案件办理中的常态,在解决实务需求的同时,也涉及一些问题需予以厘清。

1. 关于检验和认定的主体

2015 年 12 月,为加强食品药品行政执法与刑事司法衔接,国家食品药品监管总局会同最高人民法院、最高人民检察院、公安部等部门联合制定了《食品药品行政执法与刑事司法衔接工作办法》 (食药监稽 [2015] 271 号,以下简称《食药衔接办法》)。《食药衔接办法》对涉案食药检验和认定问题进行了专章规定。其中明确了食品药品监管部门

[①] 根据 2015 年《全国人民代表大会常务委员会关于司法鉴定管理问题的决定》第二条规定,国家对从事法医类、物证类、声像资料司法鉴定业务的鉴定人和鉴定机构实行登记管理,对于上述三类外的司法鉴定机构和鉴定人审核登记问题,根据诉讼需要由国务院司法行政部门商最高人民法院、最高人民检察院进行确定。

协助司法机关提供检验结论、认定意见的义务。[①] 实践中，具体的食品检验工作，多由相关行政执法机关下属检验机构以及第三方食品检验机构承担。食品检验机构应符合相应资质，根据食品安全法第八十四条及国家质量监督检验检疫总局公布的《检验检测机构资质认定管理办法》第八条的规定，由国家市场监管总局或者省级市场监督管理部门认定认可取得资质的食品检验机构，方可承担食品检验工作。

2. 关于检验、认定案件的范围

《办理食品案件解释》第一条采取列举的方式将实践中具有高度危险的一些典型情形予以类型化，明确只要具有所列五种情形之一，即可直接认定为刑法第一百四十三条规定的生产、销售不符合安全标准的食品罪中"足以造成严重食物中毒或者其他严重食源性疾病"；《办理食品案件解释》第九条将生产、销售有毒、有害食品罪中"有毒、有害的非食品原料"的认定法定化，明确凡是符合该条所规定法定情形的，可直接认定为"有毒、有害"物质。但具体个案中，涉案食品是否属于前述法定情形仍需要充分证据来证明，甚至需要专家认定。根据《食药衔接办法》第二十二条的规定，对于符合《办理食品案件解释》（法释〔2013〕12号）第一条第二项规定中属于病死、死因不明的畜、禽、兽、水产动物及其肉类、肉类制品和第三项规定中国家为防控疾病等特殊需要明令禁止生产、销售的食品，食品监管部门可以直接出具认定意见并说明理由。除此之外，涉案食品性质难以确定的，一般需要进行检验或认定。比如，根据《办理食品案件解释》第一条规定，涉案食品含有严重超出标准限量的致病性微生物等污染物质，或属于特殊医学用途配方食品、专供婴幼儿的主辅食品营养成分严重不符合食品安全标准等情况的，应当认定为生产、销售不符合安全标准的食品罪中的"两个足以"，但何为

[①] 《食药衔接办法》第十九条规定："公安机关、人民检察院、人民法院办理危害食品药品安全犯罪案件，商请食品药品监管部门提供检验结论、认定意见协助的，食品药品监管部门应当按照公安机关、人民检察院、人民法院刑事案件办理的法定时限要求积极协助，及时提供检验结论、认定意见，并承担相关费用。"

"严重超出标准限量""严重不符合食品安全标准",仍要结合检验报告及专家意见予以认定。

3. 关于检验程序和标准方法

检验的程序是检验工作质量的有效保障。目前由于缺乏食品鉴定机构和鉴定机制,对食品检验应遵循相关检验工作规范,国家食品药品监管总局制定的《食品检验工作规范》对食品采样和样品管理、检验、结果报告出具等程序问题作了详细规定,食品检验工作应遵循上述规定。《刑诉法解释》第九十七条、第九十八条对鉴定程序的审查作了相关规定,同时,根据《刑诉法解释》第一百条的规定,对检验报告的审查与认定,参照适用对鉴定意见审查的有关规定。关于检验的标准方法问题,近年来由于食品犯罪手段不断升级,传统的国家标准和检测方法有时面临无能为力的尴尬局面。为了有效惩治食品犯罪,各地办案机关在实践中摸索出一套非国标检验检测工作方法。根据《食药衔接办法》第二十四条的规定,对尚未建立食品安全标准检验方法的,相关检验检测机构可以采用非食品安全标准等规定的检验项目和检验方法对涉案食品进行检验,检验结果可以作为定罪量刑的参考。为了有效、准确打击犯罪,从长远来看,需要及时完善检验标准和检验方法。一方面,针对尚未出台国家标准的食品检测方法,特别是针对风险程度较高的食品种类,尽快研究出台合理的国家标准;另一方面,对尚未设立国家标准,但已经由多个机构验证过合理性、可行性的实验室检测方法,要积极予以认证,办案机关要统一思想,提高对使用非国标方法出具检测报告的认可程度。

4. 关于认定意见的结论问题

实践中,检验报告通常仅就相关理化数值发表意见,对涉案食品性质不置评论,涉案食品性质往往需要结合专家意见进行认定,但由于不少专家认定意见模糊,比如"长期食用足以导致……""短时间大量食用足以导致……"等,导致无法得出明确的结论,影响案件的司法认定。根据《食药衔接办法》第二十五条规定,食品药品监管部门依据检验检测报告、结合专家意见等相关材料得出认定意见的，应当写明认定涉嫌犯罪应当具备的结论性意见，比如生产、销售不符合食品安全标准的案件，符合《办理食品案件解释》（法释〔2013〕12号）第一条相关情形的，结论中应写明"经认定，某食品……不符合食品安全标准，足以造成严重食物中毒事故（或者其他严重食源性疾病）"等。

（三）关于主观明知的认定

根据刑法第一百四十四条的规定，认定行为人构成销售有毒、有害食品罪，要求行为人明知销售的是掺有有毒、有害的非食品原料的食品。《办理食品案件解释》第十条第一款规定："刑法第一百四十四条规定的'明知'，应当综合行为人的认知能力、食品质量、进货或者销售的渠道及价格等主、客观因素进行认定。"同时，第二款列举了可以推定为刑法第一百四十四条规定的"明知"的六种具体情形，并规定"存在相反证据并经查证属实的除外"。

司法实践中，行为人可能辩解对犯罪对象不明知，还可能辩解对明知的对象认识错误。而食品犯罪涉及生产、销售伪劣产品罪，生产、销售不符合安全标准的食品罪，生产、销售有毒、有害食品罪等多个罪名，不同罪名所对应的犯罪对象存在性质和范围上的区别。如何准确认定明知对象，涉及罪与非罪及不同罪名的区分，往往成为案件争议焦点。比如，马某某生产、销售有毒、有害食品案中，被告人马某某生产、销售的减肥产品中检测出含有西布曲明成分，但其否认明知产品中含有有毒、有害物质。本案能否依据其所销售的产品系无生产批号、无质量合格证、无生产厂家的"三无"产品，且不能说明来源等情况，直接推定其销售明知掺有有毒、有害的非食品原料的食品，还是只能认定其销售的是伪劣产品，存在争议。

我们认为，对于"存在相反证据并经查证属实的除外"，不仅包括行为人不明知的相反证据，还应当包括对犯罪对象认识错误的证据。实践中应区分两种不同情况：一种是"概括明知"。即行为人对犯罪对象具有概括性的认识，但具体是哪一种情况并不明确，比如，行为人明知涉案食品系伪劣，具体是哪一种情形的伪劣并不明确，是不符合安全标准还是有毒、有害等，均包含在行为人的故意范围之内，行为人对其所销售食品具有概括的犯罪故意。这种情况下，应以其实际销售的对象性质进行认定，因为行为人对所销售的对象并不存在认识错误，无论涉案对象是任何属性的伪劣均在其容忍范围之内，按照实际销售对象进行定罪处罚，并不违背主观与客观相一致原则。另一种是对犯罪对象存在抽象认识错误。所谓抽象认识错误，即行为人主观认识对象与实际不一致，且两者具有不同的属性，分属不同的犯罪构成。这种情况下，为了避免客观归罪，不应仅根据行为对象认定犯罪，而应该在故意内容与客观事实相符合的范围内认定犯罪。就食品犯罪而言，不同的犯罪在性质上存在一定程度上的重合，在行为人主观上认识的对象与实际对象不一致的场合，比如确有证据证明行为人误将有毒、有害食品认识为一般性伪劣产品，那么，应当在重合的限度内，以生产、销售伪劣产品罪定罪处罚。在前述马某某生产、销售有毒、有害食品案中，马某某制售的散装减肥胶囊系"三无"产品且不能说明来源，其虽否认明知产品中含有有毒、有害物质，但在案证据体现其具有概括故意，涉案产品系伪劣、不符合安全标准或有毒、有害均在其故意范围之内，可以认定其符合生产、销售有毒、有害食品犯罪的主观明知要件。

（四）关于非法使用食品工业用加工助剂的定性

根据《食品安全国家标准 食品添加剂使用标准》（GB 2760—2014）规定，食品添加剂是为改善食品品质和色、香、味，以及为防腐、保鲜和加工工艺的需要而加入食品中的人工合成或者天然物质，食品工业用加工助剂（以下简称加工助剂）也包括在内。而食品工业用加工助剂是保证食品加工能顺利进行的各种物质，与食品本身无关，如助滤、澄清、吸附、提取溶剂和发酵用营养物质等。其使用原则是，一般应在制成最终成品之前除去，无法完全除去的，应尽可能降低其残留量，其残留量不应对健康产生危害，不应在最终食品中发挥功能作用。

根据《办理食品案件解释》第五条的规定，对于超范围、超剂量滥用食品添加剂，如果同时满足"违反食品安全标准"和"足以造成严重食物中毒事故或者其他严重食源性疾病"这两个条件的，以生产、销售不符合安全标准的食品罪定罪处罚。而对于非法使用加工助剂如何定性，司法解释缺乏明确规定，实践中存在争议。比如，加工助剂作为食品添加剂的一种，是否可以直接适用上述规定处理？又如，使用工业类物质代替食品级加工助剂的行为，能否认定为在食品中掺入有毒、有害物质，直接以生产、销售有毒、有害食品罪定罪处罚？

我们认为，加工助剂与一般食品添加剂的功能、使用方式以及对食品安全所造成的潜在风险存在明显差异。从功能和使用的方式来看，不同于一般的食品添加剂直接掺入食品之中，加工助剂是在食品加工过程中为达到某种技术目的而使用，一般应在食品终端产品中除去，或者在终端产品中的残留量不应对人体健康产生危害。实践中，对食品添加剂的非法使用方式通常为超范围、超剂量添加，其对食品安全造成的风险主要来自食品添加剂本身的残留量，而加工助剂的非法使用方式及存在的潜在风险情况则较为复杂。比如，正己烷作为提取溶剂，去除不彻底可能造成多环芳烃或铅含量超标等化学性污染问题；违法使用工业松香替代松香甘油酯用于家禽脱毛，可能存在连续加热、反复使用造成重金属超标以及在氧化后产生过氧化物对人体造成严重危害的问题。所以，对非法使用加工助剂的情况，不能简单适用《办理食品案件解释》关于一般性食品添加剂的规定进行定罪处罚，也不宜一概认定为掺入有毒、有害物质，以生产、销售有毒、有害食品罪定罪处罚，而是应对加工后食品的物质残留进行检测，如系有毒、有害物质的，以生产、销售有毒、有害食品罪定罪处罚；虽不属于有毒、有害物质，但相关物质残留不符合食品安全标准，足以造成严重食物中毒事故或者其他严重食源性疾病的，以生产、销售不符合安全标准的食品罪定罪处罚。①

(五) 关于生产、销售国家禁用的非食药原料、辅料

1. 关于制售用以添加到食品原料中的有毒、有害物质问题

制售用以添加到食品原料中的有毒、有害物质，比如，制售用于添加到原奶中的"蛋白粉"和添加到饲料中的"瘦肉精"的行为，以往判例中，不少以以危险方法危害公共安全罪定罪处罚。《办理食品案件解释》第十六条规定："以提供给他人生产、销售食品为目的，违反国家规定，生产、销售国家禁止用于食品生产、销售的非食品原料，情节严重的，依照刑法第二百二十五条的规定以非法经营罪定罪处罚。"同时，根据《办理食品案件解释》第十八条规定，实施该解释规定的非法经营行为，同时构成其他犯罪的，依照处罚较重的规定定罪处罚。那么，对非法制售国家禁止用于食品生产、销售的非食品原料的行为，是否同时构成危害公共安全罪，实践中仍存在争议。我们认为，这类行为与危害公共安全犯罪的犯罪构成存在差异，危害公共安全犯罪主观目的明确且手段危险性强，行为与后果之间在时空上联系紧密，比较典型的是投放危险物质、放火、爆炸、决水等，但制售用以添加到食品原料中的有毒、有害物质，行为人主观目的并非危害公共安全，客观上的危害性亦往往属于潜在的而非显性的，有时危害性甚至还不确定，故不宜以以危险方法危害公共安全罪定罪处罚。

2. 关于制售国家禁止用于药品的辅料问题

比如制售"毒胶囊"案件中，关于行为人利用工业明胶生产药品胶

---

① 福建省高级人民法院、福建省人民检察院等部门制定的《关于办理危害食品药品安全刑事案件若干问题的座谈纪要（试行）》（闽高法〔2014〕530号）第二条第五款、江苏省公安厅、江苏省人民检察院、江苏省高级人民法院联合出台的《关于办理危害食品、药品安全犯罪案件若干问题的座谈会纪要》（苏高法〔2018〕193号）第13条等对非法使用加工助剂的行为进行了规范，均持此观点。

囊的行为定性,有观点认为,工业明胶属于国务院有关部门公布的《食品中可能违法添加的非食用物质名单》上禁止添加的物质,且所生产的胶囊作为药品辅料最终"供人食用",故应以生产、销售有毒、有害食品罪定罪处罚。

我们认为,"毒胶囊"等作为药品辅料,既不属于食品和药品,不应以危害食品药品安全犯罪认定处罚;也不同于食品原料,不能依据《办理食品案件解释》第十六条规定定罪处罚。《最高人民法院、最高人民检察院关于办理危害药品安全刑事案件适用法律若干问题的解释》(法释〔2014〕14号)第七条第二款规定:"以提供给他人生产、销售药品为目的,违反国家规定,生产、销售不符合药用要求的非药品原料、辅料,情节严重的,依照刑法第二百二十五条的规定以非法经营罪定罪处罚。"2022年《最高人民法院、最高人民检察院关于办理危害药品安全刑事案件适用法律若干问题的解释》(高检发释字〔2022〕1号)第十一条规定:"以提供给他人生产、销售、提供药品为目的,违反国家规定,生产、销售不符合药用要求的原料、辅料,符合刑法第一百四十条规定的,以生产、销售伪劣产品罪从重处罚;同时构成其他犯罪的,依照处罚较重的规定定罪处罚。"新解释出台后,实践中对此类行为是否同时构成非法经营罪存在争议。我们认为,"毒胶囊"等原料、辅料不属于刑法第二百二十五条第一项所规定的"法律、行政法规规定的专营、专卖物品或者其他限制买卖的物品",2014年解释被替代后,对上述行为认定构成非法经营罪失去了法律依据,故此类案件符合刑法第一百四十条规定的,以生产、销售伪劣产品罪从重处罚,不宜再考虑与非法经营罪择一重处理。

(六)关于"地下屠宰"生猪之外畜禽的定性

根据《办理食品案件解释》第十七条第一款的规定,违反国家规定,私设生猪屠宰厂(场),从事生猪屠宰、销售等经营活动,情节严重的,依照刑法第二百二十五条的规定以非法经营罪定罪处罚。但对于私设屠宰场屠宰生猪之外畜禽的行为如何定性,缺乏明确规定,能否适用刑法第二百二十五条第四项的规定,认定属于"其他严重扰乱市场秩序的非法经营行为",实践中存在不同认识。

我们认为,《办理食品案件解释》明确将私设生猪屠宰场屠宰、销售生猪,情节严重的行为规定为非法经营罪,而没有对屠宰其他畜禽作出类似规定,是考虑到生猪与其他畜禽类在居民消费中的比例、屠宰管理制度以及对食品安全的潜在风险存在较大差异。目前,猪肉仍是我国大多数地区居民消费的主要肉类食品,为了堵截病死、毒死、死因不明以及未经检验检疫的猪肉流入市场的通道,政府通过强制定点屠宰实行规范管理。《生猪屠宰管理条例》明确规定对生猪进行定点屠宰、集中检疫制度;除了生猪之外的畜禽尚未执行全国统一的定点屠宰制度,《生猪屠宰管理条例》规定由省、自治区、直辖市根据本地区的实际情况,参照《生猪屠宰管理条例》制定实行定点屠宰的其他动物的屠宰管理办法。故在缺乏司法解释明确规定的情况下,对私设屠宰场屠宰牛羊等生猪之外畜禽的行为,一并以非法经营罪纳入刑事打击范围,缺乏充分依据。当然,如果"地下屠宰"生猪以外的禽畜属于病死、死因不明或者检验检疫不合格的情况,应依据《办理食品案件解释》第一条第二项的规定,以生产、销售不符合安全标准的食品罪定罪处罚。

(七)关于制售"注水肉"的定性

《办理食品案件解释》第十七条第二款明确了屠宰相关环节畜禽注水注药行为的定性,为司法实践中制售"注水肉"案的处理提供了依据。鉴于此类案件情况复杂,尤其因所注入的物质不同,食品的安全性呈现很大差异,司法认定思路也各不相同,具体分析如下。

1. 所注水质没有安全问题,且肉品含水量未超标

实践中对该情况的认定存在两种观点:一种观点认为,该类"注水

肉"虽然不符合食品安全生产、加工的规范要求,但因肉品含水量没有超出国家《禽畜肉水分限量》标准,一般检验检疫为合格,故不构成犯罪,以行政处罚为宜。另一种观点认为,畜禽人为注水后,缺少吸收、净化的过程,必然导致一些杂质直接进入畜禽体内,不仅会降低肉的营养价值,而且更易造成致病性微生物污染,给消费者的健康安全带来威胁,应认定为刑法第一百四十条中"掺杂、掺假""以次充好"的情形,销售金额5万元以上的,构成生产、销售伪劣产品罪。

我们同意第一种意见。理由为:根据《最高人民法院、最高人民检察院关于办理生产、销售伪劣商品刑事案件具体应用法律若干问题的解释》第一条的规定,刑法第一百四十条规定的"掺杂、掺假",是指在产品中掺入杂质或者异物,致使产品质量不符合国家法律、法规或者产品明示质量标准规定的质量要求,降低、失去应有使用性能的行为;"以次充好",是指以低等级、低档次产品冒充高等级、高档次产品,或者以残次、废旧零配件组合、拼装后冒充正品或者新产品的行为。刑法第一百四十条所规定的"掺杂、掺假""以次充好"等情况,要求生产、销售的商品违反国家法律、法规规定,质量不合格或降低、失去使用价值,其产品质量通常与合格产品存在实质性差异。对于"注水肉"而言,如果所注水质检验合格,且肉品含水量没有超出国家限量标准,如果仅以存在注水行为,认定为"伪劣产品",缺乏充分的事实和法律依据。

2. 所注水质没有安全问题,但肉品含水量超标

该类案件中,由于"注水肉"肉品含水量超过《禽畜肉水分限量》标准,因此通常检验检疫认定为不合格,如果销售金额在5万元以上的,根据《办理食品案件解释》第十七条第二款规定,应以生产、销售伪劣产品罪定罪处罚。然而,这种情况是否同时构成生产、销售不符合安全标准的食品罪,实践中存在不同认识。有观点认为,根据《办理食品案件解释》第一条第二项规定,生产、销售属于病死、死因不明或者检验检疫不合格的畜、禽、兽、水产动物肉类及肉类制品的,应当认定为刑

法第一百四十三条规定的"足以造成严重食物中毒事故或者其他严重食源性疾病"。既然"注水肉"肉品含水量超标，如果有关部门作出检验不合格的结论，就应当依法适用上述条款，认定构成生产、销售不符合安全标准的食品罪。①

我们认为，生产、销售不符合安全标准的食品罪是一种具体的危险犯，构成该罪要满足刑法第一百四十三条"两个足以"的危险要件，如果所注入水分没有安全问题，那么，虽然含水量超过国家标准限量，但实质上难以达到上述危险程度，认定构成生产、销售不符合安全标准的食品罪不妥。

3. 所注入水分致病菌或污染物超标

行为人给畜禽所注入的水分含有致病菌或污染物超标，根据《食品安全国家标准 食品中污染物限量》（GB 2762—2022）《食品安全国家标准 食品中致病菌限量》（GB 29921—2021）等国家强制性标准的规定，该"注水肉"属于不符合安全标准的食品，可认定为伪劣产品，如果销售金额达到 5 万元以上的，构成生产、销售伪劣产品罪。但是否构成生产、销售不符合安全标准的食品罪，同样存在不同认识。一种观点认为，《办理食品案件解释》第一条第一项规定，生产、销售不符合安全标准的食品，含有严重超出标准限量的致病性微生物、农药残留等污染物质以及其他严重危害人体健康的物质的，应当认定为刑法第一百四十三条规定的"两个足以"。根据该规定，对于食品中含有致病性微生物等污染物的，只有"严重超出标准限量"，才能认定符合"两个足以"，构成生产、销售不符合安全标准的食品罪。另一种观点则认为，根据《办理食品案件解释》第一条第二项规定，生产、销售"属于病死、死因不明或者检验检疫不合格的畜、禽、兽、水产动物肉类及其制品的"，应当认定为刑法第一百四十三条规定的"两个足以"。如果"注水肉"肉品含有

---

① 参见张伟珂：《危害食品药品安全犯罪典型类案研究》，中国出版集团研究出版社 2019 年版，第 94 页。

的致病菌或污染物超标，明显属于检验检疫不合格，应认定为构成生产、销售不符合安全标准的食品罪。

上述分歧产生的原因，同样在于对《办理食品案件解释》第一条第二项中"检验检疫不合格"的不同理解，即对"不合格"是作实质判断还是形式判断的问题。对此，我们倾向于应作实质判断。一方面，构成生产、销售不符合安全标准的食品罪要求达到"两个足以"，仅一般性的致病性微生物和污染物超标难以达到上述危险程度，《办理食品案件解释》第一条第一项也明确规定，食品中含有"严重超出标准限量的致病性微生物"才认定为"两个足以"。对比《办理食品案件解释》第一条前两项的规定，在不符合第一项规定的情况下，并没有充分理由将一般性"超出标准限量"转而认定为第二项中"不合格"，从而定罪处罚。另一方面，根据《办理食品案件解释》第十七条第二款的规定，"对畜禽注水或者注入其他物质，足以造成严重食物中毒事故或者其他严重食源性疾病的，依照刑法第一百四十三条的规定以生产、销售不符合安全标准的食品罪定罪处罚。"该条款对"注入其他物质"的规定，不同于《办理食品案件解释》第一条将高度危险情形类型化，凡是符合所规定情形的直接认定为"两个足以"的模式，而是仍然要对危险性进行具体判断，只有符合"两个足以"的情况下，才能以生产、销售不符合安全标准的食品罪定罪处罚。

4. 注入禁止使用的药品及其他化合物等有毒、有害的非食品原料

根据《办理食品案件解释》第十七条第二款规定，在畜禽屠宰相关环节，对畜禽使用食品动物中禁止使用的药品及其他化合物等有毒、有害的非食品原料，依照刑法第一百四十四条的规定以生产、销售有毒、有害食品罪定罪处罚。然而，上述行为是否同时构成生产、销售不符合安全标准的食品罪，以及对两个罪名的选择适用问题，实践中尚存在不同认识。一旦在涉案食品中检测出有毒、有害物质，都会被认定为检验不合格的食品。根据《办理食品案件解释》第一条第二项的规定，生产、

销售检验检疫不合格的动物肉类及肉类制品的情形，应当认定为"两个足以"，以生产、销售不符合安全标准的食品罪定罪处罚。鉴于刑法第一百四十三条生产、销售不符合安全标准的食品罪与刑法第一百四十四条生产、销售有毒、有害食品罪属于法规竞合关系，在适用上述条款时应坚持特殊条款优于一般条款的原则。据此，我们认为，对畜禽使用食品动物中禁止使用的药品及其他化合物等有毒、有害的非食品原料的情况，同时构成生产、销售有毒、有害食品罪和生产、销售不符合安全标准的食品罪，应选择适用生产、销售有毒、有害食品罪定罪处罚。

（八）关于行刑衔接问题

1. 存在问题

一是行政违法与刑事犯罪界限不清的问题。刑法第一百四十三条生产、销售不符合安全标准的食品罪是具体的危险犯，构成该罪涉案食品应"足以造成严重食物中毒或者其他严重食源性疾病"，但实践中，由于在某些类型的案件中对"两个足以"的认定缺乏明确标准，导致一些行为行政违法与刑事处罚界限模糊，法律适用不统一。比如，在炸油条滥用明矾案件中，"两个足以"的认定主要基于对油条中铝的残留量进行定性分析，各地对此类案件的入罪门槛不统一，甚至差异较大。根据刑法第一百四十四条的规定，生产、销售有毒、有害食品罪是行为犯，理论上，实施法定的行为即构成犯罪。该罪是否存在入罪门槛以及如何区分与行政违法的界限问题，实践中存在不同认识。

二是禁止令缺乏有效监管问题。根据《办理食品案件解释》第二十二条的规定，对依法适用缓刑的，可以根据犯罪情况，同时宣告禁止令。但实践中禁止令执行普遍缺乏有效监管，出现"空判"现象。

三是对免予刑事处罚的行为人移送行政处罚问题。对于犯罪情节轻微免予刑事处罚的，根据刑法第三十七条的规定，人民法院可以根据案件情况，建议由主管部门予以行政处罚。由于实践中行刑衔接不畅等问题，不少免予刑事处罚的被告人没有再受到行政处罚，导致实施犯罪行为所受处罚实际较行政违法行为更轻，法律效果和社会效果不佳。

2. 相关建议

一是合理把握刑事犯罪和行政处罚的界限。生产、销售不符合安全标准的食品罪以行为对法益侵害的危险作为认定犯罪的根据，入罪前提要达到法定的危险标准，故成立该罪需要根据行为当时的具体情况判断是否存在现实的危险。针对生产、销售有毒、有害食品罪是否存在入罪门槛问题，我们认为，实践中生产、销售有毒、有害食品行为的危害性不宜一概而论，设置一定的入罪门槛有利于贯彻宽严相济刑事政策，突出刑事打击重点，同时有利于区分刑事犯罪与行政违法之间的界限，为行政处罚留出空间。具体应立足于行为社会危害性这一本质标准，并综合考虑社会评价、刑事政策等因素，结合个案情况进行把握。

二是加强禁止令的有效监管。对于实施危害食品安全犯罪的犯罪分子，判处缓刑并宣告禁止令，禁止其在缓刑考验期内从事食品生产、销售及相关活动的，人民法院以及禁止令的执行机关、监督机关应严格贯彻《最高人民法院、最高人民检察院、公安部、司法部关于对判处管制、宣告缓刑的犯罪分子适用禁止令有关问题的规定（试行）》，确保禁止令制度得到正确适用和严格执行。[①]

三是加强对非刑罚性处置措施的适用。对于犯罪情节轻微不需要判处刑罚，依法免予刑事处罚的，人民法院可以根据案件具体情况提出行政处罚的建议，司法机关和相关行政监管部门应加强沟通协调，充分发挥刑法、相关行政法律法规惩治违法犯罪行为的作用，让违法犯罪行为人得到应有的、恰当的惩罚。

---

① 为确保禁止令制度得到正确适用和执行，最高人民法院、最高人民检察院、公安部、司法部联合制定《关于对判处管制、宣告缓刑的犯罪分子适用禁止令有关问题的规定（试行）》（法发〔2011〕9号）。该规定第九条、第十条分别规定禁止令由司法行政机关指导管理的社区矫正机构负责执行，人民检察院对社区矫正机构执行禁止令的活动实行监督。同时第十一条、第十二条规定了违反禁止令的法律后果，被宣告缓刑的犯罪分子违反禁止令，情节严重的，应当撤销缓刑，执行原判刑罚。

关于审理危害食品药品安全犯罪的调研报告

山东省高级人民法院刑一庭课题组[*]

为认真贯彻山东省委提出的"十个创新"要求，切实加强民生改善创新、风险防控创新，做好食品药品领域重点防控，山东省高级人民法院全面总结了近几年全省危害食品药品安全犯罪审判情况，分析了危害食品药品安全犯罪的特点，针对发现的问题，提出了对策建议。现将有关情况报告如下。

一、近年来全省法院审理危害食品药品安全犯罪案件的总体情况

（一）收结案的基本情况：数量先升后降，案发态势趋缓

危害食品药品安全犯罪主要涉及生产、销售有毒、有害食品罪，生产、销售不符合安全标准的食品罪，生产、销售假药罪，生产、销售劣药罪四个罪名。

如图1所示，2018年至2021年，全省法院一审审结危害食品药品安全犯罪案件共计1837件，年平均审结459件。其中，2018年全年审结

---

[*] 课题组负责人：姜树政；课题组成员：罗莹、蒋海年、李岩、尹士强、王少颖；执笔人：蒋海年、王少颖。

432 件；2019 年同比上升 42.59%，达到最高峰值为 616 件；2020 年案件数下降明显，同比下降 28.08%，全年审结 443 件；2021 年案件数量再次下降，同比下降 21.90%，全年审结案件 346 件。从案件总量变化分析，除受疫情影响的因素外，在各地、各部门的共同努力、严厉打击下，全省食品药品安全的形势整体向好。

图 1　2018—2021 年山东省危害食品药品安全犯罪案件数量

（二）涉食品药品两个领域的基本情况：食品犯罪案件数量逐渐增长，药品犯罪案件数量则断崖式下降

如图 2 所示，危害食品安全犯罪的案件数量整体上呈现逐年增长的趋势。其中，2018 年最低，全年审结一审案件数为 189 件；之后逐年增长，2019 年增幅达到 51.32%，全年审结一审案件数为 286 件；2020 年增幅为 27.27%，并达到历年最高值 364 件；2021 年案件数呈现出下降的趋势，全年审结一审案件 319 件，同比下降 12.36%。

如图 3 所示，危害药品安全犯罪案件数量升降变化较大。其中，2018 年全年审结一审案件数为 243 件；2019 年同比增长 35.80%，达到 330 件，为历年最高值;2020年呈现出断崖式下降,同比下降了76.06%,全年审结一审案件数为79件;2021年再次下降65.82%,为27件。

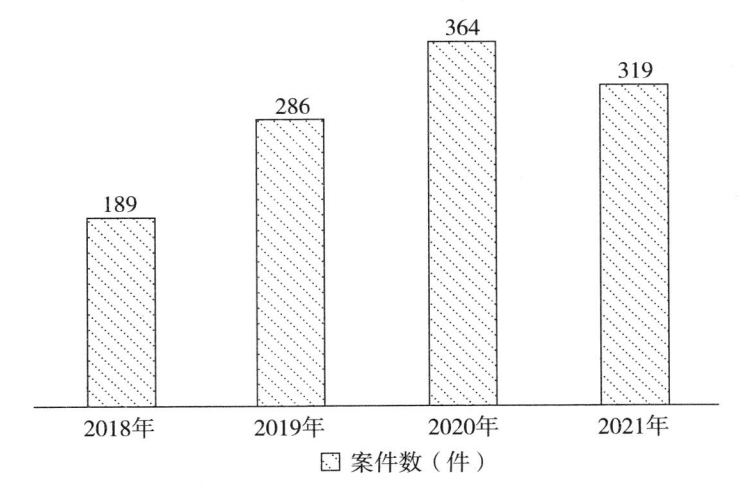

图2 2018—2021年山东省危害食品安全犯罪案件数量

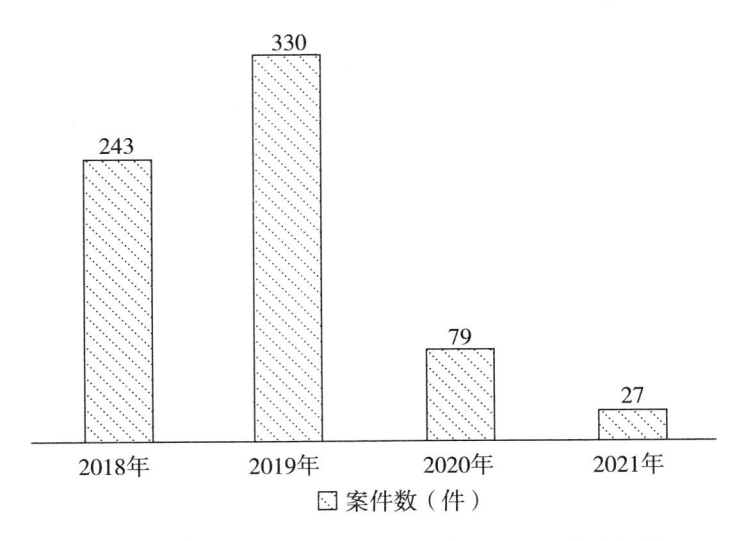

图3 2018—2021年山东省危害药品安全犯罪案件数量

（三）涉案罪名的差异情况：主要涉案罪名案件数量的变化趋势不同，有两个罪名案件数量呈现断崖式下降

如图4所示，从四个具体罪名的案件数变化分析，不同罪名案件数量的变化趋势差异较大。其中，生产、销售不符合安全标准的食品罪的案件数量较为稳定，变化幅度不大；生产、销售有毒、有害食品罪案件数量增长幅度较大，并导致危害食品安全犯罪案件数量呈现出整体增长的态势，其中，2020年案件数量最多，全年审结一审案件数为315件，2021年呈现下降趋势；生产、销售假药罪整体呈现大幅度下降趋势，其中，2019年全年审结的一审案件数最多，为330件，之后下降明显，2020年为79件，2021年为27件，这与药品管理法修改了关于假药的认定，删除按假药论处相关情形有很大关系。近年来，山东省生产、销售劣药罪案件仅有1件。

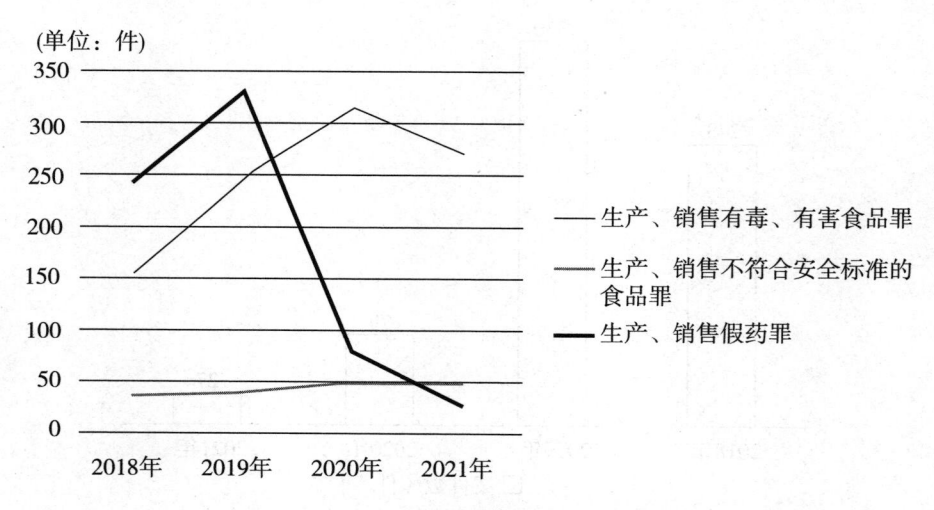

图4 2018—2021年不同罪名案件数量的变化

二、案件审理程序和实体处理的基本情况

（一）审理程序方面：大多适用速裁程序，附带民事公益诉讼案件数量逐年增长

危害食品药品安全犯罪案件多属于轻型犯罪，被告人的认罪态度普遍较好，粗略统计被告人认罪认罚占比约为92.96%，比例较高，因此对此类案件的审理大多运用速裁程序；检察机关提起附带民事公益诉讼的比例约为26.63%，公益诉讼主要是判罚被告人支付附带民事公益赔偿金、赔礼道歉。近年来，随着打击力度的不断加大，在危害食品药品安全犯罪案件中提起附带民事公益诉讼的案件数呈现逐年增长的趋势。

（二）判处被告人情况：涉食品犯罪人数大幅增长，涉药品犯罪人数则呈下降趋势

2018年至2021年，全省法院一审共判决危害食品药品安全犯罪的被告人3322人，平均每年830人。判决被告人的人数与案件数的变化趋势基本相同。

如图5所示，在危害食品安全犯罪中，被判处刑罚的被告人人数呈现出逐年较大幅度增长的趋势，2018年为282人，2019年增长52.13%，2020年增长40.79%，2021年再次增长21.03%，为历年最高731人。而危害药品安全犯罪的被告人人数呈现出较大幅度的下降趋势，2018年为444人，2019年为522人，2020年大幅度下降59.58%，2021年再次下降为不足百人。

分析认为，危害食品安全犯罪人员逐年增多主要与食品领域涉及面广、从业人员多、行业管理尚不规范等因素有关。在2021年案件数一定幅度降低的情况下，被判罚人员数仍有较大增长，这与犯罪多链条、层级化特点有关。比如，有的"注水猪肉"案件中被告人数达到数十人，

甚至上百人，涉及企业负责人以及屠宰、分割等多个环节；又如，销售病死畜禽案件中，涉及养殖户、收购人员、生肉加工和销售等环节，个别案件中系家庭成员共同参与犯罪。危害食品安全犯罪被判处刑罚人员数大幅度增长的现象需要引起相关部门高度重视。

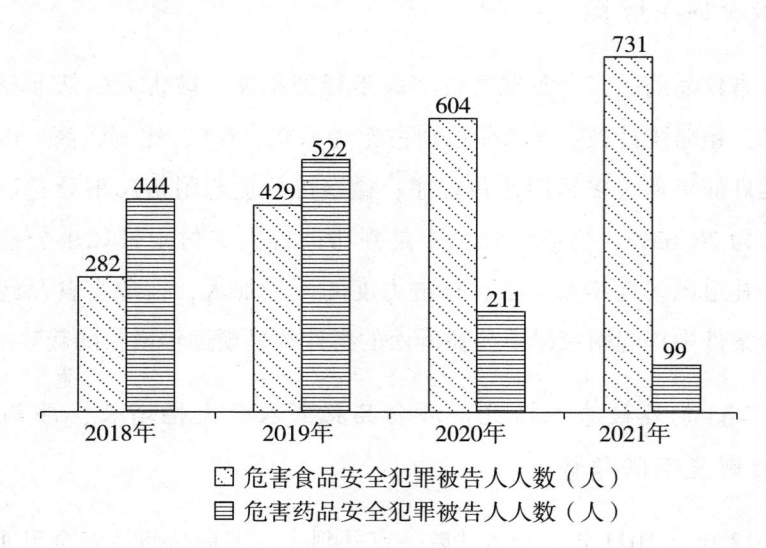

图 5　2018—2021年一审判处被告人人数

（三）刑罚适用情况：重刑率逐年升高，缓刑率逐年下降

从危害食品安全犯罪被告人判处刑罚情况分析，被判处一年以下有期徒刑被告人最多，占比为67%，一年到三年被告人位居第二，占比为21%，五年以上刑罚被告人（重刑率）占比7.95%。从近几年重刑率情况看，呈现出逐年增高趋势。其中，2019年最低，为2.66%，之后逐年增高，2021年最高达到8.35%。有的被告人被判处十五年以上有期徒刑、无期徒刑。近几年，山东省未出现造成人员死亡或者其他特别严重情节，判处被告人死刑的恶性案件。从缓刑适用情况分析，呈现出逐年下降的趋势，年平均值为17.16%。其中，2019年最高为21.25%，之后逐年下降，2021年为14.06%，低于普通刑事案件5.3个百分点。

从危害药品安全犯罪被告人判处刑罚情况分析，处一年以下有期徒刑占比54.92%，一年以上三年以下有期徒刑占比28.65%，五年以上有期徒刑（重刑率）占比8.01%。从重刑的适用情况看，呈现出逐年增高的趋势，2020年为5.83%，2021年达11.46%。从缓刑适用情况看，逐年下降的趋势更为明显，2018年最高，之后逐年下降，2021年为9.38%，低于普通刑事案件9.98个百分点。

2018—2021年重刑率、缓刑率变化走势分别见图6、图7。

分析认为，重刑率的增长、缓刑率的下降充分反映了各级法院认真贯彻从严打击的刑事政策。同时发现，在坚持从严打击的同时，历年来均有被告人因为犯罪情节显著轻微，被免予刑事处罚。比如，被告人王某在其经营的成人保健品店中销售含有西地那非成分的男性保健品两盒、涉案金额130元，被告人具有自首情节、认罪认罚，鉴于其犯罪情节显著轻微，法院认定其构成生产、销售有毒有害食品罪，对其免予刑事处罚；有的被告人在集市贩卖少量农药残留超标或者超范围使用农药的果蔬，涉案金额小，认定被告人主观故意的证据不够充分，是否认定犯罪以及是否免予刑事处罚存在不同认识；再比如，"注水猪肉"案件中，除屠宰场的经营者外，对并不参与注水、注射等工作的底层务工人员是否列入刑事打击范围、如何适用刑罚亦存在不同的认识。

图6 2018—2021年重刑率变化走势

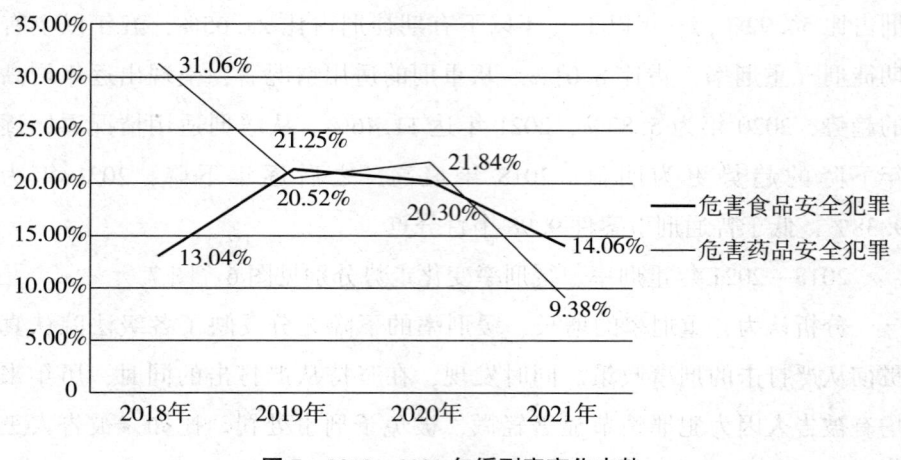

图 7 2018—2021 年缓刑率变化走势

（四）财产刑适用情况：应用尽用，罚金数额以 3000 元至 1 万元为多

对于危害食品药品安全犯罪，在判处被告人自由刑的同时，均应依法判处一定数量的罚金。从抽样分析的情况看，罚金数额主要集中在以下几个区间：1000 元至 3000 元占比为 25%，3000 元至 1 万元占比为 47.67%，1 万元至 10 万元占比为 22.01%，10 万元以上占比 6.32%。判罚金额的最小金额为 1000 元，最大金额为 200 万元，判处被告人无期徒刑的并处没收个人全部财产，抽样案件平均金额为 42342 元。

三、对危害食品药品安全犯罪的抽样分析[①]

（一）被告人的身份情况

1. 性别比例分析

从被告人性别分析，男性被告人占比略低于女性。分析认为，女性

---

① 随机抽取了 116 份危害食品药品安全犯罪的裁判文书，对被告人的身份信息、犯罪行为、涉及的食品或药品种类、危害物质等情况进行了具体分析。

被告人比例高于男性的原因之一,系此类犯罪多发生在销售环节,销售的商品很多为宣称具有美容、减肥、排毒等功能的食品药品,且有较大比例系通过网络、微信朋友圈或者线下好友推荐买卖等方式进行,"闺蜜圈""美容圈"等"熟人圈"潜在风险不容忽视。

2. 年龄结构分析

从被告人年龄结构分析,40 岁至 49 岁之间的被告人比例最大,占比达 36.36%;其次是 30 岁至 39 岁之间的被告人,占比 28.28%;另外,50 岁至 59 岁的被告人的占比 22.22%,有的被告人年龄超 70 岁;30 岁以下的被告人占比 9.09%(见图 8)。分析发现,抽样案例中 30 岁以下的被告人,多是在自谋职业、兼职过程中从事涉案食品药品生产、销售,犯罪的主要原因还是法治意识不强;年龄较大被告人多是利用线下店面、自动售卖机等方式实施危害食品药品安全犯罪,主要是由于食品药品销售行业对从业者年龄、体力要求低,从业门槛低。

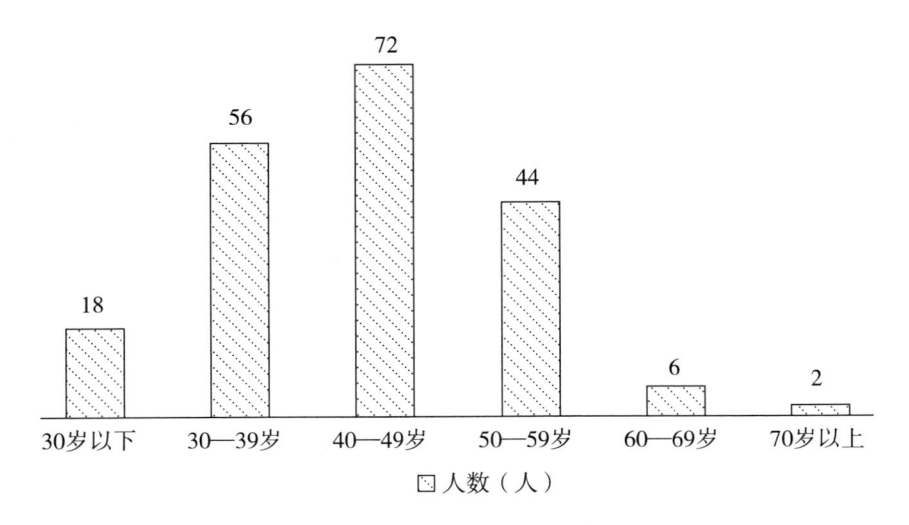

图 8 被告人年龄结构分布

3. 职业情况分析

从被告人从事职业分析,被告人中个体经营者占比最大,占比为

51.51%；其次是农民、外出务工人员身份的被告人，占比25.25%；无业被告人占比11.11%；公司职员占比4.04%（见图9）。分析发现，个体经营者安全意识不强，对其难以进行有效监管是比较突出的问题。被告人中无证经营多，流动摊点多，有的是违规设立屠宰点、违规收购和倒卖死因不明的畜禽，因此，进一步加强对个体经营者的教育、监管尤为重要。同时也发现，有的具有合法生产经营手续的企业，在购买原材料过程中，向没有合格证等手续的商贩、养殖户购买原材料进行食品生产加工而构成犯罪；虽然职员等兼职人员的比例不大，但亦反映出因为行业准入门槛低，易形成监管漏洞。分析还发现，被告人中曾有犯罪前科的占比0.5%，曾因危害食品药品安全受到行政处罚的占比1.52%，两者比例均较小，在一定程度上反映出在依法打击后，能够形成有效的震慑，罪犯改造效果较好。

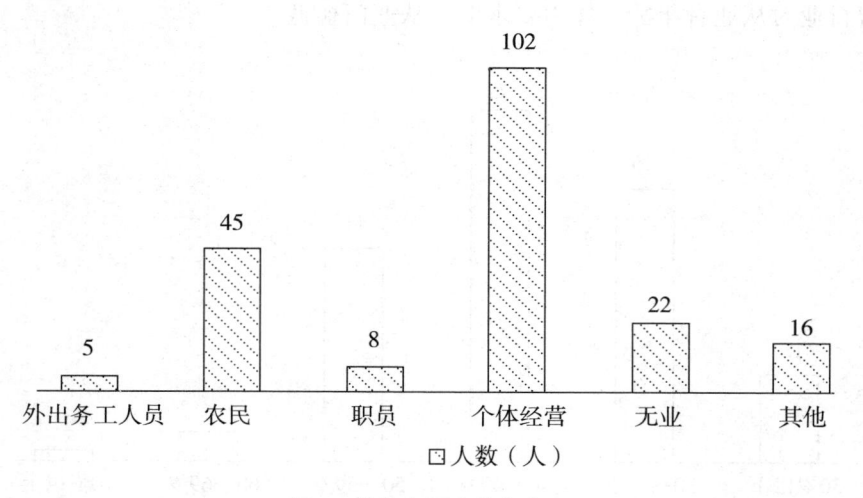

图9 被告人职业信息分布

（二）食品领域犯罪具体情况分析

一是从涉案的商品种类分析，涉及性保健品的占比58%，涉及牛、猪、鸭、鸡等肉类的占比20%，涉及减肥食品的占比12%，涉及降糖食品的占比5%，涉及水产品、果蔬、熟食、假酒等的占比5%。分析发现，在涉及肉类食品犯罪中，违规收购、加工、销售病死猪、鸡、鸭的犯罪较多，此类问题在农村地区多发。上游环节系养殖户没有将病死家畜进行无害化处理，私自对外售卖；中间环节系不法商贩收购倒卖上述病死家畜，赚取差价；下游环节系私自购买上述肉类加工后对外销售。另外，在饲养环节违规使用"瘦肉精"等化学药品的犯罪仍然存在。在蔬菜瓜果种植、销售环节主要表现在果蔬农药残留超标，违规使用或者超范围使用农药。在运输存储水产品中，为提高存活率或者保鲜，违规添加对人体有害的化学物质。在食品生产中违规使用添加剂及其他禁止添加的化学物质等。

二是在食品领域，非法添加的有毒、有害物质因食品不同而各有所异。分析发现，在性保健品中违规添加西地那非系主要犯罪手段，占危害食品安全犯罪的绝大多数；其次是在减肥食品中违规添加西布曲明；在食品加工领域违规添加罂粟成分，在生猪屠宰过程中注射含有肾上腺素类化学物质，在熟食制作加工过程中违规添加亚硝酸盐类物质均占有一定的比例。另外还发现，在韭菜种植中超量使用腐霉利，在凉粉加工中违规添加硫酸铝安，在肉牛养殖过程中违规使用国家禁止食品动物使用的兽药左氧氟沙星，在养鸡过程中使用过氟苯尼考溶液从而导致鸡蛋中存在恩诺沙星，在啤酒经营中用工业级二氧化碳代替食品级的二氧化碳等。

三是从抽取的裁判文书分析，通过线下店面、自动贩卖机销售为主要途径，其他常用途径还有通过微信朋友圈销售、通过朋友介绍售卖、通过网络店铺销售等。分析发现，线下店面销售、自动售卖机销售仍然是主要的销售方式，也存在正规商店超市违法犯罪的情形，此类方式监管难度相对较小，可以通过抽查、例行检查的方式及时发现。微信朋友圈销售、朋友间介绍销售、网络店面销售等线上、"熟人圈"之间的销售方式占比较大，且随着网络经济、直播带货的发展呈现增长态势，此类销售行为监管难度相对较大,有必要进一步加强监管。

四是犯罪持续时间或长或短,最短为一个月,平均时间为一年七个月。从审理查明的案件事实看,被告人从实施犯罪到被查获持续时间最长的为六年。该起案件①被告人自 2015 年开始在自己经营的保健品商店中违规出售从非法途径购买的男性保健品,并将涉案商品存放到阁楼以逃避检查。虽然该案查扣金额较少,但由于持续时间长,依法从严处罚。犯罪持续时间半年以下的占比 22.78%,半年到一年的占比 8.86%,一年到一年半的占比 27.22%,一年半到二年的占比 5.7%,二年到二年半的占比 10.76%,二年半以上的占比 24.68%(见图 10)。

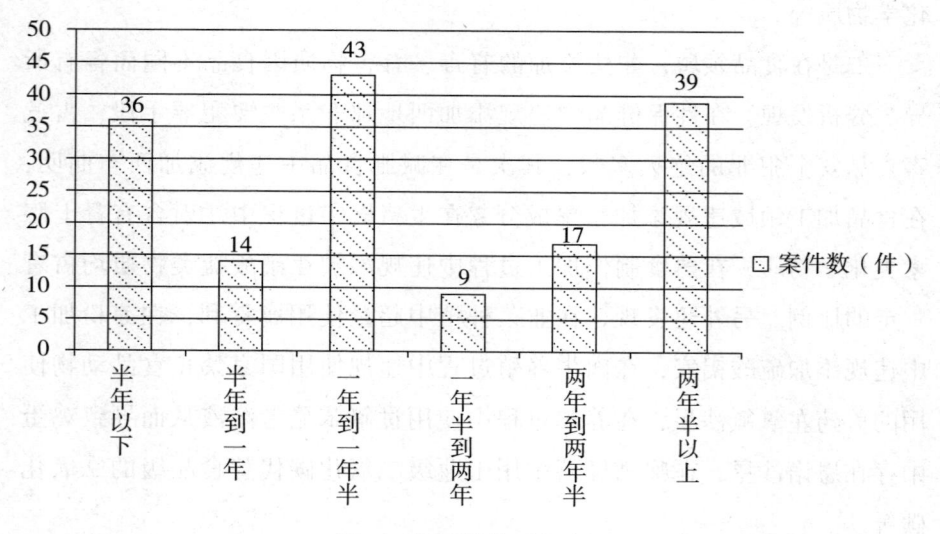

图 10 犯罪持续时间分析

五是销售金额或大或小,危害后果难以估量。从被告人涉案的金额分析,案件差异较大,有的达到数千万元甚至过亿元,有的金额较小在几百元之内,统计分析平均销售金额为 9 万元左右,其中销售金额在 1000 元以下的占比 35.77%,在 1000 元至 1 万元之间的占比 39.02%,在

---

① 参见(2020)鲁 0116 刑初 559 号刑事判决书。

1万元到10万元之间的占比19.51%，10万元以上的占比5.69%，销售金额占比情况与前述案件的整体轻刑化特征相符。多数案件裁判文书并没有对给消费者造成危害后果的表述，只有3%的文书有消费者不适症状的表述，且主要表现为身体不适、脸发烫和发红、口干、恶心、失眠、乏力等症状。分析认为，危害食品药品安全犯罪销售对象不特定，在案件侦查、起诉以及审判阶段难以界定受害者范围以及具体受害人数，另外，由于不同危害物质对人体产生作用的病理、时间、后果均不相同，有的需要较长时间或者是需要长时间积累才会造成危害后果，因而多数案件无法查明对消费者造成的实际损害后果。分析还认为，食品安全严重影响人民群众的生命健康安全，在案件的审理中，司法人员需要结合商品种类、数量、销售金额、有毒或有害物质的毒害性和含量、犯罪持续时间、消费群体等各个方面综合判断犯罪造成的危害后果。

（三）危害药品安全犯罪具体情况分析

除在销售金额、持续时间、生产销售渠道等方面与危害食品安全犯罪具有共同的特点外，危害药品安全犯罪还有以下两个需要关注的问题。

1. 涉及的药品种类比较集中

从抽取的部分裁判文书情况看，涉及的药品主要包括用于治疗男性性功能障碍的药品，用于治疗颈椎病、腰椎病、肩周炎等疾病的冬虫夏草全蝎胶囊、骨痛康胶囊、颈复康胶囊、半步痛清虫草蝮蛇胶囊、舒筋健腰丸等，用于调理脾胃的药肠炎速康藿香砂仁胶囊，用于治疗哮喘咳嗽的止喘胶囊，用于调理血脂、胆固醇类的阿托伐他汀钙片、立普妥，用于治疗高血压的络活喜，用于治疗冠心病等疾病的通心络，多属于各类中老年慢性疾病用药，但也有如丹参滴丸等治疗心脏病的急用药品，还有部分案件涉及中药饮片。

分析认为，上述药品多数系用于治疗慢性疾病，消费者在短时间内不易察觉购买了假药或者劣药，但长时间服用不仅不能缓解病痛反而会延误治疗，加重病患。再加上老年人辨识能力和维权能力不强，更容易成为犯罪分子首选的侵害对象。随着我国老年人口数量的增长，老年人用药安全越发需要引起高度关注。

2. 农村药房、卫生室涉及问题较多

发现多起乡村卫生室医生、药房的经营者从非正规渠道购进假药、劣药在经营场所对外销售的案例，且此类人员的比例要高于相关人员在危害食品安全犯罪中所占比例。

分析认为，受各方面因素的影响，广大农村居民医学知识普遍不足，药品功效认知水平、真假药品的辨识能力普遍较低，农村地区的卫生室、药房的用药需引起高度重视，对于药品的进货渠道尤其要加强管理，避免农村地区成为假药、劣药的消费地。在审判中，需要进一步加大对相关经营者的处罚力度，该判处从业禁止的要判决被告人在刑罚执行完毕后一定期限内禁止从事药品经营活动，同时加大宣传教育，实现打击一个教育一片。

四、打击危害食品药品安全犯罪的主要做法

一是突出打击重点，依法从快从严打击。坚决依法从快从严打击各类危害食品药品安全的犯罪，将以下犯罪作为打击重点：在生产、加工、销售、运输、贮存等环节的源头型犯罪、非法添加危害物质犯罪；危害食品药品安全犯罪中的惯犯、累犯；生产、销售专供婴幼儿、孕妇及其他特定人群使用的食品药品犯罪；以未成年人、老年人、学校、托幼机构、养老机构等特殊群体、单位为主要销售对象的犯罪；通过实体、网络进行的批发型、大范围销售犯罪以及造成人员伤亡或者具有其他严重情节、严重后果的犯罪。另外，对在自然灾害、公共卫生事件、社会安全事件等突发事件发生期间实施犯罪的，进一步体现依法从严从快打击的原则。

二是主动加强沟通协调，推进形成工作合力。山东各级法院坚持以

审判为中心，坚决贯彻中央对危害食品药品安全犯罪打击的精神，针对执法司法中的实际问题，联合公安、检察等部门共同制定了《办理危害食品安全犯罪案件相关问题解答》，与山东省农业厅等部门会签《农产品治违禁控农残促提升三年行动方案》。

三是加强监督指导，充分发挥刑罚惩戒功能。山东省高级人民法院坚持加强对全省法院的监督指导，坚持依法追缴违法所得，依法并处财产刑，让危害食品药品安全犯罪的犯罪分子付出惨重经济代价，有效斩断再犯能力。对于判处缓刑的被告人同时判处禁止令，对利用职业便利实施犯罪或者实施违背职业要求的被告人，依法判处三年到五年的从业禁止。

四是加强法治宣传，营造浓厚防范氛围。山东各级法院坚持将法治宣传贯彻到案件审理全过程，通过公开开庭，网上直播庭审，邀请人大代表、政协委员、在校学生旁听，裁判文书公开，公开发布典型案例，拍摄宣传小视频等方式开展危害食品药品安全犯罪的法治宣传，不少地方法院还组织到社区、市场、农村开展法治教育，努力营造打击防范危害食品药品安全犯罪的浓厚氛围。

五、加强食品药品安全工作的建议

（一）关于加强部门联动机制建设的建议

一是切实做好行刑衔接工作，实现更好的社会效果和法律效果。首先，实务中，行政执法部门、司法机关在行刑界限的区分上还存在不同的认识，造成有的犯罪情节显著轻微的案件被作为刑事案件移送审查起诉，因而需要进一步统一认识，将一些可通过行政处罚给予有效打击的案件排除在刑事打击的范畴外，以求取得更好的社会效果和法律效果。其次，对于行政执法中的检测报告等证据如何在刑事案件中进行转化还需要进一步研究，案件相关证据的认定标准需要进行规范统一。最后，审判实务中，对于在生产、销售不符合安全标准的食品罪中"足以造成严重食物中毒事故或者其他严重食源性疾病"的认定，以及生产、销售假药、劣药犯罪中关于假药、劣药的认定，一般需要地市和省级行政监督管理部门设置或者确定的机构出具检验报告，因而相关的机构、专家库的建设和委托鉴定程序需要完善，以切实保障司法需要。

二是不断规范附带民事公益诉讼。虽然近年来在危害食品药品安全领域刑事审判中，检察机关提起附带民事公益诉讼的案件数量比例在逐年上升，但如何进一步规范附带民事公益诉讼的审理程序，如何把握附带民事公益诉讼赔偿金的判罚标准，如何进行附带民事公益诉讼的调解等还需要进一步规范和统一。

三是加强刑事判决执行与行政管理的衔接。应将判处刑罚的被告人信息与相关行政管理部门共享，推动危害食品药品安全犯罪被告人信息库的建设，切实做好禁止令、从业禁止以及相关法律中终生不得从事相关行业经营管理工作规定的执行，堵塞管理漏洞。

（二）关于加强社会综合治理的建议

一是加强对重点领域的监管。针对性保健品、减肥药品等犯罪比例较大的问题，开展专项整顿，完善长期监管措施，引导消费者到正规的医院、药店，通过正常渠道购买相关食品药品；针对畜牧养殖、果蔬种植开展集中整顿，严查私自销售、倒卖、购买病死畜禽犯罪，开展农药、兽药使用专项检查，完善监管机制、加强宣传教育，从源头上杜绝不合格产品流入市场；继续加强对生猪屠宰行业的管理，落实监管责任，坚决杜绝在生猪屠宰环节违规注射药物、注水；等等。

二是加强对新兴业态的监管。针对通过网络、微信朋友圈、直播带货渠道犯罪增多的问题，开展食品药品领域相关业态专项治理，加强对平台及从业人员的管理，落实食品药品安全责任，教育引导相关从业者严格遵守食品药品管理的法律法规，不断完善对新兴行业的长效监管措施。

三是坚持构建人民防线。各部门各司其职、相互配合，加强食品药品安全宣传，增强群众辨识能力。进一步增强群众食品药品安全意识，通过公开监督举报电话、设置有奖举报等方式，进一步发挥基层网格员、社区志愿者、义工的作用，鼓励群众举报各类危害食品药品安全犯罪，形成维护食品药品安全的群众防线。

（三）关于进一步发挥刑事审判职能作用的建议

一是准确把握宽严相济的刑事政策。调研发现，危害食品药品安全犯罪链条化、共同犯罪中层级化特点突出，在坚持全链条依法从严打击的同时，如何准确认定共同犯罪，如何界定打击的范围，各地还存在不同的认识和做法，需要进一步研究；坚持当宽则宽、该严则严，尤其是对于主观故意不明显，受指示参与辅助性工作的底层务工人员如何准确处罚，如何具体把握缓免刑等问题需要统一适用标准。

二是进一步研究从业禁止等措施的适用。调研发现，对于判处缓刑的被告人，均同时判决宣告禁止令，但如何把握刑法第三十七条之一从业禁止的适用范围及其标准，在案件审理中如何与禁止令进行衔接，以及如何做好与行政法规相关的限制性规定的衔接，还需要规范和统一。

三是进一步推动对生产、运输、储存、销售以及相关国家机关工作人员渎职犯罪的全链条打击。调研发现，多数案件被告人系处于链条中的一个阶段，全环节被告人在案的比例不大，因而各地法院还需要进一步发挥审判职能作用，运用好补查补正等审判手段，或者通过移交案件线索、发出司法建议等方式推动关联案件的侦办。

食品安全领域公益诉讼探索研究

——以江苏省宿迁市2019—2022年危害食品安全刑事案件为样本

孙 泳 吴 凡[*]

2012年民事诉讼法首次确立了我国的民事公益诉讼制度。2016年，最高人民检察院印发《关于深入开展公益诉讼试点工作有关问题的意见》，检察机关开始推动公益诉讼试点工作，司法实践中由检察机关作为起诉人的食品安全公益诉讼开始出现并在食品安全刑事诉讼程序中逐步推广。食品安全公益诉讼程序在实践探索中不断完善，但在案件办理过程中也发现食品安全领域公益诉讼在诉讼程序、证据把握、个案效果方面存在一些问题和不足，亟待统一、规范。

一、宿迁市食品安全领域公益诉讼案件审理情况及特点

2019年以来，宿迁市两级法院审理的59件危害食品安全刑事案件中有31件提起了民事公益诉讼，占比约50%。近三年来，此类案件的数量呈逐年上升的态势。总体来看，全市食品安全公益诉讼案件有以下特点。

（一）刑事附带民事公益诉讼占比大

2019年以来，宿迁市两级法院共受理食品安全公益诉讼案件31件，

---

* 作者单位：江苏省宿迁市中级人民法院刑二庭。

其中29件为刑事附带民事公益诉讼，仅2件为检察院单独提起的销售有毒有害食品民事公益诉讼，刑事附带民事公益诉讼占比93.55%。放眼全国，刑事附带民事公益诉讼制度自建立以来，在司法实务中迅猛发展，2017年7月至2021年6月，全国检察机关共提起行政公益诉讼2336件、民事公益诉讼17356件（含刑事附带民事公益诉讼15320件）[①]，刑事附带民事公益诉讼占全部公益诉讼的77.79%。

（二）公益诉讼起诉人均为检察机关

法律赋予了检察机关维护国家和社会公共利益的职责以及法律监督的权力，特殊的身份地位决定了检察机关参与公益诉讼的必要性。从近三年宿迁市受理的31件食品安全公益诉讼案件来看，检察机关均以公诉机关及刑事附带民事公益诉讼起诉人或公益诉讼起诉人的身份提起诉讼。民事诉讼法第五十八条和《最高人民法院、最高人民检察院关于检察公益诉讼案件适用法律若干问题的解释》第十三条均作出了由"法律规定的机关和有关组织"以及人民检察院向人民法院提起公益诉讼的类似规定，故人民检察院享有公益诉讼起诉权以及支持起诉权。2015年以来的有关数据调查的统计结果表明，检察机关负责办理的民事公益诉讼案件数量远超其他社会组织或行政机构，可见检察机关在公益诉讼案件办理中充当了"主力军"。一方面，是因为检察机关具有审查起诉刑事案件的先天优势，在已充分了解案情的基础上提起刑事附带民事公益诉讼更具有正当性，也更有利于提高效率；另一方面，是因为检察机关具有丰富的办案经验，对收集证据、提起诉讼、准备庭审等程序更加熟悉，无论是刑事附带民事公益诉讼还是单独提起民事公益诉讼，检察机关都是担任起诉人角色的最优选择。

---

① 参见最高人民检察院2021年发布的《检察公益诉讼起诉典型案例》。

(三) 检察机关提起的食品安全公益诉讼全部支持率较低

宿迁市近三年审结的 31 件检察机关提起的民事公益诉讼中, 检察机关的诉讼请求包括: 判令被告在公开媒体上向社会公众赔礼道歉; 判令被告支付赔偿金; 判令被告承担消除危险的侵权责任以及国家有关部门为消除危险采取合理预防、处置措施而发生的费用。从判决情况来看, 诉讼请求得到 100% 支持的比例相对较低。31 件检察机关提起的民事公益诉讼中, 均支持了要求被告在公开媒体上向社会公众赔礼道歉的诉讼请求, 其中有 9 件是判令被告在江苏省级公开媒体上向社会公众赔礼道歉, 有 16 件是判令被告在市级公开媒体上向社会公众赔礼道歉, 有 6 件是判令被告在县级公开媒体上向社会公众赔礼道歉。关于检察机关提出的判令被告支付赔偿金的诉讼请求, 31 件案件中有 4 件未提出该诉讼请求, 有 15 件主张了销售金额十倍的赔偿金, 1 件主张了三倍的赔偿金, 7 件主张了与销售金额相等的赔偿金, 4 件主张 1000 元赔偿金, 法院仅支持了其中 8 件案件的赔偿金请求, 其余 19 件均驳回诉讼请求。关于检察机关提起的请求判令被告承担消除危险的侵权责任以及国家有关部门为消除危险采取合理预防、处置措施而发生的费用, 因未能提供充分证据且无明确的法律依据, 法院均未予以支持。

二、食品安全领域公益诉讼制度存在的问题和不足

食品安全领域公益诉讼已经开展多年, 司法实践中其既存在法律适用难题, 也存在实践操作问题, 根源在于适用程序与一般法理还存在不够契合之处, 有时难以自洽。

(一) 公益诉讼程序方面的问题

公益诉讼程序适用中存在提起主体范围过窄、诉讼结构设定不合理以及检察机关行使处分权的依据不足等问题。

1. 公益诉讼主体范围过窄

对于食品安全民事公益诉讼，根据民事诉讼法的规定，民事公益诉讼的原告还包括"法律规定的机关和有关组织"，但从现有案件来看，有关组织作为诉讼代表人提起公益诉讼的案件少之又少，该法条近乎形同虚设。一般都是根据公益诉讼司法解释，由检察机关作为提起刑事附带民事公益诉讼的主体，社会个体的力量以及社会团体的作用没有得到有效发挥。检察机关作为公益诉讼的提起者，可以提高维权效率，便于推进程序，但长期如此必然限制了权利受损人个体或社会组织主张权利的通道或功能，在检察机关没有作为的情况下很容易出现权利维护的主体缺位现象。从全国来看，有以消费者协会等公益性社会团体的名义提起的公益诉讼，也有受损人个人主张权利或作为代表人诉讼的个案。维护权利的诉讼启动主体过于单一，并不利于公益诉讼的广泛、深入开展。无论检察机关还是其他组织，并非公共利益的真正权利主体，但作为真正权利主体的不特定多数社会公众，甚至是特定的受损消费者却难以且缺乏动力通过诉讼的方式维护公共利益。这带来了公益诉讼的诉权配置难题。有必要补充探索公益诉讼代表人制度和公益诉讼律师制度。

2. 公益诉讼中诉讼结构失衡

根据宪法和法律的规定，检察机关最基本最核心的职责是法律监督，确保国家法律正确实施，保护国家的和社会的利益，检察机关起诉的正当性来源正在于此。但是检察机关提起食品安全公益诉讼，该诉讼的性质本质上是民事公益诉讼，是一种民事诉讼程序，而民事诉讼的基础是当事人平等，但检察机关是国家机关，其有强大的公权力为后盾，在政治地位、经济资源等方面都优势显著。但被告往往是一般民事主体，二者诉讼地位悬殊。[1] 加之刑事被告人并不能像民事诉讼中的被告一样行动自由，调取证据的权利受限，且更多地围绕定罪量刑进行辩护，控辩双方很大程度上忽略了对行为危害性大小的举证、论辩及评估，实际上导

---

[1] 参见白彦：《民事公益诉讼主体的理论扩张与制度构建》，载《法律适用》2020年第21期。

致了传统的民事诉讼的结构失衡。

3. 检察机关公益诉讼中的处分权

检察机关提起民事公益诉讼，并没有作为私主体的真正权利主体的参与。在传统的民事诉讼理论中，当事人对存在的民事纠纷具有自由处分的权利。但是检察机关在诉讼案件中代表的是公共利益，对于自由处分权的行使很难满足当事人的意愿。检察机关在没有权利主体授权的情形下，径行提起公益诉讼要求刑事被告人赔偿的权利，正当性会受到质疑。尤其是在一些生产、销售有毒、有害食品罪以及生产、销售假药罪案件中，在案证据已经显示存在食用有关食品药品产生不良反应的被害人，而检察机关或者说公安机关可能存在考虑到侦办效率、起诉效率而围绕定罪量刑去取证，未深挖彻查切实核实被害人详细身份信息的情形，使得潜在的赔偿权利人丧失主张赔偿权利的程序通道或提交证据的参与机会。

（二）公益诉讼中惩罚性赔偿金的法律适用问题

1. 请求权基础不够明确

司法实践中，检察机关在食品安全公益诉讼中既有主张销售金额十倍赔偿金的，也有主张销售金额三倍或同倍赔偿金的，甚至还有象征性地主张1000元赔偿金的。这样的一个主张标准，究其根源还是在于适用法律上的认识模糊和定位的不确定。一般而言，检察机关通常以食品安全法第一百四十八条第二款为惩罚性赔偿的请求权基础，提出支付价款十倍或损失三倍的惩罚性赔偿金。主张按销售金额三倍进行赔偿的，一般是以消费者权益保护法第五十五条为请求权基础。而上述两个法条原本是对消费者个体损害赔偿所作的规定，是建立在私益保护理念基础上的。检察机关提出惩罚性赔偿主要立足于公益损害，将上述法条作为请求依据，实际上是不得已的选择，因为保护公益和保护私益在价值取向上必然存在一定冲突。但适用法律时，检察机关在起诉书中一般没有明确赔偿数额及标准的法律依据。

2. 公益诉讼中赔偿金基数和系数的把握不明晰

食品安全法第一百四十八条第二款和消费者权益保护法第五十五条明确了两个标准，但从食品安全法和消费者权益保护法两者的关系来看，消费者权益保护法是保护消费者权益的一般法律，而食品安全法则是一项专门用于保护食品安全领域消费者权益的特别法。根据特别法优于一般法的法律适用原则，食品安全领域的刑事被告人承担的民事赔偿标准应适用食品安全法。由于食品安全法明确的是"还可以向生产者或经营者要求支付价款十倍或损失三倍的赔偿金"，所以在选择系数时检察机关往往都是按照十倍的标准去主张，并没有考虑到刑事被告人的实际支付能力，往往导致判决很难执行到位，成为一纸空文，仅具有宣示意义，不具有现实威慑力。赔偿金的适用效果不佳加剧了上述问题。因为无法找到具体的每个消费者，赔偿金往往又先行冲抵了罚金或上缴国库，最终没有发挥应有的效果。

3. **法律拟制而入罪的食品安全犯罪能否支持惩罚性赔偿金**

食品安全法中明确了死因不明的动物等肉类推定为不符合安全标准的食品。江苏省公安厅、江苏省人民检察院、江苏省高级人民法院联合出台的《关于办理危害食品、药品安全犯罪案件若干问题的座谈会纪要》第15条规定，贩卖走私入境或来历不明的肉及肉制品，可认定销售死因不明动物肉类、肉类制品，以销售不符合安全标准的食品罪定罪处罚。这些推定式的规定，不代表食品本身必然具有一定危害性，甚至有的肉类食品经鉴定并不含有特定有害物质。此时在公益诉讼程序中，由检察机关去主张惩罚性赔偿金，因无证据证实食品确切地存在质量问题或安全隐患而无法得到有效支持。

4. **生产、销售中不同环节被告人惩罚性赔偿金承担存在问题**

在食品安全犯罪中往往存在生产、销售的多个环节，销售环节中会存在多个销售链，在无法认定是共同犯罪的情况，是否会要求每一个环节中销售者都承担同样的惩罚性赔偿责任？实践中存在不同做法。在一个案件中处理的上下线被告人往往可以判决共同承担特定数额的惩罚性赔偿金，而单独处理的被告人也会被判处要求承担同样数额的惩罚性赔偿金；单独处理的被告人如果是先行判决的，无法判决后续的尚未判决的被告人在该案中共同承担损失。分案处理时更会出现此类问题，是需要数案同时作出判决还是个案分别作出判决？对此，在生产、销售伪劣产品犯罪中，已经出现此类问题，目前是按照确定总体数额后共同承担一个总数额来处理的，实际上是按照侵权责任的连带责任来认定的。上述问题，尚未有一个很好的处理方法。

（三）食品公益诉讼中的刑民证明标准差异问题

1. 刑事与民事程序中因证明目的差异而出现取证范围的差异

刑事案件中的取证主要围绕与被告人定罪量刑有关的方面进行，往往会忽视涉及受损消费者受损情况的证据收集。这会导致公益诉讼中，定罪量刑的有关证据确实、充分，对实际损害情况、实际危害性大小的证据反而不充分，导致检察机关提出的要求刑事被告人承担赔偿责任的请求难以得到有效支持。

2. 刑事案件和民事案件证明标准不同会导致认定事实差异

刑事案件中对于证据冲突或事实难以认定的情况，会因未达到排除合理怀疑的证明标准而根据有利于被告人的原则作出判决。民事案件的证明标准是高度盖然性，也有适用优势证据之证明标准的，无论如何，刑事证明标准和民事证明标准的差异必然会导致一些食品安全犯罪的事实认定和关联的公益诉讼案件事实认定的差异。这样的差异在检察机关提起公益诉讼时可能被忽略，防止对其提起刑事公诉主体犯罪事实认定产生影响，最终并不利于评价实际损失和危害性，附带提起的公益诉讼所认定的事实必然也会存在有利于刑事被告人的情况。这样的一种诉讼现状可能会阻断真实权利人的权利。

三、食品安全领域公益诉讼制度完善建议

（一）继续完善以检察机关提起民事公益诉讼为主的工作制度

1. 确保检察机关专项配套制度、人员和经费等全部到位

检察公益诉讼的发展离不开财政和司法系统顶层设计上的大力支持，应不断优化诉讼机制和完善配套机制。在人员培养和配置上，不断培养专业法律人才，不断加强调查取证能力、庭审应对能力和文书写作能力，有针对性地引导侦查机关在侦查阶段调取与赔偿有关的证据。确保环境公益诉讼经费到位，加大设备、技术的投入，保障有序运行。

2. 优化配置诉前程序和诉讼程序，明确、激励、支持法定机关和相关社会组织提起民事公益诉讼，督促有关机关组织履职

必要时，检察机关可以检察建议的形式建议职责机关发动诉讼，同时在有关媒体上发布公告告知消费者协会等提出诉讼。侵害众多权利人实际权利的，有条件地允许实行代表人诉讼制度，由受损消费者推荐个别代表提起民事公益诉讼。

3. 切实落实检察机关诉前公告制度

《最高人民法院、最高人民检察院关于检察公益诉讼案件适用法律若干问题的解释》第十三条第二款规定，检察机关必须在公告期满后，其他适格主体均不提起诉讼之时，方能提起民事公益诉讼。该规定的目的是防止检察机关的公益检察权力以公益诉讼的形式过度扩张，同时兼顾权利救济及时性等因素。但实践中这项规定未被严格遵守。

（二）以维护受损消费者权益为导向理顺刑事和民事程序的诉讼结构

1. 有条件地分离刑事程序和民事程序

证明标准和证据要求的差异会导致刑事附带民事公益诉讼中事实认

定的不一致，即按照刑事程序的证据标准来认定事实，导致一些符合民事证明标准的事实被排除在判决事实之外。一定程度上应当允许刑事判决和民事判决认定的事实存在差异，并明确说明是因为证明标准的差异所导致，以充分保障受损消费者的合法权益。

2. 有条件地设定公诉人和附带民事起诉人双人到庭制度

在特定的时空条件下，人的注意力是有限的。实践中出现检察机关派员到庭只有一人的情况，此时其往往更侧重公诉人的角色而忽视维护公共利益、权益的角色。故建议检察机关在审查起诉阶段实行"双人制"，一人负责担当公诉人，主诉定罪量刑事实，另一人专门负责附带民事公益诉讼的起诉，分工负责、共同推进，防止思维定式，确保专职专人和工作的专业化。

3. 设定刑事附带民事公益诉讼案件程序结束后的补充起诉制度

在刑事附带民事公益诉讼案件判决后，有的案件中的惩罚性赔偿金得到充分支持，潜在的受损消费者可以单独提起诉讼，或直接向检察机关主张分得赔偿款权利的，应当支持。此外，在附带民事公益诉讼案件中，检察机关的惩罚性赔偿请求未得到支持，潜在的受损消费者后续发现已经刑事处理但在当时未及时主张权利的，可以单独向法院提起诉讼，主张刑事被告人承担相应的民事赔偿责任。

（三）明晰诉权基础和惩罚性赔偿的具体依据

1. 关于诉权基础问题

上文已述，对于食品安全法和消费者权益保护法，应当按照特别法和一般法适用的规则而适用食品安全法。但如果是社会组织或受损消费者代表提起民事公益诉讼，其按照消费者权益保护法来主张权利的，属于主张适用不利于自己的法律，属于处分权范畴，可以予以适用。

2. 关于赔偿标准确定问题

可以确定一个最低限度，比如司法解释已经明确的1000元。在十倍赔偿标准之下实行弹性的赔偿规则。因为不同的案件案情不同,社会危害性不同,主观恶性不同,对消费者造成的损失不同,消费者谅解程度不同,故不可能按照一个标准予以执行。弹性的标准应当有侵权人的主观恶性、对经济秩序和公共利益的破坏程度、侵权人的获利情况、受损消费者的实际受损程度以及对侵权人的谅解程度、侵权人的经济水平和当地经济发展水平等。

3. 被告人的承受能力问题

目前来看,判处承担十倍惩罚性赔偿金的案件,除非基数小的案件,最终执行到位的比例都非常低。一些案件中,被告人的犯罪数额如销售数额极高,但其实际获利极少。如果判决按照销售价的十倍赔偿,可能导致空判、无法执行到位。因此,可以考虑被告人的实际承受能力以及上下线分担情况、实际获利情况,综合认定判处赔偿金的数额。

考察一种制度实践路径或者改革方案的可行性,一般可以从两个维度加以评判:一是内在的正当性,也即是否符合某种价值理念和法律原则;二是外在的有用性,亦即是否达到了某种积极的社会效果。[①] 食品安全领域公益诉讼作为新的制度类型,有其存在的正当性,符合保障公共利益的目的,也实现了我国刑罚制度对于公平正义核心价值的追求。但在司法实践层面,现行规范在具体适用中还存在各种问题和不足,需要案件审理者在司法实践中先行探索,进行法律续造和程序续造,不断推动该项制度的完善。

---

① 参见陈瑞华:《刑事附带民事诉讼的三种模式》,载《法学研究》2009年第1期。

行政执法与刑事司法的双向衔接研究
——以食品安全案件移送为视角

周佑勇[*]

一直以来,食品安全问题是社会公众重点关心的问题。保障"舌尖上的安全",惩治和预防作为典型行刑案件的危害食品安全违法犯罪,需要行政执法与刑事司法共同努力,实现有效的双向衔接。然而,在司法实务中,食品安全领域行政执法与刑事司法双向衔接机制存在一定不足,不但移送标准的弹性较大导致移送上的罅隙,而且行政执法机关和刑事司法机关在案件移送过程中缺乏有效的双向配合和互动,甚至因为知识体系不完善而难以判断是否需要移送。为了健全双向衔接机制,2021年6月15日中共中央发布的《关于加强新时代检察机关法律监督工作的意见》中强调:"健全行政执法和刑事司法衔接机制。完善检察机关与行政执法机关、公安机关、审判机关、司法行政机关执法司法信息共享、案情通报、案件移送制度,实现行政处罚与刑事处罚依法对接。"2021年9月6日,最高人民检察院发布《关于推进行政执法与刑事司法衔接工作的规定》(高检发释字〔2021〕4号,以下简称《行刑衔接规定》),进一步统筹规定行刑案件双向衔接机制,突出司法机关的主导地位。2021年12月30日,最高人民法院、最高人民检察院联合发布《关于办理危

---

[*] 中央党校(国家行政学院)政治和法律教研部教授。

害食品安全刑事案件适用法律若干问题的解释》（法释〔2021〕24号，以下简称《办理食品案件解释》），要求"区分案件性质，实现精准打击"，推动形成"专业性问题专业部门解决，法律问题司法机关解决"的理念和机制，突出强调双向衔接机制的良好运行，尤其是进一步完善了证据衔接和移送，优化了证据使用流程。本文拟结合上述规定，以食品安全案件移送为视角，重点对其具体的证据移送机制、案件移送标准、反向移送机制等问题进行分析，在此基础上探讨构建行政执法与刑事司法的双向衔接机制。

一、行刑衔接存在的问题及其在食品安全领域的体现

行政执法与刑事司法虽然都是执行法律，却在执行模式上有明显区别，必须从制度上有效解决行刑衔接问题。尤其是现有法律规范多采用概括性的立法方式，并未给出具体清晰的制度设计，导致"双向衔接"逐步沦为"单向移送"。这一直是困扰我国法治实践的制度性难题。从食品安全案件移送的行刑双向衔接来看，目前主要存在证据移送制度不畅、正向移送标准不清、反向移送制度缺位等问题。

（一）证据移送制度不畅

证据移送是行刑双向衔接的前提及顺利运行的基础保障。如果证据双向移送制度不明晰，那么行刑双向衔接机制就会逐步被空置。当下食品安全领域行刑双向衔接中突出存在的问题就是案件证据双向移送制度不完善，具体包括证据移送的范围不定、证据转化的标准不明以及证据在行政执法阶段难以保存。首先，在证据移送的范围方面，不同部门出台的规范性文件规定不一。刑事诉讼法第五十四条规定"行政机关在行政执法和查办案件过程中收集的物证、书证、视听资料、电子数据等证据材料，在刑事诉讼中可以作为证据使用"，但未确定"等证据材料"的范围。《最高人民法院关于适用〈中华人民共和国刑事诉讼法〉的解释》

（法释〔2021〕1号，以下简称《刑事诉讼法解释》）第七十五条规定了"物证、书证、视听资料、电子数据等证据材料"可以作为定案的根据，也未框定出"等证据材料"的明确范围。《人民检察院刑事诉讼规则》（高检发释字〔2019〕4号，以下简称《刑事诉讼规则》）第六十四条将"等证据材料"扩充为鉴定意见、勘验笔录、检查笔录，并规定这三种证据可以在人民检察院审查符合法定要求后转化使用。《公安机关办理刑事案件程序规定》（2020年7月20日修正，以下简称《刑事案件程序规定》）进一步增加了检验报告。而《办理食品案件解释》针对鉴定意见、检验报告、地级市以上的书面意见作出了全新的规定，要求对这三种证据可以结合其他证据来认定专门性的问题，在必要时可由相关行政主管部门组织出具书面意见。其次，在行刑证据转化路径上，现有规范性文件的规定也不统一。2015年12月22日国家食品药品监管总局等部门联合发布的《食品药品行政执法与刑事司法衔接工作办法》（以下简称《食品药品衔接办法》）第十八条规定："食品药品监管部门在行政执法和查办案件过程中依法收集的物证、书证、视听资料、电子数据、检验报告、鉴定意见、勘验笔录、检查笔录等证据材料，经公安机关、人民检察院审查，人民法院庭审质证确认，可以作为证据使用。"这与《刑事案件程序规定》的规定基本一致，但与《刑事诉讼规则》《刑事诉讼法解释》的规定存在差别。最后，食品安全行政执法过程中采集的证据本身难以保存，需要在证据固定上采用更高标准。但是，在实务中往往因证据收集采样的滞后或者移送的不规范而引发裁判争议。食品安全领域案件证据的收集和转移应考虑到其证据时效方面的特殊性，在行政执法阶段对可能涉嫌犯罪的案件证据引入刑事司法阶段的提前固定制度，以保障证据的可信度。

（二）正向移送标准不清

在正向移送机制中，行政执法机关和刑事司法机关因为思维模式、知识体系的差异，很难基于同一立场来判断处理案件。行政执法机关的核心诉求是快速、高效地处理案件，倾向于采用经验主义的思维模式来处理问题，基层执法人员在知识储备上也很难准确判断案件是否涉嫌刑事犯罪，无法准确把握刑事入罪门槛，难以意识到对某些行为的处理存在不当。行刑案件双向衔接移送标准不清，必然导致在行刑对接上存在瑕疵，进而导致行政执法机关难以通过常态化制度向刑事司法机关正向移送案件，从而导致案件处理出现疏漏。实际上，行刑案件大多由行政执法机关在日常工作中发现，并需要判断案件是否值得移送处理，这就意味着行政执法人员需要较为准确地把握入罪的移送标准，实现有效的正向移送。《食品药品衔接办法》第五条第二款规定："食品药品监管部门向公安机关移送的案件，应当符合下列条件：（一）实施行政执法的主体与程序合法。（二）有证据证明涉嫌犯罪事实发生。"但是，此处对正向移送制度的规定过于宏观，并未详细说明对主体和程序合法的要求，也欠缺对犯罪构成要件进行实质解释，导致行政执法机关的正向移送无法找到具体的着力点。《办理食品案件解释》施行后，面对犯罪构成的司法解释产生变动，需要制定具体可行的移送标准来指导司法实践中的正向移送。

（三）反向移送制度缺位

当下行刑双向衔接中的反向移送机制也存在制度设计不清、可操作性不强的问题，导致其适用较少，难以真正实现双向衔接。在宏观层面，2011年2月9日中共中央办公厅和国务院办公厅发布的《关于加强行政执法与刑事司法衔接工作的意见》规定："人民检察院对作出不起诉决定的案件、人民法院对作出无罪判决或者免予刑事处罚的案件，认为依法应当给予行政处罚的，应当提出检察建议或者司法建议，移送有关行政执法机关处理。"在微观层面，《食品药品衔接办法》第十四条规定："人民检察院对作出不起诉决定的案件、人民法院对作出无罪判决或者免予刑事处罚的案件，认为依法应当给予行政处罚的，应当及时移交食品药品监管部门处理，并可以提出检察意见或者司法建议。"但是，实际上，无论是宏观指引还是微观规定，都未规定具体可行的反向移送操作标准，导致反向移送流于形式，以至于刑事司法机关怠于将"不构成犯罪，但违反或可能违反行政法律规范的"案件及时移送给有管辖权的行政执法机关。造成反向移送制度适用较少的原因之一在于，刑事司法机关和行政执法机关在处理案件时的地位不够对等，刑事司法机关缺乏反向移送的动力，工作积极性不高。在司法实务中，囿于传统观念上对刑事犯罪治理的高度重视，刑事犯罪治理程序显著优先于行政违法治理程序，而具体的办案人员因为经验惯性或者知识体系不完善，极易忽略不构成犯罪却仍需追究行政违法责任的案件，当查明本应移送的案件并不符合犯罪构成要件后，就可能会倾向于直接释放行为人，忽略了追究行政责任的可能性。质言之，正是刑事司法机关与行政执法机关地位的不对等导致具体可行的反向移送制度迟迟没有建立，刑事司法机关面对需要反向移送的案件也无从下手，更没有配套的后续监督机制和修正程序，从而加剧了行刑机关地位上的不对等性。因此，在行刑双向衔接机制中，需要在完善正向移送机制的同时构建具体可行的反向移送机制，明确行刑案件的反向移送标准，补足这一制度"短板"，为行刑案件治理的"双向流动"提供制度支撑，确保行刑双向衔接机制的常态化运行。

二、优化作为行刑双向衔接机制前提的证据移送制度

当前对于行刑双向衔接中的证据移送，各部门出台的规范性文件大多采用列举加概括的规定方式，并未明确规定证据移送的具体标准及程序。因此，需要展开双向优化，确保证据移送在行刑双向衔接过程中更好地发挥基础性保障作用。

（一）证据移送范围的双向统一

在行刑案件证据移送范围上，行政执法机关居于证据收集的初始阶

段，对证据的把握最为充分，且具有初步认定权，可以广泛地收集证据。与之相对，刑事司法机关收集证据一般在行政执法机关移送案件之后，且主要依靠行政执法机关移送的证据判断案情，证据移送范围的不同有时会直接影响裁判结果。从《刑事诉讼法解释》《刑事诉讼规则》《刑事案件程序规定》《办理食品案件解释》《食品药品衔接办法》等的规定综合来看，在移送证据的范围上，物证、书证、视听资料、电子数据并无争议，可以直接移送后转化使用，但是在检验报告、鉴定意见、勘验笔录、检查笔录的移送上则存在争议。为了实现证据移送范围的"双向统一"，应统筹行政执法机关和刑事司法机关的现实情况，判断产生争议的证据类型是否应该被移送，并框定行刑双向衔接的证据移送范围。

为了在效率和公正之间寻求平衡，确保证据移送中的"双向统一"，应将鉴定意见、勘验笔录、检查笔录三种证据都纳入可以移送的范围，只要经过人民检察院实质审查符合法定要求的，就可以作为刑事证据使用。这是因为，在行政执法机关制作鉴定意见、勘验笔录、检查笔录的过程中，主观因素的介入较少，不存在行政执法思维影响刑事司法审判的"隐患"，这类证据本质上仍然是对案件事实的客观陈述，虽然形式上有些许差异，但并不影响案件的审判。同时，行政执法机关可以将自身的专业优势应用于这三种证据的制作中，很多行政执法机关本身就具有一定的专业鉴定职能，因此制作出的证据具有科学性和严谨性，具有移送的价值。此外，有学者提出司法机关对行政机关出具的鉴定意见，应重新出具鉴定委托书并制作形式严格的鉴定意见，由鉴定人员在上面签名或者盖章后，才能调取转化为司法鉴定意见。笔者认为并无必要，因为行政鉴定意见虽然在形式上可能和刑事鉴定意见有所差异，但是不必因为形式差异而重新制作，尤其是食品犯罪案件中证据难以保存，很多证据在案件处理过程中就会变质或者湮灭，如果重新制作鉴定意见则不仅会降低案件处理的效率，也有可能因为原始证据的缺失而影响案件处理的公正性。因此，对于鉴定意见、勘验笔录、检查笔录，应把握行刑双向衔接中证据移送的实质要求,在刑事司法机关进行实质审查之后可以直接转化使用,从而实现行政证据和刑事证据移送的"双向统一"。

(二)证据双向移送中的转化适用

行政执法人员所收集的证据是具体行政行为的依据,与刑事诉讼中应用的证据存在差异。这就意味着基于公平公正的司法理念,行政执法机关收集的证据需要在移送后进行转化适用。如前所述,按照证据类型的不同,物证、书证、视听资料、电子数据可以直接转化适用,但是对于鉴定意见、勘验笔录、检查笔录,则需要进行实质审查确保其符合法定要求,才可以作为刑事证据使用。具体的证据转化过程应秉持关联性原则、科学性原则、准确性原则。

第一,秉持关联性原则,确保行政执法机关提交的证据和案件事实相关。如果行政证据和案件事实联系得不够紧密,就很难对案件的判断有所帮助,甚至会误导案件判断。同时,移送后证据的转化适用需要行政执法机关和刑事司法机关在证据处理上具有内在关联:由行政执法机关移送案件证据,而刑事司法机关向其提出对证据的具体要求,包括证据的实质内容和形式要求,增强两者间的内部联动,两者经过内部联系协调之后对案件证据进行适当处理,而非仅由单方主导证据的转化适用,真正落实行刑双向衔接。

第二,秉持科学性原则,强化对证据材料的科学性审查,确保证据移送转化的可靠性,做到检查标准上的双向衔接。为避免行政执法机关收集证据时的不规范行为,行政执法机关需要严格按照科学性要求收集证据并进行移送转化,尤其是对食品类证据的收集处理,需要避免数据处理的误差。证据在移送至刑事司法机关进行转化后,也不能降低对刑事司法机关的要求,刑事司法机关在转化证据时应该按照专业的科学性标准加以处理,在解读处理后的刑事证据时也需要充分考虑转化过程中的合理误差。比如,移送时间对食品中某一指标数量有显著影响的,就须借助科学手段将证据移送过程产生的负面影响降至最低。除此以外，在食品安全行刑案件中，尤其需要注意保证鉴定意见转化适用的科学性。鉴定意见大多由鉴定机构出具，仅能证明生产、销售的产品中是否含有某物质以及某物质的含量超出国家标准多少倍，而食品的具体危害程度则是临床医学以及其他科学共同认定的结果，不能强迫非专业的鉴定机构出具危害结果的判断，更何况多数不符合安全标准的食品的危害结果隐藏较深，造成的损害后果可能具有持续性和隐蔽性，更难被立刻发现。因此，在鉴定意见的转化适用过程中，应在尊重行政执法运行逻辑的基础上对证据进行实质审查，不得违反客观规律强迫鉴定机构提供行政证据并加以转化。

第三，秉持准确性原则，避免证据转化过程中因为转化方式的纰漏导致证据的效力消失或者证据的证明力出现差错，且需要行政执法机关和刑事司法机关一起介入。有的食品案件中取样主体和检测程序不合理、不客观（如取样程序不规范导致食材原料被污染等），导致检测报告不能作为定罪依据。有鉴于此，基于准确性原则转化适用行政证据，尤其要注意避免证据转化过程中出现纰漏而影响证据的准确性。在实质层面，应注重对内容的实质审查，保证证据的客观公正及准确可靠，不会出现常识性纰漏或者逻辑性错误。在形式层面，应要求证据符合准确性的规范要求，从操作程序、鉴定方式等多方面规范证据转化的流程，用制度保障证据的准确性，避免行政执法证据收集阶段的违规证据流向刑事司法程序；预先规定证据转化适用的标准，确保行政证据的转化预先具有准确性，避免行刑双向衔接过程中行政证据和刑事证据在规范形式上的冲突。

（三）提前固定不易保存的证据

在食品安全行刑案件中，涉案证据的突出特征是不易保存。食品类证据在实际检测过程中，会受到时间、环境等因素的影响，很多影响案件裁判结果的含量和指标都会逐渐下降，尤其是在审查食品是否违反国家食品监督管理制度和已经造成消费者生命、健康受到损害的事实时，很多证据都会在行刑双向衔接的移送过程中湮灭或者变化。针对上述情况，2020年8月7日国务院修订的《行政执法机关移送涉嫌犯罪案件的规定》（以下简称《行政移送规定》）第四条规定，对易腐烂、变质等不宜或者不易保管的涉案物品，应当采取必要措施，留取证据。这意味着在宏观制度层面认可刑事司法机关提前介入并利用自身专业能力来配合行政执法机关收集、保全证据，通过提前固定制度来确保行政证据能够应用于后续的刑事司法程序中。这种制度充分体现了行政执法机关和刑事司法机关在证据移送、转化、适用上的双向配合，实现了两者在案件处理上的良性互动。

当然，在引入刑事司法机关提前固定证据之前，仍应构建由行政执法机关主导的证据审核制度，由行政执法机关进行审查核验，判断证据是否需要刑事司法机关介入进行提前固定，发挥行刑双向衔接中行政执法机关的审查价值，避免行刑双向衔接过程中偏重于刑事司法机关。行政执法机关在证据审核过程中，首先需要初步判断案件是否需要移送刑事司法机关，如若案件并不涉嫌刑事犯罪，那么由自身完成证据收集工作即可，不必通知刑事司法机关。与之相对，当行政执法机关难以确定是否需要移送刑事司法机关时，就应该对证据的保存状态进行初步评估，判断食源性产品的证明效力，如若不及时固定和采集证据就会出现证据湮灭的情形时，就应该向刑事司法机关通报相关情况。由行政执法机关进行证据审核实际上是将行刑双向衔接程序前置化，将行刑双向衔接中相互配合的精髓落到实处。预先引入刑事司法机关对必须要提前收集的证据按照刑事司法程序进行收集，可以削减后续对涉案证据的转化程序，由刑事司法机关直接收集并适用，而审查核验则是为了避免频繁地引入刑事司法机关，降低司法运行成本。

在行政执法机关明确案件证据的保存状态需要刑事司法机关提前介

入之后，就应及时由刑事司法机关对不易保存证据进行规范收集，而行政执法机关也应主动发挥其专业优势，积极配合刑事司法机关调查取证。在王某某生产、销售有毒、有害食品案中，四川省食品药品监管局对通川区某某串串香火锅店进行抽样检查，在火锅底料中检测出国家明文禁止添加的非食用原料罂粟碱、吗啡、可待因、那可丁，鉴于此类证据存在于火锅底料中容易湮灭，便申请公安机关提前介入，固定案件的相关证据和分析结果。由此可见，刑事司法机关提前介入证据收集，可以第一时间把握案件性质，并根据第一手证据资料对是否构成犯罪和后续的定罪量刑作出判断。此案中的毒品在火锅中本身就难以保存，且加入毒品一般会涉及刑事犯罪，所以刑事司法机关有提前介入的必要。在司法实践中，刑事司法机关介入后主要负责对食品犯罪证据的提前固定，此时证据的执行标准应按刑事司法程序中对证据的要求，提高对证据的形式要件和实质要件的要求，且因食品犯罪证据本身容易湮灭而提高证据收集效率。在形式要件上，需要刑事司法机关在收集证据时遵循刑事证据标准，尤其是报告类证据须符合规范格式和收集程序。在实质要件上，提前收集的证据内容与案件事实应有直接联系，对案件的裁判结果有直接影响，值得刑事司法机关进行提前固定、收集和使用。刑事司法机关的介入意味着案件已经涉嫌刑事犯罪，由刑事司法机关主导收集的证据，可以直接作为刑事证据使用，用作后续刑事裁判的依据。

三、以构成要件为核心构建行刑双向衔接的移送标准

根据刑事先理原则，行政执法机关在查处行政违法的过程中应当将涉嫌犯罪的案件及时、主动地移送有管辖权的刑事司法机关进行处理。食品犯罪的刑法规制主要适用我国刑法第一百四十三条生产、销售不符合安全标准的食品罪与第一百四十四条生产、销售有毒、有害食品罪的规定，案件本身一般都具有行政违法性，行政执法机关对行政违法事实是否构成犯罪享有初次判断权，必须充分考虑对犯罪构成要件的实质解

读。只有以构成要件为核心制定移送标准，行刑双向衔接中的行政执法机关和刑事司法机关才会在案件移送上达成观念一致，实现对食品犯罪的全链条、体系性打击。

(一) 基于行为要件构建行刑双向衔接移送标准

某行为是否可以构成某犯罪构成要件之一，主要通过行为对刑法所保护法益的侵害性加以判断，需要说明在怎样的条件下，通过什么样的行为，侵犯刑法所保护的法益。基于行为要件来构建行刑双向衔接的案件移送标准，需要参考食品安全法和刑法中有关行为模式的规定，通过对食品犯罪行为的解读来提供详细标准。在食品安全领域的行刑案件中，行政执法机关居于高度敏感的地位，必须对案件是否涉嫌犯罪进行快速分析，而当事人的行为则是简洁准确高效的判断标准之一。

生产、销售不符合安全标准的食品罪中的行为要件是生产、销售不符合食品安全标准的食品，足以造成严重食物中毒事故或者其他食源性疾病。具体的行为模式包括：（1）生产、销售含有严重超出标准限量的致病性微生物、农药残留、兽药残留、重金属、污染物质以及其他危害人体健康的物质的食品；（2）生产、销售属于病死、死因不明或者检验检疫不合格的畜、禽、兽、水产动物及其肉类、肉类制品；（3）生产、销售属于国家为防控疾病等特殊需要明令禁止生产、销售的食品；（4）生产、销售的婴幼儿食品中生长发育所需营养成分严重不符合食品安全标准；（5）生产、销售其他足以造成严重食物中毒事故或者严重食源性疾病的食品。与之相对应，行政执法机关在对食品安全违法行为适用行政处罚时，主要参照食品安全法第一百二十三条的规定，行政处罚的范围相对较宽。总体而言，行政执法机关在移送案件时，应基于相应的实行行为模式进行判断，并对难以准确作出判断的案件参考兜底条款的规定。

生产、销售有毒、有害食品罪的行为要件是在生产、销售的食品中掺入有毒、有害的非食品原料或者销售明知掺有有毒、有害的非食品原料的食品。具体包括三种行为模式，需要行政执法机关着重进行参考。第一，"在食品加工、销售、运输、贮存等过程中，掺入有毒、有害的非食品原料，或者使用有毒、有害的非食品原料加工食品"。对于这种行为模式，重点在于实质解释其中的加工、销售、运输、贮存以及使用行为，综合考虑这其中的各种行为类型以及其关联行为。第二，"在食用农产品种植、养殖、销售、运输、贮存等过程中，使用禁用农药、兽药等禁用物质或者其他有毒、有害物质"。这里增加了种植、养殖行为，并且禁用的对象是农药、兽药等禁用物质。强调种植、养殖的行为，是因为此处的保护对象是农产品，而在农产品的种植、养殖环节，最容易出现将禁用的农药应用于种植、养殖，以谋求不正当的利益的情形。第三，"在保健食品或者其他食品中非法添加国家禁用药物等有毒、有害物质"。这里将实行行为的对象规定为保健食品，主要是针对我国保健品市场乱象丛生的情形，避免在保健食品中添加有毒、有害物质。因此，行政执法机关在查处保健食品案件时，一旦出现保健食品中存在有毒、有害物质的情形，就必须对保健食品进行封存并移送至刑事司法机关，实现对保健食品的强力监管。

总之，行政执法机关在案件移送中应当对照公安机关立案追诉标准、食品安全法及相关司法解释中规定的行为类型进行判断，对可能涉嫌犯罪的行为及时进行线索汇报，同时要利用规范文件来限缩移送的行为类型，并展开随后的证据固定等工作，避免行刑双向衔接的案件移送范围被无限扩大而有损刑法谦抑性。《食品药品衔接办法》第二十七条规定食品药品监管部门在日常工作中发现属于食品安全法规定的明显涉嫌犯罪的案件线索，应及时以书面形式向公安机关进行通报，而通报的前提就是行政执法机关对实行行为的准确判断。对于行为所造成的法益损害后果远超普通行政违法行为的，应交由刑事司法机关处理。

（二）基于罪量要件构建行刑双向衔接移送标准

刑法中的犯罪构成要件是对一定行为严重社会危害性的性质和程度

的规定和认识,只有质与量的统一才能表明某一行为的性质,达不到条文规定的行为质和量的要求,一个行为就不能被认定为犯罪。在食品犯罪中,罪量要件就是典型的量的评价要素,需要基于涉案数额等进行整体考察。《行政移送规定》第三条规定"行政执法机关在依法查处违法行为过程中,发现违法事实涉及的金额、违法事实的情节、违法事实造成的后果等……涉嫌构成犯罪,依法需要追究刑事责任的,必须依照本规定向公安机关移送",其中就以"违法事实涉及的金额"作为标准。食品安全法第一百二十一条、《食品药品衔接办法》第五条、《刑事案件程序规定》第一百七十七条也都规定了相应的内容,强调行政执法机关要把握罪量要件。

就具体销售数额标准的选取而言,需要结合食品安全法、《办理食品案件解释》的规定,构建协调统一的销售金额移送标准。食品安全法第一百二十三条至第一百二十五条规定的处罚金额的分界线是"违法生产经营的食品货值金额不足一万元的,并处……货值金额一万元以上的,并处……"据此,具体的涉案金额的移送标准应以1万元为限较为合适。例如,在某早餐店生产"铝油饼"案中,某早餐店的油饼被查出铝的残留量为431毫克/千克(限值:小于等于100毫克/千克),但是涉案金额仅15元,行政执法机关将其移送刑事司法机关之后被退回,刑事司法机关认为行政机关对该案的性质、情节、社会危害程度的认定明显相互矛盾且不当,应予撤销。

(三)基于结果要件构建行刑双向衔接移送标准

在食品安全行刑案件中,对于损害结果的考量是行政执法机关是否移送案件的前提。行政执法机关需要对不同罪名的犯罪结果规定进行实质解读,准确把握生产、销售不符合安全标准的食品罪中的"足以",以及生产、销售有毒、有害食品罪中的"有害",以保证能够及时将涉嫌犯罪的食品安全案件移送至刑事司法机关,并准确计算法益损失。

对生产、销售不符合安全标准的食品罪的损害结果的判断，需要理解"足以"的内涵。因为"足以"的概念过于抽象，行政执法机关很难在短时间内脱离鉴定手段对损害结果进行前瞻性预测，甚至会因此丧失移送的积极性而采用"以罚代刑"。即使对刑事司法机关而言，正确判断"足以"也存在困难，因此行政执法机关解读"足以"的移送标准可以适当放宽：一是判断食品本身是否含有不符合安全标准的物质，以及其含量的高低对人身体健康影响的大小；二是判断含有不符合安全标准物质的食品可能扩散的范围大小，并参考《办理食品案件解释》第一条的规定。这其中对于含量的计算和判断需要行政执法机关和刑事司法机关联合工作，即在行政执法机关作出初步判定的基础上，还需要对可能产生争议的情形及时引入刑事司法机关介入。

对生产、销售有毒、有害食品罪的判断，可以直接依据其损害结果进行移送。因为有毒、有害食品造成的损害结果一般较为严重，所以对"有害"的认定一般采限定说，即足以造成严重食物中毒或者其他严重食源性疾患便可认为涉嫌犯罪，但在损害结果影响范围的判断上应有所差异。在判断生产、销售有毒、有害食品罪的损害结果上，除了要考虑有毒、有害食品所导致的严重损害程度，同时也要考虑损害结果的影响范围。对于损害结果影响范围较小的，酌情考虑是否通过行刑双向衔接程序移送刑事司法机关，当有毒、有害食品的影响范围较广或者行为人并没有限制传播的意思时，行政执法机关应立即将案件移送至刑事司法机关。总之，在生产、销售有毒、有害食品罪的损害结果判断上，强化行刑双向衔接机制不仅有助于对案情的判断，而且通过两者间的协调配合有助于防止损害后果扩大。

四、完善具体、可操作的行刑双向衔接反向移送机制

行刑双向衔接不仅需要关注"由行到刑"的正向移送，也要注重"由刑到行"的反向移送，否则只是单向移送。《办理食品案件解释》第

二十二条规定"对于被不起诉或者免予刑事处罚的行为人,需要给予行政处罚、政务处分或者其他处分的,依法移送有关主管机关处理",明确强调了反向移送机制。相较于正向移送,反向移送在司法实践中因欠缺具体移送程序及监督机制而容易被忽视,有的案件在确定不涉嫌犯罪后,刑事司法机关并未将其退回行政执法机关适用行政处罚。因此,必须进一步完善具体、可操作的反向移送机制。

(一)反向移送的具体程序

行刑双向衔接中的反向移送程序要求刑事司法机关一旦发现案件并不涉嫌犯罪,就应遵循相应的程序将案件发回行政机关。《行政移送规定》第十三条规定:"公安机关对发现的违法行为,经审查,没有犯罪事实,或者立案侦查后认为犯罪事实显著轻微,不需要追究刑事责任,但依法应当追究行政责任的,应当及时将案件移送同级行政执法机关,有关行政执法机关应当依法作出处理。"这在宏观层面为构建反向移送制度提供了规范依据,具体可以依据实行行为是否构成犯罪分为三种处理模式。其一,行为构成犯罪的,刑事司法机关应及时向行政执法机关通报犯罪性质和处理结果;还须追究行政责任的,应提出对应的司法建议。其二,行为人的行为虽不构成犯罪但可能构成行政违法的,刑事司法机关应及时将案件转送给有管辖权的行政执法机关;若管辖权存在异议,则应判断后移送。其三,行为人的行为既不构成犯罪也不构成行政违法的,刑事司法机关应及时将行为人应被免予任何形式处罚的结论移送给行政执法机关,以促使行政执法机关避免误判。

值得注意的是,虽然《行政移送规定》在宏观层面提出了要建设规范的反向移送机制,但在司法实践中反向移送空置化的情形一定程度存在。如在侯某销售假碘盐案中,侯某购进两大袋不含碘的食盐用于销售,随后被山西省盐务管理局太原市盐务管理分局工作人员当场查扣,经依法鉴定,查扣的食盐中未检出碘含量,为非碘盐,由于很多地方已经在出售无碘盐，所以被查扣的盐很难认定为不符合安全标准的食品，而侯某最终也被免予刑事处罚。本案的裁判文书详细写明了已查扣的食盐由原侦查机关依法处理，明确了行政处罚的处理模式，要求刑事司法机关将案件反向移送至行政执法机关，体现了反向移送机制对于当事人权利的保护。

完善行刑双向衔接视角下的反向移送制度要注意三点。首先，需要建立高效畅通的案件信息传输渠道。刑事司法机关向行政执法机关反向移送案件，无论案件是否需要刑事制裁或者行政处罚，都应该向移送的行政执法机关反馈信息，告知其案件最终的处理结果。其次，针对需要行政处罚的案件，刑事司法机关应该将刑事司法过程中收集和审查的证据一并移送至行政执法机关。对于行政执法机关而言，一方面，刑事司法机关对案件的介入会引入新的证据，并对案件进行梳理分析，这对研判案情具有重要作用；另一方面，刑事程序中所使用的证据一般在标准上更加严格，比如检验报告等，行政执法机关采用更高标准的证据能够避免误判。最后，刑事司法机关应该以司法建议的方式为行政执法机关的判断提供参考意见。以司法建议的方式在反向移送机制中概括汇总刑事司法机关的意见，既可以避免刑事司法机关的观点过于强势而误导行政执法机关的判断，又可以将刑事司法机关所采集的信息以及分析后的案件处理观点及时传送给行政执法机关，从而实现对危害食品安全违法犯罪的一体化治理。

（二）反向移送监督机制的设定

在食品安全领域的行刑双向衔接中，对反向移送的监督除了传统意义上行政执法机关内部的监督措施之外，还应构建有效的外部监督机制，形成双向监督模式。

第一，明确反向移送监督机制的工作内容。不同于《行政移送规定》第十四条规定的"行政执法机关移送涉嫌犯罪案件，应当接受人民检察院和监察机关依法实施的监督"的正向移送监督机制,反向移送监督机制是针对由刑事司法机关发出的反向移送的监督制约,所以,监督对象包括刑事司法机关和行政执法机关。司法机关在反向移送制度中的工作内容分为两个部分。一是司法机关对于自身是否进行有效的案件移送的内部监督。司法机关必须依据食品犯罪案件处理情况的不同类型分别通知行政执法机关,包括移送刑事制裁案件的处理信息、行政处罚案件的整体移送、不应适用处罚案件的司法建议等,并在此过程中做好内部监督工作,确保反向移送制度不会流于形式。二是司法机关对行政执法机关接受案件处理结果的监督,要求行政执法机关在处理案件时不存在"明显不当",尤其是行政执法机关在处理需要另行行政处罚的案件时,须做到价值衡量上的实质合理且利益均衡,避免行政处罚措施选择上的偏差,让行政执法机关的行为在司法监督的视野下运行。

第二,构建反向移送监督机制的常态化工作流程。反向移送监督的常态化工作流程应和反向移送制度本身的运行一并展开,根据行政执法机关移送案件的最终处理结果差异,选择不同的监督模式。首先,应确保反向移送的案件处理信息被行政执法机关接收,行政执法机关在接收信息后遵守正当程序对案件进行分析和总结,即使采纳司法机关的司法建议,也仍应由自身主导对案件的实质审查,尤其是最终处理结果和正向移送时行政执法机关判断不一致的案件,更需要进行实质审查。其次,司法机关应严谨细致地确认案件管辖权并给出案件处理结果的纠正建议。尤其对于行政执法机关的初始判断发生偏差的案件,司法机关应准确高效地审核案件的管辖机关,将其移送至具有管辖权的行政执法机关,并在司法建议中指出行政执法机关存在的错误,供其参考。最后,司法机关还应关注行政执法机关在案件反向移送之后的最终处理结果。行政执法机关在处理反向移送案件时,容易因为思维固化,要么采用和之前一样的处理逻辑,要么全盘接受刑事司法机关反馈的司法建议。但是,实际上,行政处罚和刑事制裁毕竟有所不同,行政执法机关对行政处罚更加了解，应依据自身对行政处罚的综合衡量来判断是否适用行政处罚以及适用何种行政处罚，而司法机关在此过程中主要充当外部监督的角色。

(三) 反向移送修正程序的制定

为防止刑事司法机关判断案件失误，抑或行政执法机关在收到刑事司法机关的反向移送之后又发现了隐藏的影响定罪量刑、可能涉嫌犯罪的证据，还应当制定反向移送机制的补正程序，即在反向移送之后进行修正，重新报送刑事司法机关立案侦查。类似于《食品药品衔接办法》第十一条、《行政移送规定》第九条规定的正向移送制度中行政执法机关对于刑事司法机关不接受案件移送而提请的监督程序，反向移送修正程序是因为有合理的理由证明刑事司法机关对案件的处置措施失当而启动的修正程序，体现的是行政执法机关的专业性、协同性、有效性，从而更好构建行之有效的行刑二元格局治理体系。

第一，反向移送修正应明确并限制程序启动的要求。只有在特定情形下才可以对案件进行二次移送，包括有证据证明刑事司法机关针对案件的判断失误或者行政执法机关在处理案件时发现了隐藏证据。有证据证明刑事司法机关对案件判断失误，是指在从行政违法到刑事犯罪的判断上，行政执法机关和刑事司法机关产生了理解上的偏差，出于对罪刑法定原则的坚守，一般情况下刑事司法机关对于案件的把握会更加谨慎，而行政执法机关对于案件的解读则更侧重对案件事实的直观呈现，所以两者在案件性质的判断上都占据一定的优势。行政执法机关在处理案件时发现了隐藏证据，而且证据对案件裁判有很大影响的，自然会被行政执法机关重点关注，尤其是涉案金额、损害结果等方面的变动。行政执法机关应该在梳理案情之后，采用修正程序继续移送刑事司法机关，而非"以罚代刑"。总之，为了避免刑事司法机关在案件处理上处于无可制约的自主地位，造成司法擅断的困局，应该赋予行政执法机关对接受移送的刑事司法机关的复议权，即便是已经反向移送的案件，也可以在有充分证据的情况下进行监督和说明,但是修正程序的启动应该尤为谨慎。

第二,反向移送修正程序应着重对案件进行实质审查,提高自身的执法手段和知识水平,并形成良性的制度回馈。反向移送机制被移送回行政执法机关的案件,说明刑事司法机关并未发现其中有法益侵害事实或者法益侵害事实不值得刑事处罚,而行政执法机关对于案件的修正则需要从保护法益入手进行实质审查。实质审查的具体内容包括案件的法益损害后果计算是否合理,对当事人的行为是否进行有效评价等,通过提升自身技术手段来保证对案件的妥当判断,并对发现的案件关键细节进行汇报。对于行政执法机关而言,需要对反向移送案件进行实质审查,对实行行为以及法益损害后果进行再认定,当发现刑事司法机关的判断存在瑕疵时,及时将案件情况修正后移送给刑事司法机关进行重新审核,形成良性的反馈机制。

五、结语

自古以来,民以食为天,食以安为先。"舌尖上的犯罪"因涉及行刑衔接,亟须构建高效运行的双向衔接机制,以实现对食品犯罪的有力打击,保护公众的生命、身体健康法益。在行刑双向衔接过程中,证据的移送和转化是刑事司法机关对后续案情判断的基础,行政执法机关最先掌握证据,在证据的采信上具有优势地位,需要依据不同的证据类型区分处理,在保证证据证明效力的同时避免违规证据影响刑事裁判。行刑双向衔接机制的具体展开,不仅包括正向移送机制,而且包括反向移送机制。正向移送机制需要通过行为、罪量、结果三个构成要件为行政执法机关的案件移送提供标准,反向移送机制则应当从具体程序、监督机制、修正程序三个方面着手完善,以对危害食品安全的违法犯罪进行全方位治理,实现我国在行政执法与刑事司法双向衔接上的守正创新。

征 稿 启 事

《刑事审判参考》是最高人民法院刑事审判第一庭、第二庭、第三庭、第四庭、第五庭共同主办的重要刑事司法业务指导丛书。自2021年起，丛书由人民法院出版社出版发行，作为《中国审判指导丛书》的重要组成部分。丛书自1999年4月创办以来，秉承立足实践、突出实用、重在指导、体现权威的编辑宗旨，在编辑委员会成员、作者和读者的共同努力下，密切联系刑事司法实践，为刑事司法人员提供了有针对性和权威性的业务指导和参考，受到刑事司法工作人员和刑事法律教学、研究人员的广泛欢迎。丛书主要收录指导案例、刑事司法规范及其理解与适用、刑事政策及其解读、理论前沿、实务探讨、编辑部答疑、经验交流、疑案争鸣等内容。

为能够以最前沿的视野、最权威的高度和最贴近刑事司法实践的方式编辑本书，欢迎各位同仁向本书以下栏目提供稿件：

【指导案例】在认定事实、采信证据和适用法律、司法解释定罪量刑方面具有研究价值和指导意义的典型、疑难案件，并附一审、二审裁判文书。

【理论前沿】对刑事司法的前沿理论问题进行深入研讨的论文。

【域外司法】评介域外的刑事立法及司法制度、实务问题和典型案件的文章。

【经验交流】地方司法机关制定的刑事司法规范性文件及其背景说明，地方人民法院院领导在刑事审判工作会议上的讲话，等等。

【实务探讨】对某一类刑事实务问题提出的解决方案。

【裁判文书选登】 具有较强说理性、充分体现法官裁判思维和判案智慧的优秀裁判文书。

【编辑部答疑】 读者在刑事司法实践中遇到的法律适用方面的疑难、复杂问题。

【疑案争鸣】 针对刊登的疑难案例争议问题进行分析、发表观点，等等。

稿件应有问题意识，观点明确，语言平实，不晦涩。

来稿请注明作者的联系方式（包括地址、邮编和电话）。来稿一经采用，将按著作权的规定支付报酬。

来稿可向以下任何一位执行编辑投递：

北京市东城区北花市大街9号最高人民法院刑一庭

何东青　hedqspc@163.com

北京市东城区北花市大街9号最高人民法院刑二庭

段凰　cankaodh@163.com

北京市东城区北花市大街9号最高人民法院刑三庭

鹿素勋　lusuxun2004@163.com

北京市东城区北花市大街9号最高人民法院刑四庭

王敏　xingst@126.com

北京市东城区北花市大街9号最高人民法院刑五庭

侯宏林　xingwuting@126.com

邮编：100062

特别提示：为避免各庭之间采稿重复，来稿不可同时投递。